몽골 제국과 해역 세계
12-14세기

IWANAMI KOZA, SEKAI REKISHI, Vol. 10,
MONGORU TEIKOKU TO KAIIKI SEKAI, 12-14 SEIKI
edited by Masaharu Arakawa, Shunji Oguro, Koji Ogawa,
Yoichi Kibata, Itaru Tomiya, Satoshi Nakano, Yoko Nagahara,
Kayoko Hayashi, Masashi Hirosue, Naoki Yasumura, Seiichiro Yoshizawa

몽골 제국과 해역 세계
◇ 12-14세기 ◇

아라카와 마사하루, 히로스에 마사시 책임편집
우노 노부히로 외 지음
권용철 옮김

책과함께

차례

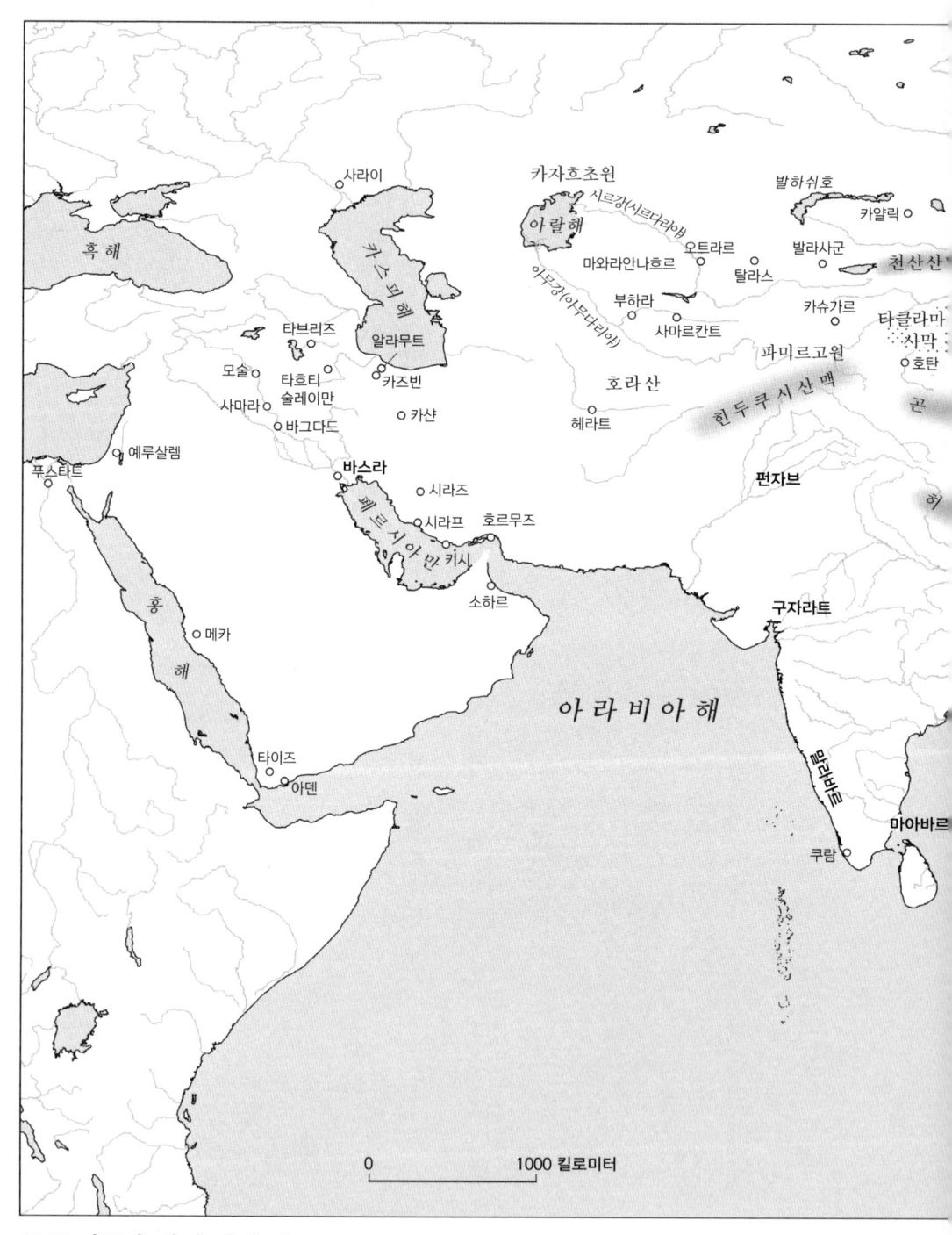

몽골 제국과 해역 세계 지도(지도 작성 협력: 무카이 마사키)

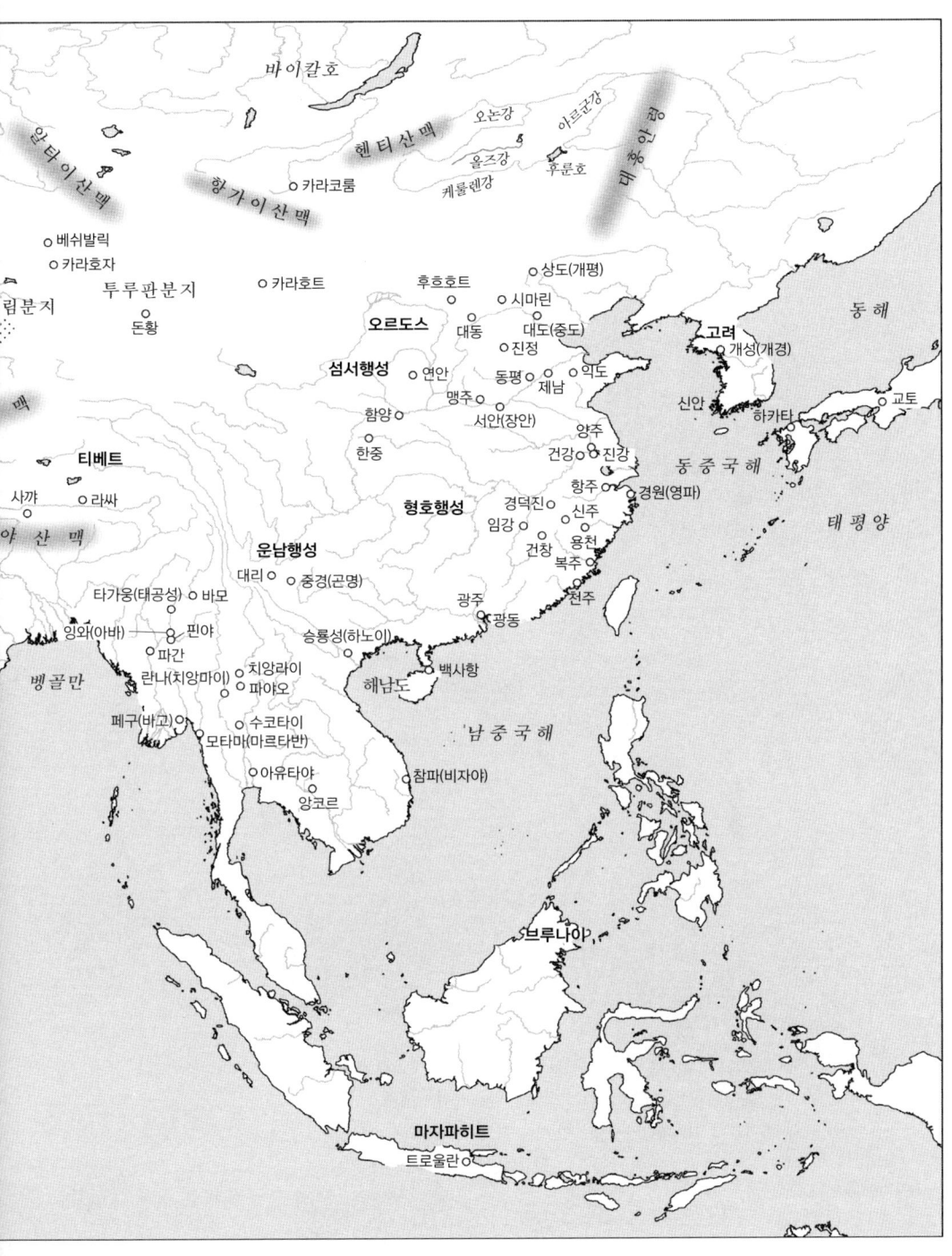

바이칼호

핸티산맥

알타이산맥

항가이산맥

오논강
올즈강
아르군강
후룬호
케룰렌강

카라코룸

대흥안령산맥

베쉬발릭
카라호자

투루판분지
돈황

카라호트
후흐호트
상도(개평)
시마린
동해

림분지

오르도스
대동
대도(중도)
진정
섬서행성
연안
동평
익도
제남
고려
개성(개경)
함양
맹주
서안(장안)
양주
신안
하카타
교토

티베트
한중
건강
진강
동중국해

사꺄
라싸
형호행성
경덕진
항주
경원(영파)

야산맥
운남행성
임강
신주
건창
용천
태평양

대리
중경(곤명)
복주

광주
천주

타가웅(태공성)
바모
승룡성(하노이)
광동

잉와(아바)
핀야
파간

벵골만
란나(치앙마이)
치앙라이
파야오
해남도
백사항
남중국해

페구(바고)
수코타이
모타마(마르타반)

아유타야
참파(비자야)

앙코르

브루나이

마자파히트
트로울란

일러두기
- 이 책은 荒川正晴·弘末雅士가 책임편집을 맡은 岩波講座 世界歴史 총서의 제10권 モンゴル帝国と 海域世界 12~14世紀(岩波書店, 2023)를 우리말로 옮긴 것이다.
- [ ]는 지은이가, 〔 〕는 옮긴이가 덧붙인 것이다.
- 지은이의 주는 *로, 옮긴이의 주는 •로 표시했다.

제1부

전망

제1장

초기 글로벌화로서의 몽골 제국의 성립과 전개

우노 노부히로

머리말

이 책은 몽골 제국과 해역 세계를 다룬다. 몽골 제국 이전 유라시아 대륙의 인간 집단은 유럽 세계, 서아시아 세계, 내륙아시아 세계, 동아시아 세계, 동남아시아 세계, 남아시아 세계로 크게 구분되어 있었던 것으로 보이는데, 이 시대에는 몽골 제국의 출현과 정복 활동으로 서아시아 세계와 동아시아 세계 사이 인적, 물적, 문화적 교류가 급속하게 진행되었다. 그 영향은 유럽 세계와 동남아시아 세계에도 파급되어 복수複數의 세계를 서로 연결하는 루트가 육상과 해상에 존재해, 몽골 제국 시대는 육상 세계와 해역 세계를 통해 유라시아 대륙의 일체화가 급속하게 전개된 시대였다. 세계화라는 표현을 지구 규모의 일체화에 한정하지 않고 사용한다면, 몽골 제국 시대를 "초기 글로벌화"로 규정하는 관점도 제안되고 있다(秋田, 2019).

제1장에서는 몽골 제국사에 대해 네 개의 절로 나누어 논의한다. 먼

저, 몽골 제국의 성립과 제국의 확장·발전을 둘러싼 논점을 정리하고 연구의 전망을 서술할 것이다. 몽골 제국을 "초기 글로벌화"의 사례로 규정하는 관점이 있는 것은, 몽골 제국이 북중국을 정복했던 북방 계열의 요遼나 금金과는 달리 동아시아에서 서아시아에 이르는 광역의 세계 제국으로 발전했다는 점에서다. 다음으로, 칭기스 칸 시대에 몽골 제국이 서방으로 크게 확장하면서 복수의 문명을 아우르는 제국으로서 발전한 이유는 무엇일까라는 질문에 답하기 위해 몽골 제국의 성립 과정을 분석할 것이다. 1280년대 이후 몽골 제국에 대해서는 제국의 분열이라는 측면을 강조하는 입장과 몽골 제국으로서의 통일이라는 측면을 강조하는 입장이 있다. 이 양자를 서로 비교하면서 몽골 제국의 전체상을 고찰한다.

최근에 역사학의 새로운 테마로 젠더사와 환경사가 논의되고 있으며, 이러한 테마들을 몽골 제국사에 적용하는 시도가 시작되고 있다. 젠더사로는 유목 국가 왕족의 여성에 대한 연구가 활발하다. 환경사로는 몽골 제국과 기후 변동의 관계에 대한 연구가 활발하다. 이 두 테마의 최근 성과를 소개하고 향후 연구의 전망을 서술할 것이다.

1. 몽골 제국의 성립

사료의 문제
―《원조비사》와《집사》,《성무친정록》,《원사》

몽골 제국의 성립을 연구하기 위한 주요 사료로는 몽골어 사료《원조비사元朝秘史》《몽골비사蒙古秘史》, 페르시아어 사료《집사集史》, 한어漢語 사료《성무친정록聖武親征錄》과《원사元史》가 있다. 이 네 사료는《원조비사》와 다른 세 사료로 구분되고, 이들 양자 사료의 차이에 대해서는 지금까지 많은 논의가 이루어졌다.《원조비사》는 19세기 이후 중국, 일본, 유럽·미국에서 주목을 받으면서 칭기스 칸에 관한 가장 상세한 사료로 간주되며, 이에 근거해 칭기스 칸 연구가 진행되었다. 그러나《원조비사》의 사료 연구가 진행됨에 따라 복수의 사건이 하나로 합쳐지는 등 문학적 윤색이 있고, 칭기스 칸의 이미지를 좋게 만드는 각색과 창작이 포함되어 있다는 것 등《원조비사》에 사료로서의 문제가 있음이 밝혀졌다(吉田, 1968, 2019; 岡田, 1986, 2016; Okada, 1972; 宇野, 2009). 현재는 이 문제점에 대한 인식이 확산해 일본에서도 유럽·미국에서도《원조비사》에만 의거해 칭기스 칸을 논의하는 경우는 줄어들고 있다.

몽골 제국의 성립에서의 케레이트 왕국의 역할

몽골 제국의 성립에 대한 연구가《원조비사》에 근거해 이루어지던 시기에 제국의 성립 과정은 테무진(칭기스 칸의 본명)이 몽골고원의 유목 부족들을 통일하는 과정으로 설명되었다. 그러나 당시 몽골고원의 유목민들이 모두 부족 사회의 상태에 있었던 것은 아니었고, 케레이트 부족, 나이만 부족, 옹구트 부족은 각각의 부족을 중심으로 왕국을 형성하고 있었다.《집사》,《성무친정록》,《원사》에 근거한 연구에서는 몽골고원 중앙부의 항가이산맥을 거점으로 하는 케레이트 왕국을 중심으로 몽골고원 통일의 과정이 진행되었다는 것이 복수의 연구자에 의해 제기되고 있다. 이 점을 처음 지적한 오카다 히데히로岡田英弘에 따르면, 12세기 말에 케레이트 왕국은 왕위〔칸위〕 계승 분쟁의 내분으로 분열되었고 동생과의 싸움에서 패한 토오릴 칸은 망명했는데, 토오릴 칸은 테무진 등의 협력을 얻어 케레이트 왕국의 왕위에 복귀했으며, 테무진은 토오릴 칸의 신하가 되었다. 그 무렵, 토오릴 칸은 금조의 타타르 부족 토벌에 테무진과 함께 참가해 금조로부터 왕의 칭호를 받아 몽골고원에서 금조의 최대 동맹이 되었고, 금조의 원조 아래 몽골고원 유목 부족들의 통일을 추진했다. 이 사업에서 선봉이 되어 공을 올린 인물이 테무진이었다(岡田, 1981, 2016: 80~81쪽; Atwood, 2017).

이러한 오카다 히데히로의 주장을 토대로 설명을 덧붙이고자 한다. 1196년 봄에 망명지에서 몽골고원 동부의 자신에게 의탁해오는 토오릴 칸을 테무진은 받아들여 가을에는 토오릴과 부자의 맹서를 맺었으며, 1198년경까지 토오릴 칸은 테무진의 협력을 얻어 자신의 동생 에르케 카라를 왕위에서 끌어내리고 케레이트 왕국의 왕위에 복귀했다.

테무진이 토오릴 칸의 신하가 되었다고 해도 전투에서 토오릴 칸의 케레이트 군대와는 별개로 테무진의 군대가 있어서 테무진이 케레이트 군대의 일원이 된 것은 아니었고, 테무진은 케레이트 왕국의 동쪽에서 유목하는 부족의 지도자로서 토오릴 칸과 주종 관계를 맺어 자신의 군대를 이끌고 케레이트 왕국의 전쟁에 협력하고 있었을 것이다.

이 시기 또 하나의 큰 사건은 케레이트 왕국이 금조가 타타르 부족을 토벌하는 데 협력해 토오릴이 금조로부터 왕의 칭호를 받은 일이다. 이전까지 몽골 부족과 케레이트 왕국은 금조와 타타르 부족의 연합으로 고통을 겪고 있었다. 몽골 부족의 암바가이 칸, 테무진의 조부의 형 오킨 바르칵, 케레이트 왕국의 마르구즈 왕은 타타르 부족의 포로가 되어 금으로 보내져 처형되었다. 그런데 금조와 타타르 부족 사이 협력 관계가 깨졌다. 1195년에 금조가 몽골고원에서 군사 활동을 전개하는 데 협력한 타타르 부족의 세체가 전리품을 빼앗았고, 이를 금조가 질책한 것이 원인이 되어 타타르 부족이 금조를 배반해 금의 변경을 침범하고 약탈했다. 이에 맞서 1196년에 금조가 타타르 부족 토벌군을 파견한 것이다.

올즈강江에서 벌어진 타타르 부족과 금군 사이 전투(1196)에 대해서는 1991년에 몽골국 동부에서 석벽 비문碑文이 발견되어 시라이시 노리유키白石典之와 마쓰다 고이치松田孝一에 의해 연구가 진행되었다(白石, 2016, 2017; 松田, 2015: 6~8쪽). 타타르 부족은 케룰렌강에서 금군을 맞아 싸워 사흘 동안 포위해 금군을 궁지에 몰았으나, 금군은 원군을 얻어 탈출했고 야습을 가해 타타르 부족을 격파하고 패주하는 타타르 부족을 올즈강까지 추격해 그 대부분을 얼어 죽게 했다. 이때 테무진은 급히 군대를 모아 금조에 협력했고, 패주해온 타타르 부족을 맞아 대패시켰으며 부족장 메구진 세울투를 죽이고 그들의 가축과 재산을 빼앗았다. 이 공적으로 토오릴은 "왕"의 칭호를, 테무진은 "자우투 쿠리"라는 칭호를 금조로부터 받았다. 이 칭호에 대해 오자와 시게오小澤重男는 "자우투"는 100을 의미하는 "자운"의 복수형으로 보는 학설을 제시하면서 "쿠리"에 대해서는 알 수 없다고 했고, 오카다 히데히로는 자우투 쿠리를 "백인대장百人隊長"으로 추측했다(小澤, 1997: 상권 166~167쪽; 岡田, 2016: 78쪽). 이 승리로 금조는 타타르 부족을 대신하는 유목 세력의 우군을 확보할 수 있었고, 테무진과 토오릴 칸은 자신들의 숙적 타타르 부족의 세력을 크게 약화할 수 있었다. 이후 토오릴 칸과 테무진은 금조의 가장 유력한 동맹이자 협력자가 되었고, 케레이트 왕국의 유목 부족들을 상대로 한 군사 활동은 금조와 제휴하면서 그 지원하에 이루어졌다(岡田, 1968; 松田, 2015: 14~15쪽; 岡田, 2016: 86쪽). 이 시기에 금조에서 케레이트 왕국으로 야율아해耶律阿海가 사신으로 파견된 것은 금조와 케레이트 왕국 사이에 동맹·외교 관계가 있었음을 보여준다.

금조가 토오릴 칸과 테무진에게 부여한 칭호의 차이는 금조에서 바라보는 두 사람의 위상 차이를 단적으로 드러낸다. 케레이트 왕국은 국가를 형성했으며 그 왕족들은 서아시아 기독교인 동방 시리아 교회(이른바 네스토리우스파)를 신봉했고 문자 문화가 있었을 가능성도 있어서 어느 정도 문명화한 유목 국가였고, 토오릴 칸은 그 국가의 왕이었다. 반면, 몽골 부족은 샤머니즘을 신봉해 문자 문화가 없었고 부족 사회의 집단이어서, 테무진은 몽골 부족 내의 패권 다툼으로 시달리는 키야트 부족[씨족]의 지도자에 불과했다(몽골 제국의 문자 문화에 대해서는 이 책의 제5장 참조). 키야트 부족은 테무진의 증조부 카불 칸을 시조로 하는 부계 집단으로 타이치우트 부족, 자지라트 부족 등의 부계 집단과 공통의 조상을 가져 이들 부족과 함께 몽골 부족 내의 지배 일족인 니루운을 형성하고 있었다. 니루운 내부에서 몽골 부족의 패권을 둘러싼 쟁탈이 있었고, 키야트 부족에게 타이치우트 부족과 자지라트 부족은 경쟁 상대였다. 테무진이 케레이트 왕국의 왕 토오릴 칸의 신하가 되는 것은 그가 몽골 부족 내의 패권 쟁탈에서 유리한 고지에 오르는 것을 의미했다.

테무진이 금조에서 케레이트 왕국으로 파견된 거란족 야율아해와 만난 것은 그가 케레이트 왕국의 궁정에 출입하게 된 때문일 것이다. 또한 케레이트 왕국의 궁정에서 행해졌을 것으로 추정되는 동방 시리아 교회의 의례를 통해 테무진은 서아시아의 문화를 접했음에 틀림없다. 그리고 이 시기에 테무진은 자파르 호자(찰팔아화자札八兒火者)라는 무슬림 신하를 얻었다. 그것도 단순한 무슬림이 아니라 무함마드의 사위 알리의 후손들에 대한 존칭인 사이드(사이이드)를 칭하는 인물이었다. 테무진은 자파르 호자를 통해 이슬람교의 문화나 문물을 알게 된 것으로 보인다.

1198년경부터 1203년까지는 토오릴 칸과 테무진의 밀월 시기였고, 둘에 의한 공동 군사 행동이 계획되어 테무진의 적대 세력인 메르키트 부족 및 타이치우트 부족과 토오릴 칸의 적대 세력인 나이만 왕국에 대한 공격이 시작되었다. 1200년, 이에 맞서 결성된 반反토오릴-테무진 연합은 몽골 부족 내에서 테무진의 키야트 부족과 대립하는 일파와 타타르 부족 사이의 연합이었다. 양 진영 사이의 전투는 토오릴-테무진 측이 승리했다. 1201년에는 자지라트 부족의 자무카가 반토오릴-테무진 연합의 수장으로 선출되어 구르 칸을 칭했지만, 1201년의 전투에서도 토오릴-테무진 측이 승리했다. 그래서 이후 1202년에 결성된 반토오릴-테무진 연합은 오이라트 부족 및 메르키트 부족이 합류했고 토오릴 칸의 적인 나이만 왕국도 합세해 대규모 세력이 되었다. 내몽골의 장성長城 부근이 전투장이 되어 토오릴 칸과 테무진 등은 장성의 안쪽으로 달아났는데, 때마침 눈보라가 테무진 등에게 유리하게 불면서 적진이 모두 무너져 토오릴-테무진 측이 승리했다. 토오릴 칸과 테무진이 장성의 안쪽으로 달아난 것은 이들과 금조 사이에 동맹·협력 관계가 있었기 때문으로 보인다(岡田, 2016: 84~86쪽; 松田, 2015: 14~15쪽).

최근에 이 시기의 전투를 금조파派의 토오릴 칸과 테무진이 카라 키타이파의 반토오릴-테무진 연합과 벌인 전투로 해석하는 주장이, 즉 금조와 카라 키타이의 대리전이었다고 보는 학설이 있다. 그러나 몽골 제국 및 카라 키타이 연구자 미할 비란Michal Biran은 몽골의 내분에 카라 키타이가 개입해 금조에 몽골의 부족들을 적대케 하려 한 증거가 없다고 보고 있다. 필자는 비란의 지적이 정곡을 찌르고 있다고 생각한다(Biran, 2005: 65쪽; 松田, 2015: 11~15쪽; 白石, 2017: 69~76쪽). 왜냐하면, 반토오릴-테무진 연합의 수장 자무카가 칭한 구르 칸은 "칸 중의 칸" 등 특별한 칸을 의미하는 칭호였고, 자무카가 카라 키타이파였다면 그가 카라 키타이의 군주와 같은 칭호로 추대되는 일은 일어나기 어려웠을 것으로 보이기 때문이다.

반토오릴-테무진 연합은 처음 두 차례는 동부 몽골에서 형성되었고, 나이만 왕국은 연합에 참여하지 않았다. 제2차 반토오릴-테무진 연합의 수장이 된 자무카는 테무진의 키야트 부족과 3대 위로 계보 관계가 있는 자지라트 부족의 수장이었다. 처음 두 차례의 전투는 몽골 부족 내부의 패권 쟁탈을 둘러싸고 반테무진 세력 측에서 타타르 부족의 잔존 세력 등과 협력해 일으킨 전투였다고 보는 편이 타당하다.

이 시기에 토오릴 칸은 나이만 왕국을 공격하고 있었다. 나이만 왕국은 케레이트 왕국의 왕위 계승 분쟁이 일어났을 때 토오릴 칸의 동생 측을 지원했던 국가여서 토오릴 칸에게는 적이었다. 그래서 토오릴 칸은 테무진의 협력을 얻어 나이만 왕국을 적극적으로 공격했다. 토오릴 칸과 테무진의 공격에 패한 나이만 왕국은 제3차 반토오릴-테무진 연합의 중심이 되었다. 나이만 왕국은 테무진의 적대 세력을 우군으로 끌어들여 총공격을 가했다. 그러나 앞서 서술했듯, 기후 이변이 토오릴 칸과 테무진 측에 유리하게 작용해 반토오릴-테무진 연합은 패했다.

1203년 테무진의 즉위

케레이트 왕국이 몽골고원의 자국 적대 세력에 취한 군사 활동은 토오릴 칸과 테무진 사이에 불화가 생겨나면서 중단되었다. 당시 몽골에는 상대와 강한 협력 관계를 맺는 방법으로 서로에게 자신들의 일족의 여성을 시집보내 이중의 인척 관계를 맺는 교환혼이 있었다. 테무진은 토오릴 칸의 일족과 교환혼을 통해 강한 유대 관계를 만들고자 했지만, 토오릴 칸이 이를 거절한 것이 계기가 되어 둘 사이에 불신이 쌓여 갔다. 결국 양자 사이에 전투가 일어났고, 테무진은 패해 몽골고원 북방의 발주나호수로 도망하게 되었다(1203). 이후, 테무진은 한때 따로 떨어져 있던 자신의 동생 조치 카사르와 합류하는 등 군대 체계를 재정비할 수 있었고 전략을 세워 급습을 감행해 토오릴 칸의 군대를 격파했다.

이 테무진의 공격은 케레이트 왕국에서 일어난 신하에 의한 쿠데타이자 테무진에 의한 케레이트 왕국의 왕위 찬탈이었다.《집사》는 테무진이 토오릴 칸과의 전투에서 승리한 후 1203년에 케레이트 왕[칸]으로 즉위했다고 기록하고 있다. 이 즉위에 처음 주목한 연구자는 오카다 히데히로였고, 다른 연구자들이 적극적으로 이 즉위의 기사를 언급하고 있지는 않지만, 이 즉위는 역사적 사실일 것이다(岡田, 1981; 2001: 31쪽).

테무진의 즉위 후 케레이트 왕국의 신하들은 왕위에 오른 테무진에게 신종臣從할 것을 요구받았다.《원사》권130에 따르면, 투르크계 캉글리 부족 출신 카이란 벡(해람백海藍伯)은 케레이트 왕국의 토오릴 칸을 섬겼으나, 테무진이 토오릴 칸을 멸망시키자 그는 가신家臣들과 함께 서북으로 달아나려 했다. 테무진이 이를 만류하자 카이란 벡은 "이전에 나는 당신과 함께 토오릴 칸을 섬겼다. 토오릴 칸이 멸망한 지금 섬기는 상대를 바꾸는 것은 차마 할 수 없다"라고 하면서 떠났다고 한다.

《집사》에 근거해 1203년에 테무진이 케레이트 왕국의 왕위를 계승했다고 하면, 나이만 왕국 멸망 후 1206년에 성립한 몽골 제국은 케레이트 왕국이 그 토대가 되었을 가능성이 크다. 케레이트 왕국에 관한 사료가 부족해 이를 실증적으로 논의하기에는 어려운 부분이 있으나, 일례로 《집사》에 따르면, 토오릴 칸이 테무진과 전투를 벌이기 전에 개최한 집회는 "쿠릴타이"라고 불렸다. 쿠릴타이에서 중요한 사안을 결정하는 문화는 케레이트 왕국에서 몽골 제국으로 계승되었을 가능성이 크다.

그리고 문자 문화에 대해서는 테무진이 나이만 왕국의 인장印章 제도를 도입하고 아울러 위구르족 타타통가에게 명해 황자들과 제왕諸王에게 문자를 가르치게 했다는 《원사》 권124의 기록에 근거해 위구르족으로부터 문자가 도입되었다는 것이 정설이나, 몽골 제국 초기에 에센부카也先不花·아비시카 등 케레이트 출신의 비칙치(서기)가 있었다는 점(坂本, 1970: 106~107쪽), 테무진이 케레이트 왕국의 자카감보와 토오릴 칸과 만난 시기부터 사료에서 갑자기 역사적 사실과 연대를 알 수 있기 때문에 케레이트 왕국에는 문자 문화가 존재해 비칙치에 의한 기록이 남아 있었을 가능성이 있다는 점(岡田, 2016: 80쪽) 등으로부터, 몽골 제국은 케레이트 왕국으로부터 문자 문화를 계승했다는 주장도 있다. 이는 상황 증거에 근거한 가설이지만 검토할 가치가 있다.

몽골 제국의 성립으로 실현된 국가는 몽골어로 예케 몽골 울루스라고 불렸다. 국가로서의 울루스는 중앙에 오르도라 불리는 궁정이 있고, 그곳에는 그 울루스의 에젠(주인)인 칭기스 칸이 자신의 일족 및 신하들과 함께 거주했다. 궁정은 천막들로 구성되었고, 궁정 전체가 계절 이동을 했다. 궁정에는 케식텐이라 불리는, 윤번제에 따라 궁정의 경호를 비롯해 궁정을 유지하기 위한 각종 업무를 담당하는 신하들이 있었고 그 휘하에서 일하는 "집안의 아들"(게르 운 쿠운)이라 불리는 이들도 있었다. 울루스에 속하는, 투르크–몽골계 유목민을 중심으로 하는 이들은 밍간(천호千戶)이라 불리는 조직으로 재편되어 왼쪽의 천호와 오른쪽의 천호로 구분되었고 울루스 영역 내에 거주하고 있었다. 이 천호제는 국가 조직인 동시에 군대를 제공하는 군사 조직이었다. 각 천호에는 노얀이라 불리는 천호장이 있어 해당 천호를 통솔했다. 천호장은 자신의 아들을 케식텐으로 궁정에 출사시켜 칭기스 칸을 섬기게 했다. 케식텐 제도는 천호장을 칭기스 칸에게 종속시키기 위한 인질(볼모)로서의 의미가 있는 동시에 제국을 유지하기 위한 인재 양성의 역할도 수행했다고 생각된다(이 책의 제4장과 제7장 참조).

울루스는 본래 "사람"(백성)의 의미이고, 국가를 의미하는 울루스와는 별개로, 국가보다 소규모인 집단을 의미하는 울루스도 존재했다. 소규모 울루스는 칭기스 칸 가문의 남성이 에젠으로서 울루스를 통솔했고, 칭기스 칸으로부터 수여받은 천호가 이 에젠의 휘하에 배치되어 하나의 자치적 집단을 형성했다. 칭기스 칸이 건국한 예케 몽골 울루스는 칭기스 칸이 이끄는 중앙의 울루스를 핵심으로 하고, 칭기스 칸의 동생들이 이끄는 동방의 3개 울루스와 칭기스 칸의 아들들이 이끄는 서방의 3개 울루스로 구성되어 7개 울루스의 집합체로서 국가를 형성했다. 예케 몽골 울루스가 이들 복수의 울루스로 나뉜 시기에 대해서는 칭기스 칸이 금조 원정을 개시한 1211년까지 7개 울루스의 집합체가 되었다는 것이 정설이나 재검토의 여지가 있다(杉山, 1978, 2004; 川本, 2013; 이 책의 제3장 참조).

몽골 제국과 글로벌화

13세기 전반前半에 몽골 제국이 급속하게 세를 확장해 동아시아에서 서아시아에 이르는 대제국으로 발전한 것에 대해 어떻게 이해해야 할지 아직 충분한 답변이 나오지 않고 있다. 정복왕조론은 북아시아 사회, 유목 사회에서도 발전이 있었음을 전제로 몽골 제국을 정복왕조 요·금의 발전의 연장선에 위치 짓는다(護, 1970). 그러나 몽골 제국의 출현에는 사회의 내적 발전뿐만 아니라 외적 요인이 크게 영향을 끼쳤을 것으로 보인다.

한편, 미할 비란은 몽골 제국이 다민족·다종교 국가로서 성립한 요인을 밝히기 위해 몽골 제국의 원형을 카라 키타이에서 찾으려고 했다. 그러나 이 시도는 그다지 성과를 거두지 못했고, 몽골 제국과 카라 키타이의 정복 활동이나 통치 방법을 서로 비교해보면 공통점보다 차이점이 많음을 비란 자신이 지적하고 있다(Biran, 2005).

몽골 제국이 중국과 서아시아 양쪽의 농경 지역과 도시 지역에 대한 정복 활동을 전개하면서 광역의 정치적 통일체가 형성됨에 따라, 이 시대에 글로벌화 혹은 세계의 일체화가 일정 정도 진행되었다고 할 수 있다. 최근에 세계사 연구에서 글로벌화가 중요한 테마로 떠오르고 있고, 《글로벌화의 세계사グローバル化の世界史》의 책임편집자 아키타 시게루秋田 茂는 "광의의 글로벌화"의 역사적 기원을 19세기 이전으로까지 거슬러 올라가 고찰한 점에 대해 역사학자들 사이에서 온건한 합의가 있다고 보고, 몽골 제국 시대를 "초기 글로벌화"로 위치 짓고 있다(秋田, 2019). 같은 책에서 무카이 마사키向 正樹는 몽골 제국 질서의 안정과 원거리 교역의 확장 순서는 일반적 이해와 달리 그 역순이며, 제국의 형성 이전에 혹은 제국의 형성과는 무관하게 국제 상업이 상승하

는 국면이 있었고, 국제 상업의 한 단계 확장 실현과 제국의 형성이 서로 연동되어 있다는 흥미로운 가설을 제시했다(向, 2019: 30쪽).

글로벌화를 추동한 요인으로는 광역의 정복 활동과 원거리 교역이 중요하지만, 이것들 외에도, 또는 이것들과 함께 움직이는 경우도 많은, 세계 종교의 포교 활동과 그 확장·전파도 언급할 수 있다. 세오 다쓰히코妹尾達彦의 거시적 역사 연구에 따르면, 4세기에서 13세기 사이에 농경 지역과 유목 지역의 두 정권이 서로 교류하고 충돌하는 주요 무대가 중국 대륙의 서북부에서 동북부로 이동했고, 중국의 주요 곡창 지대가 화북평원華北平原에서 장강長江 하류 지역의 강남江南으로 이동했으며, 유라시아 대륙을 관통하는 교통 간선이 내륙의 육로에서 연해沿海의 수로·해로로 옮겨졌다. 그 결과 동서의 복수 수도首都 제도에서 남북의 복수 수도 제도로의 전환이 이루어졌다(妹尾, 2020). 송·요·금의 시대는 중국 왕조의 수도가 동쪽으로 옮겨졌고, 동아시아의 중국 문명과 서아시아의 이슬람 문명 사이의 관계가 멀어진 것처럼 보일 수도 있다. 그러나 한편으로 이 시대에 이슬람교와 기독교(동방 시리아 교회)의 동방으로의 확장 현상이 일어나고 있었다.

이슬람교의 동방으로의 확장은 중앙아시아의 이슬람화로 논의되고 있듯, 9~10세기에 사만 왕조(873년경~999)에 의한 파미르고원 서쪽의 오아시스 정주 지대와 투르크계 유목민의 이슬람화가, 10~11세기에 카라한 왕조(940년경~1132년경)에 의한 파미르고원 동쪽의 오아시스 정주 지대 서반부西半部의 이슬람화가 진행되어 이슬람교도의 활동 지역이 동방으로 확장했다. 또한 12세기에는 중앙아시아에 건국된 카라키타이(1133~1211)의 영내에서 불교·이슬람교·기독교가 혼재하면서 천산산맥天山山脈 북방의 카얄릭·알말릭 지역에는 이슬람교도인 카를룩 부족이 거주했다(間野·堀川, 2004; Biran, 2005). 이슬람교도 활동 지역의 동방으로의 확장은 같은 시기에 남방에서도 일어나고 있었으며, 가즈나 왕조(977~1186) 및 고르 왕조(1148년경~1215)의 건국과 약탈·정복을 통해 북인도까지 이슬람 세력이 확장했다.

서아시아의 기독교인 동방 시리아 교회는 10~11세기에 서위구르 왕국에 기독교도가 있었던 점과, 더 나아가 그것이 동방으로 전파되어 몽골고원의 케레이트 부족에게 전해졌고, 11세기 초까지 몽골고원에서 케레이트의 국가 형성과 기독교 수용이 있었다는 점이 최근 실증적으로 밝혀졌다(森安, 2021; 白, 2011).

칭기스 칸 시대에 몽골 제국이 복수의 문명권에 대해 정복 활동을 벌인 것은 몽골고원이 중국 문명의 변경에 위치했을 뿐만 아니라 이슬람교 및 기독교 동방 시리아 교회 등 서아시아의 문화가 몽골고원에 이미 전래되어 있었고, 몽골고원이 서아시아 문명의 변경에도 위치하게 되었다는 것과 관계가 있다.

기독교를 수용하고 왕이 기독교도의 이름을 갖게 된 케레이트 왕국의 궁정에서는 동방 시리아 교회의 종교 의식이 행해졌을 것으로 추정된다. 그리고 즉위 전의 테무진에게 이슬람교의 사이드를 칭하는 신하가 있었다는 점에서, 이슬람교의 문화도 케레이트 왕국의 궁정에 전해졌을 것으로 생각된다. 칭기스 칸은 1206년에 몽골 제국의 칸으로 즉위한 이후에 제국의 국경에 도달한 무슬림 상인들을 궁정으로 데려오라 했고, 이어서 서아시아산 상품을 얻기 위해 무슬림 상인들에게 자금을 주고 호라즘 샤 왕국으로 대상隊商을 파견했다. 이 파견은 결과적으로 대상이 살해되는 유명한 오트라르 사건을 초래했고 몽골 제국이 호라즘 샤 왕국으로 원정하는 계기가 되었다.[*] 몽골 제국의 지배자가 서아시아산 상품을 추구하는 것은 칭기스 칸 이후에도 변하지 않았고, 제2대 우구데이 카안은 무슬림 상인들에게 자금을 대며 그들을 우대하면서 몽골고원으로 서아시아산 상품의 물류가 확보되기를 희망했다. 몽골 제국의 카안(대칸)이 서아시아산 상품과 사치품에 집착한 것은 제국이 정복 활동, 교역 활동, 정복지 지배 등을 통해 획득한 물자·사람·재화를 자신의 일족과 신하들에게 계속 분배하는 것을 본인의 임무로 삼았기 때문이다. 통치자에 의한 부의 재분배는 국가의 중요한 기능의 하나인데, 몽골 제국에서는 그것이 직접적이고 가시적인 형태로 이루어졌다(宇野, 1989; 四日市, 2005).

이상과 같이 생각한다면, 몽골 제국에서 서방으로의 급속한 세력 확장이 일어난 요인은 몽골 제국 이전에 서아시아 문명의 요소가 몽골고원까지 전래된 글로벌화가 일정 정도 진척되어 그것이 몽골고원의 유목 사회 및 유목 국가를 자극해 서아시아 문화에 대한 강한 관심과 서아시아산 상품에 대한 욕구·수요를 불러일으켰기 때문으로 볼 수 있다.

따라서 몽골 제국의 정복 활동을 통해 글로벌화가 시작된 것이 아니라, 서아시아 문명의 동방으로의 확장이라는 형태로 이미 생겨나고 있던 글로벌화 현상이 몽골 제국의 건국 및 이후 지속된 몽골 제국의 정복 활동이라는 반작용을 낳았고, 이에 몽골 제국이 적극적으로 관여

• 오트라르는 현재 카자흐스탄에 위치한 도시 유적으로, 중앙아시아의 정주 문명과 유목 문명의 경계 지대에 자리하고 있었다. 칭기스 칸의 몽골 제국과 당시 중앙아시아를 장악하고 있었던 호라즘 샤 왕조의 국경에 위치한 이 도시에서, 1219년에 칭기스 칸이 파견한 사신들과 상인들이 모두 살해되었다. 이에 칭기스 칸은 항의를 위해 다시 사신들을 파견했으나 오트라르에서는 사신을 처형하고 남은 사신을 수염을 밀어서 돌려보냈다. 이에 몹시 분개한 칭기스 칸은 금 원정에 집중되어 있던 군사력을 서쪽으로 돌려 호라즘 정벌에 착수하게 되었다.

함에 따라 글로벌화가 가속화했다고 할 수 있을 것이다.

2. 몽골 제국의 확장과 분열

정복 활동과 제국의 확장

몽골 제국은 칭기스 칸(재위 1206~1227)의 시대에는 위구르 왕국 복속,
서하 왕국 원정·정복, 금조 원정, 호라즘 샤 왕조 원정·정복 등의 군사
활동을 통해 영토를 확장했다. 제2대 우구데이 카안(재위 1229~1241)
의 시대에는 금조 원정·정복, 남부 러시아 및 동유럽 원정(바투의 원정)
을 통해 영토가 확장되었지만 남송 원정은 실패했다. 제4대 뭉케 카안
(재위 1251~1259)의 시대에는 서아시아 원정(훌레구의 원정)을 통해 이슬
람 세계의 동부를 지배하에 두었으나, 남송 원정은 다시 실패했고, 뭉
케 카안이 원정 도중에 사망하는 최악의 결과로 끝났다. 제5대 쿠빌라
이 카안(재위 1260~1294)의 시대에는 몽골 제국의 남송 원정이 재개되
어 남송이 멸망함에 따라 남중국까지 제국의 영토가 확장되었다.

　몽골 제국이 정복을 통해 손에 넣은 각지의 도시·농경 지대는 칭기
스 칸 일족의 공유 재산으로 간주되어 그 지역에 대해 인구 조사가 실
시되었고, 그로부터 확보한 다양한 세수稅收가 국고로 들어오는 동시
에, 그 권리와 이익을 칭기스 칸의 일족과 공신으로 구성된 지배자 집
단 내에서 분배하는 공통의 방법이 채택되었다. 이러한 형태로 지배된
도시·농경 지대는 몽골 제국의 통치 구조에서 중요한 부분을 구성했
다(松田, 1978; Allsen, 1987; 川本, 2013; 高木, 2013; 이 책의 제3장 참조. 몽골
임팩트에 의한 광역적 영향에 대해서는 이 책의 제2장 참조).

이전에 "칸국"이라 불린 몽골 제국 내의 지방 정권을 근래에는 정권 창시자의 이름에 "울루스"를 붙여 차가타이 칸국을 "차가타이 울루스"로, 일 칸국을 "훌레구 울루스"로, 킵차크 칸국을 "조치 울루스"로 부르는 사례가 늘고 있다. 여기서의 "울루스"는 유목 국가 혹은 국가를 의미한다. 칭기스 칸이 몽골 제국을 건국했을 때 제국은 "예케 몽골 울루스"라 불리는 하나의 국가였고, 앞서 서술했듯, 그 안에 7개의 울루스를 포함하고 있었다. 몽골어로는 둘 다 "울루스"였지만, 질적으로는 서로 달라서, 소규모의 하위 울루스는 칭기스 칸 가문의 남성이 칸으로부터 수여받은 목지牧地와 천호를 소유·관리하는 자치적 집단이었고, 대규모의 상위 울루스는 대외적 전쟁을 계획·실행하며, 농경·도시 지대를 정복·지배하고, 이로부터 얻는 수입을 분할·분배하는 기능을 수행했다(村岡, 1988; 四日市, 2005). 피터 잭슨Peter Jackson은 하위의 자치적 집단으로서의 울루스를 "appanage"라고 상위의 국가로서의 울루스를 "state"라고 부르고 있다(Jackson, 1999, 2009, 2017).*

1235년, 제2대 우구데이 카안은 쿠릴타이를 개최해 남부 러시아 초원 서쪽으로의 원정을 결정했다. 원정은 칭기스 칸 가문의 총의總意로 실시되는 사업이었고, 각 왕가가 참여했다. 병력은 각 왕가에 속한 천호 집단으로부터 공출되었다. 원정을 이끈 사람은 조치 가문의 장자 바투였고, 조치 가문에서는 바투 외에 오르다·베르케·시반·탕구트가, 차가타이 가문에서는 부리·바이다르가, 우구데이 가문에서는 구육·카단이, 톨루이 가문에서는 뭉케·부첵이, 그리고 칭기스 칸의 서자 쿨겐이 원정에 참여했다. 1236년에 출발한 몽골군은 남부 러시아

---

* appanage는 "속령(屬領)"의, state는 "국가"의 의미라 할 수 있다.

초원의 투르크계 부족들, 볼가 불가르 왕국, 루시의 공국들, 헝가리, 폴란드에 승리를 거두며 동유럽까지 나아갔다. 원정 도중 구육과 뭉케는 우구데이 카안의 귀환 명령을 받아 먼저 몽골로 복귀했다. 또한 1236년부터 코카서스 지방의 그루지야 왕국에서 몽골군의 정복 활동이 본격화했다. 그런데 1241년 12월에 우구데이 카안이 사망하고 그 소식을 접한 몽골군의 진군이 멈춰 섰다. 다음 카안을 선출하기 위해 각 왕가의 왕자들은 몽골고원으로 귀환했지만, 바투는 남부 러시아 초원에 머물렀다. 칭기스 칸의 시대에 조치 가문은 몽골고원 서북부의 목지를 수여받았고 그곳에 자치적 집단으로서 조치 울루스를 설치했는데, 이후 울루스는 바투의 원정을 거쳐 남부 러시아 초원에 조치 울루스의 거점을 두면서 국가로서 발전해나가게 된다. 또한 아나톨리아반도에서는 1242년부터 몽골의 룸 셀주크 왕조에 대한 침략과 정복 활동이 본격화했다(井谷, 1988).

다음으로 몽골 제국의 확장에 기여한 원정은 뭉케 카안 시대 훌레구의 원정이다. 뭉케 카안은 즉위(1251)하자, 먼저 자신의 동생 쿠빌라이에게 중국을 중심으로 하는 동쪽 방면의 수호 및 정복을 명했고, 이어 훌레구에게 이란과 이라크를 중심으로 하는 서쪽 방면의 정복을 명했다. 뭉케 카안은 천호제 조직으로부터 10명당 2명의 비율로 병력을 제공할 것을 명했고, 병력의 대부분은 톨루이 가문의 천호에서 징발되었지만 조치 가문, 차가타이 가문, 칭기스 칸의 동생 조치 카사르의 가문에서도 이에 참여해 원정군이 꾸려졌다. 원정군은 1253년에 몽골고원을 출발해 1256년에 아무다리야[강]를 건너 이스마일파派의 알라무트 성채, 아바스 왕조의 수도 바그다드 등 서아시아의 각지를 정복했으나, 1260년에 시리아로 진군하던 도중에 뭉케 카안의 사망 소식을 접하면서 훌레구는 이란 북서부의 아제르바이잔으로 퇴각했으며, 그곳에서 쿠빌라이와 아릭부케 둘이 카안으로 즉위해 둘 사이에 대립이 일어나고 있다는 것을 알았다. 이란에 머문 훌레구는 쿠빌라이 카안으로부터 훌레구의 원정군 및 그 이전에 이란으로 파견되어 있던 몽골군을 통솔하고 이란 및 그 주변의 지방들을 지배하라는 명을 받았다. 훌레구는 원정군과 함께 이란에 머물렀고, 그곳을 거점으로 국가로서의 훌레구 울루스(일 칸국)를 형성하게 된다(高木, 2014; 이 책의 제9장 참조). 덧붙여, "아릭부케"의 "부케"에 대해서는 이전부터 다양한 가타카나 표기가 사용되어왔으나, 《화이역어華夷譯語》(갑종본甲種本)의 "날겁래서捏怯來書"에 있는 "아리패가阿里孛可, Ari[q] Bökö"에 근거해 "부케"로 쓴다. "부케"는 현대 몽골어의 부흐бөх고, 그 의미는 "씨름선수"〔장사〕다.

제국 내부의 분쟁과 분열

몽골 제국의 영역은 많은 원정을 거쳐 확장되었으나, 몽골 제국 내부에서는 제위 계승을 둘러싼 분쟁이 증대해 결국 몽골 제국은 분열로 치닫게 되었다. 제위 계승은 항상 제국의 아킬레스건이었다. 칭기스 칸은 보르테〔칭기스의 정실부인〕와의 사이에서 태어난 네 아들이 제국을 공동 통치 하는 것을 목표로 했던 것으로 보이며, 이들에게 서로 다른 역할을 부여하고 권력을 어느 한 사람에게 집중시키지 않았다. 그 결과, 제위는 셋째 아들 우구데이가 계승했지만 국가의 근간인 천호의 대부분은 넷째 아들 톨루이가 계승했다. 그러나 이 칭기스 칸의 선택은 이후 몽골 제국 내부에서 왕족 간의 제위 계승 분쟁이 발생하는 배경이 되었다.

먼저, 우구데이 카안의 금조 원정 직후 톨루이가 젊은 나이에 사망하자(1232) 우구데이 가문과 톨루이 가문 사이에 마찰이 생겼다. 우구데이 카안은 톨루이의 미망인 소르칵타니 베키에게 우구데이의 아들 구육과의 재혼(숙모와 조카의 혼인)을 요구했고, 또 톨루이 가문이 계승한 많은 천호 중에 3000호를 취해 자신의 아들 쿠덴에게 주었다(本田, 1991: 27쪽 주 25. 4000호 주장에 대해서는 이 책의 제3장 참조). 소르칵타니 베키는 재혼의 이야기는 끊어냈지만, 3000호를 우구데이 가문으로 넘기는 것에 대해서는 불만을 품은 톨루이 가문의 가신들을 설득해 받아들였다. 우구데이 카안이 사망한 이후, 제위는 우구데이의 장남 구육이 계승했으나, 구육은 젊은 나이에 사망했다(1248). 소르칵타니 베키는 조치 가문의 바투를 우군으로 끌어들여 자신의 장남 뭉케를 향한 바투의 지지를 확고히 하면서 뭉케의 즉위를 실현시켰고, 제위를 톨루이 가문으로 이전하는 것에 성공했다. 즉위 후 뭉케 카안에 의해 우구데이 가문에 대한 냉엄한 숙청이 행해졌고, 톨루이 가문의 은혜를 생각하면서 뭉케의 편에 섰던 쿠덴의 울루스를 제외하고 사실상 우구데이 울루스는 소멸되었다. 그 결과, 칭기스 칸 가문의 내분이 결론이 난 듯 보였으나, 뭉케 카안이 남송 원정 중에 사망하자(1259) 다시 제위 계승 분쟁이 일어나 톨루이의 아들 쿠빌라이와 아릭부케 형제 사이에 갈등이 빚어졌으며, 1260년에 양자가 각기 쿠릴타이를 개최해 즉위하면서 제위 계승 분쟁은 제국 전체가 휘말려 들어가는 내전으로 전개되었다. 그 영향은 중앙아시아의 차가타이 울루스에도 파급되어 쿠빌라이와 아릭부케가 각각 다른 인물을 차가타이 울루스의 칸으로 보내는 바람에 차가타이 울루스를 뒤흔드는 분쟁을 낳았다.

마쓰다 고이치는 이 시기에 쿠빌라이가 제국 분할안을 제안한 것에 주목했다. 쿠빌라이는 1260년 여름 무렵에 몽골고원에 군대를 보내 카라코룸을 점령한 후, 서아시아 원정 중인 훌레구에게, 또한 아릭부케에 의해 차가타이 울루스로 보내져 카안이 된 알구에게 사신을 파견해 중요한 제안을 했다. 제안은 조치 가문의 남부 러시아를 제외한 몽골 제국 전체를 셋으로 분할해 중앙아시아의 아무다리야에서 이집트의 경역境域까지의 이란 지역들과 그곳들에 주둔해 있는 몽골군을 훌레구가 통치하고, 아무다리야에서 알타이산맥까지의 울루스를 알구가 통치하며, 알타이산맥에서 태평양까지를 쿠빌라이가 통치한다는 내용이었다. 훌레구와 알구 둘 다 이 제안을 받아들였고, 알구는 쿠빌라이 측으로 돌아섰다(자세한 내용은 이 책의 제3장 참조).

이는 쿠빌라이가 아릭부케에게 대항하기 위한 어쩔 수 없는 제안이었을 수도 있으나, 이 제안이 하나의 계기가 되어 카안이 몽골 제국 전체를 통치하는 대신에 이란, 중앙아시아, 남부 러시아 각 정권이 도시·농경 지대를 정복·통치하게 되면서 제국 통치의 원칙이 변질되어 갔다.

툴루이 가문의 내분이 발생한 혼란의 틈을 타 부상한 인물이 우구데이 가문의 카이두다. 우구데이 울루스가 뭉케 카안에 의해 숙청되어 해체 상태에 놓였을 때, 우구데이 카안의 손자 카이두는 아직 어려서 살아남을 수 있었다. 카이두는 아릭부케가 사망(1266)한 이후, 쿠빌라이로부터 입조入朝를 권유받았지만 이에 응하지 않고 우구데이 가문의 제왕을 포섭하면서 자신의 세력을 확장해 1266년에 마침내 쿠빌라이에게 반기를 들고 그를 공격했다. 쿠빌라이 카안은 자신의 넷째 아들 노모간을 북안왕北安王으로 삼고 방어를 위해 몽골고원으로 파견했으며, 쿠빌라이 휘하 차가타이 가문의 바락을 차가타이 울루스로 보냈다. 그런데 차가타이 울루스에 도착한 바락은 차가타이 울루스의 당주當主 무바라크 샤의 지위를 찬탈하고 쿠빌라이에게 반기를 들었다. 1269년에 중앙아시아의 탈라스 강변에서 카이두에 의해 쿠릴타이가 개최되어 우구데이 가문의 카이두, 차가타이 가문의 바락, 조치 가문의 뭉케테무르가 모여 서투르키스탄의 마와라안나흐르에서 거두어들이는 세수를 분할하기로 하고 바락이 세수의 3분의 2를, 카이두와 뭉케테무르가 남은 3분의 1을 갖는다는 안건을 결정했다. 마와라안나흐르와 같은 정복지의 권리와 이익 분배는 카안이 행하는 것이 제국 건국 이래의 원칙이었다는 점에서, 이는 카안인 쿠빌라이에 대한 도전인 동시에 제국 통치의 변질을 의미하는 것이었다.

카이두와 쿠빌라이 사이의 대립은 칭기스 칸 가문 내에 동요를 일으켜 시리기의 난이라 불리는 모반을 유발했으며, 이전 쿠빌라이와 아릭부케의 싸움에서 아릭부케 측에 섰던 세력 등이 카이두 측에 유입되어 카이두의 세가 강대해진 결과, 1280년대 초기 무렵까지 몽골 제국의 중앙부에 "카이두의 국가mamālik-i Qāīdūī"라 불리는 국가가 출현했다.[•] 최종적으로는 1301년에 성종成宗 테무르의 원조元朝와 "카이두의 국가" 사이의 결전이 알타이 지방에서 벌어졌고, 그 전투 직후에 질병 혹은 부상으로 인해 카이두가 사망하게 되면서 양 진영의 화목이 실현되어 혼란은 종결되었다(Biran, 1997; 村岡, 2016).

1280년대 이후 몽골 제국의 상황에 대해 제국에는 네 국가(울루스)가 존재했고 제국은 넷으로 분열되어 있었다는 견해가 거의 정설이 되

• 시리기는 뭉케 카안의 넷째 아들이다. 시리기는 카이두의 세력 확장을 막기 위한 군대의 일원으로 북방에 파견되었다가 1276년에 반란을 일으켰으나 자기 휘하 부하의 배신으로 1282년에 사로잡혔고, 반란은 실패로 끝났다.

고 있다(村岡, 1988; Jackson, 1999; 杉山, 2004; 村岡, 2016; Jackson, 2017). 중국에는 대원大元 울루스(원조)가, 이란에는 훌레구 울루스가, 남부 러시아에는 조치 울루스가, 중앙아시아에는 "카이두의 국國"이 존재했다. 카이두의 사후 중앙아시아에서는 차가타이 가문의 두아가 우구데이 가문과의 패권 경쟁에서 승리해 중앙아시아의 실권을 장악하고 "카이두의 국"을 계승했다. 그때 두아에 의해 확립된 차가타이 울루스는 몽골어로 "중앙의 몽골 울루스Dumdadu Mongyol Ulus"라고도 불린 것이 몽골어 문서 사료에서 확인되었다(Matsui, 2009). 여기에서의 울루스는 국가를 의미하는 울루스이고, 가토 가즈히데加藤和秀는 이로써 차가타이 칸국이 성립했다고 보았다(加藤, 1978).

이상과 같이 칭기스 칸의 건국으로 시작된 몽골 제국은 13세기 후반에 네 국가로 분열되었다. 그러나 대원 울루스의 카안이 제국의 지도자로서 권위를 유지하고 있었다는 것은 사실이고, 스기야마 마사아키杉山正明와 김호동은 몽골 제국 전체로서의 느슨한 통합이 존재했다는 측면을 강조한다.

스기야마 마사아키가 몽골 제국은 느슨한 다원 복합의 통합이 지속되었다고 하는 주된 근거는 다음과 같다. 첫째, 쿠빌라이와 카이두 사이에 전투가 있었어도 실제 전투의 횟수는 적었다. 조치 가문과 훌레구 가문 사이 대립도 격렬한 전쟁으로 전개되지는 않았다. 둘째, 카안인 쿠빌라이와 그 후계자의 권위를 제국 전역에서 인정하고 있었다. 카안이 내리는 명령만이 자를릭이 되었고, 조치 울루스가 내리는 명령문은 우게라 불렸으며, 훌레구 울루스도 외부로 명령을 보낼 때에는 우게 혹은 그에 대응하는 파르만이라는 용어를 사용해 카안이 내리는 자를릭만이 유일하게 지상至上의 것이라는 질서가 유지되고 있었다.[•] 셋째, 매년 정월의 조하朝賀 의식에서 조치 가문, 차가타이 가문, 우구데이 가문을 포함해 의식에 참석한 칭기스 칸 가문의 구성원들에게는 가문마다 정해진 액수의 은과 견직물이 하사되었다. 넷째, 제국 전역에 역전驛傳이 설치되어 교통·통신 수단과 동일한 시스템으로 기능하고 있었다(杉山, 1992).

한편, 김호동이 지적하는 주된 근거는 다음과 같다. 첫째, 마르코 폴로, 랍반 사우마〔바르 사우마, "랍반"은 경칭〕 등 상인이나 종교 관계자의 여행은 13세기 후반 몽골 제국의 내전이 있었던 시대에 얼마간 지장이 있었을지라도 내륙의 루트를 이용해서 유라시아 대륙을 횡단해 목적지에 도달할 수 있었다. 둘째, 원조와 훌레구 울루스처럼 우호 관계에 있던 울루스의 사이에서뿐만 아니라 대립·적대 관계에 있던 울루스 또는 세력 사이에서도 사절의 왕래가 이루어지고 있었다. 셋째, qaan〔카안〕 혹은 qaghan〔카간〕은 제국의 정점에 위치한 한 사람의 통치자만 사용할 수 있는 타이틀이었다. 넷째, 몽골의 지배자들은 자신들이 칭기스 칸의 동일한 가문에 속해 서로가 친족임을 의식했고 단결 의식을 유지하고 있었다(Kim, 2009).

이렇게 스기야마 마사아키와 김호동은 몽골 제국이 네 국가로 분열된 후에도 제국 전체에 일정 수준의 통합과 네트워크가 유지되었다고 지적한다.

이와 관련해 주목되는 것은 구로다 아키노부黑田明伸의 통화通貨 연구다. 구로다 아키노부에 따르면, 13세기 후반부터 14세기 중반까지의

• 자를릭은 카안의 명령 문서인 성지(聖旨)를 가리키는 몽골어다. 카안의 명령 문서만 자를릭이라고 칭했다. 우게는 카안이 아닌 제왕(諸王)의 명령 문서를 가리키는 몽골어다. 파르만은 "칙령", "명령"을 의미하는 페르시아어로, 우게와 흡사한 의미로 사용되었다.

유라시아에서는 중국의 동화銅貨와 지폐, 이슬람권의 은화銀貨 및 동화와 같은 소액 화폐가 각 지역에서 유통되면서 일상적 거래를 지탱했는데, 그 상층에는 지역을 넘어 유통되는 통화로서 고액 화폐인 은괴銀塊가 지역 간 결제 수단으로서 존재했다. 13세기 후반에 원이 남송을 정복하면서 동에서 서로 대량의 은 유출이 발생해 유라시아 전역에서 은이 풍부해졌고, 이는 런던 주조소의 은화 주조량에까지 영향을 끼쳤다(Kuroda, 2017, 2020). 즉, 정치적으로 몽골 제국이 네 국가로 분열된 시대에 경제적으로는 오히려 은을 매개로 하는 일체성이 몽골 제국의 판도를 뛰어넘어 형성되고 있었다.

이러한 일체성은 몽골의 광역 지배와 함께 육로와 해로로 유라시아를 왕래하는 사절, 상인, 종교 관계자 등 이동하는 사람들에 의해 형성된 것이다. 종교 관계자의 사례로, 필자가 참여한 프로젝트에서 몽골 제국 시대의 카라코룸 곧 지금의 하르허링에 있는 페르시아어 비문을 해독했다. 비문은 원조 시대의 카라코룸에 이슬람교 수피 교단의 한카(수도장修道場)가 있었음을 기록하고 있었다(磯貝·矢島, 2007). 수피즘은 유목민과 민중에게 이슬람교를 포교하는 데 큰 역할을 했다고 전해진다. 이 수피즘을 포함해 몽골 제국 시대는 이슬람교, 기독교 동방 시리아 교회, 기독교 가톨릭 교회, 티베트 불교 등 다양한 종교가 외부로 확장한 시대였고, 사람들의 활동 에너지가 높아지고 있던 시대였다(이 책의 제7장 참조).

칭기스 계통의 원리

일반적으로는 앞서 언급한 몽골 제국의 네 울루스는 각각 14세기 후반에 쇠퇴하고 멸망했다고 알려져 있다. 그러나 네 울루스는 몽골 제국 멸망 후에도 왕조로서 혹은 적어도 왕통王統으로서 존속했다. 몽골 제국과 다른 왕조명·국가명으로 불리지만, 차가타이 울루스는 모굴리스탄 칸국으로, 대원 울루스는 북원北元으로, 조치 울루스는 조치의 다섯 번째 아들 시반의 계통인 샤이바니 왕조, 히바 칸국, 시베리아 칸국, 조치의 열세 번째 아들 토카테무르의 계통인 카자흐 칸국, 카잔 칸국, 카시모프 칸국, 크리미아 칸국, 아스트라한 칸국으로 국가로서의 규모·형태·장소가 변하면서도, 네 울루스는 계속해서 몽골 제국과 연결되고 있었다. 이는 칭기스 칸 가문의 사회적 권위가 존속하면서 칭기스 칸의 후손들만이 국가의 군주에 적합하다는 가치관이 중앙유라시아를 중심으로 지속했기 때문이고, 이러한 관념은 "칭기스 계통의 원리The Chinggisid Principle"라고 불린다(Miyawaki, 1999). 또한, 칭기스 칸의 후손이 아닌 군주에게는 칭기스 칸 가문 혈통의 여성과 혼인하는 것이 통치의 정당화를 위해 필요하다는 관념이 지속되었다(川口, 2007: 32~86쪽; 이 책의 제13장 참조).

3. 몽골 제국과 젠더사

젠더사가 역사학의 새로운 테마로서 주목을 받게 되면서 몽골 제국사 연구에서도 젠더사 연구가 시작되고 있다. 몽골 제국에서 실권을 장악했던 여성 혹은 몽골 제국의 정치에 영향을 끼쳤던 여성의 활동과 함께 황후(카툰)와 궁정 제도의 관계, 칭기스 칸 가문의 인척 관계가 연구의 대상이 되고 있다. 몽골 지배하의 사회를 대상으로 하는 젠더사 연구도 있지만, 여기서는 몽골 제국의 지배층에 대한 젠더사 연구에 초점을 맞춰 소개하고자 한다.

몽골인은 유목 생활에서 남녀의 역할 분담이 뚜렷한 문화를 가지고 있었고, 가정과 사회에서 남성의 리더십이 강한 사회였다. 그러한 몽골 문화 속에서 어떠한 경우에 여성이 정치적으로 중요한 역할을 맡게 된 것인가라는 의문은 흥미로운 테마다.

최근에 몽골 제국의 궁정 여성에 초점을 맞춘 책이 두 권 출판되었다. 브루노 데 니콜라Bruno De Nicola의《몽골 지배하 이란의 여성들Women in Mongol Iran》(De Nicola, 2017)과 앤 F. 브로드브리지Anne F. Broadbridge 의《여성과 몽골 제국의 형성Women and the Making of the Mongol Empire》(Broadbridge, 2018)이다. 또한, 이 두 저작을 포함해 기존의 연구에서 주목을 받아온 몽골 제국과 원조 시대의 여성들로는 우구데이의 부인 투레게네 카툰, 차가타이 울루스 카라 훌레구의 부인 오르쿠나 카툰, 구육의 부인 오굴 카이미시, 톨루이의 부인 소르칵타니 베키, 원조 쿠빌라이의 부인 차비 카툰, 다르마발라의 부인 다기(원조의 황제 카이샨 과 아유르바르와다의 모친), 일 칸국(훌레구 울루스) 훌레구의 부인 도쿠즈 카툰, 아부 사이드의 부인 바그다드 카툰과 디르샤드 카툰 등이 있다 (岡田, 1985; 小野, 2010; Pfeiffer, 2014; De Nicola, 2017; Broadbridge, 2018; 宇野, 2021).

여기서 초점의 하나는 카툰이 섭정으로서 몽골 제국의 실권을 장악한 경우가 있었다는 점이다. 우구데이 칸의 사후 1242년에 미망인 투레게네 카툰이 일족의 승인을 얻어 몽골 제국의 실권을 장악해 장남 구육이 즉위(1246)하기까지 통치했다. 차가타이 울루스에서는 차가타이의 사후, 1252년에 뭉케 카안이 차가타이 울루스의 칸으로 보냈던 남편 카라 훌레구가 차가타이 울루스에 당도하기 전에 사망했지만, 아들이 어려 남편을 대신해 미망인 오르쿠나 카툰이 실권을 장악했다. 오르쿠나 카툰은 아릭부케가 차가타이 울루스에 보냈던 알구에게 일시적으로 실권을 빼앗겼으나, 알구의 사후 다시 실권을 장악하고 아들 무바락 샤가 즉위하는 1266년까지 통치했다(De Nicola, 2017; Broadbridge, 2018). 이들 모두 자신의 아들들이 다음 통치자 후보였기 때문에 그 모친으로서 섭정의 지위를 인정받은 것이다. 이는 몽골 사회에서 모친의 지위가 높았음을 반영하고 있을 가능성이 크다(宇野, 2021).

톨루이의 미망인 소르칵타니 베키는 남편이 사망한 이후, 몽골 제국의 정치적 실권을 장악하지는 못했으나 칭기스 칸 가문 내의 제위 계승 분쟁을 피하기 위해 진력한 여성이다. 우구데이 카안이 톨루이 가문에 속한 3000호를 임의로 취해서 자신의 아들 쿠텐에게 주었을 때에 톨루이 가문의 가신들은 분노하면서 우구데이에게 항의할 것을 요구했지만, 소르칵타니 베키는 가신들을 설득해 톨루이 가문과 우구데이 가문이 대립하는 것을 피하게 했다. 구육이 사망(1248)한 이후, 제위 계승을 둘러싸고 제국 내부가 혼란해졌을 때에 종형제 동료이면서 거의 동년배인 조치 가문의 바투와 톨루이 가문의 뭉케가 대립하지 않도록, 소르칵타니 베키는 자신의 아들 뭉케를 바투에게 보내 서로 의논하게 했다. 칭기스 칸 가문의 남성은 형제나 종형제 사이에서 제위 계승 분쟁으로 생긴 대립이 격화할 가능성이 큰 정치적 환경에 처해 있었고, 그 속에서 소르칵타니 베키의 판단은 여성으로서 분쟁을 피하기 위해 중요한 역할을 수행한 흥미로운 사례다(宇野, 2021).

몽골 제국의 궁정 제도는 통치자의 궁정과는 별개로 통치자의 여러 정실부인이 자신만의 천막 궁정을 소유했으며, 그 궁정에 속한 재산·

인원·가축이 있었다. 브루노 데 니콜라는 일 칸국의 카툰 분석에 주력하면서 카툰 궁정의 경제와 경영에 대해서도 상세히 분석하고 있다(De Nicola, 2017).

한편, 브로드브리지는 칭기스 칸 가문의 인척 관계 분석에 주력한다. 칭기스 칸 가문과 콩기라트 부족 및 오이라트 부족 사이의 쌍방향 인척 관계와 교환혼에 대해서는 필자의 역사인류학적 분석이 있고, 브로드브리지는 이를 토대로 칭기스 칸 가문의 인척 관계를 둘러싼 몽골 제국의 정치사를 분석하고 있다(Broadbridge, 2018). 여성을 서로의 가문에 시집보내는 교환혼은 두 가문이 이중의 인척 관계를 맺는 것을 통해 강한 정치적 협력 관계를 세대를 넘어 유지하는 수단이었다. 이러한 교환혼에는 두 유형이 있었으니, 두 명의 남성이 자신의 자매를 서로에게 혼인시키는 자매교환혼과 자기 부인의 형제의 아들에게 자신의 딸을 시집보내는 혼인 즉 부인과의 혼인에 대한 답례로 그다음 세대에서 딸을 서로 시집보내는 교환혼이 존재했다. 콩기라트 부족과 오이라트 부족은 이 교환혼을 칭기스 칸 가문과의 사이에서 반복했다(宇野, 1993, 1999; Uno, 2009).

이 교환혼이 이루어진 결과, 칭기스 칸 가문의 남성은 콩기라트 부족이나 오이라트 부족 출신의 모친이 있는 경우가 많았다. 몽골 제국의 남성 왕족에게 모계 혈통은 중요한 의미를 지닌다. 왜냐하면 제1카툰이 모친인 것, 혹은 콩기라트 부족이나 오이라트 부족 등 유력한 인족姻族 출신의 모친이 있다는 것은 그 남성에게 제위 계승 분쟁에서 유리했기 때문이다. 다만 일 칸국에서는 이 원칙이 무너졌고, 아르군과 가잔은 모친의 신분이 낮았음에도 자신의 실력으로 권력 투쟁에서 승리해 일 칸의 지위에 올랐다(宇野, 2008).

일 칸국의 훌레구 가문의 혼인에서 주목되는 것은 훌레구 가문 내에서 사촌들끼리의 혼인이 행해졌다는 점이다. 당시 몽골 사회에서는 [족]외혼제(族)外婚制의 규칙이 있었고 부계 친족 사이의 혼인이 금지되어 있었는데, 가잔의 딸 울제이 쿠틀룩과 가잔의 동생 울제이투의 아들 비스탐은 울제이 쿠틀룩이 아직 7세였을 때에 서로 약혼했고, 울제이 쿠틀룩이 12세가 된 1308년에 서로 혼인했다. 그런데 비스탐이 그 이듬해에 사망하자 울제이 쿠틀룩은 비스탐의 동생 아부 사이드와 1315년에 재혼했다. 이러한 약혼과 혼인은 부친 쪽의 종형제들끼리 한 것이었고, 부계 친족 내부의 [족]내혼(族)內婚이 행해진 것이 된다. 주디스 파이퍼Judith Pfeiffer는 이것이 가잔의 재위기(1295~1304)에 몽골이 이슬람교로 개종한 영향이라고 주장한다(Pfeiffer, 2014: 28쪽; 大塚 外, 2022: 108, 175, 183쪽).

몽골 제국의 궁정 여성과 종교의 관계는 흥미로운 테마의 하나로, 루브룩의 여행기를 읽어보면 뭉케 카안의 궁정마다 믿는 종교가 다른 모습이 묘사되어 있다.* 이 테마에 대해서는 브루노 데 니콜라의 분석이 있다(De Nicola, 2017).

젠더사로서의 몽골 제국 연구는 아직 초기 단계이며, 앞으로 발전이 기대되는 테마다.

---

* 루브룩 곧 기욤 드 루브룩(Guillaume de Rubrouck, 윌리엄 루브룩William of Rubruck)은 플랑드르(프랑스 왕국)에서 태어난 프란체스코회 수도사다. 몽골에 관한 정보 획득 및 선교를 목적으로 몽골 제국으로 향해 1253년 말에 뭉케 카안의 궁정에 도착했다. 루브룩은 몽골 제국의 핵심부에서 6개월 정도 머무르면서 자신이 보고 들은 정보를 여행기의 형태로 기록했고, 그의 기록은 몽골 제국 초기의 역사 연구를 위한 중요한 자료로 여겨지고 있다.

4. 몽골 제국과 기후 변동

역사학과 고기후학의 학제간 연구

고기후학古氣候學이 과거의 기후 변동을 반영한 데이터를 추출할 수 있는 프록시(proxy, 대용자료)로 사용하고 있는 정보원으로는 아이스 코어(ice core, 빙하에서 채취한 원통형의 얼음 기둥. 빙하 코어, 얼음 코어), 빙하, 호수 바닥이나 바다 바닥의 퇴적물, 나무의 나이테(연륜年輪) 등 다양한 종류가 있는데, 최근 주목받고 있는 것은 나무의 나이테다. 나무의 나이테는 1년 단위로 기온·강수량 데이터가 확보되기 때문에 역사 자료의 대조가 가능해 유럽·미국, 중국, 일본에서 새로운 연구 성과가 나오고 있다. 그에 대응해 중국사, 몽골 제국사 개설서에서도 역사를 변화시킨 요인의 하나로 기후 변동을 언급하는 사례가 늘고 있다. 한편, 학제간 연구가 필요한 분야이고 급속하게 진전하는 고기후학의 연구 성과를 역사 연구에 반영하는 데에는 어려움도 따른다. 여기서는 몽골 제국사, 원조사와 기후 변동에 관한 최근의 연구를 소개하고 아울러 몇 가지 중요한 논점을 정리하고자 한다.

에마뉘엘 르 루아 라뒤리Emmanuel Le Roy Ladurie의 연구는 역사학자가 고기후학의 데이터를 사용한 고전적 연구이고, 최근 라뒤리의 《기후와 인간의 역사Histoire humaine et comparée du climat》(2004) 제1권의 일본어 번역이 출판되었다(ル・ロワ・ラデュリ, 2019). 영국의 경제사학자 브루스 M. S. 캠벨Bruce M. S. Campbell의 《대천이The Great Transition》(Campbell, 2016; キャンベル, 2021)는 고기후학의 데이터를 잘 사용한 최근의 주목받는 연구로, 14세기를 중세 온난기溫暖期에서 소빙기小氷期로 이행하는 시기로 위치 짓고 있다.* 《팔그레이브 기후사 핸드북The Palgrave Handbook of Climate History》(White et al, 2018)은 기후사 분야의 다양한 연구자가 공동으로 집필한 책으로 기후사의 현상을 이해하는 데 유용하다.《기후변동으로 다시 읽는 일본사氣候變動から讀みなおす日本史》(中塚 外, 2020, 전 6권)는 고기후학자 나카쓰카 다케시中塚武를 좌장으로 해 수행한 고기후학자와 일본사 연구자들의 공동 연구 성과물로, 고해상도의 산소동위원소비比 연륜연대年輪年代 측정법에 의한 고기후학의 데이터를 사용했다. 제4권이 몽골 제국, 원조 시기의 일본을 다룬다. 나이테 데이터를 역사 연구에 사용한 연구를 일반인들에게 알기 쉽게 소개한 것으로는《나이테로 읽는 세계사年輪で読む世界史》(トロエ, 2021)가 있다.

몽골 제국 기후사의 데이터

몽골 제국과 관련된 기후·재해 정보를 기록한 사료로는 한어 사료가 다른 언어 자료에 비해 중요하다. 한어 사료에서 기후·재해 기록을 추출한 것으로는《중국 재해사 연표中國災害史年表》(佐藤, 1993)와《중국 3000년 기상기록 총집中國三千年氣象記錄總集》(張, 2004)이 있으며, 두 책은 12~14세기 몽골 제국과 원조 시기 기후사·재해사 연구에도 유용하다.

　나이테 폭을 사용한 연구에서는 나이테를 채취한 나무의 서식 조건에 따라 기온에 의한 삼림 한계에 있는 나무의 나이테 폭으로부터는 여름 평균 기온 데이터를, 건조도에 의한 삼림 한계에 있는 나무의 나이테 폭으로부터는 여름 평균 강수량 데이터를 확보할 수 있다. 나이테 폭이 기후의 어느 요소와 상관관계가 있는지를 확정하기 위해서는 근현대의 기상 관측 데이터가 필요하다는 점에서, 해당 나무의 서식지

• 국내에서는《대전환—중세 말 세계에서의 기후, 질병, 그리고 사회》(2024)로 번역·출간되었다.

부근에 기상 관측 기지가 있는 것도 필요하다. 현재 12~14세기까지 거슬러 올라갈 수 있는 몽골고원과 동아시아의 나이테 샘플 데이터로는 러시아령 알타이 지방의 낙엽송에서 채취한 시료의 여름 평균 기온 데이터(Büntgen et al, 2016a; Di Cosmo et al, 2017), 몽골고원 북부 홉스굴호湖 서쪽 운두르 준 노로의 시베리아 낙엽송에서 채취한 시료의 여름 평균 기온 데이터(Davi et al, 2015), 몽골고원 중앙부 항가이산맥 서북쪽 호르고화산의 낙엽송에서 채취한 시료의 여름 평균 강수량 데이터가 알려져 있다(Pederson et al, 2014). 나이테 폭의 데이터는 1년마다 데이터를 채취할 수 있어서 역사 연구에 사용하기 쉽지만, 그 정밀도가 반드시 높지는 않은 경우가 있어서 주의가 필요하다. 울프 뷘트겐Ulf Büntgen에 의한 러시아령 알타이 지방의 여름 평균 기온의 복원은 서기 104년까지 거슬러 올라가는 정밀도가 높은 연구로 정평이 나 있다. 이러한 연구들은 고기후학의 논문으로 발표되는 것과 동시에 미국 국립해양대기청NOAA의 고기후 데이터 사이트 혹은 작성자 사이트 등에서 온라인상으로 수치 데이터를 다운로드할 수 있으며, 이를 사용해 엑셀로 그래프를 작성할 수 있다(Davi et al, 2016; Pederson, 2014; Büntgen et al, 2016b). 기후·재해 데이터를 한어 사료와 1년 단위로 비교하기 위해서는 이 작업이 필요하다.

개개의 나이테 폭 데이터의 정밀도가 반드시 높지는 않다는 점을 보완하기 위해서 복수의 나이테 폭 데이터를 사용해 광역의 여름 평균 기온을 분석한 연구로 동아시아의 여름 평균 기온을 복원한 사례가 있다(Cook et al, 2013, 2015). 이는 동아시아의 여름 평균 기온에 대한 신뢰도가 높은 데이터로 알려져 있다(中塚, 2016: 9쪽).

한편 강수량 복원과 관련해서는, 나이테 폭에 의한 복원보다도 정밀도가 높아 최근 급속하게 연구가 진행되고 있는 것이 나이테 속 셀룰로오스의 산소동위원소 비율을 활용한 "산소동위원소비 연륜연대 측정법"을 통해 여름 강수량의 변동을 밝히는 연구다(中塚, 2021). 중부 일본의 나무, 건축 재료, 출토 재료의 나이테 샘플에서 채취한 산소동위원소비를 통해 여름 평균 강수량의 변동을 밝힌, 나카쓰카 다케시를 좌장으로 해 수행한 연구는 최근 일본 연구자들의 주요 성과다(中塚 外, 2020; Nakatsuka et al, 2020). 나카쓰카가 협력해 대만에서도 나이테 샘플에서 채취한 산소동위원소비를 통해 여름 평균 강수량을 복원하는 연구가 이루어졌고, 이는 12세기 말까지 거슬러 올라가는 여름 강수량 데이터다(Sun et al, 2021a·2021b). 이 데이터들은 나이테 폭 데이터보다 정밀도가 높은 고기후 데이터로 주목받고 있다.

앞으로 고기후학 데이터의 양이 증가하고 정밀도가 향상될 것으로 예상되지만, 어떤 데이터를 역사 연구에 응용할지는 어려운 문제다. 나카쓰카 다케시의 해설은 이러한 데이터 사용의 약점도 포함하고 있어서 나이테 데이터의 특징을 역사 연구자에게 설명하는 데에 유용하다(中塚, 2022a). 개개 데이터의 특성을 충분히 검토하고, 연구의 발전 방향을 파악하는 것이 필요할 것이다.

고기후 데이터와 역사 자료에 의한 기후·재해사 연구

고기후 데이터와 역사 자료 혹은 역사상의 사건을 서로 대조하는 분석이 가능하며, 이사하야 요이치諫早庸一가 이와 관련한 최근의 동향을 친절하게 소개하고 있다(諫早, 2022). 이것과 겹치는 부분이 있지만, 몇 가지 중요한 연구를 언급해보고자 한다. 먼저, 최근에 주목받는 성과로 닐 페더슨Neil Pederson의 논문이 있다(Pederson et al, 2014). 페더슨은 앞서 언급한 항가이산맥 서북의 호르고화산에서 채취한 시베리아 낙엽송의 나이테 폭 데이터를 통해 여름 평균 강수량의 변동을 밝혔다. 그것을 토대로 페더슨은 1180년대부터 시작된 건조한 기후가 몽골고원에서 극도의 정치적 불안정을 가져왔고, 기존 체제가 붕괴하고 칭기스 칸이 대두하는 요인이 되었다고 추측했다. 또한 호르고화산의 데이터는 1211~1225년의 15년 동안이 가장 습윤한 기간이었음을 보여주며, 이 데이터를 여름 평균 기온 데이터와 조합해, 이 기간이 온난하고 습윤한 15년이었다는 점을 명확히 했다. 이를 토대로 이 기후가 유목 생산력의 증가를 가져와 제국의 확장과 정복 활동의 성공을 불러왔다고 분석했다. 전자의 경우, 제1절에서 서술했듯, 토오릴-테무진 연합의 군사 활동이 활발해지고 칭기스 칸이 대두한 것은 1195년 이후의 일이었다. 호르고화산에서 채취한 시료의 여름 평균 강수량 데이터를 살펴보면, 1180년대는 건조하지만 1190년대는 습윤화가 일어나고 있다. 따라서 건조화가 칭기스 칸의 대두를 불러왔다는 페더슨의 주장은 설득력이 없다. 후자의 경우, 확실히 1211~1225년의 습윤기가 존재한 것은 여름 강수량이 증가하면서 풀이 잘 생장해 입지가 가축 사육에 유리했을 가능성이 있다. 따라서 1211년부터 시작된 몽골 제국의 금조 원정과, 1219년에 시작된 호라즘 샤 왕조 원정을 준비하는 데서도 조건이 유리했을 가능성이 크다. 그러나 원정의 성공은 오히려 원정지의 기후, 목지 상황, 농경 생산물 수확 상황에 좌우되었다고 생각되는 점에서, 몽골고원 항가이산맥의 여름 강수량 정보를 과대평가하지 않도록 신중하게 검토할 필요가 있다.

고기후 데이터의 정밀도를 검증하는 방법으로 고기후 데이터를 역사 자료 속의 재해 정보와 대조하는 것은 신뢰할 수 있는 방법의 하나다. 최근의 성과로는 울프 뷘트겐, 니콜라 디 코스모Nicola di Cosmo 등의 논문이 있다. 몽골 제국 이전으로 거슬러 올라가지만, 7세기 전반 동돌궐 제국에서 투르크계 부족들의 반란이 발생하고 당군唐軍과의 전투에서 패배하면서 동돌궐이 630년에 당에 복속하게 되었을 때, 629년까지 매년 큰 눈이 내려 많은 가축이 폐사하면서 대기근이 발생했다는 내용이 《구당서舊唐書》 권194, 〈돌궐전突厥傳〉 상上에 기록되어 있다. 이에 대응하는 고기후 데이터로, 러시아령 알타이 지방의 시베리아 낙엽송으로부터 채취한 시료의 데이터는 627~628년에 여름 평균 기온의 큰 하락이 있었음을 보여주는데, 그 원인이 626년의 화산 분화에 따른 기온 하락임이 밝혀졌다(Fei et al, 2007; Büntgen et al, 2016a; Di Cosmo et al, 2017). 나이테 데이터는 여름 기온을 반영해서 겨울 기온의 하락을 나타내는 것은 아니지만, 여름 평균 기온 하락의 원인이 화산의 분화로 밝혀지면서 겨울의 재해가 여름 평균 기온 하락과 같은 시기에 일어났다고 추정된다. 이렇게 고기후 데이터와 역사 자료 재해 기록의 일치를 발견하는 것은 기후사 연구를 진행하는 한 가지 확실한 방법이다.

몽골 제국 시대의 사례를 하나 소개하고자 한다. 닐 페더슨이 몽골 고원 항가이산맥 서북쪽 호르고화산에서 채취한 시료의 나이테 폭을 통해 얻은 여름 평균 강수량 데이터는 1248년에 강수량이 크게 감소했음을 보여준다. 한편, 이에 대응하는 역사 자료로서 《원사》 권2, 〈본기本紀〉 "정종定宗" 편이 몽골 제국 제3대 구육 카안의 재위 마지막 년인 정종 3년(1248)에 대규모 한발旱魃이 발생해 대부분의 강이 마르고 초원에서 들불이 발생했으며, 말과 소의 80~90퍼센트가 폐사했다고 전하고 있다.

앞으로 몽골고원이나 중앙유라시아의 다른 지역에서 여름 평균 강수량 데이터가 확보된다면 1248년 한발의 규모를 알게 될 것이라 기대할 수도 있겠다. 고기후 데이터와 역사 자료의 한정된 데이터를 효과적으로 사용하는 동시에 무엇이 확실한 사실인지를 명확히 하는 것이 필요하다.

중국의 기후사 연구

중국의 기후사 연구는 고기후학자와 역사학자 양쪽 모두에서 이루어지고 있는데, 중국의 고기후학자들은 문헌에서 얻을 수 있는 기후 데이터를 중시한다는 특징이 있다. 동아시아에서 1000년 이상에 걸친 장기長期 나이테 데이터를 얻을 수 있는 곳은 몽골이나 티베트 등 중국의 변경 지역이고, 개발이 진행된 중국의 황하 및 장강의 중류 및 하류 유역에서는 장기 나이테 데이터를 얻기가 어려워, 중국의 고기후학자들은 문헌으로부터 얻을 수 있는 기후·재해 관련 기록을 바탕으로 과거의 기온이나 강수량을 복원하려 시도한다(葛, 2010). 중국 역사학자의 성과로는 천가오화陳高華와 장궈왕張國旺의 《원대 재황사元代災荒史》(陳 外, 2020)와 왕페이화王培華의 《원대 북방 재황과 구제元代北方災荒與救濟》(王, 2010) 등이 있고, 한어 사료에 보이는 이상기후와 재해 기록을 정리·분석하고 있으며, 원조의 재해 대응에도 초점을 맞추고 있다.

최근에 이상기후나 재해에 대한 사회의 "레질리언스resilience"(탄성)라는 개념이 자주 사용되고 있다. 같은 이상기후에 대해서도 사회의 탄성이 다르면, 사회가 이상기후로부터 입는 피해의 정도도 달라진다. 기후 변동과 함께 탄성이라는 관점에서 유목 사회와 농경 사회, 화북華北과 강남, 남송南宋과 원의 차이 등을 비교 검토 하는 것을 통해 기후 변동이 사회에 미치는 피해의 차이를 보다 다각적으로 분석할 수 있는 가능성이 있다.

기후사 연구의 과제

최근 연구의 진전으로, 태양 활동 극소기極小期에 일조량이 감소하면서 지구 전체가 한랭화해 소빙기가 되었다고 하는 단순한 도식은 성립하지 않게 되었다. 태양 활동의 변동이 지구의 기후에 영향을 끼치는 메커니즘은 아직 충분히 규명되지 않았으나, 태양 활동 극소기에 지구 전체가 한랭화한 것이 아니라 일부 지역은 온난화했다는 것이 밝혀졌다(多田, 2017). 특히 13~14세기는 현상이 복잡한데, 지구상에서 온난화한 지역과 한랭화한 지역이 있었다는 점과, 14세기 전반에 동아시아에서 기온이 상승하면서 강수량이 증가했다는 점이 지적되고 있다(PAGES 2k Consortium, 2013: fig.2; 中塚, 2022b: 도판 7). 기온보다 지역별 차이가 크다고 알려진 것은 강수량이고, 현재 인터넷에 공개되어 있는 아틀라스Old World Drought Atlas, http://drought.memphis.edu/OWDA/Default.aspx를 통해 유럽에서 지중해 연안까지 지역들의 강수량의 역사적 변동을 알 수 있다. 일례로, 1315~1317년은 유럽이 큰 비와 흉작으로 대기근이 발생했던 것으로 알려져 있는데, 1315년과 1317년의 아나톨리아반도는 강수량이 감소했다는 것이 밝혀졌다. 몽골 제국 내에서도 지역별로 정반대의 재해가 발생했을 가능성이 충분히 있었다는 점에서 지역 차이를 고려한 분석이 필요하다.

또 한 가지 최근에 주목받는 것은 역사상 화산의 대人분화가 기후에 끼친 영향이다. 몽골 제국 시대에는 1257년 인도네시아의 사마라스화산의 대분화가 가져온 단기적·장기적 영향에 대해 고기후학의 연구가 진행되고 있다(Büntgen et al, 2022). 이 대분화가 유라시아 대륙 각지의 사회에 끼친 영향에 대한 연구는 역사학의 향후 과제다(이 책의 제11장 참조).

맺음말

필자는 몽골 제국 시대에 글로벌화가 전개된 유라시아 대륙의 상황을 몽골이 창출했다는 관점에는 회의적이고, 오히려 몽골 제국의 출현 그 자체가 그 이전부터 시작된 글로벌화의 산물이며, 글로벌화가 전개되는 과정의 일부였다고 생각하고 있다. 재닛 아부-루고드Janet Abu-Lughod 는 《유럽 패권 이전Before Europe Hegemony》(1989)에서 세계 체제가 재구성된 것은 이슬람 세계의 "흥성"과 동방으로의 확장 이후이며, 그 재구성·재조직화가 13세기 세계 체제로 나타났다고 서술하고 있다.* 이 논의를 빌린다면, 13세기 세계 체제로 나타나는 재조직화 과정에서 이슬람 문명의 흥성과 이슬람교도의 활동 지역이 동방으로 확장한 이후에 몽골 제국의 건국이 있었으며, 보다 글로벌화가 진행된 상태에서 13세기 세계 체제가 곧 아부 루고드가 말한 13세기 세계 체제가 출현했다고 할 수 있다. 아부-루고드의 13세기 세계 체제론에서 "재조직화"는 마지막 보충 논의이지만, 한 걸음 더 논의를 나아간다면 재조직화 과정에서는 재조직화에 적극적으로 참여해 강대해지는 국가가 출현하기 쉽다고 할 수도 있다(アブ=ルゴド, 2001: 하권 185쪽). 정치와 경제가 서

• 국내에서는 《유럽 패권 이전─13세기 세계체제》(2006)로 번역·출간되었다.

로 복잡하게 얽히며 진전하는 역사상의 글로벌화를 규명하는 일은 아직 진행 중이며, 어느 한 시기의 글로벌화는 역사상 다른 어느 한 시기의 글로벌화와의 비교 연구가 요구된다. 13세기에 전개된 글로벌화는 14세기에 발생한 이상기후와 재해의 영향으로 후퇴하는 방향으로 전환했을 가능성이 크다. 기후 변동이 글로벌화에 끼친 영향의 정도는 고기후학과의 학제간 연구를 통해 밝혀질 것으로 기대되는바, 종래의 "소빙기"라는 용어가 주는 단순한 이미지보다도 복잡한 현상이 일어났을 가능성이 커서 역사학과 고기후학의 데이터 정밀도를 높이면서 실증적 분석을 진행해야 할 필요가 있다.

유라시아 세계와 해역 세계
동서 교류에서의 몽골 임팩트

욕카이치 야스히로

머리말

제2장에서는 전망의 후속으로서, 주로 몽골 제국의 외부 세계와의 접촉과 교류, 그리고 그에 따른 몽골 제국의 유라시아 규모에서의 영향에 대해 논의한다. 먼저 몽골 제국의 성립으로 교류와 공존이 촉진된 유목 세계와 정주 세계의 구조적 전환과 그것이 두 세계 사이 이동 및 교류에 끼친 영향에 대해 살펴보며, 다음으로 몽골 제국의 패권에 따른 유라시아 각 지역에서의 정치적·경제적·문화적 몽골 임팩트에 대해 각 지역의 반응도 고려하며 개괄한다.

　유라시아 전체의 역사를 고찰할 때에 몽골 제국의 성립과 패권, 이후의 분열과 반복되는 재편성 및 재분열 현상을 무시할 수 없다. 몽골 고원에서의 몽골의 통일과 동방 및 서방의 정주 지역으로의 확장에서부터 원조元朝에 의한 중국 강남 연해 지역의 영유가 이루어지기까지의 13세기는 유라시아에서 하나의 시대적 전환점이며, 13세기부터 14세기에 걸친 유라시아 대륙과 인도양 해역 세계의 사람, 물질[물품], 문화의 환류[순환] 구조에서의 몽골 제국=원조의 유라시아 지배는 이동과 교류를 자극하는 중요 요인의 하나였다. 이어지는 15세기에, 유목문화에 뿌리를 둔 중앙유라시아에서는 여전히 몽골 제국의 계승 정권이 영향력을 유지했지만, 동서유라시아에서 대규모 인구를 보유한 도시 문화권인 중국과 이란에서는 몽골 제국의 직접적 지배가 끝나고 새로운 "제국"이 형성되기 시작했다. 여기서 주목해야 할 것은 몽골 제국의 패권으로 각 지역에 파급된 다양한 임팩트다. 여기서 말하는 "몽골 임팩트"란 반드시 군사적 측면과 정치적 측면에서의 단기적 임팩트만을 지칭하는 것이 아니고 경제적 측면과 문화적 측면에서의 장기적 임팩트까지 포함한다. 그리고 그것은 반드시 몽골 자체의 정치적, 경제적, 문화적 요소 그 자체가 끼친 임팩트만을 의미하는 것도 아니다. 몽골 통치하의 다종다양한 민족과 종교가 그 이전보다 활발하게 이동과 교류를 거듭한 결과, 그것들이 당대의 시대성을 형성하는 양상의 하나로 다른 지역이나 다른 문화권에 큰 영향을 끼친 사례가 다수 확인된다. 그러한 정치적, 경제적, 문화적 콘텐츠들은 반드시 몽골 자체의 것이 아니었음에도 몽골의 패권이라는 상황이 있어서, 이처럼 활발한 이동과 교류가 일어난 것 또한 사실이다. 제2장에서는 이러한 이동과 교류의 구조 및 그 양상의 추이를 개관하고자 한다. 그리고 그러한 이동과 교류의 결과로 형성된 몽골 제국 패권하의 시대성이 어떠한 것이었는지, 그 시대성이 이어지는 시대에 그것이 어떻게 계승되고 변화해갔는지 각각의 논의를 살펴보면서 검토해보고자 한다.

1. 몽골 제국의 성립 및 분열과 사람의 이동

제국의 성립에 따른 유목 세계와 정주 세계의 복합

13세기 초에 테무진이 칭기스 칸으로 즉위해 몽골 제국이 성립했는데, 앞서 우노 노부히로가 제1장에서 보여준 대로, 그것은 단순한 유목 제국이 아니라 정주 세계와 유목 세계를 모두 아우른 유목-정주 복합 제국이었다(이 책의 제1장 참조). 몽골 제국의 확장과 함께 유라시아의 동방과 서방인 중국과 이란 방면으로 몽골 각 왕가의 중신重臣(노얀/아미르)과 병력이 파견되었고, 이들은 자신들이 소속된 왕가와 함께 각 지역에 뿌리를 내리게 되었다. 이에 더해 유라시아 규모의 몽골 제국 패권에 없어서는 안 되는 요소가 된 것은 제국이 각 지역에서 임용한 재상과 문관 계층의 존재였다. 몽골 제국 성립 초기에 국가를 지탱하는 관제로서 채택된 것은 이전에도 몽골에 존재했던 베키, 체르비라고 불린 부족관部族官, 가정관家政官 대신, 이미 역사상 복합 제국을 형성한 바 있는 투르크계 부족들에서 유래한 관제인 자르구치(군정관軍政官), 비칙치(문관文官) 등의 직관職官이었다. 이후 제국의 확장에 따라 이슬람식 관제나 중국식 관제의 영향도 받아 국정 기구가 형성되어갔다. 이것들은 단순히 제도뿐만 아니라 각 지역의 민족 즉 몽골계 민족, 투르크계 민족, 이슬람교도, 한인漢人, 그리고 여타 민족과 신도 등이 몽골 제국의 통치 체제에 참여했음을 의미한다(당시는 현대와는 달리 민족과 종교의 경계가 모호했다). 특히 관료 가계家系나 대大상인·성직자는 문서 작성 기술이나 다多언어 소통 능력을 보유하고 있어서 정권을 담당하는 관료층으로 채용되었으며, 제국의 확장과 함께 이들의 가계도 유라시아의 동부나 서부 각지에서 지역 사회에 융합해 몽골 정권의 한 축을 담당했다.

자신들이 직접 몽골 제국의 관료층을 형성하지 못한 상인층이나 성직자층도 이미 정권에 참여한 관계자들을 통해 제국과의 연결 고리를 형성했고, 몽골 제국과 외부 세계의 중개자 역할을 하면서 제국으로부터 우대를 받았다. 그 전형적 사례가 오르톡이라 불리는 특권 상인의 존재다. 투르크어로 "친구, 파트너"를 의미하는 오르톡은 본래 유목 부족을 방문하는 상인이 부족으로부터 자본 등의 특권을 받고 그 대가로 유목민들이 필요로 하는 물자나 정보를 그들에게 가져다주는 상호 협력의 계약이었고, 이븐 파들란이 기록한 이슬람 상인과 볼가 불가르 지역 구즈족 사이 상호 의존 관계에서 그 원형을 찾아볼 수 있다. 몽골 제국 아래에서는 카안이나 카툰(황비)에게 재화를 가져다주는 특권 상인이 "오르톡"이라고 불렸는데(森安, 1997), 이들 특권 상인은 이후 우구데이 카안 시대부터 원조에 걸쳐 국가의 관리 제도로 편입되어 국가의 재고在庫에 이익과 물자를 공급해주는 공적 특권 상인으로 활동했다(村上, 1942; 愛宕, 1973; 四日市, 2002). 한편, 각 왕가와 그 분가分家에 속한 사적 오르톡도 계속 존재했다. 본래 유라시아의 유목민은 직접 무역 활동을 하지 않아서 수익 활동을 대행하는 상인이 중용되고 우대받은 것이다. 이들은 정주화한 투르크계 민족들(특히 위구르)이나 몽골 제국 출현 이전부터 유라시아와 인도양 해역 규모로 광범하게 활동해온 이슬람 상인이 많았으며, 그중에는 한인이나 기독교도 상인도 존재했다.

몽골 제국의 제위를 둘러싸고 몽골고원을 근거지로 하는 아릭부케와 중국 방면을 새 근거지로 하는 쿠빌라이 사이에 내전이 발생하면서, 원조(대원大元 울루스)가 성립(1271)해 제국의 중심이 더 동쪽으로 쏠

리게 되었다. 동시에 가장 경제적으로 수입이 기대되는 중국과 이란의 도시권을 톨루이 가문이 점유하면서 칭기스 직계의 네 왕가 사이에 내분이 일어났다. 톨루이 가문은 황제권을 유지했지만, 결과적으로 대원 울루스를 명목상의 종주국으로 하는 네 개의 울루스가 분립했다(이 책의 제1장 참조). 제국의 분립은 동서유라시아의 교통을 불안정하게 만들었으나, 동서를 연결하는 해상 교통로는 오히려 활성화되었다. 마르코 폴로도 참여한 사절단이 몽골 제국의 내전 때문에 육로 대신 해로를 통해 이란으로 향한 것도 그중 하나의 사례다. 내륙 지역의 교통로도 네 왕가의 복잡한 관계를 반영해 동서남북을 대상隊商들이 왕래했다. 중국에서 이란까지 잠치라고 불리는 역전驛傳 시스템이 정비되었고, 몽골의 사신은 물론이고 조건에 따라 상인이나 여행객도 이 시스템을 이용할 수 있었다. 몽골 제국이 각 칸국으로 분립한 이후에도, 14세기 전반 피렌체의 상인 페골로티(프란체스코 발두치 페골로티)가 전하고 있듯이, 전투로 인해 교통로가 단절되지 않는 한 주야를 불문하고 안전하게 교통로를 통행할 수 있었다. 이러한 상황들은 연구자들에 의해 "몽골의 평화Pax Mongolica"(팍스 몽골리카)라고 불린다.

유라시아 세계와 해역 세계의 환류(순환) 구조

해역 세계의 왕래는 몬순(계절풍)을 이용한 선박을 통해 이루어지고 있었다. 동중국해·남중국해 해역으로부터는 정크선이, 인도양 해역 세계 측으로부터는 다우선이라 불리는 외양 선박이 항행했다(이 책에 실린 기무라 준의 칼럼 참조).* 중국에서는 겨울이 교역선이 출항하는 계절

---

* 정크선(junk)은 중국에서 연해 또는 하천에서 사람이나 짐을 실어 나르는 데 사용된 선박을.

이었고 여름이 귀항하는 계절이었으며, 이슬람 지역에서는 반대로 여름이 교역선이 출항하는 계절이었고 겨울이 귀항하는 계절이었다. 내륙로가 정상적으로 기능할 때에는 육상 대상은 교역선의 왕래와 연동되었다(家島, 2021). 13~14세기 전반에는 다우선도 다수가 중국에 왕래했고, 정크선의 항행 범위도 인도 서해안까지 이르렀는데, 14세기 후반 이후에는 중국의 정크선이 직접 페르시아만과 홍해까지 이르게 되었다.

몽골 제국＝원조 지배기에 인도양 무역에서 선도적인 곳은 페르시아만 북안의 키시 왕국(콰이스[카이스])과 호르무즈 왕국이었다. 두 왕가는 10세기에 인도양 무역의 주도권을 장악했던 시라프의 나호다(선장 겸 상인의 우두머리)의 후예로, 시라프가 쇠퇴한 후에는 주도권을 둘러싸고 서로 대립을 거듭했는데, 두 왕가 모두 인도와 중국에 상업적 거점을 두고 동방과의 교역을 독점하다시피 하고 있었다(家島, 2021). 실제로 키시섬과 호르무즈 옛 왕도王都 주변 유적군의 특정 유적들에서는 원대 도자기가 대량으로 출토되었으며, 페르시아만에서 이란·이라크 내륙으로 이어지는 대상 루트의 도시 유적들에서도 원대 도자기의 출토가 두드러진다(Yokkaichi, 2008; 이 책의 제12장 참조). 즉, 원대에 해당하는 13~14세기에는 그 이전 시대에 비해 보다 대량의 무역품이 페르시아만~이란 지역에 유입되었으며, 이는 키시 왕국과 호르무즈 왕국이 인도양 무역의 주도권을 장악했던 것과 무관하지 않다.

또한 유라시아와 인도양 해역 세계에서는 종교적 요인이 사람들의 이동과 교류를 촉진했다. 이슬람의 수피 교단 수도원이나 성자 묘소·

다우선(dhow)은 홍해와 인도양 일대에서 널리 사용된 전통 선박을 말한다.

무덤 등은 이슬람 상인들로부터 항행 수호 신앙의 대상이 되었고, 대규모의 기진喜進〔기부〕이 이루어지고 동시에 해외 교역에 수피 교단이 참여하는 계기가 되었다. 일례로, 카제룬〔지금의 이란 파르스주의 주도〕의 아부 이스하크에 대한 수호성인 신앙이나 물의 수호성인 히즈르에 대한 신앙은 인도양 해역 세계를 왕래하는 해상 상인들에게 수용되었으며, 항해의 결절점結節點이 된 기항지에서는 히즈르 사당이나 교단의 수도원이 설치되었다.* 이와 같은 구조는 이슬람뿐만 아니라 불교나 기독교 등 다른 종교에서도 찾아볼 수 있다(불교에 관해서는 이 책의 제10장 참조). 하카타博多·교토京都·가마쿠라鎌倉에서의 중국 상인과 선사禪寺의 연계도 그 한 사례다(이 책의 제6장 참조).

페르시아만의 키시와 호르무즈, 남인도 마아바르〔말라바르〕 지방의 수리얀, 남중국의 경원慶元(명주明州, 영파寧波), 천주泉州, 광주廣州 등의 교역 거점에서는 상인과 교단뿐만 아니라 정치적 권력까지 혼합된 정치, 종교, 민간의 복합 구조가 나타났다. 항구 도시에서는 기존의 그리고 신흥의 유력 가계가 세력을 형성하고 있었는데, 이들이 정권과 교단에 인재를 배출하면서 정치, 종교, 민간 사이의 유대가 강화되었다. 특히 몽골 제국과 그 계승 정권 아래에서는 몽골인은 물론이고 투르크계, 무슬림, 한인 등 비몽골계 여러 민족, 여러 종교의 사람들이 정권 내부로 흡수되면서(이 책의 제4장과 제5장 참조) 혈연·지연·종교 등을 유대로 삼는 중층적 광역 사회가 중첩되었다. 이를 디아스포라 혹은 인적 네트워크 등으로 부르는 사례도 있으나(이 책의 제7장 참조), 그것은 실제

• 아부 이스하크(963~1035)는 페르시아의 카제룬 지역에서 태어나 카제룬을 중심으로 이슬람 수피 교단을 설립한 인물이다. 당시 이슬람 세계에서 존경을 받는 수피 학자였고, 아부 이스하크의 가르침은 그가 창시한 교단을 통해 계승되었다.

로는 다양한 요소를 통해 복잡하게 결합된 사람들의 연결망(사회)이 몽골 제국을 시작으로 각지 정권의 비호를 이용해 광역화·활성화된 것이다.

한편, 아랍 세계(아랍어 문화권)였던 홍해~이집트 이서以西 지역에서는 이전에 인도양에서 지중해까지 교역 활동을 하고 있던 유대인 상인들의 기록이 13~14세기에는 게니자 문서에서 보이지 않으며, 아랍어 사료에는 카리미야라고 불리는 카리미 상인들이 빈번히 등장하고 있다.* 이들은 이집트의 카이로(푸스타트)와 예멘의 라술 왕조 치하의 아덴 등을 거점으로 인도와 교역 활동을 행하고 있었지만 맘루크 정권과 라술 왕조와도 밀접한 관계를 맺고 있었으며, 통상은 물론이고 정보나 자금의 제공도 수행했다(家島, 2021). 페르시아어 사료의 오르톡 상인(오르탁)은 아랍어 사료에는 전혀 보이지 않고, 카리미 상인의 이름도 페르시아어 사료에는 전혀 보이지 않는데, 이는 사료의 언어 사이에 존재하는 간극이고 실제로는 오르톡 상인과 카리미 상인 사이에 중복이 있었을 가능성도 있다. 마찬가지로, 당시 양대 교역 루트였던 페르시아만~바그다드 경로와 홍해~이집트 경로는 완전히 별개로 기능한 것이 아니라 이란~이라크~히자즈 루트를 통해 서로 밀접하게 연결되어 있었으며, 따라서 페르시아만 루트에서 홍해 루트로 교역의 중심축이 이동했다(곧 바그다드로부터 카이로로 교역의 중심축이 이동했다)는 종래의 학설(Lewis, 1949~1950)은 재검토하지 않으면 안 된다.

---

* 게니자(genizah)는 유대교도들이 신에 대해 언급한 종교 문서 등을 따로 보관한 창고의 명칭이다. 이러한 게니자에서 발견된 문서를 게니자 문서라고 부르는데, 게니자 문서는 중세 유대교도의 삶을 보여주는 중요한 자료로 평가되고 있다. 카리미는 상인으로 활약한 씨족의 페르시아어 성(姓)으로, 카리미야 혹은 카리미 상인은 13~14세기에 중동·인도·지중해 무역을 장악하며 활약했던 카리미 씨족 상인 집단을 가리킨다.

2. 몽골 제국 패권의 임팩트

몽골 임팩트란 무엇인가?

몽골 제국의 패권에 수반해 "몽골의 평화"라 불리는 동서 교류의 안정이 14세기 중반까지 지속되었는데, 이것은 어디까지나 일면적 양상이고, 이를 통해 이 시기 유라시아의 상황을 모두 설명할 수 있는 것은 아니다. 몽골 제국의 출현과 확장으로 멸망하게 된 국가나 지역도 있었고, 새로운 문화나 민족의 유입으로 사회 전반에 걸쳐 큰 영향을 받은 지역도 적지 않았다. 여기서는 이러한 몽골 제국의 출현과 확장에 따라 유라시아에 파급된 제국의 다양한 영향을 포괄적으로 "몽골 임팩트"라고 부르기로 한다.

몽골 임팩트로서 가장 먼저 떠올릴 수 있는 것은 유라시아 각지에 파급된 몽골의 확장 전쟁, 이른바 "몽고습래襲來"일 것이다. 몽골의 침공은 갑자기 이루어진 것이 아니었고, 외교를 거듭하면서 때로는 통상通商 관계를 계속 동반해 정치적 국제 관계, 군신 관계가 형성되었다. 이는 중국식 표현으로는 "책봉冊封"이라고도 할 수 있는 것이고 어디까지나 국내 군신 관계의 연장선이었지만, 몽골 제국으로부터의 직접적·실효적 요구는 몽골 패권하 국가나 지역의 반발을 불러왔고, 이러한 반발은 종종 반란이나 전쟁으로 확산했다. 이러한 정치적·군사적 단기 임팩트도 "몽골 임팩트"의 일면이었으나, 보다 장기적이고 간접적인 경제적·문화적 임팩트 역시 "몽골 임팩트"의 일면이었다고 할 수 있다. 유라시아를 전반적으로〔곧 전체사全體史를 통해〕보거나 시대사를 통해 보면, 오히려 후자가 더 큰 영향〔임팩트〕을 끼쳤을지도 모른다.

일본을 사례로 들면, 일본은 13세기 후반에 두 차례에 걸친 몽골의 침공〔몽고습래〕을 받았지만, 일본에 대한 몽골 임팩트는 군사적 침공에만 국한되지 않았다. 몽골의 일본 침공 직후, 일본과 원조는 정식 국교를 맺지 않았음에도 양국 사이 교역선과 불승佛僧의 왕래는 최대 규모의 융성기를 맞이했다. 이러한 상황은 일본의 연구자들에 의해 "도래승의 세기到來僧の世紀"라고 묘사된다(村井, 1992; 榎本, 2007). 일본과 중국의 관계는 헤이안平安 말기에서 가마쿠라 초기 즉 송대부터 활발해지기 시작했으며, "당물唐物"이라 불리는 문물이나 동전·불경의 수입 등은 일본의 정치·경제·문화에 큰 임팩트를 주었는데, 일 - 원 교류를 빼놓고 이와 관련해 말하는 것은 불가능하다(이 책의 제6장 참조). 이러한 것들은 몽골 자체의 유목 문화는 아니었지만, 몽골의 지배를 통해 중국에서 성립한 원조 치하의 사회에서 형성된 문화의 일부임은 부인할 수 없다.

유사한 사례는 유라시아의 다른 지역에서도 찾아볼 수 있다. 특히 동서유라시아의 인구 집중 지역이어서 고대부터 독자적 문화를 형성해온 중국과 이란에서는 몽골의 직접적 지배에 따른 임팩트가 거대했다. 이는 단순히 중국이나 이란이 몽골 유목 문화의 강한 영향을 받았다는 것만을 의미하지는 않는다. 그 반대로 중국이나 이란-이슬람 문화가 몽골을 매개로 각지에 끼친 영향 또한 막대했고, 몽골 패권하의 각 지역에서는 동서 정주 세계의 문화가 상호 전파되었다. 몽골의 패권과 맞물려 유라시아 전역에 이 시대 특유의 공통 문화의 영향이 파급된 것이다.

정치적, 군사적 측면에서의 몽골 임팩트

몽골 제국의 군사적 임팩트는 유라시아의 세력 판도를 크게 바꾸어

놓았다. 광대한 몽골 제국이 다 칭기스 칸 후예의 직할지였던 것은 아니며, 일부 지역에서는 감독관(다루가치) 휘하에서 기존 지배자에 의한 통치가 인정되었고, 또 다른 지역에서는 국가령國家領(위하位下/다라이)이나 왕가령王家領(투하投下/인주)이 설정되어 통치부(행성/디완)나 왕부王府가 설치되면서도 기존 지배자들 역시 통치에 참여했다. 몽골의 지배에 저항한 군주들은 처분을 받았으나, 순종한 지배자들 중에는 계속해서 통치를 맡은 자들도 있었다. 그들의 아들들은 몽골의 숙위가정宿衛家政 기관 케식에 입위入衛할 것을 요구받았지만, 케식은 한편으로는 엘리트 양성 기관의 역할을 담당하면서 몽골 제국의 중추와 인적 유대를 가진 형태로 지배지의 통치를 맡는 것을 약속받았다. 또한, 유신遺臣들과 도시민들은 새 지배자 밑에서 그 능력에 따라 직책에 임명되었다. 몽골의 궁정과 정권은 다양한 민족·종교가 공존하면서도 그 각각이 대표하는 사회집단의 이권을 획득하려는 경쟁의 무대가 되었다(四日市, 2006b).

몽골 임팩트를 잘 이용해 정권 확립이나 교체가 이루어진 사례도 적지 않다. 일례로, 아인 잘루트 전투(1260)에서 몽골군을 물리치고 시리아를 재정복한 이집트의 맘루크 정권에서는 이 전투에서 활약한 바이바르스가 정권을 찬탈하는 데 성공했는데, 그 배경에는 그가 몽골을 격퇴한 영웅으로 평가를 받은 것이 있었다고 얘기된다(Amitai-Preiss, 1995). 그리고 쿠데타로 컬타나가라 왕이 살해되면서(1292) 혼란 상태에 있던 자바의 싱고사리 왕조에서는 왕의 사위 라덴 비자야가 몽골 원정군을 교묘하게 이용해 내부 반란군을 평정하고, 이어 원조군元朝軍을 몰아내면서 마자파히트 왕조를 창건(1293)했다(青山, 2001; 王, 2006). 고려에서도 원조에 타협한 고려 왕가가 사실상의 통치권을 장악하고 있던 무신 최씨 정권과 그 군사 조직 삼별초三別抄를 배척하는 데에 성공했다[고려-몽골 전쟁(1231~1259)]. 티베트에서는 침공해온(1240) 쿠덴[우구데이 카안의 아들]을 상대로 사꺄 빤디따는 오히려 교화를 성공적으로 수행했고, 이후 제사帝師가 되는 사꺄파[티베트 불교의 한 종파]의 고승과 몽골의 카안이 귀의처歸依處[곧 종교적 지주]와 시주施主의 관계를 맺게 된다(中村, 1997). 사꺄파가 티베트의 통치권을 가질 수 있었던 것은 몽골 세력을 배경으로 사꺄파가 다른 종파보다 우위에 설 수 있었기 때문임이 분명하다.

경제적 측면에서의 몽골 임팩트

13~14세기의 유라시아에서 서로 다른 지역 사이의 상호 영향을 분석할 때, 기존에는 각각 상징화된 단순한 이미지에 근거해 그 구조가 언급되는 경우가 적지 않았다. 일례로, 몽골 외부로부터의 임팩트를 검토할 때에 군사적 임팩트는 몽골에 의한 것이고 경제적 임팩트는 중국에 의한 것이라는 단순화된 관계가 강조되는 경향이 있었다. 그러나 몽골 제국=원조가 파견한 원정군에는 몽골인 장병은 물론이고 한인 장병이나 무슬림 장병도 상당한 비율을 차지했고, 한인이라 불린 범주에도 경우에 따라 다종다양한 민족이 포함되었다. 무역 관계도 마찬가지다. 확실히 원조는 중국, 특히 옛 남송 지배 영역이던 남중국의 경제력을 흡수하면서 국력을 강화했는데, 그 무역 구조는 단순히 남송의 그것을 그대로 계승한 것은 아니다. 이른바 "색목인色目人"이라 불린 다양한 민족·종교의 가계는 대도시나 항구 도시를 중심으로 중국 지방 사회에 정착했고, 그 결과 중국 거주 "색목인"과 외래 "색목인" 사이에 인적 연결이 형성되어 사람·물질·문화의 이동과 교류가 촉진되었다

(Chaffee, 2006; 이 책의 제7장 참조). 이러한 관점에서 볼 때, 원조 치하의 경제 구조는 중국만을 요인으로 삼는 것이었다고 할 수 없고, 몽골의 지배하에서 다양한 민족·종교의 사회가 서로 교차한 결과로 형성된 것이었다고 할 수 있을 것이다. 아래에서는 경제적 측면에서의 장기적 몽골 임팩트에 대해 몇 가지 특징적 양상을 언급하고, 그 배경에 대해 검토해보고자 한다.

뒤에서 언급하듯이, 초기 몽골 제국에서는 은銀이 고액 화폐로 사용되었고 은은 제국의 확장과 함께 유라시아 전역에 유통되었다. 그리고 중국의 지배에 따라 동전 경제와 전매제專賣制 그리고 은 경제가 융합되고 지폐 제도가 도입됨으로써 유라시아 경제사는 새로운 단계를 맞이하게 되었다.

동전은 그 무게 때문에 고액 거래나 장거리 수송에 적합하지 않아 재정적 부담이 커졌고, 이에 송대부터 동전을 대체하는 지폐인 회자會子가 발행되었으며, 원대에는 교초交鈔라 불리는 지폐가 발행되어 동전과 함께 민간에 유통되었다. 고대부터 중국의 동전은 고려·일본·대월大越 등 한자 문화 국가들에서 화폐로서 수용되었으며, 원대에도 유사한 경향이 확인된다. 원대의 화폐 주조량은 송대의 그것에 미치지 못했으나, 이는 중국 역대 왕조의 화폐가 왕조의 차이와는 상관없이 사용되었기 때문이고 대량의 송대 동전이 유통되고 있어서 동전을 새로 대량으로 주조할 필요가 없었던 것이다. 원대에는 지폐가 발행되어 동전을 사용할 필요가 없어졌고, 이 동전들이 일본을 비롯한 해외로 유출되었다는 주장이 있는데, 이는 정확하지 않다. 확실히 지원至元〔원 세조世祖 쿠빌라이 때의 연호〕 19년(1282)에 지폐를 도입하면서 동전을 폐지하고 그것을 해외의 교역품과 교환한다는 정책이 시행된 적이 있다(《원사》〈식화지食貨志〉, "시박市船"). 또한 이에 앞서 지원 14년(1277)에는 일본 상인들에게 동전의 반출이 허가되었다(《원사》〈일본전日本傳〉). 그러나 동전 반출의 허가는 그때에 한정된 것이었고, 동전의 폐지와 해외로의 적극적인 유출 정책이 시행된 지원 19년에는 이미 일본과 원조는 교전 상태에 돌입해 있었다. 게다가 동전 유출 정책은 그 후 곧바로 방침이 전환되어 지원 23년(1286)에는 동전의 해외 수출이 금지되었다(《원사》〈본기〉 "세조"). 이렇게 생각하면, 원조에서 일본으로의 적극적인 동전 수출은 거의 없었던 것으로 보인다. 하카타로 향하다가 침몰한 신안선新安船〔전라남도〕에서는 대량의 동전이 실려 있었으나, 이는 당시의 정책과는 별개 맥락의 이야기다. 실제로, 지폐를 도입해 동전을 회수하려 해도 동전의 수요는 사라지지 않았고, 일정 지역에서 일정 양의 동전이 계속 사용되었다. 송대·원대의 재정에서는 소금이나 차 등 "각화権貨"·"각과権課"라 불리는 전매품專賣品·전매세專賣稅로 이루어지는 전매제가 재정에서 중요한 역할을 했으나 동銅 역시 국가에 의해 유통이 관리되고 있었기 때문에, 당연히 동전도 쉽게 대량으로 해외에 유출시켜서는 안 되는 것이었다. 다만, 신안선의 사례에서도 알 수 있듯, 동전의 해외 유출이 완전히 없어진 것도 아니었다. 일반적으로 민간 교역(시박市船)에서의 동전 수출은 금지되어 있었지만, 정부나 궁정이 특별히 허가한 경우는 그에 해당되지 않았던 것 같다. 중국의 동전은 해로를 통해 이슬람 세계로 흘러들어가 이란이나 이집트에서도 중국 동전의 출토 사례가 확인된다. 이슬람 세계나 인도양 무역에서는 보조 화폐로서 파르스 동화銅貨가 사용되었고, 중국에서 유입된 동전은 지금地金〔화폐나 그릇 등 금속 세공물의 재료가 되는 금속〕으로서 동전이나 동기銅器를 주조하는 데에 이용되었다.

교초는 원 국내에서만 통용되어서, 대가代價나 사여賜與로서 교초를 받은 상인은 그것을 원 국내 시장에서 일단 물품으로 바꿔서 가져가야 했다. 그래서 원조의 교초는 원 국외 지역에서는 거의 찾아볼 수 없다. 일 칸국 치하의 이란에서는 게이하투 칸(재위 1291~1295) 시대에 원조를 모방해 지폐가 발행되었으나 일반 사회에는 보급되지 않았다(《집사》, 《왓사프사》). 이 시기에 바라트라고 불리는 지불 어음이 상인과 지배자 사이에서 사용되고 있었지만, 이것을 민중 사이에 유통해 납세 등 재정 시스템과 연동하는 것은 시기상조였다. 원조에서는 각종 전매세에 의한 화폐 회수 시스템이 확립되어 있었고, 막대한 징세가 그대로 화폐의 신용 창출을 수행하는 역할을 하고 있었는데, 일 칸국에는 그러한 배경이 없었던 것이다. 그렇다고 하더라도 이 시기에 원조에서 사용된 지폐는 다양한 임팩트를 유라시아 세계에 끼쳤다. 이란에서는 지폐 자체가 유통되지 않았으나, 지배자가 발행한 바라트는 때로 징세 청부徵稅請負에 이용되었다. 상인이 세금의 해당액을 지불하고 그에 상응하는 바라트를 받은 다음에 해당액 이상의 징세를 대행한 것이다. 지배자 측은 거액의 현금을 확보할 수 있어 바라트를 남발하는 경향이 있었다(이 책의 제9장 참조). 이러한 악폐는 민중을 피폐하게 했고 사회에 혼란을 초래했기 때문에, 가잔 칸(재위 1295~1304)은 이를 금지하는 칙령을 반포했다. 바라트는 그 이전에도 있었으나, 바라트가 사회문제가 될 정도로 활발하게 사용된 것은 몽골 시대 이후다. 그리고 차가타이 칸국과 조치 칸국에서도 바라트가 발행된 것으로 보인다. 바라트 제도가 성행한 배경에는 오르톡 제도로 상징되는 상인과 유목 영주 사이의 비호 관계와 중국에서의 어음의 발달이 서로 융합한 것이 있었다고 생각된다. 그 폐해는 중국에서도 나타났다. 몽골 제국 초기의 북중국에서는 "알탈幹脫" 즉 오르톡에 의한 징세 청부나 고리대가 사회문제로 등장했고(村上, 1942; 宇野, 1989), 세조 쿠빌라이(재위 1260~1294) 시대에도 무슬림 재정 관리가 징세의 청부를 수행하면서 가렴주구를 자행해 민중의 원한을 샀다(《원사》〈본기〉"세조"). 이러한 사회문제가 동시대의 동서유라시아 도시권에서 확인되는 것도 몽골 시대 특유의 현상일 것이다.

동서를 오간 물질과 그 영향

예멘에서 발견된 라술 왕조(1229~1454)의 문헌 《지식의 빛Nur al-Ma'arif》에는 홍해의 요충 아덴항의 관세 품목 목록이 실려 있는데, 여기에는 은 외에도 도자기·견직물을 비롯한 직물류·향약류香藥類·종이·유리옥 등이 중국산 상품으로 열거되어 있다. 이 시기에 중국 정크선 항행의 서쪽 한계는 인도 서해안이어서, 이러한 상품들은 최종적으로는 이슬람 상인들을 통해 이슬람 세계에 유입되었을 것으로 생각된다. 특히 키시 상인들은 인도를 경유해 중국 방면에서 오는 무역품의 절반가량을 독점적으로 취급했다고 전해지며(四日市, 2006a), 앞서 언급한 중국산 상품들은 키시를 비롯한 페르시아만 상인들을 통해 이슬람 세계에 유입되었을 것으로 보인다. 이러한 이슬람 세계와 중국 사이 긴밀한 통상 관계는 몽골 제국과 원조 정권에 많은 무슬림이 참여했던 것과 무관하지 않다. 원대에는 이슬람 세계와의 유대가 강화되어 상당량의 무역품이 동서를 오갔다. 이는 도자기의 유통량을 통해서도 분명히 드러난다(이 책의 제12장 참조). 한편, 동남아시아사 연구에서는 송대의 해상 무역이 최전성기였고 이어지는 원대는 해상 무역의 쇠퇴기였다고 결론을 내리는 사례도 있으나(Wade, 2009; Heng, 2009), 연구 사료의 시대에 따른 기록의 분량 변화가 고려되지 않은 연구라 그러한 결론에 동의할 수 없다. 엄선되어 편찬된 《원사》와 엄선되기 이전의 풍부한 기록이 남아 있는 《송회요宋會要》·《명실록明實錄》을 동일선상에서 비교한다면, 원대의 무역 관련 기록만 적게 평가되는 것이 당연하고, 시대가 다른 사료의 비교는 그 사료들의 성격을 고려하지 않으면 의미가 없다.

중국의 주요 수출품으로 알려진 비단·차·도자기 중에서 차는 당대當代 무역에서 후대만큼 막대한 유통량은 아니었으나, 일 칸국의 재상이었던 라시드 앗 딘 파들알라 하마다니(1318년 사망)는 자신의 저서 《사적과 생명Āthār wa Aḥyā》에서 중국의 차를 들어 설명하고 있다. 그는, 중국에서는 차가 국가의 전매품이어서 자유롭게 매매할 수 없었다는 점과, 차마다 품질에 따라 등급이 매겨졌고 정부의 공인 도장으로서 탐가(인장)가 찍혀 차가 엄격하게 관리되고 있었다는 점 등을 이야기하고 있다. 라시드 앗 딘은 차를 상인들에게 중국에서 가져오게 해서 차의 재배를 시도했지만, 이란의 일반 대중에게 차를 마시는 관습이 확산하지는 못했고, 차가 대량으로 유통·생산되는 것은 후대의 일이다.

견직물은 이슬람 세계에서도 아바스 왕조(750~1258) 시기 무렵부터 생산되었으나, 중국의 견직물은 여전히 고품질 직물로 계속 수입되고 있었다. 중국의 비단과 종이의 품질에 대해서는 라시드 앗 딘도 특별히 언급하면서, 두 품목 모두 중국에서 온 수입품으로 진귀하게 여겨진다고 했다. 특히 이 시대는 몽골 궁정에서 착용한 "나시즈"("지순")라 불리는 금란金襴 단자緞子 직물 의복이 유라시아 서방에서도 유통되어 고가상품으로 거래되었다.* 나시즈는 이란에서도 제작되었으나, 다른 이슬

---

* 나시즈는 페르시아어로 "직물"을 뜻하는 단어로 몽골 제국 시대에는 주로 금색 실을 넣어 만든

람 지역의 직물과 함께 타브리즈, 바그다드, 미스르(이집트) 등의 도시를 경유해 지중해·유럽 세계에도 유입되었다(Allsen, 1997).

3. 문화 교류에서의 몽골 임팩트

물질적 측면에서의 기술과 문화의 교류

몽골 제국과 그 계승 정권 사이의 경제적 교류는 (때로는 정치적 교류에서도) 기술·문화의 전파를 동반하는 경우가 있었다. 일례로, 앞서 언급한 나시즈에 관해서는 13세기 말의 아랍어 사료 《지식의 빛》에 아덴항의 수입품으로 북중국에서 생산된 나시즈 직물이 언급되고 있다. 이는 세조 쿠빌라이가 사마르칸트에서 직물 장인을 이주시켜 제작하게 했다는 심마림蕁麻林(시마린)산産 나시즈 직물이나 수도인 대도大都〔지금의 베이징〕에서 직조된 칸발리키야라는 직물을 가리키는 것으로 보인다. 몽골 제국 치하에서 중국과 사마르칸트라는 동서유라시아의 기술이 융합한 결과, 그것이 이슬람 세계와 지중해·유럽 세계에도 전파된 것이다.

14세기 이후 이란의 문헌을 보면, 궁정 의복에 용·봉황 무늬와 날짐승·들짐승 무늬의 금사金絲 직물을 확인할 수 있다. 이것들은 분명 몽골 제국의 영향을 받은 것이다. 또한, 지중해·유럽 세계에서는 14세기

비단 직물을 일컫는다. 중국의 자료에서는 "납실실(納失失)" 등으로 표기되며, 이는 "나시즈"를 음사(音寫)한 것이다. 지순은 몽골어에서는 원래 "색깔"을 뜻하는 단어인데, 황제가 똑같은 색깔의 의복을 하사하면 제국 궁정의 연회에서 모두가 하나의 색으로 된 옷을 입었던 것에서 지순은 "의복"으로서의 의미도 지니게 되었다.

부터 15세기 중반에 걸쳐 아시아적인 용·봉황 무늬와 날짐승·들짐승 무늬의 직물이 제작되었다(Hollberg, 2018). 이러한 문양은 유럽 각지의 박물관·미술관에 소장된 직물은 물론이고, 14세기 전반부터 15세기에 걸친 피렌체파·시에나파의 종교화, 특히 성모자상聖母子像과 대천사상大天使像, 성자상聖者像에서도 발견된다(피렌체 우피치 미술관, 아카데미아 미술관 등). 이것들은 당시 실재한 직물을 묘사한 것으로 여겨진다. 몽골 제국의 패권 이전, 이슬람이나 유럽에서 용은 악의 상징이었지만, 몽골 제국의 등장 전후부터 중국적인 용과 봉황이 서방에 전파되면서 중국적인 용·봉황 무늬와 날짐승·들짐승 무늬의 금사 직물이 고귀한 상징이 된 것이다.

동서 문화의 융합은 도자기에서도 찾아볼 수 있다. 중국 도자기는 당시 최고의 국제 무역항 천주항泉州港에서 서방으로 수출되었으며, 이슬람 세계 측 사료에서는 자이투니(천주수泉州手)라는 일군의 중국 도자기가 존재한다(《지식의 빛》). 자이툰은 이슬람 세계에서 천주를 부르는 명칭으로, 아랍어의 자이툰이 의미하는 올리브나무가 천주에서는 보이지 않았음을 이븐 바투타는 보고하고 있다. 기존에 자이투니는 천주에서 출하된 도자기를 의미한다고 해석되어왔으나, 본래 "천주"가 아니라 "올리브색(의 물건)" 즉 용천요龍泉窯 청자를 가리켰을 가능성도 있다.* 그렇다고 한다면, 천주를 자이툰이라고 부른 것은 오히려 그곳이 청자를 출하하는 "청자의 고장"으로 인식되었기 때문일지도 모른다. 원대에 대량으로 유출된 용천요 청자는 이슬람 도기에도 큰 영향

---

* 용천요(룽취안요)는 예전에 중국 절강성(浙江省) 용천현(龍泉縣)을 중심으로 분포한 도자기 생산지다. 특히 남송 시대에 번성해 우수한 청자를 생산한 것으로 알려져 있다.

을 주었고, 또한 이슬람 도기도 중국 도자기에 큰 영향을 주었다. 일례로, 앞서 언급한 용천요 청자가 이슬람 도기에 끼친 큰 임팩트와, 또한 청화 자기靑花瓷器의 탄생에서 몽골 지배하의 동서유라시아의 문화와 기술이 서로 융합했다는 점 등(이 책의 제12장 참조)은 몽골 임팩트의 산물이라 말할 수 있다.

문서와 문장 표현 측면에서의 동서유라시아의 공통성

몽골 임팩트는 물질문화는 물론이고 정신문화에도 파급되었다. 앞서 언급한 도자기에서도 각 지역의 기호성이 도자기의 문양 표현이나 형태 등에 반영되었고, 그것이 물질 그 자체의 유통량에도 영향을 끼쳤듯이 이 양자(각 지역의 기호성과 물질의 형태)는 밀접하게 서로 연관되어 있었다. 여기서는 당대 동서유라시아의 공문서에 보이는 문장 표현과 문서 그 자체의 양식에 대해 언급해보고자 한다. 이 시대의 중국과 이란, 중앙아시아, 러시아 초원에서는 각각 사용된 주요 언어가 달랐음에도 공문서상에서 공통된 양식이나 표현이 발견된다(小野, 1993; 松川, 1995).

문서 모두冒頭의 정형구定型句에는 문서 발령자의 이름과 명령 문서의 양식이 명기되는데, 예를 들면 몽골 군주의 경우에는 "뭉케 텡그리 인 쿠춘 두르(영원한 하늘의 힘에 의하여), 예케 스 자리 인 예엔 두르(큰 힘의 위광威光의 가호에 의하여), 카안 자를릭 마누(카안인 짐의 명령)", "가 잔 우게 마누(가잔인 짐의 말)"와 같이 몽골어로 권위를 뒷받침하는 모두의 정형구(하늘의 힘)와 그 명령 문언의 형식—이 경우는 "자를릭"(칙명)과 "우게"(말/명령)—이 선언되고 있고, 모두의 정형구, 본문, 결구 전부 몽골어로 기술되어 있다. 이러한 것들은 경우에 따라 한어漢語나 페르시아어 등으로 부본副本으로서 번역되기도 한다. 또한 일 칸국의 몽골-투르크 중신이나 재상의 경우에는 "다와카르트 아라 알라히(지고한 신에 의거하여), 울제이투 술탄 야를리긴딘(울제이투 술탄의 칙령에 따라), 쿠틀룩 샤 스지(쿠틀룩 샤인 그의 말)"와 같이 아랍어와 투르크어로 권위의 배경─신과 울제이투 술탄의 칙령─과 명령의 형식─"스즈"(말/명령)─이 선언되고, 본문은 페르시아어로 기술되며 결구는 아랍어로 되어 있다. 몽골 고위 중신의 경우에는 전체가 몽골어로 기술된 사례도 있다. 원조 관청의 경우에는 이러한 구절들이 전부 한어로 기술되며 관리가 공문서에서 사용하는 표현도 들어가는데, 그 기본 구조는 동일하다. 예를 들면, "황제성지리皇帝聖旨裏(황제의 성지에), 역집내로총관부승봉감숙등처행중서성차부亦集乃路總管府承奉甘肅等處行中書省箚付(역집내로총관부가 받드는 감숙등처행중서성의 차부[에서 말한다])"와 같이 기술된다.

문서 본문의 문구와 구조에도 공통성이 있다. "이전, ~"와 같은 문구로 과거에 일어난 문제를 설명하고 있고, "지금, ~"라는 문구 뒤에 현황과 대책이, 마지막으로 명령 내용이 제시된다. 그리고 말미에 명령이 내려지고 필사된 날짜와 장소, 여기에 기원구祈願句가 추가되며 문장이 끝난다. 이 구조는 기본적으로 몽골어, 투르크어, 페르시아어, 한어, 티베트어의 몽골 제국 시대 공문서에서 (다소의 변형은 있지만) 일정한 공통성을 지닌다. 즉, 언어가 다른 다양한 민족이 공통된 양식에 근거해 공문서를 작성하는 현상이 몽골 제국 분립 이후 유라시아의 동서에서 동일한 시기에 보이는 것이다.

또한, 이러한 명령 문서들은 시각적으로도 일정한 공통성을 지니고 있었다. 문서의 형식(명령 양식)은 문서 발령자의 신분과 민족(사용 언

어)에 따라 결정되었는데, 그 등급이나 중요성이 시각적으로도 확인될
수 있도록 인장이 날인되어 있었다. 문서에 날인된 방형方形의 인장은
몽골이 창안한 것이 아니라 중국에서 전통적으로 공문서에 날인하는
것이었으나, 이러한 인장은 13~14세기에는 유라시아 동서에서 볼 수
있게 된다. 이란에서는 그전까지 방형의 인장을 날인하는 관습이 존재
하지 않았으나, 몽골 지배기에는 아랍어·페르시아어 문서에 한어 주
인朱印을 날인하는 사례가 등장한다. 이것들은 "알 탐가"(인장/인장 날인
문서)라고 불렸고, 황제(일 칸) 외에 인장을 소유할 수 있는 사람은 특히
최고위에 위치한 극소수의 대大아미르와 재상(와지르), 행정부 장관(사
힙 디완)뿐이었다는 점에서, 인장 날인 문서는 칙령 다음으로 권위 있
는 문서로 간주되었다. 그리고 이 시기 원조 치하의 중국에서는 개인
서명으로 사용된 화압花押〔수인手印 또는 수압手押〕의 인장화印章化가 보편
화하면서 화압 인장이 다수 제작되었으며, 이 관습은 이란에도 전파되
어 일 칸국의 아미르들은 개인 인장으로 흑인黑印을 날인했다. 이러한
인장들은 "카라 탐가"(흑인)라고 불렸다. 공문서에서 개인 인장은 관리
의 서명 대신 날인되었고, 문서의 내용을 보증하는 이서裏書에 서명 대
신 날인되기도 했는데, 일 칸국에서는 주인 대신 흑인이 있는 문서도
"카라 탐가"라 불리며 주인 문서 다음으로 권위 있는 문서로 간주되었
다. 즉, 날인한 인장의 색깔에 따라 그 문서 발령자의 계급을 알 수 있
도록 시각화해 언어와 민족이 다른 사람들 사이에서도 문서의 명령 내
용이 이해하기 쉽게끔 되어 있었다. 이에 더해 문서 종이와 종이 접합
부에 날인한 인장을 제외하면, 위구르 문자 몽골어 문서, 팍빠 문자 몽
골어 문서, 페르시아어 문서, 한어 문서, 티베트어 문서 등 그 언어와
문자에 상관없이 문서의 모두 부분을 위쪽으로 향하게 했을 때 주인

이 왼쪽 아래에 오고 흑인이 오른쪽 아래에 오게 하는 등 문서의 레이아웃에서 그 날인의 위치에도 유라시아 동서에서 공통성이 발견된다. 그 배경으로는 실제로 원조에서 일 칸국으로 인장이 하사되었으며, 일 칸국 측에서도 한어를 해독할 수 있는 이가 있어서 그 인장을 다시 모방한 것으로 보인다(Yokkaichi, 2015: 四日市, 2015). 중앙아시아의 차가타이 칸국과 조치 칸국에서도, 원조와 일 칸국 사이 정도의 직접적 공통성은 보이지 않지만, 주인과 흑인이 둘 간에 일정한 유사성을 지니고 사용되었으며, 이에 대한 연구가 진행되고 있다(예를 들어 訟井, 1988). 이러한 것들은 중국의 문화가 일방적으로 서방에 전파되었다는 의미가 아니라, 일례로, 화압인花押印(흑인) 보급의 배경에는 한어 필사가 익숙지 않은 비非한인이 행정직에 많이 종사한 점도 작용한 것으로 보인다. 즉, 이 또한 동서유라시아의 상호 교류가 낳은 현상인 것이다.

문화 교류에서의 국가의 관여와 사회

위에서 언급한 문서 양식의 사례에서 볼 수 있듯이, 몽골 정권이 직접 관여한 사상事象에 대해서는 동서유라시아의 문화 공유와 융합이 두드러지게 나타난다. 그리고 그러한 공통의 문화는 몽골 지배하의 도시민이나 교단을 통해 사회 전반에 침투해갔다. 일례로, 본래 관요官窯(어요御窯)에서 제작된 것으로 보이는 원의 청화 자기는 곧바로 도시 문화로서 흡수되었으며, 민간 가마에서도 세밀한 디자인부터 간략한 디자인까지 다양한 청화 자기가 생산되었다. 원곡元曲과 소설 등에 등장하는 인물을 주체로 하는 구도의 원 청화 자기는 관요에서는 생산되지 않았던 것으로 보이고, 중국 국외에서 출토된 사례는 드물지만 중국 국내에서는 출토되어 세간에 전해지고 있다. 이러한 원 청화 자기는 도시민을 대상으로 하는 고급 제품으로서 생산된 것으로 보인다. 한편, 오키나와沖縄와 동남아시아에서는 간소한 디자인의 청화 자기 소품이 출토된다. 이는 민간 무역용으로 민요民窯[민간 가마]에서 생산된 것으로 보인다. 원조가 약화해 몽골고원으로 물러난 직후에도 청화 자기 산업은 생산과 수출을 지속하며 쇠퇴하지 않고 다음 명대로 계승되었다. 따라서 원말명초의 청화 자기를 원과 명이라는 정치적 시대로 구분하는 것은 별 의미가 없다. 이는 송-원, 원-명으로 연속되는 용천요 등에서도 마찬가지다.

이와 같이 문화의 교류와 성쇠는 국가의 성쇠와 같은 차원에 있지 않았고, 문화 창조의 기점이 항상 궁정이나 국가였던 것도 아니었지만, 국가가 새로운 공예·예술의 최대 후원자가 되고 최대 고객이 되는 경우도 적지 않았다. 당시 기능이 뛰어난 공장工匠은 종종 황족·왕족·국가의 소유가 되어 재산의 일부로 간주되었고(松田, 2002), 외교를 통한 증정贈물도 이루어졌다. 이란의 타흐트-이 술레이만[고고학 유적지]에서 중국식의 용과 봉황 문양의 타일이 제작되거나 일 칸국의 궁정에서 원조의 관인官印을 모방한 한어 인장이 제작된 것도 그 일례다. 특히 용 문양의 타일은 몽골 제국=원조의 황제 권력 질서를 정확하게 반영하면서 용이 네 개의 발톱(황제는 다섯 개, 왕족은 네 개)을 가지고 있다는 점으로 보아 원조에서 파견된 공장의 작품임이 확실시된다.

중국 도자기의 기술적 영향은 동남아시아 방면으로도 파급되어 베트남·참파·타이의 일부 도자기에서는 중국 도자기의 뚜렷한 영향이 보인다. 타이의 수코타이 투리안 가마나 씨 싸차날라이 가마 등에서 나온 제품은 명대 중국 도자기의 영향을 받은 것으로 여겨졌으나, 보다 이른 시기의 가마터나 유적이 발굴되면서 원대 후반부터 명대 초기에 걸친 중국 도자기의 영향을 받고 있음이 밝혀졌다. 명대 전반에 해금海禁 정책이 시행되면서 중국산 도자기의 수출량은 감소하는 대신 동남아시아산 도자기의 수출량은 증가하게 되지만, 기술적 측면에서는 보다 이른 원대 말기의 영향이 상정想定된다. 아울러 타이 각지의 유적에서는 송대의 도자기에 비해 원대의 도자기가 출토되는 사례가 많은 경향이 있다. 13~14세기에는 중국과 동남아시아 각 지역의 무역 규모가 그 이전에 비해 증가한 것으로 보이며, 일례로 17세기에 아유타야의 국제 무역항이었던 빠삭강과 짜오프라야강의 합류점인 방까자에서는 원대 경덕진요景德鎮窯의 자기 조각도 출토되었다(Matsong, 2019). 그 주변에는 중국인 거류지가 위치해 있었다는 점에서, 아유타야의 국제 무역항으로서의 원형은 이미 14세기에 존재했던 것으로 보인다. 이와 같은 상황은 다른 동남아시아 지역에서도 찾아볼 수 있다(森本, 2009).

학문적 지식과 종교 문화의 동서 교류

학문적 지식과 종교가 분리되지 않았던 전근대에 학문적 지식의 동서 교류와 종교 문화의 동서 교류를 구별하기는 쉽지 않다. 신이나 부처의 진리를 깨닫는 것과 학문적 지식을 얻는 것은 같은 의미이기도 했다. 여기서는 주로 학문적 지식과 종교 문화에 관한 이동과 교류에 대해 서술하고자 한다.

몽골 제국에서는 수익 활동을 대행하는 상인이 비호를 받았는데, 마찬가지로 기도를 올리는 다양한 종교인도 비호를 받았다. 그 배경에는 몽골과 종교의 친화성이 있다. 몽골은 하늘(텡그리)을 신앙했지만, 각 종교 측도 각각의 주신主神(혹은 부처)을 하늘에 가탁仮託하는 것이 가능했고, 그래서 그들은 몽골의 카안에게 접근해 그로부터 자신들에 대한 비호와 우대를 얻으려 했다. 이 과정에서 일어난 것이 종교논쟁(이른바 도불논쟁道佛論爭)이다. 이를 통해 그때까지 몽골 황족과 가까운 관계에 있던 도교의 전진교단全眞敎團을 대신해 불교가 우대를 받게 되었다. 이미 지적되었듯이, 쿠빌라이가 주재한 제3차 논쟁(1258)에서는 티베트 불교 사꺄파가 주도권을 장악하는 데서 도불논쟁이 이용된 흔적도 있다(中村, 1994). 원조 황제는 여러 차례 실론(스리랑카)이나인도에 사신을 파견해 스투파(부처의 사리)를 요구하거나(《원사》〈본기〉"세조"), 사원 순례 허가를 요청하기도 했다(이븐 바투타, 《여행기》)고 여겨지는데, 이러한 것도 몽골 황실이 불교를 독실하게 숭배했기 때문이다.

몽골 제국의 서방으로의 확장과 더불어 불승들도 서방으로 이동했다. 중앙아시아·이란 방면으로 원정한 몽골군에는 다수의 위구르인이 포함되어 있었는데, 그중에는 불승도 있었던 것으로 보인다. 라시드 앗딘은 《집사集史》에서 이란에 몇몇 불교 사원이 건립되어 있었음을 언급하고 있다. 그리고 이 불교 사원들은 이슬람교로 개종한 가잔 칸의 명령으로 파괴된 것도 언급하고 있다. 몽골 제국 치하에서 불승은 몽골어로 "박시"라고 불렸는데, "박시"는 본래 한어의 "박사博士"를 음사音寫한 것이었고, 몽골 제국에서는 문해력을 가진 불승이나 상인이 관료와 조정 신료로 임용되었다. 일 칸국에서도 본래는 관료층에 불승이 포함되어 있었던 것으로 보인다. 가잔 칸이 이슬람교로 개종(1295)한 이후의 이란–이슬람 세계에는 종종 불승이 아닌 서기書記를 박시라고 부른데서도 이를 엿볼 수 있다.

이슬람교 또한 동부 유라시아까지 활동 범위를 확장하고 있었는데,

역시 지식인과 종교인 사이에 명확한 경계는 없었으며, 이들의 학문적 지식의 유형에 따라 "울라마"나 "수피"라고 불렸다. 몽골 제국 치하에서 이슬람교의 지식인은 페르시아어로 "다네슈만드"라고 불렸고, 이는 아랍어의 "알림"(울라마의 단수형)에 해당한다. 울라마와 수피는 학문적 지식과 경험을 추구해 이슬람 외부 세계로도 이동했지만, 몽골 시대에는 동서유라시아 교통로의 안정 속에서 그 활동이 활성화되었다. 그 전형적 사례는 《여행기》로 유명한 이븐 바투타일 것이다. 이븐 바투타는 젊은 나이에 메카 순례를 수행할 때 고명한 울라마와 수피로부터 가르침을 받은 것을 계기로 계속해서 학문적 지식을 얻는 여행에 나섰고, 그 범위는 이슬람 세계 바깥에까지 이르렀다. 이븐 바투타는 그 자신이 법학자여서 가는 곳마다 환대를 받았고 자유로이 여행을 할 수 있었다. 이는 이븐 바투타가 각지에 흩어져 있던 이슬람교 커뮤니티를 이용해 여행을 할 수 있었기 때문으로, 이슬람의 학문적 지식과 신앙 및 이동의 네트워크가 중첩해 있었던 것이 그 배경에 있다.

그리고 또 하나의 요인으로서 당대가 몽골의 패권 치하라는 전제가 있었다. 이븐 바투타는 그 자신이 일 칸국의 술탄 아부 사이드의 순례 대상隊商에 참여한 적도 있다. 말하자면, 이븐 바투타는 동서 교통이 안정된 시대의 혜택을 받은 존재였다. 물론, 이븐 바투타뿐만 아니라 역사에 기록이 남아 있지 않은 다수의 울라마도 마찬가지로 이동을 하고 있었다. 그리고 무슬림만 아니라 불교도나 기독교도에게도 유사한 구조가 존재했다. 이슬람교도가 모스크나 한카(수도원) 등을 이동의 거점으로 삼을 수 있었던 것처럼 불교도나 기독교도 등 다른 종교의 신도들도 종종 사원이나 교회 등 신앙의 장소에서 시혜를 받아 그곳을 이동의 거점으로 삼아 여행을 할 수 있었다.

학문적 지식, 종교와 국제무역

종교와 학문적 지식의 네트워크는 종교인이 아닌 사람들도 이용할 수 있었다. 특히 상인은 종종 교단이나 사원의 교역을 대행하면서 한편으로는 막대한 기진을 행했다. 이는 정치권력과 상인이 상호의 이익을 추구하며 서로 결속하는 경우와 유사한 구조다.

한 가지 사례를 언급하자면, 이란 파르스 지방의 교통 요충지 카제룬에 본거지를 두고 있던 아부 이스하크 교단(이스하키야)은 인도양 각지의 주요 교역항에 한카를 두고 있었고, 교단의 시조 아부 이스하크는 항해 수호 신앙의 성자로서 인도양 상인들의 신앙을 모아 막대한 기진이 이루어지고 있었다(이븐 바투타, 《여행기》). 이븐 바투타는 이 교단이 이슬람 세계는 물론이고 인도와 중국의 상인들로부터 신앙의 대상이 되고 있었음을 서술하고 있는데, 실제로 카제룬의 사적史蹟에는 원대의 중국 도자기 조각들이 산포해 있고, 페르시아만으로부터 대상 루트가 카제룬을 통과해 이란 남부의 중심 도시 시라즈까지 뻗어 있었음을 확인할 수 있다. 또, 동시대 호르무즈 왕국은 인도 및 중국과 활발하게 교역했는데, 키시·호르무즈와 시라즈를 연결하는 대상 루트의 요충지 혼주에 있는 다니야르 교단(다니야키야)의 한카 유적에 남아 있는 미나레트[첨탑]에는 호르무즈 왕 쿠틉 앗 딘 타함탄의 이름을 새긴 비문이 전해지고 있고, 그 미나레트가 호르무즈 왕의 기진을 통해 건립되었음이 알려져 있다. 즉, 호르무즈 상인의 영수인 호르무즈 왕이 다니야르 교단의 재정 후원자가 되어 막대한 기진을 행한 것이다. 셰이흐 다니야르 수도원 유적에서도 원대 중국 도자기의 조각들이 산포하고 있음을 확인할 수 있고, 이 도자기들은 호르무즈 등의 상인이 중국에서 가져온 것으로 여겨진다(Yokkaichi, 2019). 경제적으로는 상인이 교단에 대한 비호자가 되고 정신적으로는 교단이 상인에 대한 비호자가 되어, 이 둘은 상호적 후견-피후견 관계에 있었다.

이와 유사한 구조를 유라시아 동부에서도 확인할 수 있다. 13세기부터 14세기에 걸쳐 하카타를 출항한 교역선의 대다수는 사원과 신사神社를 자본주로 삼고 있었고, 대규모 사원이나 신사가 교역 자본을 출자하고 상인이 그것으로 원조와의 교역을 대행했다. 이러한 교역선은 일본 측에서는 "사사조영료당선寺社造營料唐船"이라고 불렸다.* 유명한 신안선도 그중 한 부류이고, 동복사東福寺가 최대 출자자였다(이 책의 제6장 참조). 이러한 교역선은 본래 중국 측에서 내항해온 정크선을 일본 측이 차터charter한(곧 세를 내고 빌린) 것이었고, 신안선의 경우도 교역 담당 상인의 우두머리가 중국식으로 "강사綱司"라고 글씨를 적어놓은 것으로 미루어, "강사"는 원조 측의 상인이었거나 혹은 송대부터 하카타에 거류하고 있던 "강수綱首"라 불린 중국 상인의 우두머리였을 것으로 추정된다. 이 경우에도 무역 상인은 물론이고, 일본과 원을 왕래한 많은 학승學僧이 그 배경에 존재하고 있었다.

또 하나의 사례로서 남인도를 살펴보고자 한다. 원조에서 "마팔아馬八兒"(마아바르)라고 불린 코로만델 지방에는 불교 왕조 판디아가 있었는데, 매년 대량의 말을 페르시아만과 아라비아반도에서 수입하고 있었다. 이를 담당한 것은 키시 상인을 비롯한 페르시아만의 상인들이었다. 판디아 왕 순다라 판디는 그 막대한 비용을 국고에서가 아니라 국내 불교 사원에의 기진에서나 또는 기진으로 설정된 상세商稅에서 지

• 사사조영료당선은 "사원이나 신사의 조영(건설, 수리, 증축 등) 비용 마련을 위한—정부(바쿠후)의 허가하에 파견된—당선(중국과의 무역선)"의 의미다.

불했다고 한다(《왓사프사》). 이 경우에 국왕과 외국 상인 사이의 거래에 사원이 민중으로부터의 기진을 교역 자본으로 제공하고 있었다는 점도 정권과 교단의 유착으로서 흥미로운 한편으로, 말의 수입에 관해서도 정권과 외국 상인의 유착을 확인할 수 있다. 페르시아만 상인들이 판디아 왕조의 수요품인 말을 안정적으로 매년 공급할 수 있었던 것은 그들이 판디아 왕조의 정권 내부에 들어와 있었기 때문이다(四日市, 2006a; Yokkaichi, 2019). 키시 왕의 동생 말릭 아잠 타키 앗 딘은 판디아 왕조에서 행정직, 행정 지도자, 사무관 직위를 얻었다고 하며 말 무역을 독점적으로 담당했는데, 그의 사후에도 그러한 지위는 키시 왕족에게 계승되었다. 남인도에서 키시 상인과 판디아 왕조 사이의 관계는 키시 상인이 일 칸국으로부터 관직을 얻어 인도양 교역의 이익을 일 칸국에 상납하는 것과 거의 동일한 구조였고, 남인도는 동서유라시아를 연결하는 인도양 무역의 중계 거점이 되었다. 호르무즈 상인 또한 마찬가지로 인도 서부 해안의 구자라트 지방에 중계 거점을 두고 있었음이 알려져 있다. 중국에서 온 생산품은 남인도를 경유해 이슬람 세계로 전달되었기 때문에, 이들 지역의 정권 내에 키시 상인이나 호르무즈 상인이 거점을 마련하고 있었다는 점은 그 의미가 크다. 몽골 제국 시대에 동서유라시아의 교역이나 문화 교류가 번성했던 것은 그들 키시 상인이나 호르무즈 상인이 중국에만 아니라 인도에도 교역 거점을 확보하고 있었기 때문이다.

학문적 지식, 종교의 교류와 정치권력

동서유라시아에서 학문적 지식의 교류는 국가의 동향과도 밀접한 관련이 있었다. 원조에서는 천문학과 의학의 국가 기관으로 사천감司天監

과 태의원太醫院을 두었는데 각각 이슬람 천문학과 이슬람 의학을 담당하는 회회사천감回回司天監과 광혜사廣惠司·회회약물원回回藥物院이 별도로 설치되어 있었으며, 몽골 제국의 패권과 분립에 수반해 이슬람 세계에서 중국으로 이주한 사람들이 그 직임을 담당했다. 세조 쿠빌라이의 조정에서 설치한 회회사천감에는 자말 앗 딘을 비롯한 무슬림이 임명되었고, 이들은 이슬람 세계로부터 이슬람 천문학 지식과 서적을 원조에 전수하고 아랍어·페르시아어를 구사하며 천문학 활동에 종사했다(유라시아 서방의 이슬람 천문학에 대해서는 이 책의 이사하야 요이치 칼럼 참조). 광혜사와 회회약물원은 이슬람 약학을 담당하는 관청으로 그 이름에 "회회回回"(이슬람)가 붙어 있긴 해도 이들 기관에는 다수의 동방 교회계 기독교도가 포함되어 있었다.• 이슬람 세계의 의학에서는 동방 교회계 기독교도가 명의名醫로 이름을 날리고 있었고, 원조의 경우에도 세조 쿠빌라이와 성종 테무르 조정의 중신으로 광혜사를 관장한 이사 켈레메치와 샤르베트(과즙)를 약물로 조제하는 샤르베치(약제藥劑 조제사)인 마르 사르기스 등 동방 교회계 기독교도의 이름이 알려져 있다. 이러한 관청들은 원조에서 설치된 것으로, 몽골 제국 초기부터 궁정에 존재해온 특정의 기능을 가지고 공통의 민족·종교를 유대로 하는 관료 집단에 중국식 관직명이 붙은 것으로 생각된다.

동방의 학문적 지식도 서방으로 전래되었다. 일 칸국의 명재상 라시드 앗 딘 파들알라 하마다니는 몽골사, 이슬람사, 히브리사, 프랑크

• 광혜사는 1263년 설치된 서역의약사(西域醫藥司)가 1270년에 확대·개칭된 회회 의약·의학 기관이고("서역"은 "회회"의 뜻이다), 회회약물원은 1292년 쿠빌라이 칸에 의해 대도(지금의 베이징北京)와 상도(上都, 1263년까지 개평부開平府, 지금의 네이멍구자치구 둬룬多倫 서북부)에 태의원(太醫院) 소속으로 설치된 이슬람 의약·의학 기관이다. 1322년 회회약물원이 광혜사로 이관되어 통일 관할하에 들어가게 되면서 원대(元代)에 회회(이슬람) 의약·의학 체계가 형성되었다.

사, 인도사, 중국사 등 각 세계의 역사 집성으로서 《집사》를 편찬했고, 이슬람의 사상 집성으로서 《신학저작집神學著作集》을 편찬했으며(岩武, 1997; 이 책의 제9장 참조), 이외에도 《맥결집해脈訣集解》·《어약원방서御藥院方書》·《태화율령泰和律令》 등 의학·법학·역사학의 한어 서적을 중국에서 들여와 페르시아어로 번역한 총서 《탄수크 나마Tansūq-nāma》(《진귀珍貴의 책》)를 편찬했다(라시드 앗 딘의 역사서에 관해서는 이 책의 오쓰카 오사무의 칼럼 참조). 당연히 라시드 앗 딘의 휘하에는 한어를 해독하는 인원이 있었을 것이고, 실제로 라시드 앗 딘은 일 칸국의 수도 타브리즈에 모스크·학교·도서관·병원 등으로 구성된 라시드구區를 건설해 그곳에 중국·인도·마슈리크(동방 이슬람 세계)·마그리브(서방 이슬람 세계) 등 세계에서 온 학자·의사·장인을 모아 이들의 지식을 집성하고 그것들을 서적으로 간행하는 학문적 지식의 집성 사업을 수행하고 있었다. 이 일환으로 나온 것이 《집사》, 《신학저작집》, 《탄수크 나마》였다. 아울러 라시드 앗 딘은 《사적과 생명》에서 중국과 인도의 생산물 및 식물을 다수 언급하고 있다. 《사적과 생명》은 농서農書라고 하는 주장이 유력하나, 보다 광범한 지식을 집성한 백과사전의 일부이지 않을까라는 주장도 제기되고 있다(Lambton, 1999; Īraj Afshār, 1368/1989). 라시드 앗 딘은 중국과 인도의 작물을 소개하는 데서 그치지 않고 실제로 현지에서 현물을 가져오게 해서 자신의 손으로 실험 재배를 했다. 게다가 이것들은 모두 상품 가치가 높은 작물이었고, 그 유통 경로에 대해서도 정보가 게재되어 있다. 책 곳곳에서 "상인들"이라는 표현이 등장하는 것으로 미루어, 라시드 앗 딘의 휘하에는 그를 위해 활동하는 국제 무역 상인들이 있었고, 라시드 앗 딘은 이들을 통해 정보와 상품을 얻었다고 생각된다. 일 칸의 궁정이나 왕족, 다른 와지르(재상)나 아미르(장군) 휘하의 어용 상인御用商人〔궁정 상인〕들도 있었겠지만, 라시드 앗 딘의 경우는 재상으로서 자신이 직접 지식 집성 사업을 행하는 입장이어서 각지의 국제 무역 상인을 통해 동서의 학문적 지식을 집성할 수 있었을 것이다.

이상과 같이, 인구가 밀집해 있던 중국과 이란에서는 궁정이나 정권의 중요 인물 휘하에 유라시아의 동서에서 온 사람, 물질, 문화, 정보가 모여들었다. 이는 도시 지역의 부유한 도시민들의 경우도 마찬가지였을 것으로 보인다. 이러한 것들은 단순한 국제 무역에 그치지 않고 때로는 학문적 지식이나 문화의 전파도 동반했고, 정치권력과 국제 상업 및 종교가 교차하는 구조에서 학문적 지식과 문화의 전파 및 교류가 이루어지고 있었다.

4. 광역사 관점에서의 몽골 임팩트

몽골 제국의 확장과 인구의 변이變移

몽골 제국이 광역廣域에 끼친 임팩트의 하나로 세력 균형의 재편과 인구 변동이 언급되는 경우가 있다. 단적으로는 몽골 제국의 침공으로 도시의 인구가 크게 감소했다는 것이다. 확실히 중앙유라시아의 민족 구성은 몽골 제국의 출현으로 크게 변모했다. 중앙유라시아에는 많은 투르크계·몽골계 유목민과 오아시스 도시국가가 있었으나, 몽골 제국의 융성기·확장기에 이들이 몽골에 귀순하거나 적대함에 따라 그 후의 동향은 크게 달라졌다. 몽골 제국 출현 이전의 "오복"〔oboq. 동일한 부계 혈통의 씨족〕이라 불리는 혈연적 유대가 칭기스 칸에 의해 해체되고 새로이 '울루스'〔ulus. 민족, 국가, 백성〕라고 하는, 혈연에만 근거하지 않는 사회 집단이 편성되었다(護, 1952). 구체적으로는 칭기스 칸과의 혈통 관계에 따라 공적을 인정받은 부족이나 가계는 자신들의 혈연 집단을 유지한 채 새로운 속민을 하사받았고, 몽골에 적대한 부족은 해체되어 개별적으로 다른 울루스에 편입되었다. 이를 새로운 부족 편성이라 불러도 무방할지도 모른다(이 책의 제3장 참조). 이로 인해 형식상으로는 소멸한 부족은 있었지만, 그것은 틀〔구조〕의 해체이지 반드시 민족 그 자체의 절멸을 의미하지는 않는다. 그 후에도 국가가 분열과 재편성을 반복하는 과정에서 기존의 틀이 변용되면서 새로운 부족의 틀이 생겨났다.

한편, 오아시스 도시 또는 정주 도시권의 도시민에 대해 몽골 제국은 인구 조사를 실시해 쿠쿠 뎁테르(푸른 장부)라는 인구 대장을 작성하고 그것을 국가(황제의 공적 영토)와 왕족령(가문의 사적 영토)으로 구분해 지배층인 몽골 왕족 간에 분배했다. 이때 인구 집중 지역은 모두 툴루이 가문의 지배하에 놓이게 되어 다른 세 왕가의 반발을 산 것은 앞서 언급한 바다. 다만 도시의 인구가 분배되었다고 해도 소수의 예외를 제외하면 사람들이 실제로 다른 곳으로 이동하게 된 경우는 없었다. 분지分地와 분민分民을 할당받은 왕가는 그 세수를 왕가의 몫으로 받았다.

무엇보다도, 몽골의 확장에 따른 전쟁으로 유목민과 정주민의 인구가 감소했을 것으로 보인다. 몽골에 의해 국가나 부족이 멸망했다는 이미지가 강하게 부각되는 경향이 있으나, 실제로는 멸망 전후의 전쟁이나 지배 체제의 붕괴 과정에서 인구 감소나 인구 이동이 발생했다. 현재 연구가 진행되고 있는 고기후와 역사에 대한 연구에서도 기후 변동 그 자체가 아니라 기후 변동과 연동되는 사회 변동에 따른 2차 재해적으로(곧 재해로 발생한 또 다른 재해에 의해) 인구가 감소했고, 특히 전시에는 평시보다 전염병이나 기근이 발생하기 쉽다는 점이 지적되고 있다(郭·張, 2008). 일례로, 북중국 인구가 금의 멸망에 따라 감소했다는 지적이 있는데, 이것도 멸망 당시 일시적으로 인구가 감소했다기보다는 전쟁 중에 그리고 전쟁 이후에 단계적으로 인구가 감소해갔을 것이다. 화북 지방의 토지 제도(호적 제도)의 혼란과 새로운 징세 제도(포은제包銀制)의 미정착으로 전후戰後에 인구 유동이 발생했다는 견해도 있다(上田, 2020; 愛宕, 1970).* 이란-이슬람 세계 측의 사례로는 한때 이슬람 세계의 중심 도시였던 평화의 도시 바그다드의 황폐화를 들 수 있다. 이브누르 프와티나 아자하비가 언급하듯, 확실히 바그다드 함락 직후 인구 감소가 발생했다고 전해진다. 그러나 바그다드가, 전성기에 미치지는 못한다 해도, 실제로 몽골의 침공에 의해 재기불가능의 정도로 쇠퇴했다고 하는 사실은 확인할 수 없다. 오히려 그 거대한 인구로부터 지출되는 막대한 세수는 일 칸국의 재정을 지탱해주었다. 이 점에서도 사료의 언어에 의한 편향성을 고려하면서 종합적이고 장기적인 관점에서 재검토가 이루어져야 할 것이다(Biran, 2019).

동남아시아 방면으로의 원정과 인구 이동

이와 같은 인구 변동에 관한 문제로 중국 문화권과 동남아시아 문화권에서의 인구 이동이 있다. 몽골 제국=원조의 성립과 확장을 전후해

---

* 포은제는 원대의 조세 체계를 구성한 제도의 하나로, 은으로 납부하는 세금이었으며 민호(民戶) 이하의 여러 호에 차등을 두어 납부의 액수가 할당되었다.

동남아시아 방면에서는 거대한 옛 제국이 붕괴하고 수코타이 왕국, 란나 왕국, 아유타야 왕국 등 신흥 타이계 민족 국가가 성립했는데, 조르주 세데스George Cœdès는 그 원인을 몽골 제국의 확장에서 찾았다(Cœdès, 1962). 몽골의 운남雲南 점령과 그 지배가 베트남 북부에서 타이 동부에 걸쳐 분포하고 있던 타이계 민족들의 이동과 팽창을 불러왔다는 가설을 제시한 것이다. 이 가설은 동남아시아 각국의 근대 국민국가관에 큰 영향을 주었고, 몽골의 위협에 대한 민족의식의 고양이 버마계·크메르계 제국의 붕괴와 분열 그리고 그 후의 라오타이계 신흥 국가의 형성으로 연결되었다는 테제가 강조되었다. 그러나 최근에는 타이계 민족의 이동은 몽골 침공 이전부터 계속되어왔다는 점, 운남에서 대리국大理國을 형성한 것은 타이계 민족이 아니라 티베트-버마 계 민족이었다는 점, 버마[지금의 미얀마]와 타이에서의 국가 형성과 왕조 교체에는 몽골 이외의 요인도 많이 보인다는 점, 세데스의 관점에는 식민주의와 중국 중심 사관이 다분히 들어가 있었다는 점 등의 이유로, 현재는 세데스의 주장에 비판적인 입장이 상당 부분을 차지하고 있다(이 책의 제11장 참조). 확실히 세데스의 가설을 그대로 받아들이기는 불가능하다. 다만 몽골의 영향이 전혀 없었다고 한다면, 이 또한 극단적인 주장이다.

이 시기 몽골 제국=원조는 티베트로부터 운남으로 침입해 대리국을 병합하고 운남을 직접 지배했다. 이로 인해 그때까지 힌두-동남아시아적 속성이 강했던 운남은 중국의 일부로서 그 속성이 변모되었다. 운남에는 운남왕 가문(이후 양왕梁王 가문)으로 몽골 왕족 후계치가 봉해졌고, 동시에 직할 행정 기구로 운남행성雲南行省이 설치되었다(이 책의 제11장 참조). 운남은 이후 몽골이 동남아시아 방면으로 원정하는 거점이 되었고, 란나 왕국이나 파간 왕국으로는 여기에서 군대가 파견되었다. 운남은 금과 은의 생산지로도 중시되었다. 운남을 둘러싼 세계지도의 변화는 이후 중국 세계와 동남아시아 세계의 역사적 전개에서 전환점이 되었다.

타이계 민족의 이동과 팽창에는, 앞서 언급했듯, 몽골 제국의 확장에서만 그 직접적 원인을 찾을 수는 없다. 물론 대월, 참파 왕국, 파간 왕국, 싱고사리 왕국, 이에 더해 동아시아의 고려·일본 같은 몽골 제국=원조와 직접 전쟁을 치른 국가들에서 몽골 침공의 영향이 없었다고 할 수 없지만, 문제는 이뿐만이 아니다. 거듭 언급하듯, 몽골 임팩트는 군사적 측면에만 한정되지 않는다. 일례로, 원조는 동남아시아 방면으로 원정군을 파견할 때에(특히 해군) 상인 일행을 함께 파견해 원정국 주변 국가들과의 교역 진흥을 도모했다(《원사》〈본기〉, "세조"). 동남아시아에서의 몽골 임팩트 역시 단순히 군사적·정치적 관점에서뿐만 아니라 상업이나 문화의 전파 측면에서도 다면적이고 장기적으로 검토할 필요가 있다.

흑사병과 몽골 제국

서방 유라시아에 몽골 제국이 끼친 영향의 하나로 흑사병이 거론되기도 한다(Lieberman, 2003). 흑사병이 유라시아 전체에 끼친 영향에 대해서는 윌리엄 H. 맥닐William H. McNeil이 장대한 가설을 제시하고 있다. 맥닐에 따르면, 몽골군은 운남·버마 침공 당시 현지의 풍토병을 가지고 몽골로 돌아갔고, 그것이 몽골고원의 설치류齧齒類를 통해 유라시아 전역으로 확산되었다고 한다(McNeil, 1976). 이 가설에 대해 찬반양론이 있었는데, 운남·버마와 몽골고원의 중간에 위치한 중국에서 전염병 발생 기록이 1331년 이후에야 보인다는 점에서, 몽골군이 13세기에 운남에 발을 들인 후 14세기에 팬데믹이 발생하기까지 시간적·지리적으로 연결 고리가 끊어지는 현상이 일어나면서 맥닐의 주장에 회의적인 의견도 적지 않았다. 그런데 최근에 몽골군의 중국 침공에 수반해 페스트로 보이는 전염병의 유행이 여러 차례 있었다는 점이 지적되었고, 또한 유전학의 입장에서 유럽의 흑사병에 해당하는 선腺페스트(가래톳페스트)의 기원이 12세기부터 14세기 중국의 청해靑海와 감숙甘肅 지방에 있었다는 점이 밝혀졌다(Achtman et al, 2004; Cui et al, 2013). 이를 통해 몽골 제국 지배기 아시아에서의 전염병 발생과 14세기 후반 유럽에서의 흑사병 대유행 사이의 연관성이 입증된 것이다. 물론, 흑사병의 기원은 맥닐이 주장하는 동남아시아가 아니라 중국 북서부로 알려져 있다. 그러나 이 역시 유전학적으로는 흑사병이 중국에서 일찍 출현했다고 하는 것일 뿐, 그 감염 확산의 시기와 경로가 어떠했는지는 다른 차원의 문제다. 몽골의 침공과 확장이 흑사병의 배경에 있었다는 점에서는 맥닐의 주장은 보강될 수 있을 것이며, 향후 구체적인 사료의 재검토와 비교가 이루어져야 할 것이다. 또한 기존에는 전염병 발생에서 육로를 통한 전파가 전제로 여겨졌으나 최근에는 해로를 통한 전파의 가능성도 지적되고 있다(曹·李, 2006; Green, 2015; Hymes, 2015). 즉, 몽골의 단기적인 군사적 임팩트에 의해 만연한 전염병이 해상 교역을 통해서 보다 장기적이고 광역적인 임팩트로서 지중해·유럽 세계까지 전파되었다고 할 수 있을지도 모른다. 이 점 역시 향후 검증이 기대된다.

해양 지역을 둘러싼 은의 임팩트

초기 몽골 제국에서 유라시아의 공통 통화=고액 화폐의 역할을 한 것은 은괴 즉 은정銀錠〔덩어리 형태의 백은白銀〕이었다. 은정은 그 형상 때문에 몽골 시기 투르크어로 도끼를 의미하는 "수케", 페르시아어에서 베개를 의미하는 "발리시"라고 불렸다. 몽골 제국은 몽골고원을 통일한 이후에 탕구트(대하大夏/서하西夏)와 금을 공략하는 과정에서 대량의 은을 확보했고, 이 은은 중앙아시아와 이란-이슬람 방면에서 찾아온 상인들에게 교역 자본으로 대여되어 은이 유라시아를 환류〔순환〕하게 되었다. 또한, 은은 왕족에 대한 세사歲賜〔왕의 연례 하사품〕로 사용되었으나, 그 은 역시 왕족이 고용한 상인에게 위탁되었다. 공교롭게도 이 직전 시기에 이슬람 세계는 심각한 은 부족에 빠져 있었는데 이 상황이 갑자기 13세기에 해소된 점으로 미루어, 이는 몽골 제국의 은이 서방으로 흘러든 결과였다는 가설이 제시되고 있다(Blake, 1937; 愛宕, 1973). 이 가설은 유럽·미국 학계에서는 지지를 받지 못했지만, 최근에는 화폐사 연구에서 검증이 이루어졌으며(黑田, 2014; Kuroda, 2017, 2020), 또한 《지식의 빛》의 기록으로부터 중국 은이 수리얌이라 불리는 인도의 이슬람 상인들에 의해 매년 아덴항이나 예멘 각지에 유입되었음이 밝혀졌다(家島, 2006; Yokkaichi, 2008, 2019). 당시 중국은 아시아 각지에서 유입되는 은의 집적지가 되었는데, 그 은이 다시 유라시아의 서방으로 흘러들고 있던 것이다. 차가타이 칸국, 조치 칸국, 일 칸국에서는 각각 이슬람의 은화 디르함과 금화 디나르가 통화로 유통되었다. 희소한 금화에 비해 은화가 유통의 주체가 된 것으로 보이며, 특히 이란에서는 은 산출량이 많아서 11세기 이후 이슬람 세계의 은 부족 상황에서도 은화가 유통되고 있었고, 은에 의한 디나르 화폐도 발행되고 있었다. 중국과 이란 사이 은 유통의 상호관계에 대해서는 아직 충분한 연구가 이루어지지 않았지만, 몽골 제국 초기 이후 유라시아 규모의 은 유통의 흐름을 이어받은 것으로 보인다. 이렇게 13~14세기 중국을 비롯한 동아시아, 중앙아시아, 이란, 이슬람 경제권과 이를 중계하는 동남아시아, 인도 경제권, 이에 더해 지중해·유럽 경제권은 몽골 제국 치하에서 은 유통을 매개로 상호 연동되고 있었던 것이다.

맺음말

제2장에서는 몽골 제국과 그 계승 정권에 의한 유라시아 각지의 지배와 유라시아·인도양 해역 세계의 교류, 더 나아가 그 외부 세계와의 관계에 대해 개관했다. 거듭해 말하건대, 몽골 임팩트라고 하더라도 그것이 반드시 몽골의 문화 그 자체가 영향을 끼쳤다는 의미는 아니며, 오히려 몽골은 이동과 교류의 매개로서의 역할을 수행하는 경우가 많았다(Allsen, 2009). 몽골 제국의 주변 지역에서는 직접적·간접적 형태로 몽골 임팩트가 활용됨으로써(일례로 친몽골 혹은 반몽골의 기치하에 국가형성이 촉진된 것) 새로운 역사적 전개가 일어났다. 특히 후자에 관해서는 몽골 제국 시대부터 현대에 이르기까지 다양한 사례를 찾아볼 수 있다. 베트남에서는 백등강白藤江의 전투(1288)에서 몽골군을 괴멸한 쩐흥다오陳興道가 몽골의 습격을 격퇴한 구국의 영웅으로 국민적 상징이 되고 있고, 일본에서도 메이지 시기에서 쇼와 시기에 걸쳐 원구元寇〔"원도적떼", 곧 원나라의 일본 원정〕 당시 "신풍神風"〔가미카제〕이 국난을 구제

했다는 점이 강조되면서 신국사상神國思想의 확립에 이용되었다. 타이에서는 원조가 침공해왔을 때에 수코타이 왕국의 람캄행 왕, 란나 왕국의 맹라이 왕, 파야오 왕국의 응암무앙 왕자가 대對몽골 동맹(1287)을 맺었다는 기록이 팔리어 연대기《지나카라말리》에 남아 있고, 이것이 정말 역사적 사실에 해당하는지 의문을 제기하는 시각도 적지 않은데(이 책의 제11장 참조), 이 동맹은 종종 타이계 민족 발흥의 상징으로서 강조되고 있다. 반대의 사례도 있다. 1992년 사회주의를 포기한 몽골국에서는 사회주의 시대에 비판받던 칭기스 칸에 대한 숭배가 반동적으로 고양되었고, 현재도 그 상황은 지속되고 있다. 또한, 우즈베키스탄에서는 러시아 혁명기에 투르크계 민족의 민족적 영웅으로 여겨졌던 티무르가 소련 공산당 정부 지배하에 들어오면서 상황이 일변해 비판의 대상이 되었으나, 우즈베키스탄 공화국으로의 독립 후에는 다시 티무르가 국민 국가의 상징적 존재로 여겨지고 있다(티무르 등장 전후의 역사와 민족에 관해서는 이 책의 제13장 참조). 이러한 현상들은 모두 근대 국가에서 국민 국가가 강조되거나 비판될 때 민족주의를 자극하는 도구가 되고 있는 것이다. 몽골 제국의 임팩트는 어떤 의미에서는 현재도 여전히 남아 있다고 할 수 있다.

◆ 제2부 ◆

문제들

제3장

몽골 제국의 통치 제도와 울루스

마쓰다 고이치

머리말

몽골 부족 키야트 보르지긴 씨족에 속한 테무진은 몽골고원의 세력들을 통일하고, 1206년 헨티산맥 집회(쿠릴타이)에서 즉위해 "칭기스 칸"의 칭호를 받아들었다. 이 시점에서 칭기스 칸은 아직 금조에 복속하는 입장이었지만, 이 즉위로써 이른바 몽골 제국이 출범하게 되었다. 칭기스 칸은 4년 후인 1210년에 금조와 결별했고, 이듬해인 1211년 예케 몽골 울루스(한자 표기로는 "대몽고국大蒙古國", 이하 "대몽골 울루스")라는 국호를 처음으로 칭하면서(中村, 2021) 금 원정(1211~1216)에 착수했다. 머지않아 대몽골 울루스는 몽골고원에서 서방으로는 중앙유라시아 초원의 유목민 공간, 동쪽으로는 중국과 한반도, 서쪽으로는 이란과 러시아–동유럽 지역에 이르는 도시 및 농촌 공간까지 자국의 영역으로 편입해 역사상 유례없는 대大제국이 되었다.

칭기스 칸은 몽골 제국 출범 초기에 자신의 아들들과 동생들에게 제국 국민의 일부를 분여分與하고, 제국 내에 소小단위의 통치 구획을 만들었다. 그리고 그 통치 구획을 "울루스"로 칭했다. "울루스"는 몽골 제국 건국 이전 및 발흥기의 몽골과 그 투쟁 상대가 된 타타르·나이만·메르키트·케레이트 등의 유목 집단을 표시하는 용어로(Kim, 2019: 273쪽), 그것이 제국 국호 "대몽골 울루스"와 그 내부의 통치 구획인 칭기스 칸 아들들과 동생들 휘하의 집단을 표현할 때에 사용되었다. "울루스"는 그 본래 개념이 "한 명의 주인 아래 인위적으로 통합된 인간의 집단"으로, 당초에는 "영역"의 개념을 포함하지 않았다. 그러나 이후 몽골 제국의 제5대 대칸인 쿠빌라이(재위 1260~1294)의 패권 확립 이후 영역 구획이 성립하면서 "울루스"는 "영역"을 가리키는 용어로서도 새롭게 사용되기 시작했다(대몽골 울루스의 군주 호칭은 칸과 카안 두 종류가 존재하고 그 표기도 다양하지만, 여기서는 편의상 "대칸"이라고 부르겠다). 제3장에서는 "울루스"라는 용어가 본래의 "인간 집단"의 개념에서 "영역"의 개념도 갖게 된 경위를 알아보고자 한다.

1. 칭기스 칸의 아들들과 동생들의 울루스 창출

몽골 제국의 군대적 편성

대몽골 울루스에서는 모든 성인 남자를 열 명을 한 단위로 정리해 십인대十人隊로 편성하고, 그중 한 명을 나머지 아홉 명의 장長으로 삼았으며, 이 십인대를 십진법적으로 백인대百人隊, 천인대千人隊, 만인대萬人隊 단위로 올라가는 국민 조직을 편성했다. 그리고 십인대장 중 한 명이 백인대장으로, 백인대장 중 한 명이 천인대장으로, 천인대장 중 한 명이

만인대장으로 임명되었다. 각 병사는 평시에는 각각 상위의 대장이 지정하는 유목지에서 자신의 가족이나 가내노예 등과 함께 생활했고,* 전시에는 그 조직 단위에서 군비軍備를 갖추어 지정된 시간에 지정된 장소에 집결했다(Qazwīnī, 1912: 23쪽). 천인대의 총수는《원조비사元朝秘史》(《몽골비사蒙古秘史》)(이하 "《비사》")에 따르면 칭기스 칸이 1206년에 즉위할 때에는 95개(《비사》 권8, 202절)였고, 라시드 앗 딘(1249~1318)의 《집사集史》(자미 앗 타와리흐Jāmiʿ al-Tawārīkh)에 따르면 칭기스 칸이 사망할 때(1227)에는 34개가 증가해 129개였다(표 1, 本田, 1991, 18~21쪽).

칭기스 칸은 만인대, 천인대, 백인대, 십인대 각 대장의 아들(중 한 명)을 (그들의 충성을 담보하는) 인질[볼모]로 차출하게 했고, 그러한 아들들로 자신의 1만 명의 신변 호위대(케식텐)를 편성했다(《비사》 권9, 224절). 1만의 케식텐은 질자군質子軍(투르카우트, 전시에는 전위前衛이고 평시에는 주간晝間 호위) 8000명, 궁시대弓矢隊(코르치) 1000명, 숙위宿衛(켑테울) 1000명으로 구성되었다(《비사》 권9, 226절).

그리고 칭기스 칸은 천인대장 중 두 심복인 보오르추를 우익(남쪽을 바라볼 때의 오른쪽, 방위로는 서쪽, 몽골에서는 오른쪽이 상위上位다) 만인대 대장으로, 무칼리를 좌익(동쪽) 만인대 대장으로 임명하고 각각 복수의 천인대를 이끌고 서방 알타이에서와(《비사》 권8, 205절) 동방 카라운 지둔에서의 수비를 맡겼다(《비사》 권8, 206절).

보오르추가 수비를 맡은 장소는 알타이산맥 내부의 고비알타이

---

* 병사의 가족과 수종자(隨從者, 가내노예)로 구성된 병사의 세대(世帶)는 몽골어로 아우룩(aʾuruq, 한어로는 "오로(奧魯)"라고 음사)이라고 하고(村上, 1993), "오로는 대개 본조(本朝)의 군인 족속의 명칭"(《산우석각(山右石刻)》 권27, 〈고좌부원수권사주도원수선수정행천호주후신도비(故左副元帥權四州都元帥宣授征行千戶周侯神道碑)〉), "노소영(老小營)", "영반(營盤)", "가(家)"(《비사》)라고 한어로 설명되거나 번역된다.

현縣 중심 도시 알타이시市의 동쪽 "보오르추의 광곡廣谷, Бооржийн хоолой"(Равдан, 2004, 60쪽) 부근 일대의 평원이었던 것으로 보인다 (Сампилдэндэв et al, 1992, 58쪽; Тэлмэн, 2012).* 무칼리가 수비를 맡은 카라운 지둔은 몽골고원 동쪽 끝 대흥안령산맥大興安嶺山脈을 가리키고, 무칼리는 잘라이르 부족을 포함한 "오투하五投下"(다섯 부대의 군장 직속군)** 라고 불리는 좌익의 5개 부족(잘라이르, 콩기라트, 이키레스, 우루우트, 망구트)의 군단을 휘하에 두고 대흥안령 남부에서 남쪽의 금조와 대치했다(箭內, 1930, 614~618쪽).

칭기스 칸의 아들들과 동생들에 대한 천인대와 목지의 분배

천인대의 분배

칭기스 칸은, 《비사》에 따르면, 정실부인 보르테로부터 낳은 4명의 아들(조치, 차가타이, 우구데이, 톨루이. 이하 "4자四子")과 3명의 동생(조치 카사르[이하 "카사르"], 카치운, 테무게 옷치긴[이하 "옷치긴"]. 이하 "3제三弟")과 이복동생 벨구테이에게 "쿠비 이르겐"을 주었다고 하고(이하 "분민分民"), 각각의 천인대 분배 수를 전하고 있다(《비사》 권10, 242절, 표 1의 [1]). 또한 칭기스 칸의 사망 시점에서의 천인대 구성에 대해 《집사》는 상세하게 기록하고 있고(표 1의 [2], 《집사》 칭기스칸기紀: Rawshan, 592~612쪽), 칭기스 칸의 아들과 동생 각각에 소속된 천인대의 수도 이를 통해 알 수 있다(本田, 1991, 34~40쪽).

---

* 오욘자르갈(Очирын Оюунжаргал) 씨의 가르침에 따른다. 감사하다는 말씀을 적어두고자 한다.

** 투하는 거란 이래 군주 직속의 군대를 나타내고(周藤, 1969: 658쪽, 676~677쪽), 몽골어 "아이막"의 대역(對譯)이다(小林, 1983: 28쪽; 吉田他, 2008: 57쪽).

표 1_칭기스 칸의 천인대 총수와 아들들 및 동생들에게 분배된 천인대 수(本田, 1991, 34~40쪽에 따름)

분배 수령자		아들					칭기스 칸 (본대)	동생				이복동생	천인대 총수
		서도(우익)제왕						동도(좌익)제왕					
		① 조치	② 차가타이	③ 우구데이	④ 톨루이	⑤ 서자 쿨겐		⑥ 조치 카사르 (감소된 후*)	⑦ 카치운 (아들 알치다이)	⑧ 테무게 옷치긴	모친 후엘룬	⑨ 벨구테이 (제외)	
분배 수	[1] 《비사》	9	8	5	5	–	52 분배 후의 잔여	4(1.4)	2	10		1.5	95
	[2] 《집사》	4	4	4	?	4	우익 38 / 중앙 1 / 좌익 62	1	3	3	5	좌익 천인 대장	129

* 카사르에게 분배된 천인대의 수가 감소한 것은 천인대 분배 이후에 발생한 칭기스 칸의 카사르에 대한 의심(대칸위 쟁탈)의 결과로 여겨진다(《비사》 권10, 244절).

《비사》와 《집사》가 기록한 칭기스 칸의 아들과 동생 각각에 소속된 천인대의 수는 다 다르다. 그 이유는 검토되어 있지만(佐口, 1942, 83~88쪽) 확실한 것은 불명不明이다. 다만 개별 세 사람에 대해서는 설명이 있다. 먼저 ⑤의 서자 쿨겐에 대해 《비사》에 기록이 없는 것은 쿨겐이 칭기스 칸의 즉위 2년 전에 칭기스 칸과 혼인한 쿨란 비妃의 아들이어서 천인대를 분배할 때에 아직 그가 어려 분민分民의 대상이 되지 못했거나 혹은 그가 태어나지 않았기 때문일 것으로 설명된다(杉山, 2004, 38쪽; 村岡, 2017, 22쪽; Kim, 2019, 277~278쪽). ⑨의 벨구테이는 《비사》에는 분민했다고 나와 있으나, 《집사》는 그가 단순히 좌익의 천인대장 중 한 명이라고만 언급하고 있으며, 《원사元史》에도 벨구테이가 칭기스 칸의 말년인 1227년(칭기스 칸이 사망한 해)에 천인대장으로 임명된 사실이 기록되어 있어서(《원사》 권149, 〈열전列傳〉 "야율유가耶律留哥"에 첨부된 야율설도耶律薛闍 부분) 《비사》의 분민 기록은 오류로 판단되며 벨구테이는 분민 대상에서 제외된다(杉山, 2004, 36~37쪽).

④의 톨루이에 대한 《비사》의 분민에 해당하는 기사는 《집사》에는

없다.《집사》에 따르면, 칭기스 칸의 막내아들 톨루이는 부친 생전에 부친과 함께 있었고 부친의 사후에 막내아들의 권리로서 부친이 톨루이를 제외한 나머지 아들과 동생에게 분배한 천인대 외의 모든 천인대와 목지牧地 등 전 재산을 상속하고, 우익·좌익·중앙에 속한 모든 유력장군과 그 외의 장군들이 톨루이를 섬기게 된 것으로 알려져 있다(《집사》톨루이기記: Rawshan, 784~785쪽; 칭기스칸기: Rawshan, 604, 612쪽).《집사》의 기사는 톨루이에 대한 분민이 칭기스 칸의 생전에는 없던 것처럼 읽히지만, 기사가 칭기스 칸 생전의 분민을 명확하게 부정하는 것도 아니다. 또한 톨루이는 칭기스 칸 생전에 이미 목지를 보유하고 있던 것이 알려지면서(松田, 1994)《비사》에 기록된 톨루이에 대한 분민은 있었다고 판단된다(Kim, 2019, 278~279쪽).*

　　이상의 상황으로부터 당초 칭기스 칸은 4자와 3제 모두 7명(표 1의 ①부터 ⑧까지, ⑤의 쿨겐을 제외한 7명. 모친 후엘룬에 대한 "분민"은 옷치긴의 몫으로 간주한다)에게 43개의 천인대를 분배한 것이 된다. 또한 서자 쿨겐에게도 4개의 천인대를 분배한 것을《집사》를 통해 알 수 있어서(칭기스칸기: Rawshan, 609쪽), 칭기스 칸 시대에는 이를 포함하면 5자 3제 8명에게 총(《비사》의 분민 수에《집사》의 쿨겐의 천인대 개수를 단순히 더하는 것은 정확함에 문제가 있지만, 개략적인 수치로 삼는다) 47개의 천인대를 곧 전체 군대 95개의 대략 절반을 분배한 것이다. 그 결과, 대몽골 울루스 내부에서는 칭기스 칸의 손에 남아 있는 부분(이하 "본대本隊")을 제외하고 칭기스 칸의 아들과 동생 각각을 주인으로 하는 8개의 "분대分隊"

* 리즈안(李治安)은《비사》에 칭기스 칸이 톨루이에게 분민할 때에 왕부(王傅, 정치 고문)로 준 제데이와 발라에 대해 왕부에 천인대장이 임명된 사례로 이 둘을 톨루이의 천인대장에 비정(比定)하고 있다(李, 2003: 366쪽).

즉 울루스가 탄생한 것이다. 한편, 톨루이에 대한 분민의 수는 《집사》에 전하는 칭기스 칸의 본대 소속 천인대 수에 포함된 것으로 보인다.

칭기스 칸의 아들들과 동생들에 대한 천인대와 그 생활 기반이 되는 목지(몽골어로 눈툭nuntuq)를 분배한 시기에 대해서는 《비사》에도 《집사》에도 그 명확한 연대가 기록되어 있지 않기 때문에 《비사》·《집사》의 천인대 분배 기사의 전후 연대를 단서로, 목지의 분배는 "1207~1211년 사이"에 이루어졌다고 보고 있다(佐口, 1942, 81~82쪽; 杉山, 2004, 33~34쪽과 50쪽).

목지의 소재지

칭기스 칸의 장남, 차남, 삼남이 처음 받은 목지는 원래 알타이산맥의 서쪽 면에 북쪽부터 조치, 우구데이, 차가타이의 순으로 배치되었고 (杉山, 2004, 48~53쪽), 이후 제국의 확장에 따라 목지가 서방으로 확장된 것은 알려진 바다. 막내아들 톨루이는 칭기스 칸의 생전에는 봉지封地를 가지지 않았다는 주장(愛宕, 1941, 68쪽; 佐口, 1970, 79쪽)도 있으나, 톨루이와 그 일가는 1224년 이후 훗날 제국의 수도가 되는 카라코룸과 그 서쪽 항가이산맥 일대를 목지로 삼고 있었다(松田, 1994).

3제의 목지는 몽골고원의 동쪽 끝 대흥안령 서쪽에 위치해 있었으며, 북쪽부터 카사르, 옷치긴, 카치운의 순으로 배치되어 있었다고 알려져 있다(杉山, 2004, 40~48쪽).* 카사르의 목지는 홀룬호湖에서 북쪽으로 흐르는 에르구네강(아르군강) 수계 유역으로, 카사르의 왕궁 터라고 일컬어지는 흑산두黑山頭 고성古城과, 카사르의 아들 이숭게의 활 솜씨를

---

* 옷치긴의 목지를 가장 북쪽으로 보는 견해도 있다(Jackson, 1999: 17; 川本, 2013: 69쪽).

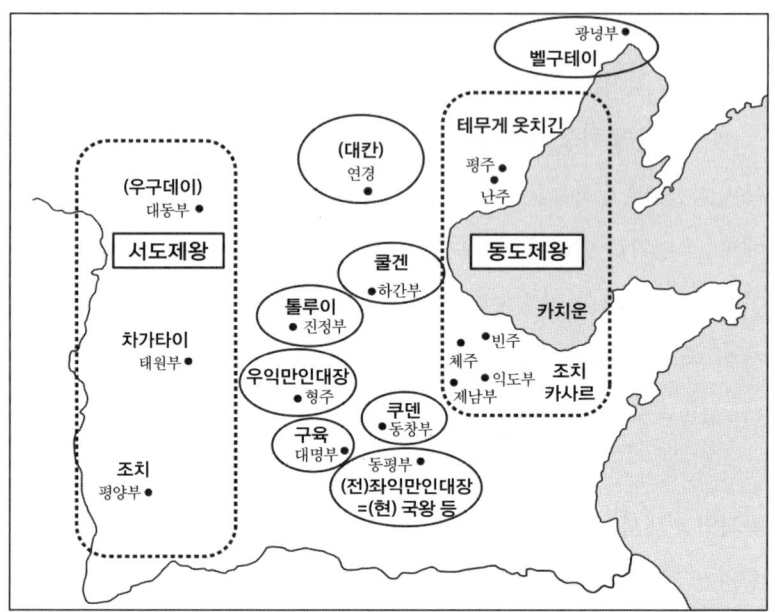

도판 1_한지漢地(옛 금조의 영토)의 1236년 분지分地 배치도(松田 1978, 43쪽을 수정)

기록한 〈칭기스 칸 비석〉 소재지 인근인 카사르 가문의 도성 터라고 여겨지는 쿤두이 고성을 포함한 일대다. 옷치긴의 목지는 홀룬호보다 남쪽으로 비정되고, 카치운의 목지는 더 남쪽에 올쿠이강과 금의 국경에 걸쳐 펼쳐져 있었다(杉山, 2004, 40~48쪽; 堀江, 1982, 380~384쪽).

이상의 목지 배치를 통해 칭기스 칸의 3자와 그 후손들은 서도제왕西道諸王으로, 3제와 그 후손들은 동도제왕東道諸王으로 불렸다. 톨루이는 《비사》에서는 우구데이의 제2대 대칸 즉위식에 참석했을 때에 서도제왕이나 동도제왕과는 구별해 "콜"(중앙) 소속 제왕의 "머리"[곧 수장]라고 기록되어 있다(이에 대해서는 후술). 톨루이나 쿨겐은 칭기스 칸 생전에 서도에 속했는지 중앙에 속했는지를 명확히 적은 기록이 없지만 몽골고원에서 목지의 동서 배치를 그대로 옮겨 그린 것이 분명한, 한지漢地(옛 금

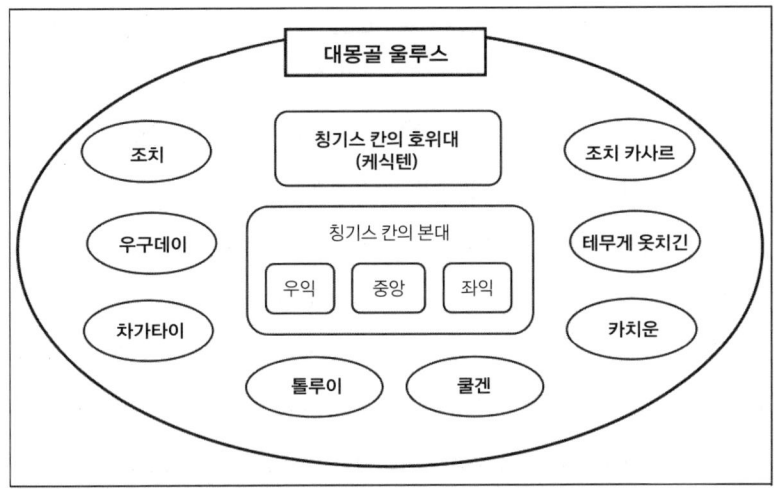

도판 2_대몽골 울루스 내부의 모식模式 구조도(칭기스 칸의 호위대, 본대와 8개 아들, 동생 울루스)

조의 영토)에서 금 정복 후 몽골 왕후들에게 분배된 분지의 배치도(도판 1)를 보면 톨루이도 쿨겐도 중앙에 속했다고 판단된다. 그 판단을 포함해 대몽골 울루스의 칭기스 칸의 케식텐과 "본대"와 5자 3제五子三弟 총 8개 울루스를 도식화하면 [도판 2]와 같은 구조도가 될 것이다.

2. 울루스란?

울루스의 뜻

―사람들(인간의 집단)

"울루스"는 《비사》나 《집사》에 자주 등장하는 말로,* 《비사》의 "울루

---

* 울루스(ulus)의 어원인 고대 투르크어의 uluš에 대해서는 村上(1970: 131~134쪽)과 Clauson

스" 용어에는 "백성百姓"(민民, 사람들이라는 의미)이나 "국國" 등의 방역傍譯
〔몽골어 발음 옆에 한어로 그 뜻을 병기한 것〕이 붙어 있다.* 기록에 나오는
그 빈도는 "백성"이 73차례, "국"이 29차례로, "울루스"의 주된 의미
는 "백성"이다. 다만 이는 방역을 붙일 때에 서술 장면에 따라 적절히
선택된 역어로, "울루스"라는 말은 본래 그러한 복수의 의미를 지니지
않았으며 그것들을 통합한 단일한 개념이었을 것으로 보인다.

"울루스" 용어에 대해 보리스 야코블레비치 블라디미르초프Борис
Яковлевич Владимирцов는 유목민인 몽골인은 영토보다도 "사람들люди"
에 더 관심을 가져서 "울루스"는 본래는 "사람들"을 의미하고, "봉건
영지를 형성하는 민народ"의 의미이기도 하며 또 이후에는 "국가−봉
건 영지를 구성하는 민", "국가" 등의 의미이기도 하다(필자 요약)고 해
석했다(Владимирцов, 1934, 97쪽; ウラデミルツォフ, 1937, 110쪽; 吉田, 2019,
274쪽). 블라디미르초프는 《비사》의 서술에 근거해 "울루스"가 "사람
들, 민"과 "국가"의 두 가지 의미가 있다고 보면서도 그 본래의 의미는
"인간의 집단"임을 강조한 점이 중요하다.

사구치 토루佐口 透는 "울루스"에 대해 《비사》가 제시하는 개념을 "부
족민部族民"(즉 사람들)으로 파악하는 한편, 《집사》가 제시하는 "울루스"
는 조치 등 칭기스 칸의 4자와 그 후손 왕가의 정체政體(요약하면 "왕
국王國")로 보면서 "유목민遊牧民＝전사戰士"(본래의 "울루스")뿐만 아니라
천인대장들과 같은 지배층, 왕가, 유목 영지의 조직을 포함해 생각하

(1972: 152쪽)에 자세하게 나와 있다.

* "국토(國土)"와 "인연(人烟)"이라는 번역어도 각각 1차례 보인다(栗林, 2009: 485~487쪽). 한
편, "울루스"라는 말은 한어에서는 통상 예로부터 유목민의 여러 세력을 표현하는 "부(部)"라는
용어(山田, 1989: 7~15쪽)도 활용되었다(村岡, 1992: 39~40쪽; 中村, 2005).

고 있다(佐口, 1942, 80쪽, 109~110쪽). 피터 잭슨Peter Jackson은 "울루스"를 appanage(왕자의 봉건 영지)라고 표현하면서 대략 사구치와 같은 방향으로 생각하고 있다(Jackson, 1999, 2005, 367쪽; 2009, 37~38쪽; 2017, 101~104쪽). 사구치와 잭슨은 "울루스" 개념에 "울루스" 당주當主의 지배하에 있는 목지(영지) 등을 포함하고 있으나, "울루스" 용어가 영역의 개념까지 가지게 된 것은, 본론의 후반부에서 언급하듯, 쿠빌라이가 제안한 제국의 분할 구획이 등장한 이후의 일이다. 이고르 드 라케빌츠Igor de Rachewiltz는 "울루스"의 의미에 대해 "사람들people/부족tribe → 세습재산patrimony → 영지domain, 영토dominion, 국가nation/국가state, 제국empire"이라고 보고(Rachewiltz, 2004, 758쪽) "의미의 확장" 혹은 "변용"이 있었다고 생각하고 있는데, 이는 "울루스"가 본래는 "인간의 집단"으로서 국가였다는 점을 고려하지 않은 것으로 보인다.

　"울루스" 용어가 영역의 개념을 가지기 이전, 쿠빌라이와 아릭부케(이 책의 30~31쪽 참조) 형제가 제5대 대칸위를 둘러싼 분쟁을 벌이던 시기(1260~1264)의 사건으로, 아릭부케가 자신을 배반한 차가타이 가문의 당주 알구를 공격했을 때에 "알구의 울루스를 붙잡았다", "카안의 군대와 울루스*를 죽이고 약탈했다", "카안의 군대와 울루스를 죽였다"라는 일련의 서술(《집사》 쿠빌라이기記: Rawshan, 883~884쪽)이 있고, 또한 대칸위 분쟁이 아릭부케의 항복으로 종결된 후 아릭부케파派 탄핵 심문의 장면에서 "카안의 울루스 중 다수를 살해했다"라고 하는 표현(《집사》 쿠빌라이기: Rawshan, 889쪽)도 보인다. 이러한 표현들에서

---

*《집사》의 "군대(lashkar)와 울루스(ülūs)"라는 표현은 동일한 의미의 페르시아어 어휘와 몽골어 어휘를 통한 "두 용어, 한 가지 뜻(二詞一意)"의 표현으로 간주된다.

"울루스"는 "붙잡았다捕", "죽였다殺"의 대상이 되는 "사람들"이라는 점을 나타낸다.《집사》에서도 울루스는 본래《비사》가 제시하는 주된 개념인 "사람들"이었던 것이다.

모리 마사오, 게르하르트 되르퍼, 가와모토 마사토모의 "울루스" 정의
─주인을 가진 인간의 집단

《비사》에 "백성"으로 방역되는 용어로 "울루스" 외에 "이르게(겐)"가 있다(栗林, 2009: 213~217쪽). 칭기스 칸의 아들들과 동생들의 울루스는, 앞서 언급했듯, 칭기스 칸이 자신의 휘하에 전 국민(95개 천인대) 중 일부를 "쿠비 이르게(겐)"으로 분배해 만든 것이다(《비사》권8, 203절). "이르겐"과 "울루스"는 "백성"이라는 같은 의미를 지니면서도, "쿠비 이르겐"은 분배된 "분대"가 되면 "울루스"라는 명칭으로 변화하고 있으며, "울루스"에는 "이르겐"에는 없는 고유한 별개의 의미가 있을 것으로 상정想定된다.

이 별개의 의미에 대해 모리 마사오護 雅夫는 "울루스"라는 용어에만 보이고 "이르겐"─일반적 의미의 "백성"(사람들)─에는 보이지 않는 용법으로 주로 울루스와 결합하는 동사에 주목해, "울루스"는 "모이고, 통합되고, 정해져서, 수립된 것으로 주인을 가지는 것이다"(필자 요약)라고 분석했다. 이에 더해, "울루스"라는 것은 자연적으로 성장한 기초 사회집단이 아니라 한 명의 에젠(주인) 아래 인위적으로 조합된 "백성"의 집단 즉 "국민國民", "국國"이라고 결론 내렸다(護, 1955: 64~67쪽). 모리의 분석법은 명료하며, "한 명의 주인 아래 인위적으로 통합된 인간의 집단"이라는 점이 울루스의 "실체적 의미"가 된다고 할 수 있다. 모리의 논의는 몽골 제국 건국 이전의 울루스를 포함한 "울루스" 일반을 논한 것이지만, 대몽골 울루스와 칭기스 칸의 아들들과 동생들 8개(훗날에 11개) 분대의 실체와도 맞아떨어지는 의미의 부여라고 할 수 있다.

게르하르트 되르퍼Gerhard Doerfer는 "울루스"를 "지배자의 신하의 총체Inbegriff der Untertanen eines Herrschers"(TMEN I: 175쪽)라고 하고 있고, 가와모토 마사토모川本正知도 "부족적 조직과 수장을 가지고 있는 (……) 사회집단"(川本, 2013: 14쪽)이라고 하고 있어, 울루스의 해석으로 모리와 같은 취지로 정의하고 있다. 이 "주인을 가진 인간의 집단"이나 "신하의 총체"라는 내부 사람들이라는 의미에 《비사》의 한어 방역자는 주목해서 "울루스"를 "백성" 또는 주인을 가진 조직적 통합 즉 총체로서의 "국"으로 번역한 것으로 여겨진다. 다만 "울루스"가 "국"으로 표현되었다 하더라도 그것은 인간의 집단이지 영역으로서의 "국"이 아님을 거듭 덧붙여둔다. 가와모토는 "대몽골 울루스라는 말에서 칸(대칸)이 장악한 거대한 인간의 집단인 '국'이 표현된 것이다"라고 했다(川本, 2013: 14쪽). 그 표현대로 제국 전체도 "인간의 집단"으로서의 "국"이다.

"울루스" 수의 고정

5자 3제의 총 8개의 "분대"(울루스)는 그 상속에 의해 분할되어 세분細分이 지속되었다고 상정되는데, 유목 집단은 세분되어도 그 세분된 유목 집단 전부가 "울루스"로 불린 것은 아니다. 칭기스 칸은 아들과 동생 각각의 일문一門의 후손들이 대대로 그 일문의 당주를 선발하게 하고(《비사》 권11, 255절), 당주가 그 일문의 후손과 울루스를 통솔하게 했다(《집사》 예수게이기記: Rawshan, 276쪽; 杉山, 2004, 259쪽). 칭기스 칸은 5자 3제의 총 8울루스의 틀을 장래에도 변경하지 않고 통치의 구획으로서 고정·존속할 방침이었던 것이다(村岡, 1992: 24쪽; 川本, 2013:

(67쪽). 말하자면, "울루스 수數 고정의 원칙"이 있었던 셈이다.

다만, 칭기스 칸 생전에 조치가 사망해서 조치의 울루스는 그의 장남 오르다와 차남 바투에게 양분되었다. 두 울루스는 그 후 바투 가문의 당주를 상위(종주宗主)에, 오르다 가문의 당주를 하위에 놓는 관계(《집사》 조치기: Rawshan, 710~711쪽, 720쪽)로 오랫동안 존속했다(堀川, 1991; 川口·長峰, 2013; Kenzheahmet, 2017). 즉, 칭기스 칸 시대에 생겨난 바투의 울루스와 오르다의 울루스라는 두 구분은 그대로 고정되었던 것이다. 또한 카사르는 칭기스 칸 생전에 사망했지만, 카사르의 울루스는 칭기스 칸으로부터 카사르의 아들들에게 분여된 후 "아들 한 명의 통솔하에 있어서"(《집사》 예수게이기: Rawshan, 276쪽; 川本, 2013, 71쪽), 그 후에도 그 울루스들은 분할되지 않고 계속 고정된 채로 유지되었다. 칭기스 칸 시대에 울루스는 분할된 것도 분할되지 않은 것도 그대로 고정되어 변경되지 않았다. 울루스와 관련해 이러한 칭기스 칸 시대의 형태가 조법祖法〔선조가 시작한 법〕으로서 준수되었다고 해도 좋을 것이다.

우구데이에 의한 새로운 울루스의 성립

앞서 살펴보았듯《집사》에 따르면, 톨루이는 칭기스 칸이 명한 대로 칭기스 칸의 사후 "칭기스 칸의 본대"(표 1 [2]란의 우익, 중앙, 좌익)를 상속했다. 또한 《비사》에 따르면, 우구데이가 제2대 대칸으로 즉위할 때에 차가타이가 톨루이와 함께 칭기스 칸의 케식텐과 아울러 "콜 운 울루스"(중앙의 울루스)가 되는 것을 우구데이에게 바치고 있다(이에 대해서는 후술).

그 밖의 변화로, 우구데이가 즉위할 때에 우구데이 자신의 울루스는 그의 장남 구육에게 계승되었다. 이러한 상속 말고도, "울루스 수 고정의 원칙"에도 불구하고, 우구데이 시대에 추가로 2개의 울루스가 성립했다. 칭기스 칸의 이복동생 벨구테이의 울루스와 우구데이의 차남 쿠덴의 울루스가 그것이다. 벨구테이의 울루스는 천인대장으로서 그때까지 자신이 지휘해온 천인대를 그대로 울루스로 삼은 것으로 보인다(松田, 2010: 55~56쪽). 목지도 칭기스 칸의 대大오르도가 위치한 곳과 카치운의 목지 사이로 설정되었다(《원사》 권117, 벨구테이 〈열전〉).

한편, "쿠덴의 울루스"는 우구데이가 톨루이 사후에 톨루이 가문 소속의 울루스로부터 3개 천인대를 강제적으로 편입해서(《집사》 부족지志, "잘라이르 부족": Rawshan, 72쪽; 《집사》 칭기스칸기: Rawshan, 613쪽) 하서河西 지방 서량주西涼州 방면의 목지를 수여해(杉山, 2004: 462쪽) 성립한 것이다.* 이러한 강제 편입에 톨루이의 부인 소르칵타니 베키와 그 아들들에게 소속된 칭기스 칸의 대장군들(이름이 기록된 자는 시기쿠투쿠 등 7명이고, 그 외에도 만인대장과 천인대장이 있다)이 (톨루이 소속으로 정한) 칭기스 칸의 명령을 어기게 된다며, 우구데이에게 강제 편입에 대한 거부 의사를 표명하겠다고 소르칵타니 베키에게 허락을 구했다(高木, 2014b: 31쪽). 그러나 소르칵타니 베키는 "너희들의 말은 옳으나, (……) 우리 또한 [우구데이] 카안의 사람이고, 그가 군주"라고 하면서 중재를 해서 그 반대는 진정되었다(《집사》 칭기스칸기: Rawshan,

---

* 편입된 천인대는 잘라이르 부족의 천인대장 돌라다이와 수니트 부족의 천인대 1개, 술두스 부족의 천인대 2개였다(本田, 1991: 27쪽, 주 25). 돌라다이에게 천인대를 주었다는 기사(《집사》 부족지, "잘라이르 부족": Rawshan, 72쪽)의 천인대를 다른 3개 천인대와는 별개라고 생각하면 천인대의 수는 4개가 된다. 또한 쿠덴의 한지 분민의 수가 4만 7000호이고, 아들들의 분민 수는 몽골 병력 수의 10배 정도인 경우가 많으므로 쿠덴의 병력 수는 4개 천인대로 추산할 수도 있다(松田, 1978: 39쪽).

612~613쪽; 本田, 1991: 27쪽, 주 25). 이렇게 쿠덴 휘하의 울루스가 생겨났고, 이들에 의해 제국의 울루스는 조치 가문의 양분된 것을 더해 총 11개가 되었다.

"콜 운 울루스"(중앙의 울루스)란 무엇인가?

앞서 살펴본 우구데이 즉위식에서 차가타이와 톨루이 두 사람이 "케식텐"과 함께 우구데이에게 바친 "콜 운 울루스qol-un ulus"는 무엇이었을까? "콜 운 울루스"는 《비사》에서는 단 한 차례 등장하는 표현이고(이에 대해서는 후술), 《비사》에는 명확한 설명이 없어 그 의미를 결정할 자료가 부족한 용어라 아무런 논증도 없이 다양한 해석이 제기되어왔다.

이 "콜 운 울루스" 용어를 오타기 마쓰오愛宕松男는 "내지內地의 국민國民"(《비사》의 나카 미치요那珂通世 번역[那珂 1943: 514쪽]과 동일한 표기)이라고 서술하면서도 "칭기스 칸의 직할지 몽골리아 본국本國", "몽골리아 본지本地"라고 반복해 영역의 개념으로도 이해한다(愛宕 1941, 68~71쪽). 그리고 피터 잭슨과 이고르 드 라케빌츠는 "카라코룸 지역"이라 해석했고, 김호동도 "제국의 최고 지배자로서 칭기스 칸의 국토domain"라고 보면서, 이들 모두 "콜 운 울루스"를 영역의 개념으로 이해하고 있다(Jackson, 1999: 23~24쪽, 2015: 102쪽; Rachewiltz, 2004: 988쪽; Kim, 2019: 297쪽). 그러나 "콜 운 울루스"는 "울루스"에 영역의 개념이 없는 시기의 용례로 등장한다는 점에서 그러한 분석들이 적합한 것은 아니다.

"콜"이라는 용어는 《비사》와 《집사》에 서로 다른 의미로 등장한다. 《비사》에서는 "콜 운 울루스"라는 용어가 기록되기 바로 앞의 문맥(다음의 "기사 A")에서 대몽골국 중앙의 통치 구획을 표시하는 데서 "콜"이라는 용어가 사용되고 있다.

기사 A

쥐의 해에 차아다이[차가타이], 바투 [등]을 수장으로 하는 우익의 왕자들,

옷치긴 노얀, [조치 카사르의 유자遺子] 예구, 예순게 [등]을 수장으로 하는 좌

익의 왕자들, 톨루이를 수장으로 하는 내지[의] 왕자들, 왕녀들, 만[호]의,

천[호]의 노얀들은 (……) 칭기스 카한이 지명指名하신, 그의 성지聖旨[의 뜻]

에 따라 우구데이 카한을 칸으로 추대하였다. 《비사》 권12, 269절; 村上,

1976: 287쪽)

이 기사 다음에 우구데이의 즉위가 이루어지고, 이어 차가타이와

톨루이가 "케식텐"과 "콜 운 울루스"를 우구데이에게 바친 사건이 다

음과 같이 기록되어 있다.

기사 B

차아다이 형은 동생 우구데이 카한을 칸으로 추대하였다. 부친 칭기스 카

한의 황금 생명을 지켜온 [1000의] 숙위宿衛 병사, [1000의] 전통사箭筒士[화

살통을 차고 호위 임무를 수행한 병사], 8000의 위사衛士, 부친의 곁에서 [부

친을] 섬긴 [1]만의 친위대를 차아다이 형은 [동생] 톨루이와 함께 우구데이

카한에게 위임했고 내지의 국민[콜 운 울루스]도 마찬가지 방식으로 [우구

데이 카한에게] 위임하였다. 《비사》 권 12, 269절; 村上, 1976: 287~288쪽)

두 기사를 서로 연결하면, "콜 운 울루스"의 "콜"은 "기사 A"에 보이는

왕자(제왕)들의 구분으로서 "오른손"(=서도西道)과 "왼손"(=동도東道) 사

이의 부분인 "콜"[중앙]을 가리키는 것으로 이해된다(杉山, 2004: 57쪽).

이 이해에 근거해 [도판 2]에서 "콜 운 울루스"에 대응하는 인간의 집단

으로는 (앞서 서술한 내용에서 콜의 부분에 소속된다고 판단한) 톨루이와 쿨겐의 울루스가 보이는데, 이것들을 바치는 것은 상정하기 어렵고 이것들과 ("콜 운 울루스"와 함께 바친) 케식텐을 가령 제외하면 "칭기스 칸의 본대"만이 남는다.

혼다 미노부本田實信는 《집사》의 칭기스 칸의 본대(우익, 중앙, 좌익) 중에서 "중앙"을 제외하고 "우익"과 "좌익"만을 "콜 운 울루스"라고 한다는 설을 제기했다. 제외된 "중앙"의 1개 천인대를 혼다는 케식텐의 "숙위" 1개 천인대로 비정했다(本田, 1991: 23~27쪽). 이 비정에 대해 우노 노부히로宇野伸浩는 숙위 등 케식텐의 천인대는 (칭기스 칸의 본대의) 천인대에서 차출된 인원으로 조직된 집단으로 숙위가 (본대의) 천인대가 될 수는 없고, 양자는 별개의 조직이라 하면서 혼다의 해석을 부정했다(宇野, 2018: 255~258쪽).

또한 스기야마 마사아키杉山正明는 "왕국의 동서 양쪽 가장자리에 칭기스 칸의 아들들과 동생들의 좌우 양익 6개 울루스가 위치하고 그 사이에 칭기스 칸이 직할하는 '중앙 울루스'가—여기에 1만의 근위군단tümen kešigten을 그 중심에 두고—무칼리 관할의 좌익군과 보오르추 관할의 우익군으로 나뉘는 구조였다"라고 기술하고 있다(杉山, 2004: 55쪽). 스기야마는 서도제왕과 동도제왕의 6개 울루스 사이에 있는 것을 "콜 운 울루스"로 보았고, 그 내부는 좌익군과 중앙의 케식텐과 우익군으로 이루어졌다고 분석했다. "중앙"을 케식텐이라고 보는 스기야마의 견해는 혼다 미노부가 "중앙"의 천인대 1개를 케식텐의 켑테울(숙위대 1000명)로 비정한 것을 케식텐 전체 1만 명으로 확대한 해석이다. 혼다의 견해는 앞서 언급했듯 우노 노부히로에 의해 부정된 만큼, 스기야마의 해석 또한 성립하지 않게 된다. 케식텐은 "콜 운 울루스"와 함께 우구데이의 즉위 때에 차가타이와 톨루이 두 사람이 우구데이 카안에게 바친 두 개의 별개 존재로, 케식텐을 "콜 운 울루스"와 중첩할수 없다. 다만, 칭기스 칸의 아들들과 동생들의 좌우 양익 6울루스 사이의 통치 구획을 "중앙 울루스"로 보는 스기야마의 견해는 《비사》의문맥에 따라 그것에 맞게 도출된 것이다.

바쳐진 "콜 운 울루스"의 내용

이미 살펴보았듯, 《집사》는 칭기스 칸이 사망했을 때에 칭기스 칸의 소유로 남아 있던 군대 등 전 재산을 톨루이가 막내아들의 권리로 상속했다고 기록하고 있다. 앞서의 "기사 A"에 "톨루이를 수장으로 하는내지[의] 왕자들"이라고 기술되어 있고, 서도(우익)제왕과 동도(좌익)제왕 사이에 위치하는 "콜"의 수장은 톨루이임이 제시되어 있다. 본래 이부분은 칭기스 칸이 직할한 통치 구획이었을 것으로 생각되는 만큼,톨루이는 《집사》에서 일컫는 대로 칭기스 칸 사후 이 "콜"의 수장 지위를 계승했음을 이 기록은 보여준다고 판단된다. 즉, "콜"에 속한 인간의 집단("콜 운 울루스")의 주요 부분인 칭기스 칸의 본대는 이 시점에서는 톨루이의 휘하에 있었다는 것이 된다.

그리고 《비사》의 기술("기사 B")에 근거하면, 톨루이는 우구데이가즉위할 때에 "콜 운 울루스"를 우구데이에게 바친 것이 된다. 이후 당연히 톨루이의 울루스는 축소되었고(《비사》에 전하는 톨루이에 대한 본래의 분민의 수는 5개 천인대인 만큼 그 축소가 사실이라면, 톨루이의 천인대는본래의 개수인 5개로 환원된 셈이다), 우구데이는 이와는 반대로 대규모의칭기스 칸의 본대(101개에서 톨루이 울루스의 5개를 차감한 개수의 천인대)를 휘하에 두게 된 셈이다. 우구데이는 이러한 상황하에 쿠덴 울루스 성립 시 바쳐진 그 대규모의 휘하로부터가 아니라 축소된 톨루이 가문의 휘하로부터 3개 천인대를 강제적으로 편입시킨 것이 된다. 계산상으로는 톨루이 가문 소속의 천인대는 2개가 남은 셈이다. 그러나 이는 사실과 배치된다. 그 강제 편입으로 축소된 톨루이 가문의 휘하에는, 앞서 언급했듯, 그 편입에 반대의 목소리를 낸 시기 쿠투쿠 등 이름이 알려진 7명을 비롯해 본래 칭기스 칸의 본대의 수장인 만인대장과 그 휘하 천인대장이 다수 있었던 것이 기록되어 있어, 톨루이 가문의 울루스는 축소된 것은 아니다.

천인대의 강제 편입에 반대의 목소리를 내는 데 앞장선 시기 쿠투쿠는 칭기스 칸으로부터 모든 몽골인이 누구의 휘하에 있는지를 기재한 호적부(푸른 장부)를 작성해 그 내용을 변경하지 못하도록 관리했고, 내용을 변경하려는 것을 처벌할 권한을 부여받았다고 여겨진다(《비사》 권8, 203절). 시기 쿠투쿠는, 앞서 살펴본 대로, 우구데이가 쿠덴에게 3개 천인대를 편입시키려 한 것에 대해 이는 칭기스 칸의 명령을 위반하는 일이 된다면서 거부 의사를 우구데이에게 표명하려 했으나 소르칵타니 베키에 의해 제지되고 있다(高木, 2014b: 31쪽). 그러한 "콜 운 울루스"를 바치는 행위가 실질적인 의미를 지녔다면, 시기 쿠투쿠가 관리하는 호적부에 등재된 톨루이 가문 소속 사람들은 "콜 운 울루스"가 바쳐진 이후에는 우구데이 가문으로 소속이 변경되었을 것이다. 시기 쿠투쿠에게 부여된 호적부 관련 권한과 그의 천인대 강제 편입 반대 발언, 그리고 이 강제 편입의 반대 진영에 선 장군들을 보면, 그러한 소속 변경이 이루어지지는 않았음을 알 수 있다.

그러나 일부에는 바쳐진 것이 존재한다. 《집사》에 따르면, 칭기스 칸의 본대 "중앙"의 천인대 1개는 케식텐의 필수 물자(식량, 말 등)의 생산을 맡고 있었고(宇野, 2018: 256쪽), 케식텐과 함께 바쳐질 필연성이 있다. 그리고 그 수장 차간은 이후 우구데이 휘하에서 더 나중에는 우구데이의 아들 쿠추의 휘하에서 활동하고 있어(《집사》 칭기스칸기: Rawshan: 592~593쪽; 《원사》 권120, 〈열전〉 "찰한察罕"), 소속 변경이 있었던 것은 확실하다. 바쳐진 "콜 운 울루스"의 "콜"을 이 칭기스 칸의 본대의 "중앙"으로 보는 것도 상정된다. 그러나 이는 《비사》의 문맥에서 상정되는 제국의 통치 구획의 "콜"(톨루이와 쿨겐의 본래 울루스 및 칭기스 칸의 본대)과는 일치하지 않는다. 《비사》와 《집사》가 전하는 내용을 모두 옳다고 한다면, 우구데이의 즉위 때에 차가타이와 톨루이는 칭기스 칸이 직할한 제국의 통치 구획의 "콜"의 수장을 우구데이로 정했으나, 실질적으로는 칭기스 칸 본대의 "중앙"만을 바친 것으로 이해된다. 이 문제에 대해서는 이후의 연구를 기다리고자 한다.

한편, 칭기스 칸의 본대, 101개 천인대 모두를 톨루이가 상속해 보유하고 있었다는 분석에 대해 무라오카 히토시村岡 倫는 독자적 세력을 형성한 천인대장 등 톨루이의 울루스에는 포함되지 않는 인원이 있었다고 보며, 결론적으로 톨루이는 101개 천인대 중 불과 22개[*]를 보유했을 뿐이라는 주목할 만한 견해를 제시하고 있다(村岡, 1996: 77쪽). 이는 톨루이 자신은 칭기스 칸의 본대 전체를 실질적으로 보유했던 것이 아니라 형식적으로 지배하에 두고 있던 부분도 있었다는 견해다. 무라오카의 견해에 동의하지만, 톨루이의 이러한 "콜 운 울루스" 내 독자

---

[*] 무라오카 히토시는 2만 1000명(21개 천인대)으로 보고 있는데, 그의 논지로 계산하면 2만 2000명(22개 천인대)이 된다. 다만 무라오카는 칭기스 칸의 본대 "중앙"의 1개 천인대를 톨루이 가문 소속으로 그대로 두고 있으나, 이것이 우구데이 휘하로 편입되었다고 간주해 그 천인대 수를 줄이면 무라오카가 제시한 2만 1000명으로 귀결된다.

적 세력에 대한 형식적 지배 관계는 톨루이가 "콜 운 울루스"를 상속하기 이전 칭기스 칸 시대부터 이미 있어온 상황이었다고도 상정되며, 더 자세한 탐구는 앞으로의 연구에 맡기고자 한다.

3. 울루스의 영역 개념의 등장

제국 남부 세 지역의 속령지

몽골 제국은 칭기스 칸의 금 원정 이후 한지, 중앙아시아, 이란의 도시와 농촌 지역을 지배하에 편입했고, 이로써 제국의 통치 단위에 울루스와는 별개로 막대한 부를 가져다주는 속령지의 요소가 추가되었다. 속령지에서는 칭기스 칸 일족을 비롯한 "지배층"의 왕후들 각각에게 권리와 이익이 분배되었고 한지(도판 1), 중앙아시아, 이란의 세 지역에서는 징세와 왕후들에 대한 권리와 이익의 분배를 위한 대칸의 "출장 통치 기관"*이 각각 설립되었다(《집사》 우구데이기記: Rawshan: 705쪽). 뭉케 시대의 이 기관들은 《원사》에 "연경등처행상서성, 베쉬발릭등처행상서성, 아무하등처행상서성"이라는 명칭(이하에서는 "연경행성" 등으로 줄여서 표기)으로 기록되어 있다(《원사》 권3, 〈본기本紀〉 "헌종憲宗").

톨루이 가문 뭉케의 제국 재편

우구데이 이후, 그의 장남 구육의 짧은 통치(재위 1246~1248)가 있었

---

* "출장 통치 기관"에 대해서는 前田(1973: 145~160쪽), 本田(1991: 101~126쪽), 海老澤(1972), 松田(1978), 四日市(2002), 高木(2009), 高木(2010a) 참조.

고, 톨루이 가문의 장남 뭉케(재위 1251~1259)가 조치 가문의 당주 바투의 지원을 받아 대칸에 즉위했다. 이 즉위는 우구데이의 후손들이 대대로 대칸의 지위를 계승한다는 칭기스 칸의 명령과 일족의 약속을 파기한 것이었다. 뭉케는 우구데이 가문과 차가타이 가문의 왕족들 중에서 자신의 즉위에 반대해 쿠데타를 계획한 자들을 탄압했고(村岡, 1992: 25~26, 42~43쪽), 이에 더해 구육 휘하의 "우구데이의 울루스(민民)"를 회수해 그것을 우구데이의 아들들에게 분할·분산시켰다(《집사》우구데이기: Ali-zade 1980: 20쪽). 한편, 뭉케의 즉위를 지지한 우구데이의 차남 쿠덴의 가문 등은 더 우대해주는 식으로, 차가타이·우구데이 두 가문을 탄압과 회유 아래에 두었다. 또한 뭉케는 한지와 이란에 자신의 동생 쿠빌라이와 홀레구를 군사령관으로 파견해 톨루이 가문 일족으로 제국을 이끌어가는 체제를 확립하고자 했다.

쿠빌라이의 제국 4분할 통치 체제

뭉케는 이후 직접 남송 원정에 나섰다가 1259년에 원정지 사천四川에서 사망했다. 후계 대칸의 지위를 둘러싸고 쿠빌라이는 남부 몽골의 자신의 목지에 건설한 도시 개평부開平府(훗날의 상도上都)에서 1260년에 대칸으로 즉위했고, 같은 시기에 북부 몽골의 수도 카라코룸 부근에서 대칸으로 즉위한 그의 막냇동생 아릭부케와 싸워 1264년 아릭부케가 쿠빌라이에게 투항할 때까지 둘은 대립을 계속했다(杉山, 2004: 105~121쪽). 그사이에 쿠빌라이는 제국의 분할 통치 체제를 서아시아 원정 중인 홀레구와 중앙아시아의 차가타이 가문의 당주로서 아릭부케에 의해 보내져 있던 알구 두 사람에게 제안했다.

쿠빌라이의 분할안은 제국을 이집트의 경계에서 아무다리야〔강〕까지의 구획은 훌레구가, 아무다리야(칭기스 칸이 하사한 차가타이의 영토인 동·서투르키스탄의 서쪽 경계[Qazwini 1912: 31쪽; 佐口, 1942: 105~108쪽]) 〔강〕에서 알타이산맥까지의 "중앙 구획"은 알구가, 알타이에서 동쪽 구획은 쿠빌라이가 지배한다는 제안(《집사》 쿠빌라이기: Rawshan: 880쪽)으로, 이외에 조치 가문의 세력권이 있기 때문에 이것을 서북부로 구분한다면 쿠빌라이의 제안은 제국 남부의 동서 3분할에 서북부를 더한 전체 4분할안이었다.

한편, 이 쿠빌라이의 제안에는 그때까지 대칸이 가지고 있던 이란 및 중앙아시아 속령지의 관리권을 각각 훌레구와 알구에게 양도하는 내용이 포함되어 있었다(Kim, 2019: 302쪽). 즉, 쿠빌라이가 한지의 출장 통치 기관을 중서성中書省으로 접수한(牧野, 1966) 것과 맞물려 제국의 속령지를 3분해 관리하기로 한 것이다. 속령지에는 제국의 왕족의 권리와 이익이 설정되어 있었는데, 그때까지 중앙의 대칸의 몫이었던 것을 훌레구와 알구에게 넘겨주는 것이라, 쿠빌라이의 제안은 이 둘에게 막대한 세수稅收를 약속하는 내용이었다.

훌레구는 뭉케의 사망 직후에는 대칸에 즉위할 의사가 있었으나, 즉위를 단념하고 이란 지역에 자신의 지배권을 확보하는 방향으로 전환했다. 이 전환에는 쿠빌라이의 제안이 크게 작용했고(Kim, 2019: 296쪽), 훌레구의 아무다리야 이서以西의 지배는 1263년 훌레구와 쿠빌라이 사이에서 서로 승인되었다고 여겨지며(北川, 1987: 42, 51쪽, 주 1), 쿠빌라이는 아릭부케의 투항 후(1264)에 훌레구를 아무다리야 이서의 왕으로 삼는다는 명령을 훌레구에게 내리고 있다(高木, 2009: 141쪽; Rawshan: 1047쪽).

그리고 당시 차가타이 가문의 당주 알구는 아릭부케가 중앙아시아로 보낸 사람이었지만 쿠빌라이 측으로 돌아섰다(《집사》 쿠빌라이기: Rawshan: 883쪽; Kim, 2019: 296쪽). 아릭부케는 알구에 대해 징벌의 군대를 일으켜 알말릭으로 공격해 들어갔고, 앞서 언급했듯, 알구의 울루스를 빼앗은 다음에 살육을 행했다고 여겨지고, "칭기스 칸이 소집한 군대를 무분별하게 죽인" 결과 부하들의 이반을 초래해 온갖 방책을 써서 쿠빌라이에게 투항했다(《집사》 쿠빌라이기: Rawshan: 884~886쪽). 쿠빌라이는 아릭부케의 처우를 결정하기 위해 쿠릴타이를 계획했으나, 참석 예정이었던 훌레구, 알구, 조치 가문의 당주 베르케, 이뿐 아니라 아릭부케까지 잇달아 사망하면서 쿠빌라이 본인의 대칸 즉위는 공식적으로 승인될 기회가 없어진 채, 제국 남부의 동서 3분할에 서북부를 더한 전체 4분할안은 기정사실이 되었다.

이 동서 3분할, 전체 4분할은 칭기스 칸의 아들들과 동생들의 울루스를 제국의 통치 구획으로 삼는 사상과는 달리 제국을 지역으로 분할해 통치 구획으로 삼겠다는 것이었다. 3분할된 제국 남부의 "중앙 구획"에는 차가타이의 울루스뿐만 아니라 뭉케 시대에 회수해 분할·재분배된 우구데이의 울루스를 보유한 우구데이 가문의 일문 왕족도 포함되었다. 동방 쿠빌라이의 영역에는 톨루이 울루스의 계승자 아릭부케가 보유한 것으로 상정되는 울루스와 쿨겐의 울루스, 동도제왕의 3울루스와 쿠덴의 울루스가 포함되었다. 이 울루스들은 본래 제국의 통치 구획이었지만 제국 남부의 동서 3분할에 의해 새로운 영역 구획에 놓이게 되어 한 단계 아래의 통치 구획으로 강등된 것이다. 서북부에 위치한 조치의 울루스는 남부의 동서 3분할 밖에 있어서, 이전 그대로 하나의 통치 구획을 유지한 채 상위의 통치 구획의 하나가 되었다.

중앙 몽골 울루스의 성립

쿠빌라이가 "중앙 구획"을 영역으로 하사한 차가타이 가문의 알구가 사망한 이후 "중앙 구획"은 오르쿠나 비妃와 그녀의 아들 무바라크 샤가 다스리고 있었는데, 쿠빌라이는 새 당주로 바락을 보냈다. 바락은 권력을 장악하자 쿠빌라이에게 반기를 들었고, 반反쿠빌라이 세력인 우구데이 가문의 카이두, 이에 더해 조치 가문의 당주 뭉케테무르와도 손을 잡고 1269년에 대칸 쿠빌라이를 배제한 채 이른바 "탈라스 회맹"을 열고, 이전부터 "베쉬발릭 행성行省"의 마수드 벡이 관할해온 중앙아시아(투르키스탄)의 세수를 바락이 3분의 2, 카이두와 뭉케 테무르가 3분의 1을 취하기로 결정했다(村岡, 1988: 181쪽). 이 중앙아시아의 세수는 톨루이 가문도 당연히 일정한 권리와 이익을 보유하고 있었을 것인데, 그것이 부정되었다. 이는 그동안 훌레구 가문의 제2대 아바카 칸의 지시하에, 아무하 행성이 바락(차가타이 가문)과 카이두(우구데이 가문)의 이란에서의 권리와 이익을 인정하고 이 둘이 감사를 담당해온 것(高木, 2009: 149쪽), 혹은 쿠빌라이의 중서성이 카이두의 한지에서의 권리와 이익을 계속 보전해온 것(《원사》 권23, 〈본기本紀〉 "무종武宗")과는 완전히 상반되는 대응이었다.

탈라스 회맹의 자리에서 바락은 "그[쿠빌라이]는 현재 동방 즉 키타이와 마친* (……)을 정복하고 있다. 그리고 아무다리야 유역부터 시리아와 이집트의 끝까지의 서방은 아바카와 그의 형제들이 부친의 유산 상속을 통하여 수취하고 있다. 그리고 '쌍방의 울루스' 사이에 '투르

---

* 로샨(Rawshan)의 텍스트 해당 부분은 호탄(khotan)이라고 되어 있으나, 알리자데의 교정에 따라 마친(Māchīn)으로 본다(Ali-zade, 1957: 110쪽).

키스탄과 킵차크 바시의 지방wilāyat'이 있다"(《집사》아바카기: Rawshan: 1068~1069쪽)라고 언급했다. "투르키스탄"은 칭기스 칸이 차가타이의 영토로 삼은 곳이다(이 글의 119~120쪽). 그리고 "킵차크 바시"(킵차크의 머리)는 조치 가문이 지배하는 영역을 표현하는 페르시아어 다슈트 이 킵차크Dasht-i Qipchaq(킵차크 초원)의 투르크어 표현이라고 하고 (Kenzheakhmet, 2017: 771쪽), 또한 조치 가문의 당주 톡타가 "조치의 울루스와 킵차크 바시의 도시들bilād의 군주"로 불리고 있어(Qāshānī: 198b; 大塚 他, 2022: 275쪽), 킵차크 바시는 조치 가문의 영역을 나타내는 명칭으로 보인다. 바락은 제국을 쿠빌라이·훌레구 가문의 "쌍방의 울루스"라는 두 요소와, 그 사이에 위치한 "투르키스탄과 킵차크 바시의 지방" 즉 차가타이 가문의 영역과 조치 가문의 영역이라는 두 요소로 크게 나누어 보고 있었고, 이로써 제국은 4분할 되어 있음을 인식하고 있었음을 알 수 있다. 여기서 "울루스"라는 용어는 기존의 통치 구획으로서 기능하는 "한 명의 주인 아래 인위적으로 통합된 인간의 집단"의 의미가 아니라 동방의 쿠빌라이 지배권과 서방의 훌레구 지배권을 나타낸다. 또한 그것은 투르키스탄과 킵차크 바시(다슈트 이 킵차크)의 지방과 병립하는 "영역 구획"으로 사용되고 있다.

　같은 시기 예멘의 라술 왕조에서 작성된 6개 언어 대역對譯 어휘집 《왕의 사전King's Dictionary》(Golden et al. 2000)에서는 "울루스"라는 말에 wilāyathā("지방wilāyat"의 복수형)를 페르시아어 대역으로 삼고 있다(Ibid.: 248쪽). "쌍방의 울루스"의 "울루스"는 이 대역에 근거하면, "제諸지방"이라는 영역의 개념이 되고, 역으로 "투르키스탄과 킵차크 바시의 지방"의 "지방"은 "울루스"로 대역될 수 있다. 실제로 카샤니는 "킵차크 바시의 울루스"라는 표현도 기록하고 있다(Qāshānī: 207b; 大塚

他, 2022: 308쪽). 또한 16세기의 우타미슈 하지의 《칭기스 나마》에는 투르크어로 조치 울루스를 Sarāy wilāyati(사라이 지방)라고 표현하고 있다(Kenzheahmet, 2017: 771쪽; 赤坂, 2005: 113쪽). 이상과 같이, "울루스"는 영역의 개념도 지니게 된 것이다.

대투르키국, 중앙 몽골국

대칸의 권한과 톨루이 가문의 권리와 이익을 무시한 탈라스 회맹 이후, 쿠빌라이는 알말릭에 아들 노모간을 총대장으로 삼아 톨루이 가문의 왕후 등 몽골고원의 왕후들의 군대를 대규모로 동원해 진주시키면서 알말릭을 압박했다. 그러나 그 진주군은 내부에서 일어난 "시리기의 난"(1276~1282)으로 붕괴했다(村岡, 1985: 310~312쪽). 카이두는 바락 사후에는 바락의 아들 두아와 함께, 또 시리기의 난 이후 쿠빌라이 측에서 합류해온 아릭부케와 뭉케의 가문도 더해 "카이두의 국國"을 형성해 쿠빌라이에 계속해 맞섰다. 마르코 폴로는 이 중앙아시아 세력을 "대大투르키국"이라고 불렀다(村岡, 1988: 189~194쪽).•

카이두 사후, 두아가 이 "중앙 구획"의 영역인 "카이두의 국"의 패권을 탈취했다. 이 제국 중앙부의 카이두·두아의 제국의 명칭은 라틴어 자료에서 "중앙 제국"으로 표기되었고, 마쓰이 다이松井 太는 투루판에서 출토된 몽골어 문서의 단편斷片에서 "Dumdadu Mongyol Ulus(중앙 몽골 울루스. Matsui, 2009)라는 명칭을 복원하고 있다. 이 명칭의 기원은 바로 쿠빌라이의 제국 남부 3분할에서 쿠빌라이와 훌레구 쌍방의 울루스 사이의 "중앙 구획"인 것으로 보인다.

• 시리기의 난에 대해서는 이 책 제1장 34쪽의 본문과 옮긴이 주 참조.

맺음말

칭기스 칸은 몽골 제국 건국 후 제국을 구성하는 95개 천인대로부터 자신의 아들들과 동생들에게 각각 몇 개씩의 천인대를 분배했고, 이로써 8개(조치 가문이 둘로 분할된 것을 고려하면 9개)의 울루스를 만들었다. "아들들과 동생들의 울루스"는 칭기스 칸의 아들과 동생 각 일문의 당주의 지배하에 제국 내부의 통치 구획으로 기능했다. "울루스"는 본래 "한 명의 주인 아래 인위적으로 통합된 인간의 집단"이라는 의미였다. 《비사》는 "백성"(사람들)과 "국"이라는 주로 두 가지 역어로 표현하지만, 그 역어의 "국"은 영역적인 "국가"가 아니라 하나로 통합된 "인간의 집단"을 "국"으로 표현한 것이다. 유목 집단은 시대가 경과하면서 세분되어갔으나, 칭기스 칸은 울루스의 수를 고정한다는 방침이었고, 기본적으로는 그 원칙이 지켜졌다. 다만, 제2대 대칸 우구데이의 시대에 칭기스 칸의 이복동생 벨구테이와 우구데이의 차남 쿠덴의 울루스가 새로 만들어져 울루스의 전체 수는 11개가 되었다.*

　　제4대 대칸 뭉케의 사후, 쿠빌라이의 패권 수립 과정에서 쿠빌라이는 제국 남부를 동생 훌레구가 지배하는 이란, 차가타이 가문의 알구가 지배하는 중앙아시아, 자신이 지배하는 몽골고원과 한지로 3분할

---

* 한편, 본론에서 언급하지 않은 "울루스"로 14세기 초에 하서(河西) 지방(옛 탕구트 왕국의 영토)에 세력을 형성한 안서왕(安西王) 아난다의 "울루스"(Rawshan: 950~953쪽; Qāshānī: 9, 29쪽; Kim, 2019: 303쪽), 그리고 마찬가지로 하서 지방의 추베이 가문(차가타이의 후손)의 14세기 20년대의 당주 놈타쉬의 위구르어로 "일 울루스(il ulus)"라고 표현되는 것이 있다(《중수문수사비(重修文殊寺碑)》, 耿世民 他, 1986); (Kim, 2019: 303~304쪽). 이 두 개의 울루스는 울루스 수 고정의 원칙에서 벗어나는 예외적인 것으로, 그 출현의 경위는 이후의 연구 과제로 삼고자 한다.

했다. 제국의 속령지 이란·중앙아시아·한지의 세 지역에는 종래 중앙 정부의 출장 기관이 각각 설립되어 속령지의 징세와 관리를 수행하고 있었지만, 쿠빌라이는 이란을 훌레구의, 중앙아시아를 알구의, 한지를 쿠빌라이 자신의 휘하에 두기로 했다. 이로써 제국은 그 남부가 동서로 3분할된 것에 서북부 조치 가문이 지배하는 영역을 더해 4분할 되었다. 이 분할된 영역을 나타내는 데 점차 "울루스"라는 용어가 적용되었고, "울루스"는 영역의 개념을 지니게 되어 페르시아어에서는 "wilāyat"(지방)으로 번역되었다. 이상과 같은 경위로 본래 영역의 개념이 없었던 "울루스"는 쿠빌라이의 패권 장악 이후, 제국 남부의 3분할과 전체 4분할에 의해 영역의 개념을 지니게 된 것이다.

그 후, 제국의 중앙 구획에는 우구데이 가문의 카이두가 대두해 "카이두의 국", "대투르키국"이 만들어졌고, 그가 쿠빌라이에게 반기를 들어 분쟁이 계속되었다. 카이두 사후, 차가타이 가문의 두아가 이 "중앙 구획"의 패권을 장악하고 "중앙 몽골 울루스"라는 영역 구획을 명시해 이것으로 국명을 칭하게 된 것이다.

몽골고원의 메트로폴리스로서의 카라코룸

마쓰카와 다카시

몽골 제국의 수도 카라코룸에 대한 연구는 19세기 말 이래, 동서양 역사 자료의 기술을 고고학적 현지 조사로 검증하는 방식으로 진행되어 카라코룸의 위치, 축성 연대, 시가지 상황 등이 밝혀졌다. 그중에서도 1949년에 세르게이 V. 키셀례프Sergei V. Kiselev 등이 태종太宗 우구데이 카안의 만안궁萬安宮을 발견한 것은 20세기 최대의 고고학적 발굴 성과가 되었다. 그러나 21세기 들어 그 성과는 다시 해석되었다. 우구데이의 만안궁으로 간주되어온 유적을 몽골-독일 공동 조사대가 재발굴한 결과, 만안궁은 카안의 궁전이 아니라 처음부터 불교 사원(후술하는 흥원각)으로서 조영造營된 것이 확정되어 카라코룸에서 불교의 전파와 유행을 보여주는 새로운 지견知見이 되었다.

그렇다면 "만안궁"이 어디에 조영되었는지에 대해서는 불교(티베트불교) 사원 에르데니 조의 한 변 약 500미터의 방형方形 성벽의 바로 아래에 같은 크기의 옛 성벽이 발견되었고 출토된 벽돌의 열루미네선스 연대가 13세기 전반前半으로 나온 결과, 카라코룸 성은 남쪽에 인접한 에르데니 조 사원의 부지를 포함하는 형태로 조영되었으며, 카라코룸의 궁전은 현존하는 에르데니 조 부지 내의 어딘가에 위치했을 가능성이 높아졌다. 그래서 필자 등은 2009년에 광대한 에르데니 조 사원 내에서 고르반 조 사원 주변과 톡첸 당우堂宇의 터를 선별해 시굴 조사를 실시했다. 오래된 당우의 중심 기둥에 접붙인 나무로 새 당우를 짓는 전통적인 건립 방법에 주목한 것이다. 결과적으로, 더 오래된 건축물의 기단基壇을 발견하지는 못했지만, 한편으로 고르반 조 사원 주변에서 발굴한 최하층에서 8~9세기 위구르 시대의 도기陶器 파편을 포함한 문화층文化層[유물이 있어서 과거의 문화를 아는 데 도움이 되는 지층. 고고학층]이 출토되어, 에르데니 조가 있는 땅은 오르두 발릭(=카라발가순)과 함께 위구르 시대에 최초로 이용되기 시작했고, 바로 이곳을 선택해 우구데이의 궁전이 조영되었을 가능성도 높아졌다.

한편, 카라코룸의 역사 연구에는 현지에서 출토된 석각石刻 20점도 도움이 되었다. 그 대부분은 19세기 말 바실리 라들로프Василий Радлов 탐험대에 의해 탁본이 공개되어 이문전李文田(1834~1895)의 《화림금석록和林金石錄》에 저록著錄되었으며, 20세기 말부터 몽골-일본 공동의 "비체스(비문碑文) 프로젝트"에 의해 전수 재조사 되면서 한어·몽골어·페르시아어 텍스트의 해독 연구가 이루어졌다. 이러한 비문들은 대도大都·상도上都로의 천도로 카라코룸이 영북嶺北의 거점 도시가 된 후인 1330~1340년대에 세워진 비갈碑碣의 문장이었고 삼령후묘三靈侯廟 등 중국식 사당이나 이슬람의 수도장 개설과 관련한 것이 있어, 카라코룸이 종교적 메트로폴리스로 계속 기능했음을 보여준다는 점에서 흥미롭다. 그중에서도 순제順帝 토곤테무르의 칙령을 받아 허유임許有壬(1287~1364)이 한문으로 비문을 쓰고 몽골어 번역과 함께 1347년에 세워진 〈칙사흥원각비勅賜興元閣碑〉는 14세기의 몽골어 자료로서도 주목받았다. 이 비문은 5층 90미터의 장려한 불탑이 있는 흥원각興元閣이라는 불각佛閣이 우구데이 시대에 먼저 기단이 축조되었고, 헌종憲宗 뭉케 시대에 건립되어 인종仁宗 아유르바르와다가 즉위한 1311년에 수축修築되었으며, 다시 31년이 지난 토곤테무르 시대에 중수重修된 경위를 기록하고 있다. 또한 그 모두冒頭에는 "태조성무황제지십오년세재경진정도화림太祖聖武皇帝之十五年歲在庚辰定都和林" 즉 칭기스 칸이 1220년에 카라코룸에 수도를 정했다고 되어 있어서, 〈칙사흥원각비〉 비문은 카라코룸의 탄생부터 최후의 영화榮華 시대까지를 증언하는 생생한 자료로 간주할 수 있다.

1254년에 카라코룸을 방문한 가톨릭 선교사 기욤 드 루브룩〔윌리엄 루브룩〕은 메트로폴리스의 종교 시설로 불교 사원 12곳, 모스크 2곳, 기독교 교회 1곳이 있었다고 기록했다. 이 중 발굴을 통해 발견된 것은 흥원각뿐이다(한편 2007년에 다른 건물 터에서 네스토리우스파 십자가가 출토되면서 주목받고 있다). 현재 흥원각 터는 기단만 남아 있고, 5층의 불탑은 흔적도 없어 그것이 거란契丹 양식의 누각식 전탑塼塔이었는지의 여부는 확정할 수 없다. 흥원각 터에서는 근본오불根本五佛의 소상塑像〔찰흙으로 만든 형상〕, 많은 수의 차차(도기로 만든 소형 불탑), 사리 용기가 출토되어, 이것들이 중국 계열의 화북華北·거란 불교, 중앙아시아 계열의 위구르 불교, 티베트 계열의 서하西夏 불교의 어느 쪽에서 유래한 것인지 연구가 수행되고 있다.

〈칙사흥원각비〉의 비석 그 자체는 16세기 말에 폐허가 된 카라코룸에 에르데니 조가 건립될 때 건축 재료로 깨트려져 다시 사용된 터라 단편斷片 형태로밖에 남아 있지 않다. 우리가 2009년에 "재발견"한 단편

일본의 일반문화무상자금협력으로 건설된 카라코룸 박물관
에 세워진 흥원각비의 실제 크기 복원물(2022년 완성)

을 포함한 7개 단편을 퍼즐을 맞추듯 조합한 결과, 이 비문은 비신碑身
〔비문을 새긴 비석의 몸체〕만으로 높이 250센티미터에 이르는 카라코룸
최대의 칙건비勅建碑〔황제의 명에 의해 세워진 비〕이고, 카라코룸 유적에 남
아 있는 거대한 귀부龜趺(비문의 대좌臺座) 위에 놓여 있었음이 밝혀졌다.

2011년, 카라코룸 유적에 인접한 곳에 일본국 정부의 일반문화무상
자금협력—般文化無償資金協力에 의해 국립 카라코룸 박물관이 건설되었다.
석각 20점도 수장收藏되면서 흥원각비의 단편은 국보급 문화재로 다루
어지고 있다. 2020년, 코로나19 팬데믹 상황에서 카라코룸은 수도 건
설 800주년을 조용히 맞이했지만, 이후 2022년이 되자 흥원각비의 실
제 치수의 레플리카〔복제본〕가 준공되어 카라코룸 박물관 앞마당에 설
치되었다. 몽골과 일본의 학술 공동 연구 성과라 할 수 있겠다. 한편,
2010년 이후 에르데니 조 사원 내에서의 만안궁 탐사는 진행되지 않
았다. 에르데니 조 사원이 현재도 운영 중인 종교 시설이기 때문이다.

몽골 지배하의 중국과 다민족 국가

─ 관위 획득을 둘러싼 모습들

이야마 도모야스

머리말

정복지의 장기적·안정적 통치가 정복 그 자체보다 훨씬 복잡하고 어려운 과정을 필요로 한다는 점은 역사적으로 보편적인 현상일 것이다. 몽골 제국의 중국 통치도 예외는 아니다. 몽골의 통치는 기존의 문화·종교 전통의 보호와 그 실천자들의 등용(宮, 2006, 2018; 森田, 2004), 금·남송의 관제 및 행정 기구의 계승, 한편으로는 자신들의 정치적 관습과 문화적 전통에 의한 다양한 제도와 통치 원칙의 다층적 병존 및 혼효混淆로 특징지을 수 있다.

제4장에 부여된 과제는 기존의 문화적·사회적 전통의 계승과 신新제도의 도입이라는 양 측면에서 본 몽골의 중국 통치와, 이에 대해 통치하의 사람들이 보인 대응과 관련해 가계家系·씨족의 시각에서 살펴보는 것이다. 다시 말해, 이것은 피정복자들이 정복자들과 접촉하고, 그들을 이해하며, 그들의 통치에 순응해간 경위를 밝히는 일이라고 할

수 있다. 향촌 통치 제도 등은 (이《이와나미강좌 세계역사》시리즈의) 제 7권에서 다루고 있으므로, 제4장은 주로 피정복자들이 어떻게 통치 시스템을 이해했고 그 시스템에 참여했는지에(즉 관위官位를 획득했는지에) 주안점을 두고 앞서 언급한 과제를 고찰한다.

몽골의 "중국" 정복 과정은 여러 단계로 나뉜다. 금金(1115~1234) 의 통치하에 있던 중국 북부(이하 "화북") 정복(1211~1234), 남송南宋 (1127~1276)과의 대치, 그리고 남송의 정복이다. 이렇게 60년 이상에 걸친 몽골의 정복 활동(1211~1279)은 화북華北과 옛 남송 영토에서 몽골의 지배와 이에 대한 피지배 지역들의 대응에서 뚜렷한 차이를 낳았으나, 제4장의 지면에서 그 전모를 다루기는 어렵다. 따라서 제4장에서는 우선 화북과 강남江南 지역에서 몽골 지배하의 출사出仕 상황의 변화를 잘 예시해준다고 생각되는 가계의 사례를 각각 하나씩 언급하고, 몽골의 중국 지배와 이에 대한 대응의 지역적 차이를 확인한다. 그리고 몽골에 출사했던 사람들이 기존의 문화 전통 속에서 자신의 입장을 어떻게 표현했는지를 "선영비先塋碑"라는 석각碑刻 유형을 중심으로 논한다. 더 나아가 몽골과 함께 중국에 이주해온 사람들의 몽골 지배에 대한 대응을 역시 한 가계의 사례를 중심으로 들여다본다. 한편, 근대적 외부 관찰이 되는 "민족民族" 개념으로 당시 사람들을 구분하기는 곤란하며, 제4장에서는 "다민족多民族"을 "다양한 문화적·사회적 출신의 사람들"로 정의한다.

제4장이 고찰의 출발점으로 염두에 두는 것은《이와나미강좌 세계역사》제11권(1997)에 수록된, 송대에서 명대에 이르는 강남사江南史의 통시적通時的 파악이다(中砂, 1997). 제4장이 연구 대상으로 삼은 지역은 화북이지만, 그 배경에는 지난 25년간의 연구를 통한 화북의 시각에

서 볼 때, 강남사의 흐름과는 다른 몽골 지배의 모습을 발견할 수 있을지에 대한 관심도 있다.

1. 몽골의 금·남송 정복과 그 이후의 지배

칭기스 칸의 갑옷 직인이 된 농민

산서성山西省 북부의 주요 도시 대동大同에서 동남쪽으로 약 30킬로미터 거리에 혼원渾源이라는 현縣이 있고, 현 북부 서류촌西留村 서쪽 교외에 "손공량묘孫公亮墓"(혹은 "손가분孫家墳")라 불리는 몽골 시대의 가족묘가 있다. 그 분묘의 중심에 현재에도 우뚝 솟아 있는 것이 유인劉因이 비문을 쓴 "대원정의대부절서도선위사겸행공부상서혼원손공선영비명大元正議大夫浙西道宣慰使兼行工部尚書渾源孫公先塋碑銘"(1299)이다. 높이 328센티미터, 폭 121센티미터, 두께 24센티미터의 이 장대한 비석은 얼핏 보면, 고인故人의 사적을 현창顯彰하는 "신도비神道碑" 등 다른 유형의 비각碑刻과 구분이 되지 않는다. 그러나 그 비문과 비음碑陰(비의 뒷면)에 새겨진 상세한 계보도 "손씨세보孫氏世譜"를 읽으면 그 첫인상이 바뀐다. 이 비문은 개인의 사적을 주로 현창하는 신도비나 묘지명墓誌銘과는 달리 손씨 일족의 몽골에 대한 복무의 역사를 서술하고 있기 때문이다.[•]

　　"손공량묘"에 현존하는 다른 손씨 일족의 비각(왕운王惲, 《추간선생대전집秋澗先生大全集》 권58, 《삼진석각대전 대동시혼원현권三晋石刻大全 大同市渾源縣卷》)에

• 묘지명은 묘지에 기록한 글이다. 묘지는 죽은 사람의 이름, 생몰년, 신분, 행적 등을 기록한 묘문(墓文)을 말한다. 대개는 돌 위에 새기지만 무덤의 벽면에 묵서(墨書)하거나 새긴 명문(銘文) 등 그 형태가 다양하다.

도 수록)에 기록된 손 씨의 경력을 요약하면 다음과 같다.

금대 후반의 혼원에서 태어나 그의 조부 및 부친과 마찬가지로 자신도 농민이었던 손위孫威(1183~1240)의 인생은 1211년에 개시된 칭기스 칸의 금 침공으로 격변했다. 손위는 대동에서 금군에 들어갔고, 몽골군이 대동을 점령하자 "의군천호義軍千戶"에 임명되어 평산부平山府(대략 지금의 허베이성河北省 평산현平山縣)의 "갑공甲工"(갑옷 직인職人) 총괄자가 되었다. 당시 화북에서 "의군義軍"이란, 민간에서 결성된 무장 집단을 주로 가리켰고, 이들은 종종 금과 몽골의 지배하에 편입되었다.

그리고 손위의 인생을 결정짓는 사건이 일어난다. 의형義兄에게서 갑옷 제작을 배우고 있던 손위는, 그 경위는 불명확하지만, 어느 날 칭기스 칸에게 갑옷을 진상할 기회를 얻는다. 칭기스 칸은 손위가 진상한 갑옷의 정교함을 칭찬하면서 "예케 우란yeke uran"(야가올란也可兀蘭)이라는 몽골어 이름(혹은 칭호)을 손위에게 주었다. "커다란 솜씨"〔"위대한 장인"〕 정도의 의미다. 이후 손위는 주로 몽골군의 포로 중에서 갑옷 직인을 선발해 이들의 총괄자가 된다. 우구데이 카안(재위 1229~1241)은 손위가 바친 갑옷에 직접 화살을 쏘아 화살이 관통하지 않는 것을 칭찬하며 금부金符를 손위에게 하사했다.

손위의 아들로 1299년에 앞에서 언급한 비석을 세운 손공량(1222~1300)은 아마도 카안의 근시近侍에 들어갈 질자質子(몽골어로 "투르칵". 〔인질, 볼모〕)가 되기 위해 "막북漠北"〔지금의 고비사막 이북을 지칭〕에서 태어나 자랐다. 열 살쯤 되었을 때, 손위와 함께 알현한 손공량에게 우구데이는 자기의 음식을 내주며 곁에서 자신을 시중들게 허락했다. 손공량은 부친의 사후 그 직무를 계승해 칭기스 칸의 후예에게 갑옷을 제공했고, 뭉케 카안(재위 1251~1259)으로부터 "예케 우란"이라는 칭호를 계승하라는 명을 받았다. 1261년, 카안의 자리를 놓고 다투던 쿠빌라이와 아릭부케 사이에 시물투·나우르 전투(시물투 전투와 시르겐 나우르 전투)가 벌어졌을 때에 손공량은 쿠빌라이에게 60벌의 갑옷을 바쳤고, 이후 감찰어사로 임명되어 감찰·행정의 여러 직위를 역임했다.

손공량의 장남 손공孫拱(1241~1306)은 부친의 갑옷 제작을 이어받아 순천로順天路(치소治所(어떤 지역의 행정 사무를 맡아보는 기관이 있는 곳)는 지금의 허베이성 바오딩保定)와 하간로河間路(치소는 지금의 허베이성 허젠河間) 등에서 갑옷 직인을 감독했다. 1270년대 초에 양양襄陽·번성樊城의 전투가 벌어졌을 때에 역시 쿠빌라이에게 갑옷을 바쳤다. 손공량이 은퇴하자 행정관으로서의 부친의 직무를 계승해 보정로치중保定路治中(보정로保定路(지금의 허베이성 바오딩시保定市를 중심으로 하는 행정 단위)의 상급 관원)에 취임했다. 쿠빌라이 사후에는 "예케 우란의 손자"로서 새 카안 테무르(재위 1294~1307)를 알현했다.

그동안 손공량묘에 현존하는 비각의 하나인 "대원고보정등로군기인장제거손군묘비유서大元故保定等路軍器人匠提擧孫君墓碑有序"("묘비墓碑"는 고인의 사적을 현창하기 위해 통상 지상에 세워지는 비석이다)에 따르면, 손공의 아들 손겸孫謙(1255~1298)은 손공이 쿠빌라이에게 직접 "신臣의 아들 겸이 성장하였습니다. 황태자를 시중들게 하여주십시오"라고 청원해 쿠빌라이의 아들 친킴(1243~1286)을 섬기면서 여러 차례 갑옷을 바쳤다. 이후 손겸은 손공의 직무를 계승해 보정등처갑장제거保定等處甲匠提擧(보정 갑옷 직인들의 총괄자)가 되어 1287년에 나얀의 반란이 일어나자 갑옷 등을 신속하게 공급해 칭찬을 받았고, 테무르 즉위 후에도 다시 갑옷을 바쳤다. 손겸이 사망하자, 그 사촌 아우 손해孫諧는 지방의 행정관이 되었고 손해의 동생 손의孫誼가 갑옷 직인의 감독을 계승했다. 이러한 상황을 "대원고보정등로군기인장제거손군묘비유서"는 다음과 같이 기록하고 있다. "처음에 손위가 그의 기능을 칭기스 칸에게 받들어 올려 예케 우란 호칭을 하사받았는데, 중국의 말로 장작대장將作大匠[궁전의 조영 등을 관할하는 관직]과 같은 의미다. 손위가 사망하자 손공량이 [그의 임무를] 계승하였다. 손공량이 다른 관위에 취임하자 손공이 계승하였다. 손공이 다른 관위에 취임하자 군軍[손겸]이 계승하였다. 군이 사망하자 그 사촌 아우 손의가 계승하였다." 이러한 출사 방식은 손위의 후손들이 케식텐(케식[윤번, 당직]을 행하는 사람들이라는 의미)의 일원이었고 카안이나 그 일족을 위한 생산 활동에 온전히 종사하는 예속민(몽골어로 "게르-운 쿠운"[직역하면 "집의 아들"], 한어로는 그 음사音寫인 "겁련구怯憐口"라고 불렸다)의 갑옷 직인을 총괄했음을 시사한다(片山, 1980: 25~27쪽, 28~29쪽; 宇野, 2018).

몽골어와 한어漢語를 어릴 때부터 구사한 손공량은, "대원고정의대부절서도선위사행공부상서손공신도비명병서大元故正議大夫浙西道宣慰使行工部尚書孫公神道碑銘並序"에 따르면, "몽골어 유행어에 정통하였고, 통역하는 사이에도 관계없는 농담을 섞었다閑習時體譯語, 闌翻雜以談謔." 손공량의 후손들도 이중 언어를 구사했고, 손공은 쿠빌라이로부터 타이테무르(태첩목이太帖穆而)라는 몽골어 이름으로 불렸으며, 손겸은 베이부카(백불화伯不華)라고 자칭했다. 손공량의 가계는 전형적인 "몽골화"(堤, 1995)한 한인漢人 일족이라고 할 수 있겠다.

화북에서 몽골 지배의 확립과 "근각"

칭기스 칸의 금 침공 이후 1234년 금의 멸망까지, 화북의 대부분은 20년이 넘는 전란으로 기존 사회 질서의 붕괴를 경험했다. 마치 중화中華

의 문명이 소멸하는 것 같은 충격이 당시 지식인들을 엄습하는 상황(高橋, 2021)에서 과거 급제를 통해 관위를 획득했던 가계의 다수는 동시대 사료에서 자취를 감춘다. 한편, 금의 통치 제도가 붕괴한 지역에서는 앞서 살펴본 "의군"과 같은 자위自衛를 위한 재지在地 유력자들을 중심으로 조직된 무장 세력이 발흥한다. 이러한 집단들은 얼마 안 있어 동맹·통합·공벌攻伐을 거듭했고, 산동山東 등에서는 대부분의 주州·현을 지배할 정도로까지 성장해간다. 이러한 무장 세력을 "한인 군벌漢人軍閥"이라 부른다.

몽골의 왕후王侯들 및 장수들은 정복지의 한인 군벌을 자신의 지배하에 두었고, 한인 군벌은 몽골 왕후들을 대신해 피정복민들을 관할했으며, 이들의 후손 중에서 관원과 군관이 배출되었다. 칭기스 칸의 생전에 이미 화북의 정복된 거주민들이 몽골 왕후들 등에게 분배되었는데, 이후 몽골 왕후들이나 한인 군벌이 섞이면서 상황이 혼잡해지자, 우구데이 카안이 인구 조사를 실시해 1235년에 "을미적책乙未籍冊"이 작성되었다. 이듬해인 1236년에는 화북 거주민들의 재분배가 이루어졌다("병신년분발丙申年分撥"). 1252년에는 이른바 "임자년적壬子年籍"이 작성되었고, 이후에 거주민들의 분배가 추가적으로 진행되었으며, 화북에서 몽골 왕후들의 투하投下(분배된 사람들과 그 통치 기구. 몽골어의 아이막ayimay을 음사한 "애마愛馬"나 "위하位下" 등으로도 불렸다)가 확정되었다. 카안과 그 일족을 섬기는 케식텐처럼, 몽골 왕후들도 자신들의 측근 집단들을 거느리고 있었으며, 이러한 측근들이 화북과 옛 남송 영역의 투하 관리에 종사했다(杉山, 2004: 187~240쪽).

그 정복 활동의 많은 과정에서 몽골은 원정에 참여한 유력자들과 카안의 사이에 피정복민들을 분배했다. 이때 직능職能 등을 통해 정복지 거주민들이 식별되었고, 특히 유용한 기능을 가진 자 및 그 가족은 별도로 분류되었다. 중국에서는 직능, 기능 혹은 종교적 직능 등에 따라 호적 등록 구분이 시행되었다. 각종 직인의 장호匠戶, 군인의 군호軍戶, 수렵에 종사하는 타포호打捕戶, 매사냥에 종사하는 응방호鷹房戶, 유학儒學 학습을 수행하는 유호儒戶 등은 특수한 기능을 가지지 않은 "민호民戶"와 구별되었다. 이러한 호계戶計는 주·현과는 다른 독자적 행정 기구를 통해 관할되었고, 그 내부에서의 관위 획득과 승진의 경로도 설정되었다(黃, 1977). 몽골 왕후들은 자신들에게 분배된 이러한 기능직 종사자들의 호계를 보유했고, 환속한 불승·도사나 이전의 구구驅口(노예) 등 누락된 사람들을 모아 새로운 직능 집단에 추가하기도 했다(海老澤, 1966).

또한 의학·천문학이나 다양한 과학 기술 지식, 어학 능력, 종교 실천 등의 "실학實學"에 숙달된 사람들은 높이 평가되어 카안이나 몽골 왕후들의 부하가 되었다(宮, 2006, 2018). 몽골 시대 최초의 과거 진사進士 허유임許有王(1287~1364)에 따르면, 과거 재개 이후에도 "동남東南[강남]의 인사人士"를 포함한 많은 사람이 대도大都의 오문午門 밖에서 아침저녁으로 지나다니는 왕후나 고관에게 자신들의 문장文章을 건네거나 다양한 기예를 드러내기도 했다. 그리고 일단 평가를 받으면, 그 사람에 대한 임용의 청원서가 아침에 조정에 제출되어 저녁에는 그가 직위에 부름을 받게 되는 경우도 있었다고 한다(《문한류선대성文翰類選大成》 권116, 〈송주안보유대도서送朱安甫遊大都序〉). 불승이나 도사 등도 종교별·종파별로 독자적 총괄 조직으로 편성되었고, 그 내부에서는 직위를 획득하는 한편 재지 사회에서는 금말원초金末元初의 전란으로 황폐해진 사회의 부흥에 일익을 맡았다(高橋, 2011, 2021; Wang, 2018). 사원과 도관道觀(도교 사원) 소재지에 투하를 소유한 몽골 왕후들도 종교 집단을 비호하고 그 권리와 이익을 승인했다(舩田, 2014).

이렇게 "인간의 집단 각각에 대해 그 수장을 선정해서 그를 통해 각 집단 내부의 규칙(본속법本俗法)에 의거한 지배를 관철하는 시스템"은 "집단주의集團主義"라고 한다(森田, 2004: 44~46쪽). 금의 관제를 계승해 이원吏員〔관리〕으로부터의 승진을 통한 관위 획득 경로도 계속 유지하면서, 앞서 언급한 신新제도들을 도입한 몽골의 관리 등용에 보이는 특색은 복수複數의 통치 기구의 병존과 출사 경로의 다원화에 있다. 그리고 서로 다른 출사 경로 전반을 통해 중요했던 것은 칭기스 칸과 그 후예에 대한 복무 경력이었고, 이는 한어로 "근각根脚" 등으로 불렸다. 일반적으로 복무 경력 시간(세대)이 길수록 그 인물은 지위가 높았고 출사 등에서 우대받았다. 이러한 "집단주의"와 "근각"의 중요성은 몽골의 지배를 분석할 때에 핵심 개념이었다(杉山, 1992: 276~280쪽; 志茂·志茂, 2021). 이 두 가지에 근거해 혼원 손씨의 직능(갑옷 제조)과 근각(혼원 손씨의 칭기스 칸과의 직접적 관계와 그 후예에 대한 4세대에 걸친 복무)을 살펴보면, 그들의 영달이 당연했음을 알 수 있다.

해운을 감독하는 유학자

가정嘉靖 39년(1560)의 서문이 있는《영파부지寧波府志》권35의〈의행義行〉에 동금童金(생몰년 미상)이라는 인물의 간략한 전기가 있다. 자계현慈溪縣의 부유한 집안에서 태어난 동금은 지원至元 연간(1264~1294)에 그 재주로 천거되어 진의부위進義副尉(이에 대해서는 후술)에 임명되었고, 매년 해운海運을 감독했다以才能薦授進義副尉, 歲督海運. 남송의 수도 임안臨安이 성문을 열고 몽골에 항복한 것이 1276년의 일로, 동금은 몽골의 옛 남송 영토 통치의 극초기에 아마도 집안의 재산과 현지에서의 명망으로 새 통치 기구에 편입된 인물이었던 것으로 보인다. 은퇴 후에는 조부의 초암草庵 옆에 의숙義塾을 짓고 학전學田을 정비해 교사를 초빙했으며, 이 의숙은 훗날 두주서원杜州書院으로 공인받았다. 대덕大德 연간 (1297~1307)에 기근이 들었을 때에는 사재를 털어 구제를 펼쳤고, 이 일로 지방관으로부터 표창을 받았다. 동금의 조부는 앞서 살펴본 손위와 동시대인 동거이童居易(생몰년 미상. 가정 《영파부지》 권27 〈열전列傳 2〉에 간략한 전기가 있다)였고, 그는 남송 가정嘉定 연간(1208~1224)의 진사였다. 양간楊簡(1141~1226)에게서 학문을 익혔고, "두주선생杜洲先生"이라 불렸다. 동금은, 그 가계와 자신이 현지에서 행한 활동을 통해 보면, "사士"(유학의 교양을 갖춘 지식인)라고 불릴 만한(그리고 아마도 스스로도 그렇게 인식하고 있었을 것이다) 인물이었다. 그렇다면 왜 그러한 인물이 해운을 감독하게 된 것일까?

화북에서와 마찬가지로, 몽골은 주로 부府·주·현의 단위에서 남송의 행정 기구를 계승하는 한편, 옛 남송 영토에서도 인구 조사와 호계의 설정을 순차적으로 실시했는데, 출사 측면에서 강남 사람들과 화북 사람들(이하 각각 "남인", "한인") 사이에는 중요한 차이가 있었다. 첫째, 남송 정복 후에는 기존의 행정 조직이 접수되어 강남에서는 화북과 같은 군벌의 할거는 보이지 않았다. 접수된 옛 남송 군대는 "신부군新附軍"으로 재배치되었고 일본 원정 등에 전용轉用되었는데, 일본 원정 이후 1281년 말경부터 강절江浙〔강소江蘇와 절강浙江〕·강서江西에서 전개된 주둔군의 대부분은 화북에 본거지를 가진 군단의 분견 부대였다(大葉, 1990; 堤, 1998). 1285년에는 37개의 만호부萬戶府가 설치되었지만, 그 지휘부 역시 화북에서 파견되었다(船田, 2016). 대원大元 울루스·원元의 영역 확장도 정체되는 상황에서 남인南人에게는 종군從軍에 의한 입신의 기회가 거의 없었던 것이다.

둘째, 강남에서는 몽골로의 복속이 화북에 비해 두 세대 정도가 느렸기 때문에, 몽골 왕후들에게 복무했더라도 "근각"의 긴 시간 측면에서 남인은 한인에 미치지 못했다. 손위가 칭기스 칸을 알현했을 무렵, 동거이는 남송의 지식인으로 과거에 응시하고 있었는데, 이러한 배경의 차이가 이 둘 손자들의 몽골 지배하에서의 출사 형태와 정치적 지위의 차이로 이어졌다. 몽골 왕후들과의 개인적 연결에 의해 대도에서 관위를 얻는 남인도 적지 않았으나, 출사에 관한 남인의 전반적 상황은 한인의 경우에 비해 불리했다. 몽골 지배하에서의 "근각인根脚人" 우대에 대한 명 초기 권형權衡(강서성 길안吉安[지금의 장시성江西省 지안시吉安市]사람)의 격렬한 비판(《경신외사庚申外史》)은 지극히 당연하다 할 수 있겠다. 행추밀원行樞密院(군정軍政을 담당하는 최고 기관 추밀원에 해당하는 행성行省 수준의 기관) 등 몽골 지배하에서 옛 남송 영토에 신설된 행정·군사 기관에서도 정규 관원官員으로 승진할 수 있는 상급 이원조차 관위 획득에는 상당한 기간이 필요했으며, 게다가 한정된 수의 관원의 직위에 이원이 증가하면서 그 시간은 부단히 길어져갔다(牧野, 1979).

남송 정복 이후, 시리기의 난(1276~1282) 진압의 전망이 서자, 몽골은 이른바 "강남3성江南三省"(강회江淮·강서·호광湖廣)의 로路·주·현에 의해 관할되고 있던 호구戶口 중에서 일정한 수를 몽골 왕후들이나 공신들에게 분배했다.* 이로써 몽골고원·화북·강남을 연결하는 몽골 왕후들의 투하 구조가 구축된다(杉山, 2004: 187~240쪽). 이러한 옛 남송 영

---

* 시리기의 난에 대해서는 이 책 제1장 34쪽의 본문과 옮긴이 주 참조.

토의 투하에 대해, 그 소유자는 관리자를 파견해 때로는 재판에 개입하거나 전량錢糧[돈과 곡식]을 징수하는 등 로·주·현의 행정 조직과 분쟁을 일으켰는데(植松, 1997), 여기서 관리자의 대부분은 화북에서 파견된 한인이었다. 본래 몽골 왕후들은 옛 남송 영토에 거의 가지 않은 것으로 보이므로, 남인이 왕후들에게 복무할 기회를 얻는 것 자체가 쉽지 않았다. 앞서 언급한 허유임의 〈송주안보유대도서送朱安甫遊大都序〉는 "동남[강남]의 인사人士"가 여비나 생활비의 부담에 괴로워하는 모습을 기록하고 있는데, 그럼에도 남방에서 먼 길을 마다 않고 대도까지 오는 관직 획득 희망자들은 적지 않았다.

옛 남송 영토의 호계에 대해 가장 연구가 축적된 분야는 유호儒戶다. 화북에서는 그 전역에서 통일적 유인儒人(유호를 구성하는 사람들)의 인정은 이루어지지 않았다(高橋, 2021: 170~184쪽). 한편, 옛 남송 영토에서도 아마도 통일적 유호의 인정은 이루어지지 않았을 것이지만(太田, 1992; 牧野, 2000·2001), 화북에 비하면 인정된 수가 많아서, 일례로 명주明州에서만 3045호를 헤아렸다. 그러나 유호의 면차免差(부역賦役 면제) 특권은 14세기 초에는 유명무실해졌고(Lee, 2014: 204~216쪽), 유인들이 취임할 가능성이 있던 주·현의 학교 교원 등의 관위는 낮았으며, 또한 이들은 상급 관직으로의 승진에도 매우 오랜 시간이 걸렸다. 1314년에 재개된 과거도 합격자 정원이 적어서 강남에서도 화북과 마찬가지로 과거 응시자 수는 적었을 것으로 추측된다(飯山, 2011: 314~325쪽).

남인이 고위 관직을 획득하는 상대적 어려움, 관원 임용에서 과거의 역할이 적음, 몽골 조정으로의 출사를 거부하는 인사들의 존재를 근거로, 예전에는 몽골 지배라고 하면 지식인들의 비참한 처지가 강조되는 경향이 있었다. 물론, 옛 남송 영토에서 과거의 중단이 남인들의 큰 실망과 불만을 야기한 것은 확실하지만, 한편으로 몽골은 강남 지역 인재의 추천과 등용을 적극적으로 추진한 터라(櫻井, 2000, 2002; 宮, 2006), 새 통치 기관의 설치에 반응하는 강남 사람들이 적지 않았던 것도 확실하다(于, 2012).

해도운량의 설립과 그 영향

몽골이 옛 남송 영토에 새로 설치한 통치 기관의 하나로 해도운량만호부海道運糧萬戶府가 있다. 남송 정복 이후, 대원 울루스·원의 재정은 "강절-대도-몽골고원"을 연결하는 재정적 물류를 기축으로 구축되었다고 여겨지며(宮澤, 2013), 그 속에서 중요한 역할을 한 것이 주로 태창太倉의 유가항劉家港(지금의 장쑤성江蘇省 타이창시太倉市 류허전瀏河鎮)과 대도를 연결하는 해운이었다(檀上, 2021; 植松, 2001, 2003). 해적海賊 혹은 염적鹽賊이었던 것으로 보이는 주청朱淸(1237~1303)과 장선張瑄(?~1302)은 몽골에 귀부歸附〔스스로 와서 복종함〕해 해도운량만호로서 대도로 쌀 등의 해상 수송을 확립·운영했고, 점차 해상 수송 관련 인사권도 장악했다. 그들은 행정 조직에서도 요직을 역임했고, 장선과 그의 아들 장문호張文虎, 그리고 주청은 각각 강절행성좌승江浙行省左丞·강절행성참지정사江浙行省參知政事·하남행성좌승河南行省左丞(각각 지금의 저장성浙江省과 허난성河南省을 포함한 광역 행정 기관의 고위 관료)까지 이르렀다(植松, 2004). 남송 정복 이전부터 남방 중국의 연해 지역에서 교역·해운 등에 종사하는 사람들에게 몽골 지배는 새로운 기회의 도래를 의미했다(陳, 1995). 남송 시대까지 과거에 응시하고 있던 일족 중에서도 이원으로 출사하는 것 외에 해도운량만호부로 출사하는 것으로 방향을 전환하는 사례가 적지 않게 확인된다(Lee, 2014: 216~226쪽). 앞서 언급한 동금이 가졌던 "진의부위"라는 무산관武散官(무관의 위계를 나타내는 칭호. 진의부위는 종8품이다)은 그가 해도운량만호부에 속해 있었음을 시사하는 것으로 보이며, 명주는 복건福建에서 유가항으로 수송되는 쌀 등의 집적지여서(寺地, 1999), 그가 "매년 감독했다"는 것은 이러한 해운이었을 것이다. 동금이 어떤 의도로 몽골 지배하의 해운 감독에 종사했는지는 그의 간략한 전기에서는 알 수 없으나, 당시 상황에서 그가 출사를 생각했다면 그것은 몽골 지배의 진전에 순응하는 대응이었다고 할 수 있다.

마지막으로, 20년 이상의 전란으로 기존의 사회 질서가 붕괴한 화북에 비해 옛 남송 영토 상황의 한 가지 특징에 대해 서술하고 이 절을 마치고자 한다. 지식인뿐만 아니라 상업적·사회적으로 큰 영향력을 지닌 재지 유력자층이 배제되지 않은 옛 남송 영토에서는 몽골의 지배도 그들의 협조 없이는 실행될 수 없었다. 몽골은 과거의 중단 등 기존의 출사 제도에 강권적 부정을 행하는 한편으로, 주·현 등 지방 통치의 현장에서는 지방관들이 기존의 재지 유력자들과 협의를 시행해 그들의 협조를 얻지 않으면 원활한 통치를 실행하기가 어려웠다(Lee, 2014: 202~263쪽). 앞서 살펴본 주청과 장선에 의한 조량漕糧 해운은 그러한 구조를 전형적으로 예시해주는 것으로 여겨지는데, 이러한 통치의 방식이 옛 남송 영토에 뿌리 내린 "호민豪民"이라 불리는 강대한 세력의 성장을 촉진했다고 여겨진다(植松, 1997). 동금의 사례도 그러한 역사적 경위의 일단을 보여주는 것일지도 모른다. 앞으로 대도시를 근거지로 한 상인, 강남 각지의 대토지 소유자, 강남의 경제 정책을 실시한 남인 관료와 이원 등의 관민을 포섭한 사람들과의 결합, 남송 시대부터 이어져온 농업과 수리永利 정책의 연속성을 밝히는 것을 통해 몽골 지배의 실상과 역사적 의의는 더욱 명확해질 것이다. 당연히 송·금 시대부터의 연속성을 중심으로, 유사한 전망은 화북에서도 적용된다 (小林, 2019; 矢澤, 2015). 한편, 몽골 지배하의 남방 중국을 분석하는 데서 중요한 해외 교역에 대해서는 이 책의 제2장, 제6장, 제7장 등을 참조하기 바란다.

2. "근각"의 기록과 보존

계보 자료의 형태

몽골 지배하에서는 몽골에 출사한 가계의 역사 보존이 그 가계의 정치적 지위 등의 유지와 계승에서 매우 중요했다. 앞에서 살펴본 혼원 손씨의 사례를 통해서도 분명하게 드러나듯이, 케식텐의 성원은 카안이 교체될 때마다 자신의 가계가 카안에게 복무한 역사를 확인할 필요가 있었을 것이고, 은음恩蔭(어느 정도 고위의 관원들을 대상으로 그 후손들에게 임관의 기회를 부여하는 특권) 등을 통해 부조父祖의 직위를 계승한 경우에는 "부조의 출사 경력과 근각父祖前後歷仕, 根脚"의 제시가 요구되었다 《《원전장元典章》 이부吏部 권2, 전장典章 8, 관제官制 2, 승음承蔭 〈민관자손승음民官 子孫承蔭〉). 당연히 관원을 배출한 가계에서는 계보系譜 자료의 보존에 세심한 주의를 기울였다. 이때 그들이 채택한 보존 매체의 형태는 몽골의 통치 원칙을 중국 사람들이 어떻게 이해하고 자신들의 문화 전통 속에서 표현했는지를 보여주고 있어 매우 흥미롭다.

　중국에서 계보 자료라고 하면 족보族譜, 가보家譜 등 책자 형태가 먼저 떠오른다. 실제로 이 시대의 많은 문집에는 남인 가계가 편찬한 족보에 대한 서문이 수록되어 있다(常, 2013). 화북에서도 관원을 배출한 가계는 종이 매체에 "가전家傳", "천추록千秋錄", "선세장先世狀" 등의 계보 자료를 작성했고, 때로는 족보와 가보도 편찬했다. 일례로, 남송 시대의 명신 우윤문虞允文(1110~1174)의 5세손으로 강서성 무주撫州에서 태어나 이후에 대도에 와서 대도로유학교수大都路儒學敎授에 임명된 것을 시작으로 중앙 정부의 관위를 역임한 우집虞集(1271~1348)은 많은 족보에 대한 서문을 집필했는데, 낙양의 양씨楊氏라는 한인 관료의 가문에도 《낙양양씨족보雒陽楊氏族譜》(《도원류고道園類稿》권19)에 대해 다음과 같이 기록하고 있다. "계보를 쓰고 그것을 판목板木으로 새기고 인쇄하여 성년이 된 후손들이 받아서 보관하면, 세월이 지나도 [일족의] 근원을 잊지 않고 다른 가계와 섞이지도 않을 것이다. 아무리 멀리 떨어져 있어도, 수십 년이 지나가더라도 서로 만날 기회가 있다면, 각자 계보를 내놓아 소목昭穆[매장埋葬이나 위패位牌의 설치 순서]과 장유의 질서가 어지러워지는 일도, [일족의] 근본이 사라지는 일도 없을 것이다." 여기서 언급된 족보의 휴대성이나 보관상의 이점, 원격지遠隔地로의 부임 등에 의한 일족의 결속 해체에 대한 불안은 남방 중국에서도 일반적인 족보 편찬의 중요한 동기였다(Ebrey, 1986). 동시에 화북에서는 돌에 계보의 정보를 새기는 관습도 퍼졌는데, 앞서 살펴본 혼원 손씨의 "대원정의대부절서도선위사겸행공부상서혼원손공선영비명"은 그 전형적 사례다.

"선영비"에서 보는 문화 변용

창젠화常建華와 모리타 겐지森田憲司 두 연구자가 지적했듯이, 계보를 비각에 새기는 행위는 몽골 시대만의 독특한 현상이 아니다(常, 1992:

78쪽; 森田, 2004: 205쪽). 일찍이 위진남북조魏晉南北朝 시대에는 주로 화북에서 족인族人의 관위와 혼인 상대, 자녀의 성별·이름 등을 묘지명에 기록하는 일이 시작된다(陳, 2015). 북송 시대에는 한기韓琦(1008~1075), 소순蘇洵(1009~1066), 구양수歐陽脩(1007~1072) 등이 각자의 선영先塋(일족의 묘지)에 계보를 새긴 비를 세웠다. 금대가 되면, 화북에서는 "선영비先塋碑", "선덕비先德碑", "~씨묘표氏墓表", "~씨천표氏阡表" 등 일족의 내력을 강조하는 제목의 비각이 주로 가계의 계보를 기록하기 위해 세워졌는데(이후부터는 이러한 비각을 "선영비"로 총칭한다), 흥미로운 것은 비각을 세운 주체는 대부분 관직을 가지지 않은 사람들이었고, 어떤 금대의 선영비에는 "선영비의 설립은 예禮에 들어맞는 것인가?"라는 의혹에 대한 반박이 특별히 기록되어 있다(《산좌금석지山左金石志》 권20, 〈제녕이씨조영비濟寧李氏祖塋碑〉).

그러나 몽골 시대에 들어서면서, 무엇보다 "선영비"의 수가 급증하거니와 비각을 세우는 자 중에 문무 관원이 많아진다. 그리고 14세기에 들어서면, 천력天曆의 내란(1328) 등의 내란에서 승리하고 즉위한 카안들이 자신의 지지자들에게 이들의 공적이나 "근각"을 칭송하기 위해 "선영비"의 비문을 하사하게 된다.* "선영비"란, 몽골 지배를 계기로 평민이나 하급 관원의 것이었던 비각의 관습이 정치적으로 고위 집단에 수용되어간, 중국 역사상 유례를 찾아보기 어려운 비각의 유형이다. 그 배경에는 몽골 시대 화북에서 관위를 획득한 가계의 다수가 그때까지 관원을 배출한 적이 없는 가계였다는 점이 있다. 즉, 그들의 정

---

* 천력의 내란이란 원의 천력(문종의 연호) 연간(1328~1329)에 일어난 내전을 가리켜 일본 학계에서 주로 사용하는 학술 용어다. 태정제(泰定帝, 재위 1323~1328) 사후에 카안의 자리를 놓고 벌어진 카안 계승 내전과 명종(明宗)과 문종(文宗) 두 형제의 계승 분쟁을 아울러 지칭한다.

치적 지위 상승이 "선영비"의 확산을 촉진한 것이다(Iiyama, 2016).

일족의 유대로서의 선영

한편, 옛 남송 영토에서 "선영비"가 보급된 흔적은 보이지 않는다. 이러한 배경에는 동일한 선영에 피장被葬되는 것이 해당 일족(종족宗族)의 일원임을 증명하는 강력한, 적지 않은 "선영비"에서 보이는 관념 때문으로 여겨진다. 한 가지 사례로, 산동 치천淄川 사람 양홍도楊弘道(1189~1280년경)의 〈이씨천조지비李氏遷祖之碑〉(《익도금석기益都金石記》권3)는 선영을 현세現世의 일족과 조상이 서로 교유하는 유일무이의 장소라고 묘사한다. 몽골 시대의 화북에서 "선영비"의 건립 연대로 13세기 후반이 하나의 정점을 이룬 것은 무엇보다도 전란이 수습되고 관직을 얻은 가계에서 선영을 수복修復해 자신들의 조상을 현창할 여유가 생긴 때문일 것이다. 몽골 시대 화북에서는 남방 중국에서 계속 확산한 사당祠堂의 건립은 극히 드문 반면, 사람들은 청명절淸明節 등에 선영으로 모이면서 일족으로서의 유대를 확인했다. 일족의 묘지(당연히 그에 상응하는 면적을 갖추고 있었다)의 공동 소유와 공동 매장(족장族葬), 그리고 이를 통한 족인 사이의 관계 규정 및 확인은 예로부터 중국에서 종족 인식의 기조 중 하나였다(滋賀, 1967: 274~275쪽). 화북에서는 이러한 관습을 몽골 시대에도 보편적으로 볼 수 있었으며, 일족의 계보를 확인하는 최적의 (그리고 아마도 유일한) 장소로서 "선영비"가 활발히 세워졌다(Iiyama, 2023의 제4장).

그래서 어느 선영비의 문장에서 우집은 공신의 계보가 국사원國史院(국사 편찬 기관)에 보관되어 있음을 언급하면서 "[그 이외에] 세간에서 [계보를] 조금이라도 알리는 것은 금석의 각문刻文이 이를 후세에 전

할 뿐이다四方之所僅知者, 亦惟金石之刻, 可以傳信而不忘."(《도원류고》권45, 〈몽고탁발
공선영비명蒙古拓拔公先塋碑銘〉)라고 보존의 매체로서 비각의 중요성을 지적
하고 있다. 화북에서 비각을 조사하다 보면, 신도비 등 선영비 외 비
각의 유형에도 그 비음에는 계보도가 새겨져 있는 사례를 종종 확인
하게 되는데, 그 자신도 몇몇 선영비의 문장을 작성했던 호지휼胡祗遹
(1227~1295)은 복수의 문무 관료를 배출한 영진寧晉(지금의 허베이성 닝
진현寧晉縣)의 왕씨 가계와 신도비의 작성에 대해 주고받은 서신 속에서
"왕씨세계도王氏世系圖"를 그 비음에 새길 것을 건의하고 있다(《자산대전
집紫山大全集》권12, 〈기왕언재총관서寄王彦才總管書〉). 비각에 계보도를 새겨 넣
는 것은 당시 상당히 광범하게 이루어진 관습이었던 것으로 보인다.

또한 치열한 금 말기의 전란을 경험한 화북에서는 가장 견고한 기록
매체의 하나인 비각에 대한 애착이 있었던 것으로 보인다(예를 들면, 원
호문元好問의 《유산선생문집遺山先生文集》권18의 〈가의대부섬서동로전운사강민
왕공신도비명嘉議大夫陝西東路轉運使剛敏王公神道碑銘〉 참조). 앞서 살펴본, 족보를
편찬한 낙양 양씨의 경우에도 사실 《낙양양씨족보》의 인용 부분 바로
앞에는 "[우집에게] 낙양의 선영비[의 집필]을 부탁하였고, 그것은 이미
크게 써서 [비에] 깊이 새겼습니다. 그리고 또 후손들이 화북이나 강남
에 부임하여 제때에 선영으로 오지 못할 것을 고려하여"라는 문장이
있다. 즉, 낙양 양씨는 종이 매체로의 족보를 편찬하는 전제로 이미 선
영비를 세우고 있었던 것이다.

문장 찬술 의뢰의 배경

물론, "근각"의 중요성은 남인의 경우에도 마찬가지였다. 한인에 견주
면 다양한 측면에서 출사에 불리한 남인이었으나, 당연히 신속하게 정

복자들과 양호한 관계를 구축하고 이를 바탕으로 대도에서 관직을 얻는 남인도 많았다. 《원전장》 신집新集의 이부, 관제의 〈중석명작重惜名爵〉(1318)에는 건강로建康路 구용현句容縣의 "호민豪民" 왕훈王訓과 그의 숙부 왕희王熙가 아마도 고위 관료와의 관계를 통해 관위가 없었던 것에서 각각 대도에서 높은 직위를 얻었다는 이유로 탄핵되었음이 기록되어 있다. 그리고 몽골어 이름을 칭하고 몽골〔인〕 혹은 색목色目〔인〕으로서 다루가치(행정 장관)에 취임한 남인까지 있었다(Endicott-West, 1989). 한편, 다수의 남인 임관 희망자들이 우선 관계를 구축해야 할 대상은 이렇게 이미 몽골 왕후 또는 유력 관료와 관계를 맺고 있는 남인이었다. 이런 관점에서 앞서 언급한 족보에 대한 서문 찬술撰述을 보면, 주·현의 정부 소속 이원이나 학교 교수, 서원(본래는 사숙私塾이지만, 정부의 관리하에 놓인 학교의 일종)의 총괄자 "산장山長" 등 남인 임관 희망자들이 바라는 직위에 영향력을 행사할 수 있는, 강남 3성에 혹은 중앙 정부에 이미 출사해 있는 남인 관료들에게 남송 시대로까지 거슬러 올라가는 자신의 가계의 학문적·정치적 성공을 보여주는 남인 가계의 의도가 엿보인다고 한다(Hymes, 1986). 즉, 과거라고 하는 학술적·문화적 신분 보장의 기준이기도 한 제도가 중단되고 그 규모가 축소되는 상황에서, 강남에서는 서로 간의 소양이나 능력을 보장해주는 교우 관계에 참여하는 것이 사士로서의 자신의 입장을 드러내는 중요한 수단이었고, 이때 교환되는 시문詩文이 신분 보장에서 큰 의미를 가졌다(Chen, 2007의 제4장). 족보의 편찬과 그에 대한 서문의 찬술 의뢰는 종족의 구축·유지뿐만 아니라 몽골 지배하에서 신설되고 변용된 다양한 제도 속에서 관위의 획득 혹은 기득 권리와 이익의 유지 등의 목표를 추구하는 방도이기도 했다.

화북에서도 선영비 문장의 찬술 의뢰는 그 찬술자가 자신에 대한 유력한 비호자가 될 수 있는 경우에는 강남에서와 유사한 의도에서 이루어졌다. 몽골 왕후들뿐만 아니라 그 비호를 받는 한인 관료들도 자신이 비호하는 사람들에게 관직을 알선했는데(飯山, 2011), 이들과 면담할 때에 이들에게 족보에 대한 서문의 찬술을 의뢰하는 것은 적절한 관직 알선의 계기가 되었다. 일례로, 유민중劉敏中(1243~1318)은 한림학사승지翰林學士承旨(한림원翰林院의 고위 관료. 종1품)였던 대덕 8년(1304)에 자신의 출신지 산동 장구현章丘縣과 이웃한 추평현鄒平縣의 왕사철王思哲에게 〈동고왕씨신영알명東臯王氏新塋碣銘〉(《중암집中庵集》 권10)을 집필해주었다. 왕사철 본인은 관직을 얻지 못했지만, 그 부조는 몽골 지배하에서 주·현의 지방관이나 군관·이원을 배출한 유민중의 가계와 거의 동일한 배경의 일족 출신이었다. 이후, 왕사철은 역성 시씨歷城柴氏, 추평 전씨鄒平田氏, 추평 호씨鄒平胡氏 세 가계의 "사장事狀"(비문 찬술의 자료가 되는 가계의 역사를 기록한 문장)을 집필해 그 각각을 유민중에게 대조해보게 했다(《중암집》 권10의 〈동고전씨신영지기東臯田氏新塋之記〉, 〈동고호씨신영기東臯胡氏新塋記〉,《중암집》 권11의 〈역산시씨천표歷山柴氏阡表〉). 유민중은 산동에서 지방관을 지냈는데, 그의 재지 관료 배출 계층과의 연결은 그 자신의 직무 수행에서도 유익했을 것이다.

몽골은 금·남송의 관료·통치 제도와 그 운용을 계승하는 한편, 과거 제도를 다루는 것에서도 드러나듯, 특히 고위 관직 인사 측면에서는 자신들의 관행을 유지했다. 어떤 의미에서는 중국에서 몽골 지배의 핵심이란, 칭기스 칸의 그리고 쿠빌라이의 일족과 후예들을 그 정점으로 하는 거대한 입추형立錐形[송곳 형태] 거미집처럼 몽골 왕후들과 한인·남인 관료들, 그리고 각각의 피비호자들 사이를 둘러싸고 있는 주종主從·연고緣故 관계였다. 문장의 증답贈答[선물, 시가詩歌, 편지 따위를 서로 주고받음]을 통한 관계의 구축은 오랫동안 중국에서 행해져온 관행으로, 과거를 통한 국가와의 관계 구축이 기능하지 않는 상황에서, 이러한 관계의 그물망을 쫓아 출사를 원한 이들이 의지한 것은 기존의 문화적 전통이었던 것이다.

3. 몽골 지배하의 "정복자"들

몽골 왕후와 중국 지배

몽골의 정복을 통해 중국에 유입된 이들 중에서 가장 사료의 빛이 닿는 곳은 카안과 그의 일족, 그리고 세습 공신과 그 후손들이다. 다만, 화북·강남에 투하나 위하를 소유하고 있더라도 이러한 몽골 왕후들은 적지 않게 대도·상도나 몽골고원에 머물렀고, 중국의 투하 관리는 세습 가신家臣 등에게 맡겼던 것이 산동 반양로般陽路에 있던 카사르왕가(칭기즈 칸의 바로 아래 동생 조치 카사르의 후손들)의 투하 사례를 통해 밝혀지고 있다(杉山, 2004: 187~240쪽). 실제로 중국에 내주來住한 왕후도 있었고, 경조부京兆府(지금의 산시성陝西省 시안시西安市)를 거점으로 섬서陝西·감숙甘肅·사천四川 등에 걸친 광대한 영역을 관할한 쿠빌라이의 셋째 아들 망갈라(?~1280)는 경조로 갔다(松田, 1979). 구악仇鍔(1250~1300)이라는 인물은 포의布衣(평민) 신분으로 망갈라를 알현하고 그의 마음에 들면서 "저중邸中"에서 왕을 섬겼다(《국조문류國朝文類》 권6, 〈복건염방부사구공신도비福建廉訪副使仇公神道碑〉). 또한, 유목 집단을 따라 산서로 이주해온 왕후가 자신의 지배하의 종이紙 직인의 부역을 면제해

준 사례도 있다(《정양금석고定襄金石攷》 권3, 〈고형씨절행지명故邢氏節行之銘〉). 다만, 이러한 사례는 어디까지나 예외적인 것이었다. 본래 몽골 왕후들의 통치 기구는 로·주·현과 같은 행정 계통으로부터 독립되어 있었고, 이들 쌍방의 이해 조정은 정기적으로 개최된, 투하·주·현 그리고 역시 독자적 행정 기구를 보유한 불교·도교 교단 등의 대표자가 모이는 "약회約會"를 통해 행해졌다(森田, 2004: 136~165쪽). 즉, 몽골 왕후들은 자신의 지배하의 사회와 직접적 거점을 갖지 않는 경우가 많았다고 생각된다.

제4장의 과제에서 보다 중요한 것은 몽골의 정복 활동에 병졸이나 사관士官 등으로 참여한 보다 하위 계층의 "정복자"들이다. 몽골의 정복 활동은 유라시아 규모로 몽골과 그 군대에 참여한 사람들의 대이동을 일으켰으나, 이들 역시 정복한 현지 사회에서 몽골 지배에 대응한 사람들이었다.

유학을 습득하는 주둔군 사관들

하남성河南省 북부 복양현濮陽縣 양십팔랑촌楊十八郞村에는 몽골 시대에 이 지역으로 이주해온 탕구트의 후예를 자처하는 양씨 일족이 거주했고, 마을 남쪽의 선영에는 〈대원증돈무교위군민만호부백부장당올공비명병서大元贈敦武校尉軍民萬戶府百夫長唐兀公碑銘并序〉(1354)가 세워졌다. 또한 이 일족에는 《술선집述善集》이라는 몽골 시대에 처음 편찬된 시문집(현존하는 것은 아마도 19세기 중반부터 20세기의 초본抄本)도 전해져서(陳, 2002), 이 가계의 몽골 시대의 이력은 어느 정도 밝혀낼 수 있다.

칭기스 칸의 재위기에 금 정복과 이후 주둔을 위해 기존의 군단에서 일정한 비율로 병력을 공출해 3개의 천인대가 편성되었다. 이와 유사한 편제로 원정군이 요동遼東·고려 방면과, 우구데이 재위기에 이란·러시아 등 여러 방면에 파견되었고, 이러한 군단은 한어 "탐마探馬"(말을 탄 척후斥候)에 몽골어에서 "행위자"를 뜻하는 어미 "치/친či/čin"을 붙여 "탐마치tammači"(탐마적探馬赤)라고 불렸다. 우구데이 재위기의 금 침공에서도 기존의 천호千戶·백호百戶 등으로부터 일정 수의 병력이 공출되어, 이미 점령된 화북의 지역들에서 징발된 병력과 함께 탐마치를 편성했다. 금 정복 이후, 탐마치는 정복지에 주둔했고, 이후 남송 원정 등에서도 주력의 일부가 되었다. 쿠빌라이의 재위 이후, 이러한 탐마치들은 주둔 지역에 따라 "하남회북몽고군도만호부河南淮北蒙古軍都萬戶府", "산동하북몽고군만호부山東河北蒙古軍萬戶府", "섬서몽고군도만호부陝西蒙古軍都萬戶府" 등으로 조직되었다(松田, 1987, 1996; 川本, 2013). 복양이 위치한 하남 북부는 이러한 탐마치에 기원을 두고 있는 군인 가계가 많이 주둔한 지역이었다.

몽골의 금 정복에 참여해 화북으로 온 탕구타이Tangyutai(당올태唐兀台, 생몰년 미상)라는 인물이 있었다. "탕구트의 남자"라는 그의 몽골어 이름이 보여주듯, 그는 "하란賀蘭" 즉 서하西夏(1038~1227)의 옛 영토에서 왔다고 한다. 탐마치에는 몽골에 복속한 중앙아시아의 사람들도 참여했고(櫻井, 2009: 117쪽), 탕구타이도 서하 멸망 전후에 몽골군에 참여한 것으로 보인다. 각지를 돌아다니며 전쟁에 참여한 후, 쿠빌라이의 재위기에 탕구타이는 "탄압彈壓"(백호 아래에 두어진 사관)이 되어 복양의 십팔랑채十八郎寨에 주둔했고 그 주변의 목지를 하사받았다. 그의 아들 여마閭馬(1248~1328)는 돈무교위敦武校尉(무관의 위계. 종7품)·좌익몽고시위친군백호左翊蒙古侍衛親軍百戶(쿠빌라이에 의해 편성된 군단의 백호장)가 되는데, 이 직위는 이 가계(이하 "탕구타이 가계")가 군직으로 오른 최고위

이며 세습되었다. 여마의 다섯 아들 타카이(달해達海, ?~1344), 친카타이(진화태鎭花台), 여아閭兒, 당아當兒, 매아買兒 중에 부친의 직위는 친카타이에게 세습되었고, 여아는 "본위령사本衞令史"(좌익몽고시위친군의 이원)가 되었고 타카이도 백호가 되었으나, 당아와 매아는 관직이 없었다.

친카타이의 아들 타가추(탑합출塔哈出)는 천력의 내란에서 올린 전공으로 새롭게 백호가 되었고, 타카이의 두 아들 중 숭희(崇喜, 1299~?)는 설립 직후의 국자감國子監(국립 교육·관료 양성 기관)에 입학해 이후 추밀원樞密院에 천거되어 본위本衞의 백호(아마도 여마 이래로 백호 지위였던 것으로 보인다)가 되었고, 또 한 명의 아들 부랄다이(복란태卜蘭台)는 "대도에서 지위가 높은 사람과 만난 연유로因觀光京師" 역시 새롭게 백호가 되었다(아마도 대도에 있던 숭희의 중재에 의한 것으로 보인다). 당아의 아들 테무르(첩목아帖木兒)도 관직이 없었는데, 테무르의 세 아들 중에 바얀부카(백안불화伯顔不花)는 또한 국자감의 학생이 되었고 1350년대에 기근이 들었을 때에 식량 공출을 통해 그의 두 형제 중 한 사람인 에센부카(야선불화野仙不花)와 함께 각각 현 단위의 세무관과 염정鹽政 담당관(정규 관원이면서 관품이 없는 직위[이를 미유입未流入이라 한다]였다고 생각된다. 德水, 1988)이 되었다. 형제 중 마지막 한 사람 기안冀安은 같은 시기의 전공으로 고시현固始縣 다루가치라는 관직을 얻었다.

제4장에서 중요한 탕구타이 가계의 이력을 정리하면 다음과 같다. 첫째, 몽골의 중국 정복에 참여했고 천력의 내란(1328)에도 두 명의 족인族人이 출정해 전공을 올렸으나, 군관으로서 백호장 이상으로 승진한 사람은 없었다. 둘째, 복양에서 거주하게 된 이후 제4세대에 이르러 국자감에 입학한 사람(숭희)이 나왔고, 제6세대에서도 국자감의 학생(바얀부카)이 나왔다. 셋째, 지정至正 13년(1353)에 서원書院(사설 교육 기관)

을 창건하고 지정 18년(1358)에 "숭의서원崇義書院"이라는 이름을 조정으로부터 하사받았다. 그 기초가 된 것은 지치至治 계해년(1323)에 설립된 가숙家塾이었다. 넷째, 유학 습득을 시작한 세대부터 자字의 사용과 향사鄕社〔예전 중국의 지방 행정 구역 단위의 하나인 향과 사〕의 운영 등 기존 습속의 수용이 현저해졌다.

표면적으로 보면, 이는 "한화漢化"라 불리는 외래인들의 중국에 대한 문화적·사회적 동화인 듯하지만, 유학 학습은 원래의 언어(서하어, 몽골어 등)나 자신들의 습속의 포기를 단순히 의미하는 것은 아니다. 오히려 몽골 시대의 "비중국인"의 유학 습득은 문화적 기호 말고도 인맥 구축이나 관위 획득, 종래의 문화적 문맥 내에서의 지위 향상 등 복잡한 의도에 의해 선택적으로 이루어졌다(蕭, 2008: 55~84쪽).

탕구타이 가계의 사례에서 염두에 두어야 할 것은 대원 울루스·원의 영역 확장이 정체되는 13세기 말부터 뚜렷해지는 군관 가계의 곤궁과 승진 기회의 격감이다. 군역에 드는 비용은 무거운 부담이 되었고, 하나의 직위를 물려받는 것만으로는 증가하는 족인을 유지하기가 어려웠다(松田, 2012: 42~44쪽). 몽골 왕후와의 연고도 없는 상황에서 이러한 외래의 군관 가계가 의지할 수 있는 것은 역설적이게도 중국 토착 제도인 국자감과 과거였다. 원래는 3품 이상 관원의 아들들만 입학이 허가된 국자감이었지만, 적합한 추천인을 얻고 입학금과 생활비를 지불하면 "배당생陪堂生"(청강생)이 되어 학내 시험을 통해 정규 학생으로 올라갈 수 있었다. 그리고 마찬가지로 학내 시험에 합격하면, 과거 회시會試로 나아가거나 하급 관위를 획득할 수도 있었다(Iiyama, 2014). 또한, 합격자 정원은 적었지만 몽골 시대의 과거 합격자 중에는 군호 출신자가 적지 않아 이 제도가 군관 가계에 매력적이었음을 보여준다

(櫻井, 2009).

탕구타이 가계 등의 사례는 중국 토착민들이 "근각" 등의 개념을 수용하는 동시에 정복자인 그들 역시 몽골의 지배에 대응하는 과정에서 중국의 토착 제도나 문화 전통을 이해하고 수용했음을 보여준다. "선영비"를 세우는 비각 관습을 수용한 군관 가계도 여럿 있었다(민국民國 《창락현통지昌樂縣統志》권17, 〈우도위위관군백호태납선영지비右都威衛管軍百戶太納先塋之碑〉, 〈탈탈목아선영지기脫脫木兒先塋之記〉 등).

혼인, 언어 사용, 자기 인식

한편, 탕구타이 가계에서 더욱 주목해야 할 것은 여성·남성 족인들이 세대를 넘어 "카를룩"(합로哈魯), "케레이트"(극렬克烈), "나이만"(내만乃滿), "후신"(홀신忽神) 등 자신들과 마찬가지로 주둔군에 속한 외래 집단 사람들과 혼인 관계를 맺었다는 점이다. 왕씨, 원씨袁氏 등 한인으로 보이는 여성도 많지만, 그 비율은 거의 반반이다. 물론, 남성 군인만으로 부대가 편성되어 주둔 후 이들 군인이 현지 여성과 혼인하는 사례도 있어(村岡, 2011) 그 실정은 다양했으나, 탕구타이 가계와 같은 사례는 주둔군에 가족이 동반했음을 시사한다. 또한 주둔군 군인들은 농업과 말·양·소 사육을 통해 출정 비용을 마련했는데, 그들의 토지와 주변 주민들의 토지의 경계가 서로 얽혀 있어서 소송도 많았다(松田, 2012: 44~47쪽).

주둔군의 군사 가계가 외래인들이라면, 이들은 몽골어나 투르크 제어 혹은 서하어 등 외에 인근 주민들과의 의사소통을 위해 근세 한어의 방언들을 습득했을 것으로 생각된다. 그중에는 탕구타이 가계 사람들처럼 고전 한어를 읽고 쓰는 것을 습득하는 경우도 있었다. 이러한 언어 사용의 측면에서 지적할 것은 그들이 작성했던 비문의 거의 전부가 고전 한어로 작성되었다는 점이다. 물론, 위구르식 몽골 문자나 팍빠 문자로 된 몽골어와 한어의 합벽合璧 비문 혹은 몽골어의 어휘·통사 구조의 강한 영향을 받는 "몽문직역체蒙文直譯體"의 한어 비문은 몽골 시대의 특징적 비문 유형으로(中村·松川, 1993; 船田, 2011), 그 제작(찬술) 주체는 카안 또는 몽골 왕후나 이들의 비호·명령을 받은 종교 단체 등이 많았으며, 주둔군의 군관 가계가 주체적으로 세운 비각에서는 주로 고전 한어가 사용되었다.•

그러나 이를 가지고 외래인들의 자기 인식의 "한화"를 논하기는 어렵다. 오히려 이로부터 읽어내야 할 것은 서사書寫 언어로서의 고전 한어가 갖는 통용성일 것이다. 비문을 새길 때에는 가능한 한 많은 사람이 이해하는 언어가 선택된다. 팍빠 문자나 몽골어는 열심히 익힐 수는 있었지만, 이것이 서사의 언어로서 한어를 널리 대체한다고는 생각되지 않았을 것이다. 종합해 말하자면, 재지 사회 내의 외래 가계는 필요에 따라 토착 언어와 문화를 수용하면서 토착 주민과는 구분되는 집단으로 존재하고 있었다고 여겨진다.

한편, 몽골 지배하 중국의 "다민족 사회"를 논할 때에는 몽골·색목·한·남의 "4계급제"가 이전에는 강조되었는데 최근의 연구에 따르면, "민족" 구분에 근거한 "계급"의 중요한 구성 요소로 여겨져 온 "색목인"은 실제로는 한인이 자신들과 타인들을 구분하려 고안해낸 개념이고 한어 사료에만 나타나며, 이는 개개인의 입장이나 임관 시 기준을 나타내는 것이지 "민족"이나 "계급"이 아니다(船田, 1999, 2021). 사람

• 합벽 비문은 하나의 돌에 두 개 이상의 언어로 된 문장이 새겨진 비문을 가리킨다.

들은 종교, 혈통, 호계 등에 따라 다양하게 구분되었다. 그러나 한편으로 몽골 지배하 중국 사람들의 자기 인식의 변천에 대해서는 우리가 아직 알지 못하는 것이 많다. 탕구타이 가계에 대해서도 그 시조 탕구타이는 옛 서하 영역 출신이라고 생각되지만, 그 "탕구트의 남자"라는 몽골어 이름이 무엇을 의미했는지는 흥미로운 문제다. 현존하는 사료 중에서 그 내부 관찰이 어느 정도 보장되는 묘지나 신도비에서 확인되는 것은 그 사료의 특성상 압도적으로 혈통에 근거한 자기 인식인데, 거기서 "옹구트" 등의 개념은 가변적이고(Atwood, 2014), 그 변천의 배경에는 칭기스 칸과 그 일족과의 더 가까운 관계 과시, 혹은 불편한 역사 은폐 등이 상정된다(Dunnell, 2015). 자기 인식의 변화 자체도 몽골 지배하에서 구축된 관계 속에서 자신의 지위를 최적화하려는 시도라고 할 수 있을지도 모르지만, 그에 대한 고찰은 앞으로의 과제가 될 것이다.

맺음말

명조의 통치·군사 제도에는 몽골 시대의 제도들이 다양한 영향을 끼쳤다(檀上, 2020; 于, 1987). 또한 장기간에 걸친 사회경제적 변천 속에서 몽골 지배의 위치에 관해서도 주로 강남 지역의 상황을 중심으로 기존의 연속성이 강조된다(Smith and von Glahn, 2003). 게다가, 특히 초기의 명조는 대원 울루스·원조의 것을 대체하는 형태로 명조의 권위를 주변 지역들에 과시했다(Robinson, 2019, 2020). 한편, 제4장에서 논의한 통치 시스템의 참여라는 측면에서는 대대의 주종 관계의 중시가 명대 출사 제도에 끼친 영향은 적다. 이러한 단절은 몽골 지배의 원칙에 보다 순응한 화북 지역의 한인 관료 가계의 다수가 명대에 들어오면 사료에서 그 모습을 감추는 것으로 단적으로 드러난다. 금말원초·원말명초에 특히 화북에서는 관원 배출 계층의 대폭적 교체가 반복된 것이다(飯山, 2018).

그러나 이 원명 교체를 경계로 하는 인적人的 연속성의 단절이 이후 중국 사회 역사에서 몽골 지배의 영향을 부정하는 것은 아니다. 화북에서는 선영비 등의 비각, 강남에서는 족보의 기재 등을 통해 몽골 시대의 기억은 명대 이후에도 가계의 유래와 자기 인식의 원천이 되었으며, 머지않아 종족이나 근대적 "민족" 인식이 발흥하는 기초의 하나가 되었다(Iiyama, 2014; 飯山, 2021). 이 과정 역시 기존의 문화적·사회적 전통의 계승과 새로운 제도의 도입, 그리고 그것에 대한 사람들의 대응이라는 점에서 통시대적으로 고찰해야 하지만, 이는 제4장의 과제를 넘어서는 문제 설정이다.

제5장

투르키스탄·투르크계 집단들과 몽골 제국

마쓰이 다이

머리말

몽골고원에서 패권을 장악한 유목 위구르 제국이 서기 9세기 중엽에 붕괴하면서 수십만의 위구르 유목민이 여러 방면으로 분산하게 된 것을 계기로, 유라시아 초원 지대의 투르크계 유목 집단은 연쇄적으로 이동해 중앙아시아·서아시아의 정주 농경 지대로 진출했다. 이들은 각지에서 기마 군단의 군사력을 중심으로 하는 정권을 확립하는 동시에 정주 지대의 다양한 문화(언어, 종교, 행정 제도, 학술 등)를 흡수했다. 그 대표적 정권으로 감숙하서甘肅河西에 있었던 감주甘州 위구르 왕국, 동부 천산天山과 타림분지 북반北半을 차지했던 서西위구르(천산 위구르) 왕국, 세미레치예(제티수)로부터 타림분지 서남쪽 변경 및 아무다리야〔강〕 북안北岸까지 확장한 카를룩족 집단을 모체로 했던 카라한 왕조를 들 수 있다. 이 제諸 정권의 지배하에 특히 9세기 말 이후, 천산산맥天山山脈과 곤륜산맥崑崙山脈으로 둘러싸인 타림분지, 그리고 파미르고원

이서以西와 카스피해 이동以東의 카자흐 초원 남쪽과 힌두쿠시 이북以北을 "투르키스탄"(투르크인의 거주지)으로 간주하는 인식이 확립되었다.*
이 중 카라한 왕조는 10세기 말까지는 거의 완전히 이슬람화했고, 게다가 11세기 이후에는 카라한과 마찬가지로 투르크계 집단을 중심 지배층으로 하는 셀주크 왕조, 가즈나 왕조, 호라즘 샤 왕조 등 이슬람 왕조들이 서아시아와 서북 인도에서 성립하면서, 천산산맥의 동쪽 끝에서 아나톨리아반도에 이르기까지의 유라시아 중앙·서반부 지역은 투르크계 세력의 지배하에 놓이게 되었다. 그리고 13세기 초기부터 중엽에 걸쳐 이들 왕조는 연이어 신흥 몽골 제국의 지배하에 통합되어 갔다.

13~14세기의 몽골 제국 시대를 유라시아 세계사에서 기마 유목민의 영향력이 극대화하는 전환기로 파악하는 시각에 입각하면, 투르크계 집단의 첫 번째 역사적 의의는 이들 집단이 몽골 제국의 군사적 확장의 협력자가 되었다는 것에서 찾게 된다. 몽골 제국에 흡수·통합된 투르크계 유목 집단은 제국의 원정 사업에 참여했고, 때로는 재편을 겪으면서도 제국의 유라시아 각지의 군사적 지배에 협력했다. 몽골 지배권의 외연에 있던 맘루크 왕조나 델리 술탄 왕조에서도 몽골에서 망명하거나 혹은 군사 노예로서 수출된 투르크족이 군사적 가치를 지녔

---

* 페르시아어의 "투르키스탄"이 가리키는 구체적 지리 범위는 투르크계 집단 거주지의 역사적 변천에 따라 변화한다(山田, 1989: 189~190쪽; 森安, 2015: 127쪽). 페르시아어와 마찬가지로 이란계의 소그드어에서는 7~9세기의 "투르키스탄(twrkstn)"은 세미레치예 지역을 한정적으로 지칭했을 가능성이 크다(吉田豊, 2018). 한편, 당시 투르크계 집단의 거주 지역은 이른바 "투르키스탄"에 한정되지 않는다. 이미 6~7세기에는 불가르나 하자르 등의 투르크계 집단이 아조프해, 흑해 북쪽 연안에 도달했고(Golden, 1992), 또한 힌두쿠시산맥의 남쪽에도 7세기 후반에는 투르크계 하라지족이 진출해 있었다(稻葉, 2004).

다는 것도 주지의 사실이다. 한편 글 첫머리에 서술했듯이, "투르키스탄"을 성립시킨 투르크계 집단은 초원 지대에서 유라시아 내륙의 정주 지대로 진출해 농경민·상업민을 통치하에 두는 역사적 경험을 몽골 제국보다 앞서 축적했고, 다원적 유라시아 세계를 통치하기 위한 모델을 몽골 제국에 제공하게 되었다.

이러한 역사적 현상으로서 "투르키스탄"의 성립 과정과 이 과정에서 탄생한 다원적 인간 집단의 접촉 및 융합이 몽골 제국의 확장 발전에 끼친 영향을 확인하는 것이 제5장의 목표다.

위구르의 서천西遷에서 몽골 제국 시대에 이르는 "투르키스탄"의 역사를 재구성하는 데에는 유라시아 동서의 편찬 사료(한어, 페르시아어, 아랍어, 티베트어 등)에 더해 투르키스탄 동반부(대략 현대 중국의 신장웨이우얼자치구에 해당)에서 발견된 고문헌 자료, 고고학 유물, 미술 자료가 현지 출토 1차 사료로서 중요한 가치를 지닌다. 이러한 고문헌 자료들은 고대 투르크어(위구르어), 중세 이란 어파(소그드어, 중세 페르시아어 등), 토하라어, 범어梵語〔산스크리트어〕, 티베트어, 한어漢語, 몽골어 등 각 언어마다 문헌학적 검토가 진행되고 있으며, 이와 아울러 그 역사적 배경에 대한 고찰도 정치화精緻化되고 있다.

그래서 제5장에서는 9~14세기 투르키스탄 동반부의 역사 전개의 주역이 된 투르크계 위구르족이 유라시아 각지에 남긴 고대 투르크어(위구르어) 문헌의 연구 성과를 중심으로,* 유라시아 내륙부의 투르크화 =투르키스탄화, 아울러 몽골 제국 시대에 위구르를 비롯한 투르크계

---

* 8세기부터 몽골 제국 시대까지의 위구르 집단의 통사적 개관으로는 梅村(1999), 梅村(2000), 森安(2016), 森安(2020)이 유용하다.

집단이 유라시아 광역에서 전개한 활동을 개관한다.

1. "투르키스탄"화의 실태

1971년 제1차분의 《이와나미강좌 세계역사》에서는 "투르키스탄의 성립"과 그 세계사적 의의가 야마다 노부오山田信夫에 의해 논의되었다(제6권 《고대 6 동아시아 세계의 형성 3古代六 東アジア世界の形成 三》). 야마다는 막북漠北〔지금의 고비사막 이북〕 위구르 시대에 진행된 투르크 유목민의 경전經典 종교의 수용과 초원 지대에서의 도성都城 건설 등의 "문명화文明化"가 감주甘州 위구르, 서위구르, 카라한 왕조가 정주 지대로 진출하는 역사적 전제를 마련한 것이었고, 이들 정권이 지배한 지역의 투르키스탄화를 "투르크족이 완전히 오아시스 도시의 주민이 되어가는" 과정으로 서술했다(山田, 1989: 193, 211쪽). 이에 대해 1997년 제2차분의 《이와나미강좌 세계역사》(제11권 《중앙유라시아의 통합中央ユーラシアの統合》)에서 〈'실크로드'의 위구르 상인〉을 다룬 모리야스 다카오森安孝夫는 각종 고대 위구르어·소그드어 문헌과 도상圖像 자료의 분석을 통해 9~11세기경의 "위구르 상인"의 다수가 오히려 혈통상으로는 이란계 소그드인이었다는 점을 제시하면서, "투르키스탄화"를 유목민의 "문명화"(=정주화定住化, 도시화都市化, 상업화商業化)라는 단선적 이해를 수정했다(森安, 2015: 422~427쪽). 그 책에서는 요시다 유타카吉田豊도 소그드인·투르크계 민족들의 언어 문화 교섭과 10세기 전후 소그드인과 위구르인의 상호 접근을 논했다(吉田豊, 1997). 요시다는 그 후에도 소그드인이 자신들의 소그드어 문법을 위구르어 문법에 따르는 형태로 창조적으로 개변한

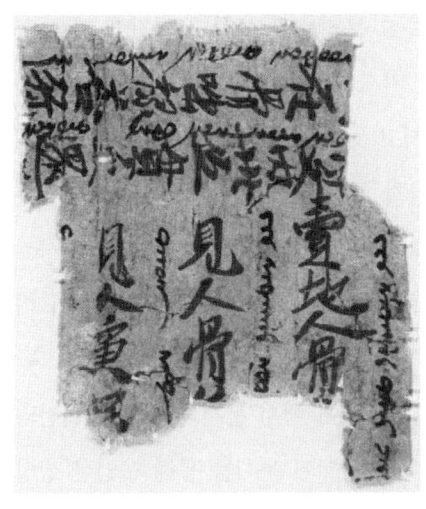

도판 1_ 서위구르 시대의 한어와 위구르어 두 언어로 기록된 토지 매매 계약서의 단편(베를린과학 아카데미 소장)

것을 그가 새로 발견한 자료를 통해 밝혀 "소그드인의 위구르화"의 실태 재구성에 한몫했다(吉田豊, 2011).

소그드인과 마찬가지로 서위구르 지배하에 놓인 천산남록天山南麓〔천산산맥의 남쪽 기슭〕의 오아시스 도시들의 주민에는 인도-유럽계 토하라인과 한인漢人 등이 있었다. 특히 서위구르 왕국의 겨울철 수도冬都 고창高昌(카라호자)을 중심으로 하는 투루판 지역은 4세기 이후 이미 한인의 식민지 및 도시국가로서 발전했고, 7세기 이후에는 당唐의 직할지(서주西州)로서 당의 서역西域 진출의 거점이 되었으며, 그 거주 인구는 주로 한인이었다. 그들의 한어 문화는 서천해온 위구르인에게 다양한 영향을 끼쳤다. 위구르어의 각종 계약 증서 문류文類가 당대唐代의 한문漢文 계약을 그 원형으로 하고 있다는 점은 모리 마사오護 雅夫와 야마다의 선구적 연구에서 밝혀졌는데(護, 1961; 山田, 1993, 1994), 그 실태는 이 사이에 발견된 한어·위구르어 〔두 가지 언어로 된〕합벽合璧 토지 매매 계약서 단편斷片(도판 1)을 통해서도 지적되었다(Moriyasu and Zieme

1999). 이 매매 계약서는 한문을 주요 문장으로 삼았고 행간에 작은 글자로 위구르 번역을 삽입했는데, 기재된 범위에서 당사자(매도인, 입회인)는 모두 위구르어 이름을 가지고 있다. 그들이 "정주화·농경화해한어 문화를 체화한 위구르인"인지 "위구르어화한 한인 농민"인지는 즉단할 수 없지만, 이는 정주 사회의 일상어나 명명命名 문화에 위구르어가 정착한 한편, 서면書面 언어로서는 한어가 위구르어와 견주어 더 우위에 있던 서위구르 시대 초기의 상황을 반영한다.

계약 문서에 비해 수량이 적은 위구르어 행정 문서의 연구도 진전되면서, 서위구르가 위구르 문자로 된 위구르어 문서를 통해 운영한 행정지배와 세역稅役 제도는 위구르가 서천하기 직전인 8세기 말경 당의 주둔군 정부가 자급자족을 위해 도입한 잡다한 물자 징발 제도에 그 연원을 두고 있음이 밝혀졌다(松井, 1998, 2018b). 10세기 이후 이슬람 사료가 서위구르 왕국에 대해 "투르크 계열 집단들에서 가장 강력하고, 또한 탁월한 통치 체제를 보유하고 있었다"라고 전하는 것(森安, 1991: 161~165쪽)도 이러한 문서 행정의 정비와 관련된 설명으로 추정된다.

서위구르는 종교 문화에서도 한어 문화의 영향을 받았다. 서천 초기의 위구르 지배층은 막북 제국 이래의 마니교 신앙을 유지하고 있었지만, 그 대부분은 10세기 말까지 불교로 개종해 위구르 불교 문화를 본격적으로 확립시켰다. 위구르어 불전佛典의 압도적 다수는 직접 한문 불전으로부터 번역된 것이고, 특히 동쪽에 이웃한 돈황敦煌의 불교 교단과의 밀접한 교류가 지적되고 있다(百濟, 1983; 森安, 1985, 2015: 336~354쪽; 橘堂, 2010). 위구르 불교도들은 한문 불전의 번역을 통해 독자적 한어음 체계("위구르 자음字音")를 확립했고, 한문 불전을 음독音讀하거나, 이에 더해 "훈독訓讀"하는 등 한어 문화를 포섭적으로 수용하고 있었다(高田, 1985; 吉田豊, 1994; 庄垣內, 2003).

다만, 위구르의 불교 개종을 초기 단계에서 주도한 것은 아그니(언기焉耆, 카라샤르)와 쿠차(구자龜玆, 고차庫車)에 거점을 둔 인도-유럽계 토하라인 불교도들이었다. 산스크리트어에서 유래한 위구르어 불교 용어의 상당수가 직접적으로는 토하라어(아그니어, 쿠차어)에서 차용한 형태를 가지고 있다는 것은 그 유력한 증거이고(庄垣內, 1978), 초기 위구르 불교 문헌에는 토하라인 불교도 사이에서 우세했던 유부有部 계열의 요소가 짙게 발견된다(森安, 1985; 橘堂, 2010).• 후술하겠지만, 위구르 불교에서 토하라적 요소는 몽골의 불교 수용에서 위구르의 영향을 분석하는 데서도 중요하다.

한편, 카라한 왕조 시대는 투르크계 지배층에 이슬람 문화가 침투해 투르크-이슬람 문화가 싹튼 시기로 평가된다. 1070년경 카라한 왕조 궁정의 시종侍從 유수프[유수프 하스 하집]가 저술한 군주의 귀감에 관한 문학《쿠타드구 빌릭Qutadγu Bilig》, 1077년경 카라한 왕조의 왕족 출신 마흐무드 카슈가리[마흐무드 알 카슈가리]가 편찬한 투르크어-아랍어 사전《투르크어 제諸 방언 집성Dīwān Lughāt al-Turk》이 카라한 왕조 시기의 대표적 투르크어 문헌으로 꼽힌다. 특히 후자는 "투르크의 문자"로서 위구르 문자의 일람표를 게재하고 있으며, 또한 "군주의 서간書簡을 투르크의 문자khaṭṭi 'l-Turkīya로 초안을 작성한 서기書記"의 존재와 카라한 왕조의 수도 발라사군에 거주한 소그드인의 투르크화도 전하

• 유부는 부파불교(部派佛敎, 석가모니 입적 뒤 백 년부터 수백 년 사이에 원시 불교가 분열을 거듭해 20여 개의 교단으로 갈라진 시대의 불교) 시대의 부파인 "설일체유부(說一切有部)"를 줄여 말하는 것이다. 그 문자적 의미는 "모든 법(一切法)이 존재(有)한다고 설(說)하는 부파(部)"이며, 법의 실체는 항상 존재함을 주장하는 부파다.

고 있다(Dankoff and Kelly, 1982). 9~10세기에 카라한 왕조가 타림분지 서부와 남부에 진출해 해당 지역의 투르크화를 추진한 것은 11세기 후반~12세기 초의 야르칸드 출토 위구르 문자 투르크어 문서군을 통해 방증된다(Erdal, 1984). 같은 종류의 투르크어 문서는 카슈가르 동쪽에 이웃한 마랄바시(파초巴楚)에서도 발견되었다(迪拉娜·伊斯拉非爾, 2014). 돈황 장경동藏經洞에서 출토된 브라흐미 문자 호탄어-투르크어 어휘집(Clauson, 1973)도 호탄으로 접근해온 카라한 왕조(혹은 그 전신 카를룩 집단)와의 접촉을 통해 작성되었을지도 모른다.

하지만 카라한 왕조 시기의 투르크어 자료는 고립적이면서 그 수도 아주 적은데, 특히 파미르고원 서쪽 서투르키스탄(마와라안나흐르, 호라즘, 페르가나)에서 카라한 왕조 치하의 이란계·아랍계 주민들의 투르크어화가 크게 진전된 모습은 찾아볼 수 없다. 앞서 언급한《쿠타드구 빌릭》,《투르크어 제 방언 집성》두 작품도 후대의 투르크어(특히 차가타이어) 문학과 사서辭書 편찬 전통과는 단절되어 있는 것으로 여겨진다(菅原, 2014). 가즈나 왕조와 셀주크 왕조, 그리고 11세기 말부터 대두한 호라즘 샤 왕조 등에서도 핵심 지배층을 이루는 투르크계 유목민·군사 집단의 일상어는 투르크어였으나, 관방官房 실무와 각종 문서 행정은 이란계 관료가 사용하는 페르시아어로 운영되었다(Horst, 1964; Vásáry, 2016). 즉, 지배하 주민의 투르크어 수용이나 행정 용어로서의 투르크어 사용이라는 관점에서 보면 동·서투르키스탄의 차이는 크다(濱田, 2000, 2008).

서위구르와 카라한 왕조의 관계는 불교와 이슬람교라는 종교 신앙의 차이에서도 대립적으로 파악되어왔는데, 양국 간 교역과 통상은 결코 저조하지 않았다(松井, 2013; Duturaeva, 2022). 더욱이 최근의 연구

성과는 불교와 이슬람교 외의 요소까지 고려해 양국 사이 통교通交를 다각적으로 다시 파악할 필요성을 시사한다. 서위구르 지배층의 대부분이 마니교에서 불교로 개종한 것은 앞서 언급한 바 있으나, 서위구르 왕국 내 마니교 교단은 11세기 중엽까지는 여전히 일정한 세력을 유지했고 카라한 왕조 영내에서 존속하고 있던 마니교 교단과도 통교했다(森安, 2015: 592~606쪽; Yoshida, 2019). 또한, 카라한 왕조의 모체가 된 세미레치예 지방의 카를룩족은 8세기 말에 동방 시리아 기독교(경교景敎, 이른바 네스토리우스파)로 집단 개종 했다(Dickens, 2010). 이 기독교도 집단도 카를룩·카라한 왕조의 이슬람화 이후에도 남아 있었고, 서위구르 왕국 내 기독교도와도 교류한 것이 그들이 사용한 기독교 소그드어 문헌의 방언적 분석을 통해 밝혀졌다(吉田豊, 2017).

이상의 새로운 지견知見은 이슬람화의 진전을 축으로 하는 기존의 카라한 왕조 역사 서술을 근본적으로 뒤집는 것은 아니지만, 동·서 투르키스탄의 역사적 양상의 다양성을 보여주는 것이다. 덧붙여서, 몽골고원과 그 주변 지대에서는 몽골계인 케레이트 왕국과 투르크계인 나이만 왕국·옹구트 왕국이 12세기 말까지 동방 시리아 기독교를 수용해, 후대 몽골 제국에서의 동방 기독교 세력의 모체가 되었다. 서위구르와 카를룩족, 카라한 왕조 지배하의 기독교 실태는 몽골고원의 유목 집단에 대한 기독교 확장의 전사前史로서 주목된다(森安, 2021). 1253~1254년에 몽골 제국을 방문한 기욤 드 루브룩〔윌리엄 루브룩〕 수도사는 "네스토리우스파 교도"가 모두 위구르 문자로 소통하고 있다고 전하며(Jackson and Morgan, 1990), 불교도 위구르인과 투르크계 동방 기독교도가 문화적으로 서로 가까워져 있었음을 시사한다(Borbone, 2005; 松井, 2016a; 白·松井, 2016).

서위구르 왕국은 12세기 전반에 서천해온 서요西遼(이른바 카라 키타이)의 간접 지배하에 놓였고, 카라한 왕조는 서요에 의해 멸망했으나, 금 말기부터 몽골 초기의 한어 자료는 서요와 호라즘 샤 왕조의 옛 영토와 그 출신자를 종종 "회골回鶻/회흘回紇"이라 칭한다. 이것은 중화中華 세계와 지리적으로 근접해 있는 "(서)위구르"의 호칭을 서투르키스탄의 주민들에게까지 단순·부정확하게 확대 적용한 것으로 여겨져왔다. 그러나 앞서 언급한 서위구르와 카라한 왕조의 상호 교류에 관한 새로운 지견을 고려하면, 동·서투르키스탄의 투르크계 주민들에 대해 불교·기독교·이슬람교 신앙의 차이를 계속 배제하면서 그 문화적 공통성이나 일상적 교류에 주목한 총칭으로서 "위구르"가 채택되었을 가능성도 있을 것이다.

2. 몽골의 행정 지배에서의 위구르의 유산

13세기 초에 몽골 제국이 발흥하자, 서위구르는 서요로부터 이탈해서는 솔선해 신하국臣下國으로서 제국에 복종했다(1209). 위구르 왕 바르축은 칭기스의 공주를 아내로 맞아들이고 〔칭기스 칸의〕 다섯째 아들"로 견주어졌으며, 이후 역대 위구르 왕은 칭기스 가문의 인족姻族으로서 대체로 후대를 받았다. 또한 다수의 서위구르 왕국 사람이 몽골 제국의 부장部將이나 행정·재무 관료로 등용되었고, 이들의 후예는 쿠빌라이 이후의 대원大元 울루스 정권에서도 중앙 정부의 요직을 차지했다(安部, 1955).

몽골 제국에 서위구르 왕국 사람들이 가장 중요하게 공헌한 바는 그들이 획득한 정주민 지배의 노하우와 한어 및 인도-유럽어족 언어를 읽고 쓰는 능력 즉 "공용 문자"로서의 위구르 문자를 유라시아 광역 지배의 도구로서 제국에 제공한 데 있다. 서위구르의 투항에 앞서 1204년, 칭기스 칸은 나이만 왕국을 멸망시키고 왕국에서 문서 행정과 재무를 담당하던 위구르인 타타르 통가(탑탑통아塔塔統阿 〈 Tatar-Tonga)를 자신의 부하로 삼아 위구르 문자 몽골어로 된 각종 문서 행정을 몽골에 도입하게 했다. 그 결과, 몽골 행정관으로 출세하기 위해서는 위구르 문자로 된 몽골어(및 투르크어)의 운용과 서사書寫 기능이 필수 조건이 되었고, 전통적으로 위구르 문자에 익숙한 위구르인들은 몽골 지배층에 접근하는 데서 큰 이점을 가졌다. 위구르인은 대부분 서기書記 (투르크어로는 비틱치, 몽골어로는 비치게치)로서 몽골 정권에 출사出仕했고, 제국의 재정과 문서 행정을 실질적으로 관장했다. 우구데이·구육 시대의 최고 서기관=재상이 된 친카이(진해鎭海 〈 Činqay)는 그 대표적 존재였고, 우구데이 정부의 한어 행정 명령 문서는 그의 검열과 위구르 문자 첨서添書를 거쳐야 비로소 발효되었다고 동시대의 남송南宋 사절이 증언하고 있다. 마찬가지로 몽골 투하投下 영주領主의 대관代官·속료屬僚에 의한 위구르 문자 몽골어 첨서가 있는 한어 행정 문서의 사례도 여럿 확인되고 있어(杉山, 2004: 373, 453쪽; 松井, 2020, 2021), 위구르 문자는 몽골 권력을 상징하는 기능을 가졌다고 할 수 있다.

몽골 왕족·귀족에 대한 위구르 문자 교육을 위해 각 왕가와 천인대千人隊에는 위구르 박시(Uyγur baxši 〉 외오아팔합적畏吾兒八哈赤) 즉 "위구르의 교사"가 배치되었고(《원전장元典章》 권31, 예부禮部 4, 학교學校 1, 몽고학蒙古學, 몽고 학교蒙古學校), 이들은 동시에 왕족·귀족의 측근이자 대관으로서 가정家政과 투하령投下領 통치를 관장했다. "박시"는 한어 "박사博士"에서 유래한 위구르어라서, 이 "위구르 박시"도 옛 서위구르 출신의 불교도가 많이 임명된 것으로 추정된다. 기욤 드 루브룩〔윌리엄 루브룩〕에 따르면, 뭉케 궁정에서 주요 서기관은 "위구르인"들에서 배출되었고 17세기의 히바 칸국 군주 아불가지 칸의《투르크 계보》도 "칭기스 칸 후손의 시대에 마와라안나흐르, 호라산, 이라크에서 재무관이나 회계관은 모두 위구르인이었다. 중국의 국가들에서도 칭기스 칸의 후손은 위구르의 백성들 중에서 사무관과 회계관을 선발했다"라고 전하고 있다. 그러나 이러한 "위구르" 서기관·행정관에는 옛 카라한 왕조나 나이만·옹구트·케레이트의 동방 시리아 교도 이외에 위구르 문자에 익숙한 투르크계 민족들 출신자도 포함되었을 것이다.

셀주크 왕조나 호라즘 샤 왕조 등 투르크계 세력의 지배하에서는, 여전히 페르시아어 문화가 우세했던 이란 지역에서도 몽골 지배기에는 페르시아어에 아주 많은 수의 몽골어·투르크어 유래의 어휘가 유입되었다(Doerfer, 1963~1975; 本田, 1991: 405~456쪽; 濱田, 2000). 시르다리야 북방에서 흑해 북안에 이르는 초원 지대의 투르크계 유목민을 다수 흡수한 조치 울루스의 지배층은 일찍이 1280년대에 투르크어 화자話者로 변모하고 있었다(Vásáry, 2016). 이에 반해, 차가타이·훌레구두 울루스의 지배층은 14세기 후반에도 몽골어 사용을 유지했고, 차가타이 울루스가 발행한 행정 명령 문서는 오로지 위구르 문자 몽골어로 작성되었으며 훌레구 울루스에서는 위구르 문자 몽골어와 아랍 문자 페르시아어가 병용되었으나(Tumurtogoo, 2006), 위구르 문자 투르크어 단독으로 행정 문서가 작성된 것은 확인되지 않는다. 다만, 차가타이 울루스 왕족에게 투르크어 문화가 어느 정도 침투했음을 보여주는 방증은 몇 가지 확인되고(Biran, 2009; 65), 또한 훌레구 울루스가 발행한 페르시아어 명령 문서에서도 "모某의 명령sūzī ‹ sözi"이라는 투르크어가 모두冒頭의 정형구로 자주 사용되며, 게다가 동방의 한어 문서와 마찬가지로 위구르 문자 첨서를 투르크어로 추가한 사례도 발견된다(Herrmann, 2004; Matsui and Watabe, 2015).

한편, 조치 울루스의 행정 문서에서 사용된 투르크어는 조치 울루스 지배하 투르크계 민족들의 구어였던 서방 방언(킵차크어, 쿠만어)이 아니라 후대의 호라즘어나 차가타이어에 가까운 동방 방언의 특징을 지니고 있었다. 맘루크 왕조에서도 조치 울루스나 훌레구 울루스에 파견하는 외교 사절 선발 시에는 몽골어와 함께 투르크어·호라즘어의 지식이 중시되었다(Broadbridge, 2019). 이란에서 찬술된 페르시아어 문헌에 도입되었던 투르크어 차용 어휘도 사파비 왕조 시기 이후에는 남서부 방언(오구즈어, 아제르바이잔어)의 특징이 두드러지지만, 몽골 시대에는 동방 투르크어의 형태가 일반적이었다. 이러한 점들도 몽골 정권들의 투르크어 문서 행정을 위구르 등 중앙아시아 출신의 투르크계 관료들이 주로 담당했음을 반영한다(Vásáry, 2016). 칭기스 칸 즉위 이후에 몽골 제국에 합류한 투르크계 집단들 중에 훌레구 울루스 정권의 핵심으로 일관되게 꾸준히 자리를 차지한 것은 위구르 부족 출신자들뿐이었고, 그 대부분은 역시 박시나 "사부師父(atābak ‹ ata bäg)", 서기의 지위에 있었다(志茂, 1995, 2013).

1269년에 국사國師 팍빠('Phags-pa › 팔사파八思巴)가 창제한 "몽고신자蒙古新字", 이른바 팍빠 문자를 쿠빌라이가 공포한 후에도 몽골인은 위구르 문자를 계속 상용했다. 원대元代 역집내로총관부亦集乃路總管府의 터인 카라호트(혹수성黑水城) 유적에서 출토된 몽골어 행정 문서에는 팍빠 문자와 함께 위구르 문자 문서도 다수 포함되어 있다(Kara, 2003; 吉田順

一・チメドドルジ, 2008). 또한 이곳에서 출토된 몽골어 계약 문서의 서식이나 술어가 투루판의 위구르 계약 문서에서 유래한 것임도 확인되고 있다(Cleaves, 1955; 松井, 2016b).

몽골인에게 정착한 위구르 문자는 몽골 제국 붕괴 후에는 "몽골 문자"로 불리게 되었고, 17세기 이후 만주 문자와 토드 문자의 연원이 되기도 했다. 한편, 14세기 후반의 조치 울루스, 차가타이 울루스, 훌레구 울루스의 분열과 와해 후 이들의 옛 영토에서 성립한 "몽골 후계 국가"의 궁정 부서는 여전히 위구르 문자(투르크어, 몽골어)를 사용해 칙령이나 명령 문서를 발령했다(Sertkaya, 1977; 久保, 2012; Matsui, Watanabe, and Ono, 2015; Šayḫ al-Ḥukamāʾī・渡部・松井, 2017). 북서부 이란의 잘라이르 왕조는 투르크-몽골계 유목 집단에 대한 위구르 문자 문서 행정을 위해 "몽골 박시"라는 관직을 설치했고(宮, 2018: 상권 500~508쪽), 이는 분명 몽골 제국의 위구르 박시 관직의 후신後身이다. 위구르 박시 관직은 중앙아시아의 티무르 왕조에도 직접 계승되었고, 이들은 초대 군주 티무르를 항시 수행하면서 각종 기록을 담당했다. 티무르를 근시近侍했던 이븐 아랍샤에 따르면, 위구르 문자는 티무르 왕조에서 "몽골의 문자qalam al-Mughūlī"라고 인식되었고, "칙령, 칙서, 공식 서간書簡, (사적私的) 서간, 대장臺帳, 봉인封印, 연대기, 송시頌詩, 전기, 통지, 기록과 연보, 재무청의 업무에 관한 모든 안건과 칭기스 칸의 관습법töre"의 필사에 활용되었다(久保, 2012). 마찬가지로 티무르 왕조 시기에 편찬된 《위구르 문서 교본》(도판 2)은 위구르 문자가 "고귀한 사람들 사이에서 (……) 사용되고, 말하여지고, 받아들여지고 있으며, 현재 모든 도시와 모든 지방 및 좌우 지역으로 확산해서 존재하며, 유용하고 유익하다"고 강조하고 있는데, 여기서 지적되는 위구르 문자 투르

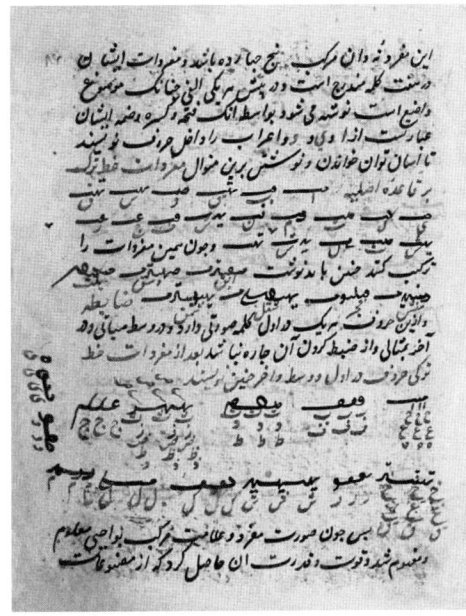

크어 문서 작성의 체례體禮는 서위구르 시대까지 거슬러 올라가는 전통을 가지고 있다(松井, 2018a). 티무르 왕조가 명明으로 파견한 사절에 따르면, 명조에서 티무르 왕조에 보낸 국서國書도 한어, 페르시아어, 위구르 문자 투르크어 세 가지 언어로 작성되었다(小野, 2010). 15세기 모스크바 공국이 발행한 러시아어 행정 문서에도 투르크어와 러시아어의 위구르 문자 첨서가 확인되는데(Морозов, 2006, 2016), 이는 조치 울루스와 루시의 통신에 위구르 문자가 상용되고 있었던 흔적으로 여겨진다.

주베이니[아타-말릭 주베이니]의 《세계정복자사世界征服者史》는 칭기스 칸이 몽골 왕족에게 위구르 문자 학습을 명한 것을 칭기스 칸이 제정한 자삭jasaɣ(투르크어에서는 야사yasa～야사크yasaq, 한역漢譯으로는 "대법령")

이 위구르 문자로 기록·문서화되어 통치의 가장 중요한 규범으로 삼은 것과 관련시키고 있다(宇野, 2002).* 앞서 서술한 이븐 아랍샤가 언급하는 위구르 문자의 "칭기스 칸의 관습법"도 분명 칭기스 칸이 제정한 자삭을 가리키고, 티무르 역시 자삭에 준거한 지배 체제를 구축하고 있었다(川口, 2007). 몽골 제국 및 몽골 계승 국가에서의 위구르 문자 사용은 위구르 문자가 칭기스 칸에 의해 몽골 제국의 공용 문자가 되었고, 또한 위구르 문자는 칭기스 칸이 제정한 자삭을 기록하는 "성스러운 문자"라는 인식에서 기인할 가능성이 있다(松井, 2018a). 포스트 몽골 시기 서방 유라시아의 위구르 문자 자료는 수적으로는 여전히 매우 적지만 몽골 제국의 전통 계승이라는 관점에서 통시적通時的으로 분석할 필요도 있을 것이다.

3. 몽골 지배하의 동투르키스탄·위구르 사회

몽골 제국 지배하의 동방 중화 지역과 서방 이란 지역에 대해서는 각각 중국 사료와 이슬람 사료에 주로 근거해 정치 제도와 사회·경제의 역사적 실태가 분석되어왔으나, 이러한 편찬 사료에는 투르키스탄과 중앙아시아 지역에 관한 정보가 아주 적다. 한편, 오랫동안 투르크 언어문헌학의 관점에서 연구되어온 투루판 출토 위구르어 세속 문서의 대부분은 몽골 시기의 것에 속한다. 1차 사료로서의 위구르어 문서를

---

* 자삭은 몽골어로 법령, 법전 등을 의미하는 단어다. 역사 용어에서는 주로 칭기스 칸이 제정했다고 여겨지는 법률을 지칭한다.

통해 재구성된 투루판·동투르키스탄 지역 사회의 측면들이 중국·이란 두 지역 사회의 그것들과의 비교 검토를 통해 몽골 시대 유라시아 역사상像의 총체적 파악에 한몫할 수 있다는 점은 최근 몽골 사학계에서도 재차 인식되고 있다(Matsui, 2023b).

위구르가 몽골 제국에 항복한 후 위구르 사회와 그 주민들 사이에는 일찍이 우구데이 시대에 몽골 제국의 황제를 자신들의 최고 권력자로 인식하는 관념이 침투했고, 기존의 위구르 왕의 권위는 떨어졌다(梅村, 1977). 전체 몽골의 종주宗主로서 몽골(대원 울루스) 황제가 다른 칭기스 왕족과는 구분되는 특별한 최고 권위를 가졌다는 것은 이른바 "몽골 명령문"의 언어횡단적言語橫斷的 분석에서도 알 수 있고, 13세기 후반 이후에도 제국이 여전히 일체성을 유지하고 있었다는 증거가 되기도 한다(杉山, 2004: 372~373쪽).[*] 투루판 지역의 위구르인 재지在地 관료층도 이러한 몽골 황제와 일반 왕족 사이 권위·서열의 차이를 엄밀하게 인식했고, 이를 행정 명령 문서의 서사 체례에 반영했다(松井, 2015). 한편, 1320년대 후반에는 대원 울루스를 대신해 차가타이 울루스가 위구르 왕국의 영토를 실효 지배 하게 되었다. 이후 작성된 위구르어 행정 명령 문서 발급자의 인장印章에는 차가타이 울루스 지배층의 인장에 공통적으로 사용된 "차가타이 문장紋章"이 다수 도입되어 있고(Matsui, 2023a), 이는 위구르 재지 관료들이 몽골 지배층의 권위에 민감했음을 시사한다.

몽골 지배하의 유라시아 동서를 통해 정주 사회는 인구 조사를 바

• 여기서 언어횡단적(translingual) 분석이란 두 가지 이상의 언어를 비교하면서 번역, 표기, 차용 등 다양한 맥락에서 해당 언어들이 서로 어떠한 영향을 주고받는지를 분석하는 것을 가리킨다.

탕으로 십진법적 주민 조직으로 재편성되었고, 그 토대에서 정세正稅 (지세地稅와 상세商稅), 요역徭役 노동, 부가세附加稅의 세 항목으로 이루어진 세역 제도가 도입되었다(Matsui, 2005). 부가세 중에 몽골 지배에서 중요한 역전驛傳(참적站赤) 경비와 군사비 조달을 목적으로 한 인두세人頭稅(은으로 납부)인 쿱추르는 정주민들에게 큰 부담이 되었다(本田, 1991: 209~211쪽; 川本, 2013). 위구르 왕국에서도 십진법적 주민 조직이 징세 단위로서 기능하고 있었으며, 1250년대까지 쿱추르세稅가 도입된 것도 확인할 수 있다. 단, 현금으로 연 1회만 징수한다는 원칙은 철저한 것은 아니었고, 역전 운용에 필요한 물자(주로 마필馬匹)를 순차적으로 징발해 이를 적절하게 은으로 납부할 세액으로 환산하는 것이 일반적 형태에 가까웠다(松井, 2002, 2015, 2018b). 또한 13세기 후반 이후의 위구르어 행정 명령 문서에는 물자 징발에 따라 환산된 세금 항목으로서도 쿱추르세는 언급되지 않게 되었으며, 그 부담은 지세와 그 외의 현물 납부 세금 및 요역 노동으로 흡수된 것으로 여겨진다(Matsui, 2023a). 쿱추르세는 훌레구 울루스에서도 14세기 이후에는 재정적 중요성을 상실한 것으로 여겨지며(渡部, 2015), 동투르키스탄과 이란 양 지역에서 공시적共時的 현상이 발생했다고 할 수 있다. 한편, 대원 울루스와 훌레구 울루스의 세수에 큰 비중을 차지한 상세商稅(탐가 tamɣa~tamghā)도 투루판 출토 위구르어 문서에 희소하게나마 용례가 확인된다.

인두세 쿱추르와 함께 정주민들에게 큰 부담이 된 것이 몽골어로 알바alba~alban, 위구르어와 페르시아어로 칼란qalan~qalān이라 불린 요역 노동이다. 페르시아어 사료에서 칼란은 주로 군역軍役을 가리키는데(本田, 1991: 297~299쪽), 위구르어 문서에서는 소유지에 따라 부과되는 잡다한 노역勞役의 총칭으로 나타나며, 종종 금전이나 현물 납입으로 대체되었다. 칼란의 부담으로 막대한 채무를 지고 도망하는 상황에 내몰린 위구르 주민의 사례가 위구르 계약 문서를 통해 알려져 있다. 한편, 유라시아 동서의 몽골 지배층은 불교·도교·이슬람교·기독교 등의 종교 교단에 대해서는 쿱추르세와 칼란(양자는 한자로는 "차발과렴差發科斂·잡범차역雜泛差役" 등으로 총칭되었다)을 면제하는 원칙을 채택하고 있었기 때문에, 이를 역이용해 불교 교단에 소유지를 기진寄進[기부]하고 소작농이 되어 그 기진한 땅에 부과되는 지세sang와 약간의 소작료를 지불하는 대신 칼란의 부담을 피하는, 이른바 명의 대여 탈세도 위구르 사회에서 횡행한 것 같다. 중국 지역의 불교 교단도 마찬가지의 기진을 통해 토지 겸병을 추진한 것이 한어 사료에서 확인된다(松井, 2004b).

세금 과징의 기초가 되는 통화通貨 제도, 도량형 제도에도 몽골 지배는 변용을 가져왔다. 알려진 위구르 문서 중에 화폐나 교환 수단으로 은을 언급하는 것은 모두 몽골 시대의 문서에 속한다(森安, 2015: 436~489쪽). 은을 기본으로 하는 통화 체제의 도입은 중국 지역의 통사通史에서 몽골 지배의 획기성畫期性으로 강조되는데, 위구르 사회도 마찬가지의 변용을 경험한 셈이다. 몽골 시대의 화폐 단위(=은의 중량 단위)가 몽골어·위구르어·페르시아어·한어를 넘나들며 단일한 체계로 수렴하고 있었다는 것은 마에다 나오노리前田直典의 선구적 연구를 통해 알려져 있다(前田, 1973: 19~39쪽). 마찬가지의 단일한 체계화는 곡물·액체의 계량 단위(용량 단위, 중량 단위)에서도 확인되고, 또한 몽골의 세역 제도와 역전 제도가 광역적으로 도입된 것과 연동된다(松井, 2004a, 2021).

이상과 같이 동투르키스탄·위구르 사회에 몽골 지배가 끼친 영향과 변화는 중국 지역과 이란 지역의 상황과도 많은 점에서 들어맞고, 몽골의 유라시아 지배의 공시성共時性을 보여준다고 할 수 있다. 그러면서도 몽골의 세역 제도는 서위구르의 그것과 큰 틀에서 공통된다(Matsui, 2005). 초기 몽골의 행정 지배 확립에서 위구르가 공헌한 바를 살펴보면, 몽골의 세역 제도는 위구르의 그것을 기초로 삼았을 가능성이 크다.

4. 유라시아 교류 속의 투르크계 집단

제2차분의 《이와나미강좌 세계역사》에 수록된 모리야스 다카오森安孝夫의 〈실크로드'의 위구르 상인〉에서는 몽골 제국 시대에 특권 상인 집단을 가리키는 오르톡(ortoq 〉 알탈斡脫)이라는 용어도 논점의 하나가 되었다. 오르톡이란, 원래 "동료, 동업자"를 의미하는 위구르어이고, "특권 상인"으로의 전의轉義는 8세기 이래 위구르 제국과 공생 관계에 있던 소그드 상인이 위구르가 서천한 후에 투르크화해 "위구르 상인"이 되고, 이들이 무슬림 상업 세력에 앞서 몽골 지배층의 "동업자"로서 제국의 경제적 운영에 협력하면서 특권적 보호를 받은 것을 역사적 배경으로 한다. 이러한 역사적 전개는 돈황·투루판에서 출토된 제 종류의 위구르어 자료를 토대로 모리야스가 제창한 "위구르 커넥션" 즉 동부 천산에서 감숙하서·몽골고원을 경유해 화북·강남으로 이어지는 위구르 상인의 네트워크 형성과도 밀접하게 연관된다(森安, 2015: 407~435, 490~533쪽). 이전에 유라시아 동반부에서 발견된 제 종류의 위구르어 문헌 자료도 위구르를 비롯한 투르크계 집단의 활동권이 몽골 시대에 동방으로 확장된 상황을 보여준다.

최근의 연구 관심을 받고 있는 자료군의 하나로 투루판 지역 동쪽의 불교 성지에 기록되어 남아 있는 위구르어 제기題記 명문銘文이 있다. 특히 동아시아 최고의 불교 성지였던 돈황 지역의 석굴들(막고굴莫高窟, 유림굴榆林窟 등)에는 몽골 시대의 위구르 불교도의 제기가 다수 남아 있다. 이와 같은 제기 명문은 후호호트 근교에 요 왕조 시대에 건립된 백탑白塔(만부화엄경탑萬部華嚴經塔)에서도 확인되어 위구르 불교도의 순례 네트워크나 교통권을 반영하고 있다. 이러한 제기 명문들을 쓴 사람의 출발지 혹은 본관지本貫地로 언급되는 위구르 왕국의 지명으로는 고창高昌, 투루판, 나프칙(지금의 라프추크), 참발릭(지금의 신장웨이우얼자치구 창지昌吉), 토크순, 밀(지금의 코물, 하미) 등을 확인할 수 있다. 한편, 돈황(사주沙州)과 그 동쪽에 이웃한 과주瓜州, 더 동쪽의 숙주肅州(지금의 간쑤성 주취안酒泉), 감주甘州(지금의 간쑤성 장예張掖)에서 온 참배자들이 쓴 제기는 13세기 후반에 카이두 세력의 압박을 받은 위구르 왕가가 감숙의 영창永昌으로 망명한 데 따라 상당수의 위구르인이 동천東遷해 감숙〔깐수〕 각지에 콜로니〔일종의 거점 도시 혹은 거점 지역〕를 설치하고 있었다는 종래의 추측을 방증한다. 그리고 동방의 "서하로西夏路, Tangut-čölgä" 즉 원대의 영하부로寧夏府路(지금의 닝샤후이족자치구 인촨銀川)와 하북의 진정眞定(지금의 허베이성 정딩正定)에서 온 참배자와 거꾸로 돈황에서 산서山西의 오대산五臺山을 향한 순례자가 지은 명문도 존재한다(白·松井, 2016; 松井, 2017).

돈황 석굴의 제기에 보이는 위구르인 참배자 중에는 티베트어 이름의 사람도 많으며, 이는 돈황의 원대 석굴 벽화에 티베트 불교의 영향이 짙게 확인되는 것, 또한 몽골 지배층의 티베트 불교에 대한 경도傾倒가 위구르 불전에도 영향을 끼친 것(ツィーメ, 1995)과도 들어맞는다. 돈황에서 출토된 위구르어《팔십사대성취자전八十四大成就者傳》사본寫本은 통용되는 티베트 대장경판大藏經版과는 다른 순서로 성취자들을 소개하지만, 이것과 동일한 순서가 투루판 근교의 불교 석굴에 남아 있는 티베트 양식의 팔십사대성취자상像에도 채택되어 있어 동부 천산과 돈황의 위구르 불교도에게 동일한 내용의 경전이 유포되고 있었음을 보여준다(陳愛峰·陳玉珍·松井, 2020).• 마찬가지로 돈황에서 출토된 14세기 후반의 몽골어 특허장은 동부 천산의 여러 곳을 순행하며 법회를 열던 원 궁정의 티베트 불교 고승을 위해 차가타이 울루스 치하의 고창에서 발급되었고 또 이것을 돈황까지 가지고 간 데서, 차가타이 울루스 지배하의 동부 천산 위구르 불교도가 원 궁정과 돈황에서 성행한 티베트 불교와 직접 연결되어 있었음을 실증한다. 같은 시기의 감숙하서에서는 중앙아시아로부터 동천한 차가타이계 왕족이 할거했는데, 이들 역시 현지 위구르인 불교도를 통해 티베트 불교에 접근하고 있었다(松井, 2008).

본래 몽골 지배층에 대한 티베트 불교의 전도傳道 자체도 티베트에 앞서 몽골 정권에 참여했던 위구르 불교도들에 의해 매개된 것이었다. 1285~1287년에 쿠빌라이가 시행케 한 한어·티베트어 대장경의 교감校勘 사업에서도 그 전체 인원 29명 중에 위구르인 불승佛僧은 7명으로

• 여기서 "팔십사대성취자"란 티베트 불교 및 금강승(金剛乘, 7세기 후반 인도에서 성립한 대승 불교의 한 파)에서 숭배받는, 고대 인도에서 깨달음을 얻은 84명의 인물을 말한다. 출가자와 재가자, 남성과 여성을 포함한다. 이들의 사적(史跡)은 깨달음이 사회적 지위나 성별과 무관하고, 정진 수행이 일상생활 속에서 이루어질 수 있음을 강조한다.

티베트인 6명과 수적으로 대등해 원 조정에서의 그들의 존재를 엿볼 수 있다. 현대 몽골어에서도 사용되는 인도에서 기원한 불교 용어에는 토하라어의 중개仲介 형식을 취한 위구르어로부터의 차용어가 많이 포함되어 있어 몽골 불교가 위구르 불교를 직접적 요람으로 삼았음을 보여준다(庄垣內, 1990). 투루판 출토 위구르어 불교 경전과의 비교 분석에서도 몽골어 불교 경전에는 위구르 불교에서 유래한 요소(투사透寫 표현, 지어識語 서식 등)가 다수 발견되어 위구르의 문자 문화, 서사書寫 문화가 몽골에 끼친 큰 영향을 방증한다(松川, 2004; 中村健太郎, 2007; 橘堂, 2017).•

앞서 언급한 돈황 석굴의 위구르인 참배자에는 출가승뿐만 아니라 몽골 지배층의 속료屬僚〔하급 관리〕도 다수 포함되어 있었다. 더욱이 이들이 원격지遠隔地 교역 상인들을 동반하거나 혹은 불승이나 관인官人 자신이 교역에 종사하고 있었던 상황도 충분히 추측된다. 몽골 시대의 위구르어 서간에는 불승·불교도에 의한 상품 및 불전의 수수授受에 관한 것이 다수 존재하고(森安, 2015: 511~533쪽; Moriyasu, 2019), 원격지를 왕래하는 순례승·상인에 의해 서간이 송달되었음을 상상케 한다.《원전장》에도 원 궁정에 문안을 드리거나 진상할 물품의 수송을 위해 역전을 이용하는 "서번대사西番大師·색목인원色目人員"이 진상품 외의 사유물을 (아마 교역을 위해) 다수 휴대하는 것이 문제시되는 기록이 있다(권16, 호부2, 분례分例, 관리官吏, 차차내개사분례초료差箚內開寫分例草料).•• 티베트

• 투사는 경전이나 문서의 원본을 아래에 놓고 비치는 글씨를 따라 베껴 쓰는 것을, 지어는 본문이나 서문·발문의 처음·끝 또는 전·후의 표지 안팎에 후인(後人)이 보탠 단문을 말한다.

•• 서번대사에서 "서번"은 서쪽에 있는 이방인들을 가리키는 총칭으로, 주로 티베트(토번)를 가리켜 서번이라고 부르는 경우가 많았다.

불교와 위구르 불교도의 접근을 고려해보면, 이 "서번대사"를 수행하는 "색목인원"에는 적지 않은 위구르인 관리와 객상客商이 포함되어 있었을 것으로 생각된다(松井, 2008).

쿠빌라이 시대 후기의 권신權臣 상가(Sangga 〉 상가桑哥)는, 《집사》에 따르면, 위구르인이었고, 제사帝師 팍빠의 수종隨從·통역에서 출세해 불교 지역과 티베트 지역을 통할하는 총제원總制院(이후 선정원宣政院)의 장관이 되었고, 상서우승상尚書右丞相도 겸직하면서 몽골 제국의 재무를 한 손에 장악했다. 상가는 권세를 빌려 자신의 배를 채우는 것으로 악명 높았는데, 그가 재부財富를 모으게 된 중요한 기회의 하나는 매년 2월에 제사의 거처인 대호국인왕사大護國仁王寺에서 개최되는 대법회였다(中村, 1993). 즉, 몽골 궁정에서 상가의 축재 활동의 배경에도 티베트 불교 및 위구르 불교도와 위구르 상업망의 결합을 상정想定할 수 있다. 역시 쿠빌라이 시대에 부상한 위구르인 관료 이그미쉬(Yïymïš 〉 역흑미실亦黑迷失)는 지원至元 9년(1272)에 "해외팔라패국海外八羅孛國"으로 파견된 것을 시작으로 동남아시아·남아시아 국가들에 사신으로 보내졌고, 귀국 후에는 오르톡의 해상 교역을 관할하는 행천부사行泉府司의 장관에 임명되어 천주泉州를 거점으로 공公무역과 사私무역 모두에서 교역을 행했다. 연우延祐 3년(1316)에 천주에 세워진 비석의 〈일백대사간경기一百大寺看經記〉는 원조 치하의 불교 사원 100곳에 대한 이그미쉬의 기진을 칭송하고 있다. 기진액은 사원 1곳에 중통초中統鈔 100정錠이라는 막대한 규모로, 이는 이그미쉬가 오르톡 상인과 제휴한 교역 활동을 통해 거대한 부를 축적했음을 보여준다. 또한 기진 대상의 불교 사원에는 "진정眞定", "영하로寧夏路", "감주甘州"의 불교 사원이 포함된다. 천주를 거점으로 하는 이그미쉬의 불교 활동은 위구르어 제기 명문을 통해 재구성된 위구르 불교도의 활동권과 중첩되는 것이었다(陳得芝, 2008; 松井, 2016a).

위구르 불교도들이 유라시아 동반부에서 전개한 네트워크는 아마도 투르크계 기독교도들에 의해서도 공유되었을 것이다. 마르코 폴로의 《세계의 서술》은 투르크계 기독교도들의 거주지로 고창·돈황·숙주·감주·영하 등 위구르 불교 순례의 결절점이 된 도시를 열거하고 있고, 또한 "위구리스탄"(옛 위구르 왕국)의 기독교도들이 자주 불교도들과 통혼하는 경우가 많았다고 했다. 원대 강남의 관찬官撰 지방지地方志에는 "외오아畏吾兒"(불교도 위구르)와 "야리가온也里可溫, erkegün"(기독교도)이 호적상으로 구별되었으나, 투루판 지역에서는 불교도와 기독교도가 동일한 주민 조직 내에 혼재했음을 시사하는 위구르어 문서도 발견되었다(松井, 2002). 불교의 성지로서 후흐호트의 백탑과 돈황 석굴에는 기독교도가 작성한 시리아 문자·위구르 문자 투르크어 제기도 적게나마 확인된다(Borbone, 2008; 白·松井, 2016). 특히 유림굴 제16굴의 시리아 문자 투르크어 제기는 기독교도가 불교 행사에 참가해 보시布施를 남긴 것을 기념하는 것으로, 서식書式도 위구르 불교도의 제기와 거의 완전히 병행하고 있어 위구르 불교도와 투르크계 기독교도의 문화적 친근성 및 일상생활에서의 상호 교류를 암시하고 있다(松井, 2018c). 양주揚州·천주에 다수 남아 있는 시리아 문자 투르크어의 기독교도 묘지墓誌에는 "고창"을 출신지(혹은 본관지)로 하는 인물도 언급되어 있어서(松井, 2016a), 불교도 위구르와 마찬가지로 투르키스탄에서 활동 반경을 확장한 투르크계 기독교도의 존재가 명확히 입증된다. 대원 울루스의 "시박칙법市舶則法"(《원전장》 권22)은 불승(화상和尙), 도사(선생先生), 무슬림(답실만荅失蠻〈 dānišmand)과 함께 기독교도 역시 규제 대상이었고, 이는 천주의 투르크계 기독교도들이 해상 교역에 참여하고 있었음을 반영한다.

투르크계 기독교도 집단의 네트워크는 내륙을 경유해 중동에까지 이르고 있었다. 쿠빌라이 치하의 중도中都를 출발해 성지 예루살렘으로 향하던 중, 바그다드에서 동방 시리아 교회의 총대주교로 선출되어 야발라하 3세가 된 옹구트 출신("위구르" 출신이라고도 전해진다)의 마르코스의 전기에 따르면, 내몽골의 옹구트 왕가는 바그다드의 총대주교에게 사승師僧의 파견을 빈번하게 요청하고 있었다(Borbone, 2021). 바티칸 도서관에 소장된 시리아어 복음서의 사본 중 하나는 옹구트의 왕 기와르기스(활리길사闊里吉思, 1298년 사망)의 누이의 의뢰로 중동에서 제작된 것으로 추정되고, 옹구트 왕가와 서방의 긴밀한 연락을 방증한다(Borbone, 2003, 2005). 옛 카를룩 영토인 세미레치예와 알말릭에 대량으로 묘지명墓誌銘을 남긴 동방 시리아 교도 집단도 이 네트워크에 포섭되어 있었던 것으로 여겨진다(Klein 2000: 204쪽; 森安, 2021). 이라크 서쪽의 동방 기독교 교회에서 위구르 문자 투르크어 문화는, 모술 근교의 시리아 정교회 마르 베흐남 수도원에 남아 있는 훌레구 울루스의 당주當主 바이두를 향한 송시頌詩가 유일한 사례이긴 하지만, 그 일단을 보여주고 있다(Harrak and Niu, 2004).

한편, 위구르 불교도들의 네트워크가 유라시아 서반부에까지 이르렀던 것도 약간의 자료에서 암시된다. 훌레구 울루스 궁정에 위구르, 인도, 카슈미르, 키타이 출신(즉 불교적 배경의) 여러 박시의 출사, 제4대 당주 아르군의 불교·주술의 스승으로서 박시에 대한 경도傾倒, 아르군의 아들 가잔의 불교 신앙, 불교 사원 건설 등을 《집사》가 특별히 기록하고 있다. 이란의 이슬람 사본寫本 회화의 불교적 요소에서 위구르 불교와의 관련성을 지적하는 연구도 있다(Kadoi, 2009: 176쪽). 그러나 가잔이 이슬람 개종 후 철저하게 폐불廢佛을 시행한 것도 있어서 이란으로 이주한 위구르인의 불교 문화와 신앙은 서서히 쇠퇴했을 것으로 추정된다.*

맺음말

동·서투르키스탄을 지배하에 둔 차가타이 울루스는 14세기 후반에 해체되고, 투르키스탄 서반부에서는 투르크화한 티무르 제국이 성립하며, 동반부의 모굴 울루스에서도 15세기 내내 이슬람화가 진행된다. 모굴의 압박을 받은 동부 천산 지방의 위구르 불교도는 16세기 초까지는 명 치하의 감숙으로 이주했다. 이에 동·서투르키스탄은 완전히 투르크계 이슬람 교도의 세계가 되어 현재에 이르고 있다(濱田, 1998).

동천한 위구르 불교도 집단은 몽골 시기 이전에 이주해온 집단과 합류했고, 사릭 위구르Sarïy Uyγur("황색의 위구르")라고 불렸다. 지금의 간쑤성甘肅省의 유구르(유고裕固)족은 그들의 후예로 여겨지는데, 위구르 문자 문화는 18세기 초 이후에는 잊혔고, 또한 인구의 3분의 1은 언어적

---

* 가잔·울제이투 시대에 중용된 위구르인 부장(部將) 다르마다스(Ṭarmaṭaz 《 Dharmadāsa), 상가다스(Sanggaṭaz 《 Saṅghadāsa), 아라트나(Aratna 〈 Ratna) 형제가 모두 산스크리트어에서 유래한 불교 위구르어 이름을 가진 것은 충분히 인지되고 있지 않다(志茂, 2013: 804~806쪽). 그러나 이러한 인명들도 이들의 불교 신앙을 방증하는 것은 아니다.《울제이투사》에 따르면, 다르마다스는 시아파에 경도되어 있었다. 삼형제의 막내 아라트나도 알라 웃 딘이라는 무슬림 이름을 가지고 있었고, 훌레구 울루스 해체 후 아나톨리아에서 독립해 아라트나 후국(侯國)을 건국했다.

으로 몽골화했다. 근현대까지 "한족漢族"에 동화·흡수된 위구르 집단
도 다수에 이를 것으로 추정되며, 중화 본토로 이주해온 위구르 불교
도와 투르크계 기독교도 역시 마찬가지의 운명이었을 것으로 보인다.

타르타르인

다카타 히데키

1368년, 몽골이 북쪽으로 도주한 그해에 피렌체에 기묘한 풍채의 이인異人이 모습을 드러냈다. 끝이 뾰족한 원추형의 모자와 복숭아뼈까지 내려오는 옷에 변발을 길게 늘어뜨린 채, 성聖 마리아 노벨라 교회의 문을 두드리는 그 뒷모습은 바로 타르타르인이었다. 대체 무엇을 구하는 것일까? 멸망해가는 조국의 구원인가, 아니면 자신의 영혼의 구제인가?

이야기는 120년 전으로 거슬러 올라간다. 1240년, 몽골의 출현은 유럽을 뒤흔들었다. 그 군대는 너무나도 강력했고, 그 인간들은 너무나도 기이했으며, 어디에서 왔는지조차 알 수가 없었기 때문이다. 그러한 민족은 성서聖書에도, 그리스-로마의 고전에도 기록되어 있지 않았다. 그렇다면 성서는 틀린 것인가? 신은 완전하지 않았던 것인가?

그 미지의 민족은 서방에서는 몽골군에 맨 처음으로 침략당한 루시를 통해 몽골이 아니라 "타타르"라는 이름으로 전해졌다. 이에 영국의 수도사 매슈 패리스는 그리스 신화에 "타르타로스"(나락)라는 말이 있고, 그것이 기독교에서는 "지옥"과 동일한 의미로 사용되며 거기에 살고 있는 악마의 민족은 "타르타리"라고 불린다는 것을 알게 되었다. 또한 그 민족은 알렉산드로스 대왕에 의해 카프카스의 "철문鐵門"의 저편에 있는 바위산에 갇혔다고도 전해진다. 여기에 틀림없이 추악한 용모도, 두려운 힘도, 끔찍한 악행도 정말 딱 들어맞으면서 그들이 지금 그 바위산을 깨뜨리고 튀어나온 것이었다. 이리하여 "타르타르인"이라는 이름이 단번에 정착했다. 이것으로 신도, 성서도, 문명도 구원받았다. 그리고 폴란드와 헝가리를 겁략劫掠한 후, 당장이라도 로마로 들이닥칠 것 같던 그들은 웬일인지 동쪽으로 돌아갔다. 이리하여 유럽은 자연도, 인간도, 사회도 상처를 입지 않은 채 구제받았다.

이렇게 존망의 위기를 모면한 유럽은 자신들이 그들이 왔다고 하는 동방과 북방에 대해, 나아가서는 세계에 대해 아무것도 모르고 있음을 깨달았다. 그래서 포교를 명목으로 수도사를 정찰의 임무를 주고 파견한다. 그 최초가 카르피니[플라노 드 카르피니]와 루브룩[윌리엄 루브룩, 기욤 드 루브룩]이다. 유럽으로 돌아온 수도사들의 보고는 유럽인들이 바라던 바 그대로의 것이었다. 그들은 자연도 인간도 사회도 야만 그 자체였고, 틀림없이 타르타르라고 불릴 만하다고. 이리하여 유럽인들은 고대 그리스-로마 문명의 옛 지역에 기독교가 입혀지면서 형성된 유럽을 중심으로 그 주위를 이슬람 세계가 둘러싸고 있고, 그보다 더욱 바깥에 미개未開의 세계가 펼쳐져 있다고 하는 자신들의 세계상과 세계관이 틀리지 않음을 확신했다.

그러나 수도사들이 이르렀던 곳은 카라코룸까지였고, 그보다 더 동쪽에는 비단이 왔다고 하는 풍요로운 대국大國이 있다고 전해지고, 기독교 사제이자 왕인 요하네스라는 사람이 그곳을 통치하고 있다는 소

회당의 문을 두드리는 타르타르인(피렌체, 산타 마리아 노벨라 교회, 스페인 예배당, 1368년경, 안드레아 디 보나이우토의 공방화工房畵)

문도 들리고 있었다.

그 부富를 찾아 동쪽으로 향한 상인 중 최초의 한 사람이 마르코 폴로다. 그 대국의 군주를 섬겼다고 하는 마르코 폴로가 귀국 이후 제노바의 감옥에서 피사의 작가 루스티켈로[루스티켈로 다 피사]와 함께 편집한 그의 보고報告 《세계의 서술》은 그 동방東方에는 부유하고 강대한 국가가 있어 굴란 칸이라 불리는 제왕이 그곳을 통치하고 있다는 것이 사실임을 증언했다. 즉, 그곳은 유럽보다 크고 강하고 풍요로우면서 뛰어나다고.

그러나 이번에는 유럽이 당황하지 않았다. 몽골의 군사적 위협이 사라진 것 외에, 《세계의 서술》의 내용이 너무나도 믿기 어려운 이야기였다는 것과, 게다가 빈틈이 없는 "베니스의 상인" 마르코 폴로와 노회한 이야기 작가 루스티켈로는 그들을 항상 타르타르인이라고 불렀고, 풍요롭고 뛰어난 것은 물질[물품]의 측면뿐이고 그들은 모두 우상 숭배자이기 때문에 진정한 신앙을 알지 못하는 사람이라고 서술하면서 유럽인들을 안심시켰기 때문이다.

여기에서 힘을 얻어 "맹목적인 불신不信의 무리가 있는 어둠으로 진정한 신앙의 빛을 밝히자"면서 동방으로 향한 이들이 몬테코르비노 등의 수도사였다. 하지만 영혼의 수확은 어려웠고 적었다. 그런데 사태는 생각하지 않은 곳에서 전개되었다. 이야기는 다시 발단으로 거슬러 올라간다.

바투의 서방 원정에 참가하고 있었던 뭉케는 원정 도중에 항복한 북카프카스의 알란인을 몽골로 데리고 돌아왔다. 그들은 이란계 유목민으로 네스토리우스파 기독교도였고, 다음 카안인 쿠빌라이에 의해 아속위阿速衛로 편성되어 군대의 핵심을 이루기에 이르렀다. 그리고 대대로 황제에게 계승되어 최후의 순제順帝 토곤테무르의 시대에는 군사는 물론이고 정치의 실권까지도 장악하게 되었다. 또한 그들은 이후 로마 교회에 귀의해 황제를 비롯한 몽골 지배층의 개종까지 꾀하기 시작했다.

이러한 사태를 본 교황으로부터 파견되었던 사람이 피렌체의 귀족 수도사 마리뇰리(조반니 데이 마리뇰리)다. 그는 50명의 수도사 이외에 "타르타르인의 황제"에게 바칠 선물이라면서 검은색 말과 함께하고 있었다. 그러나 그것은 사실 알란인 기독교도들이 교황에게 사신을 파견해 황제를 위해 무심코 보낸 것이었다. 이를 알지 못한 순제는 불랑국佛郎國(프랑크)이 천마天馬를 조공하러 왔다고 말하면서 기뻐했다.

그 피렌체의 타르타르인은 그 검은색 말에 대한 답례로 보내진 수행원일까, 혹은 마리뇰리가 카타이로부터 데리고 돌아온 하인일까? 그러고 보면, 마르코 폴로도 "나의 노예 타르타르인 페트루스"를 소유하고 있었다. 한 줄기 공포의 기억과 모멸의 마음을 담아 그들은 이렇게 부른다. 지금도.

제6장

송원 시대의 동아시아 해역 세계

세키 슈이치

머리말

제6장은 11세기 후반부터 몽골 패권기인 14세기 전반까지를 대상으로 동아시아 해역 세계의 동향에 대해 서술한다.

해당 시기의 일본은 중세 전기前期로 위치가 부여된다. 11세기 후반, 시라카와 상황白河上皇에 의해 원정院政〔친왕에게 양위한 이후 자신이 상황이 되어 정무를 맡는 정치〕이 시작되었고(1086), 장원공령제莊園公領制(또는 장원제莊園制)라 불리는 토지 제도가 성립했다. 11세기 후반이 되면, 무사武士의 대두가 현저해지며, 호겐保元의 난(1156), 헤이지平治의 난(1159)을 거쳐 헤이씨平氏 정권이 성립한다. 지쇼治承·주에이壽永의 내란(겐페이 쟁란源平爭亂)을 거쳐 가마쿠라 도노鎌倉殿를 정점으로 하는 가마쿠라 막부鎌倉幕府가 성립한다. 막부幕府는 교토京都의 조정을 지탱하는 군사 권문權門이자 아울러 동국東國을 지배하는 정권이기도 했다. 13세기에 조큐承久의 난(1221)의 승리를 계기로 많은 고케닌御家人〔가마쿠라 시대에 쇼군과 주종 관계에 있던 무사)이 서국西國 각지의 지토地頭〔가마쿠라·무로마치 시대에 장원·공령을 관리하기 위해 둔 관직의 하나)에 임명되었고(서천고케닌西遷御家人), 황위 계승 등에서 막부가 조정에 개입하는 장면이 늘어났다. 13세기 후반, 세조世祖 쿠빌라이에 의한 "몽고습래蒙古襲來"(1274년 분에이文永의 역役과 1281년 고안弘安의 역)가 발생했다.• 13세기 중반 이후, 몽골에 계속 대응하면서 막부는 싯켄執權 호조씨北條氏 적류嫡流〔적통嫡統)의 당주當主 도쿠소得宗에 의한 전제 정치專制政治가 행해졌다.

한반도에서는 분열된 신라新羅를 대신해 지방 호족豪族 왕건王建이 개성開城(개경開京)을 수도로 삼아 고려高麗를 건국했고, 918년에 재통일했다.•• 역대 고려 국왕은 오대五代의 각 왕조, 오월국吳越國, 북송北宋, 남송南宋의 황제로부터 책봉冊封을 받았다.••• 과거科擧를 채택해 당唐·송宋의 제도를 참고로 관료제를 정비했고, 불교를 국교國敎로 삼았다. 관료는 문관文官(문반文班)과 무관武官(무반武班)으로 구분되었으며, 이들 양반兩班은 토지 소유를 진행하면서 귀족화해갔다. 12세기 말에는 무인武人(무신武臣)정권이 성립했고, 최씨崔氏가 권력을 장악했다. 10~11세기에는 거란契丹의 침공(세 차례)을, 13세기에는 몽골의 침공(여섯 차례)을 받았

• 몽고습래는 (두 차례에 걸친) 몽골의 일본 원정을 일본에서 부르는 명칭으로 "몽골의 침략"의 의미다. 분에이와 고안은 당시 일본의 연호(年號)이고, 역은 "전쟁"의 의미다.

•• "한반도"의 원어는 "朝鮮半島"(조선반도)다. 여기서 "918년에 재통일했다"는 고려가 건국한 해를 의미하고, 한국사에서 고려의 재통일은 고려가 936년에 신라를 병합하면서 후삼국(통일 신라 말기의 신라, 후백제, 후고구려)을 통일하고, 아울러 발해 멸망(926) 후 귀부(歸附)해오는 고구려계 유민들을 받아들인 "민족의 재통일"을 말하기도 한다.

••• 고려는 오대 왕조 중에 후당(後唐)·후진(後晉)·후주(後周)로부터 책봉을 받았고, 오월국으로부터는 책봉을 받은 적이 없다. 북송 초기에는 북송으로부터 책봉을 받았지만, 거란과 정식으로 관계를 맺으면서 북송으로부터는 책봉을 받지 않았다. 아울러 고려는 남송으로부터는 책봉을 받은 적이 없다.

다. 무인 정권은 강화도로 천도遷都해 저항했지만, 최씨 정권은 멸망했고 고종高宗은 몽골(원元)에 굴복했다. 국왕의 상비군常備軍 삼별초三別抄는 강화도에서 진도·제주도로 이동하면서 원과 싸웠으나 패배했다. 거란이나 몽골에 대항하기 위해 두 차례에 걸쳐 대장경大藏經(고려판 대장경)이 간행되었다.

동아시아 해역海域으로 눈을 돌려보자. 전근대 동아시아에서는 중국 왕조를 중심으로 한 국가 간 관계가 형성되어 있었다. 중국 왕조의 황제로부터 책봉을 받은 주변 국가들의 수장이 황제에게 사절을 파견해 조공朝貢하고, 그에 대한 답례로 회사回賜가 있었다. 또한 피책봉국 간에는 서로 사절을 파견해 증답贈答 물품을 주고받는 통교通交 관계도 생겨났다. 외교 사절과 동행하는 해상海商들을 통해 무역이 이루어지는 경우가 많았다.

그것과는 별도로 국가(황제, 국왕 등)의 뜻을 반드시 받들지는 않고, 다른 국가로 바다를 건너가 그 국가 혹은 영주領主 계층과 무역을 하는 해상들이 등장했다. 9세기 전반은 당에 거점을 보유한 신라의 해상들이 활약했다. 9세기 후반부터 그들과 협업 관계에 있는 중국인 해상들이 무역의 주체가 되어 14세기 전반까지 계속 활동했다.

일본과 북송·남송·원 사이에는 외교 관계(사절을 파견하는 통교)가 성립되지 않았으며, 해상과 승려가 교류의 주체였다(榎本, 2007, 2020). 일본의 하카타博多와 중국 강남江南의 명주明州(이후의 경원慶元, 영파寧波) 사이를 오가는, 동중국해 루트(하카타-북부 규슈九州 연안 지역-오도열도五島列島-주산제도舟山諸島-명주)가 주요 경로였다. 이 항로는 대양로大洋路라고 불렸다(橋本, 2005: 122~126쪽; 榎本, 2007: 41~48쪽). 중국인 해상들을 선주船主(경영자)로 하는 정크선이 왕래했고, 때로는 중국 및 일본의 승려가 승선하기도 했다. 북송 시기의 배에 타는 인원은 60~80명으로 추정된다(榎本, 2021a).

일본과 북송·남송 사이의 무역에 대해서는 모리 가쓰미森 克己에 의한 심도 있는 연구가 있다(森, 2008, 2009a·b, 2011). 일본은 도자기, 견직물, 약 등을 수입했다. 이러한 고급 외래품은 "당물唐物"이라 불렸다(河添, 2014; 關, 2015). 북송에서 대량으로 주조된 동전(송전宋錢)은 하카타에도 유입되어 일본 열도列島 각지에서 사용되었다. 일본에서는 화약의 원료가 되는 유황과, 사금砂金, 수은, 진주, 칼, 부채 등이 수출되었다.

고려와 북송·남송·원 사이에는 외교 관계가 성립했고 사절이 왕래했다. 이와 별도로 중국인 해상이나 승려의 왕래도 확인된다. 일본에는 고려 측이 일방적으로 사절을 파견했다.* 일본 조정은 사절을 대재부大宰府에 머무르게 하고, 이들이 교토로 올라오는 것(상락上洛)은 허락하지 않으면서 대재부가 발행한 문서(대재부첩大宰府牒)를 고려에 답신으로 주었다(關, 2017: 94~95쪽). 12세기 이후, 쓰시마섬對馬島의 아문衙門 등에서 고려의 지방 관아로 진봉선進奉船이 파견되었다. 양국의 지방 관아에 의한 관영官營 무역이 이루어진 것이다(李, 1999; 石井, 2017; 近藤, 2019).

또한 한반도나 중국 대륙에서 약탈을 행한 왜구倭寇가 출현한다. 왜구란, 피해를 받은 한반도와 중국 측의 호칭이다. 왜구는 고려에 대해

---

* 고려 측이 일방적으로 일본에 사절을 파견했다는 지은이의 서술은 일본이 고려와의 교류에서 굉장히 소극적이었다는 의미다. 그러나 일본인이 고려에 아예 찾아오지 않은 것은 아니었고, 고려와 일본은 국가 사이의 관계는 수립되지 않았지만 어느 정도의 교류는 있었다고 보아야 할 것이다.

서는 일찍이 10세기 말(997)에 출현했고, 13세기에 여러 차례 확인된다(關, 2017: 101쪽).

제6장에서는 이러한 동아시아 해역의 양상을 최근의 연구에 토대해 묘사하고자 한다. 제1절에서는 동중국해 루트에 위치한 항구 도시 하카타를 다룬다. 하카타는 중세 일본의 최대 무역항으로서 물자가 집산하는 곳이자 선종禪宗 등 이국 문화가 유입하는 곳이기도 했다. 따라서 하카타는 일-중 교류의 요소들을 집약한 공간이었다. 제2절에서는 고려와 북송·남송 사이 교류에 대해 서술하고 중국인 해상을 통한 일본과의 관계에 대해서도 언급한다. 이러한 양상이 몽골 패권기에 어떻게 변화했는지(혹은 변화하지 않았는지)에 대해서는 제3절에서 논의한다. 제4절에서는 일본 열도 주변의 해역에 대해 혼슈本州 등에서 바라본 "남도" 및 "북방"과의 해상 교통과 교역, 서일본에서의 해적의 동향을 서술한다.

서술에서는 고고학의 성과를 적극적으로 받아들인다. 특히 하카타는 역사학과 고고학 등 제 분야 사이 협업이 진전되어 눈부신 성과를 올리고 있다(川添, 1988; 小林他, 1998; 大庭 他, 2008). 출토 유물 중에서는 수입 도자기에 주목한다. 방대한 양의 수입 도자기가 출토되어 그 생산지와 생산 연대를 특정하는 것이 가능하다.

1. 항구 도시 하카타와 선종

홍려관에서 하카타로

일본의 고대 국가(율령 국가律令國家)는 외국 사절의 숙박·접대 등을 위한 시설로서 홍려관鴻臚館을 설치했다. 홍려관은 외교상의 요지인 대재부, 나니와難波와 도성(헤이조쿄平城京, 헤이안쿄平安京)에 설치되었다. 초기에는 객관客館이라 했고, 사가 천황嵯峨天皇의 시대(고닌弘仁 연간 810~824)에 중국식(당唐식)으로 홍려관이라고도 칭하게 되었다.

대재부 홍려관은《일본서기日本書紀》지토 천황持統天皇 2년(688) 2월 기해己亥(10일) 조항에 "축자관筑紫館"이라는 것이 처음으로 보인다. 8세기는 신라의 사절이 일본에 왔는데, 9세기 이후 홍려관은 재당在唐 신라 해상 혹은 중국인 해상을 위한 시설이 되었다. 무역은 대재부의 관리하에 행해졌다. 조정에서 당물사唐物使가 파견되어 양질의 당물을 구입했다(관사선매권官司先買權).

홍려관이 설치된 장소는 근세의 후쿠오카성福岡城의 한 부분에 해당하고, 일찍이 평화대구장平和臺球場〔야구장野球場〕이 있던 곳이다. 1987년부터 2012년까지 후쿠오카시福岡市 교육위원회에 의한 발굴 조사가 진행되어 홍려관의 객관 구역의 개요가 밝혀졌다.

11세기 전반, 재정의 궁핍으로 일본 조정의 해상에 대한 대가代價(무쓰국陸奧國의 사금, 대재부 내의 관물官物)의 지불이 지체되기 시작했다. 그래서 내항한 중국인 해상들의 체류 기간이 6~8년으로 장기화했다(渡邊, 2012). 홍려관 유적 제5기(10세기 후반~11세기 전반)에서 출토된 백자白瓷에는 그 외저外底 부분에 묵서墨書가 있는 도자기가 산견散見된다. 중국인 집단을 가리키는 "강綱"이나 중국 성씨 "오吳", "정鄭" 등의 문자가 확인되고 있다(大庭 他, 2020: 50쪽).

11세기 중엽, 홍려관의 유구遺構와 유물이 갑자기 사라진다. 1047년, "대송국상객숙방大宋國商客宿坊" 즉 홍려관이 방화放火로 소실되었다. 대재부는 그 범인 네 명을 체포해 감옥에 가두었다. 이 방화로 인한 소실을 계기로 홍려관은 폐지된 것으로 생각된다.

이에 반해, 홍려관과 육지 깊숙이 들어간 바다 하나를 그 사이에 둔 동쪽 사구砂丘에 위치한 하카타 유적군에서는 11세기 후반에 이르러 유구와 유물이 급증한다. 이곳에 도시 하카타가 성립한 것으로 여겨진다(大庭, 2019: 19쪽: 大庭 他, 2020: 51쪽).

하카타의 지형과 유통

1977년, 후쿠오카시 하카타구區 기온초祇園町의 한 모퉁이에서 후쿠오카시에서 운영할 지하철 건설에 앞서 매장문화재 조사가 실시되었다. 이 조사에서 확인된 것이 하카타 유적군으로 중세 도시 하카타의 유적이다. 후쿠오카시 교육위원회가 설정한 유적의 범위는 동쪽은 이시도강石堂川, 서쪽은 하카타강으로 구획했고, 남쪽은 데키마치 공원出來町公園에서 후지타 공원藤田公園을 잇는 선이고, 북쪽은 쓰시마 소로對馬小路 부근까지로 약 1.6제곱킬로미터의 면적이다(大庭, 2019: 4쪽).

하카타의 기반 지형은 미발달한 사구砂丘다. 하카타 서쪽에는 석호潟湖 지형이 있고, 그곳에 나카강那珂川과 히에강比惠川(미카사강御笠川의 옛 유로流路)이 흘러들었다. 석호로 흘러드는 하천은 하카타만博多灣으로 나오는 그 바로 안쪽에 위치하고 있다(大庭 他, 2020: 54쪽). 11세기경, 바다 쪽에 새로운 사구가 형성되었고 12세기 초 하카타 해변과 육교 형태로 매립되었다. 이 새 사구는 오키노하마息浜라고 불렸다. 하카타 해변 서쪽의 잘록한 부분과 오키노하마가 중세의 항구로 발전했다(大庭, 2019).

11세기 후반부터 12세기 전반의 항구는 내륙 쪽 사구인 하카타 해변의 서쪽 사면斜面으로 생각된다. 백자가 일괄적으로 폐기된 유구(제

14차 조사)는 파도치는 해안가에서 상품을 폐기했음을 보여준다. 그 지점에서 100미터 정도 남쪽에 위치한 제221차 조사지에서 항만 시설의 일부로 여겨지는 돌무더기 유구가 출토되었다. 확인된 것으로는 전체 길이가 35미터 이상이고, 폭은 1.2미터 정도로 거의 일정하다. 돌무더기의 전면前面에서는 유황이 출토되었으며, 근처의 발굴 조사에서는 젓가락 모양의 금괴와 수은 등이 출토되었다. 모두 일-송 무역의 주요 수출품이다. 일본에서 북송으로 향하는 화물의 적재가 이루어졌음을 알 수 있다. 또한 부젠계 토사기완豊前系土師器椀, 기비계 토사기완吉備系土師器椀, 기나이산 와기畿內産瓦器(구즈하형楠葉型)도 출토되었다.* 이는 세토나이카이瀬戸内海에서 부젠豊前을 통과해 일본 내로 유통되는 항로가 하카타만까지 직접 뻗어 있었음을 증명해준다. 하카타를 결절점으로 하여 일본의 대외 교통과 국내 유통이 서로 연결되고 있었던 것이다(大庭 他, 2020: 54~56쪽).

하카타진당방

11세기, 장기 체류 하게 된 중국인 해상들은 창고, 점포, 주거지를 하카타에 구축했다. 중국인들이 "번이국蕃夷國"("오랑캐 나라")에 거주하면서 무역 활동을 영위하는 것을 주번住蕃이라 부른다. 가메이 아키노리

---

* 부젠은 현재의 일본 후쿠오카현 동부 및 오이타현 북서부에 해당하는 옛 지명이다. 토사기는 일본 야요이(彌生) 토기의 계통을 이어받아 나라(奈良), 헤이안(平安) 시대까지 생산된 토기로, 유약을 바르지 않고 낮은 열에 구워서 만들었다. 완은 밥이나 국물 등을 담는 식기를 말한다. 기비는 현재의 일본 아카야마현 전역과 히로시마현 동부, 가가와현 도서(島嶼) 지역 및 효고현 서부 일대에 해당하는 옛 지명이다. 기나이는 현재의 교토 근방을 가리키는 총칭이다. 와기는 진흙으로 만들어 유약을 바르지 아니하고 구운 그릇이다. 구즈하는 현재의 일본 오사카부 히라카타시에 있는 지명이다.

龜井明德는 하카타의 중국인 해상들에 의한 무역을 주번 무역住蕃貿易이라 부르고 있다(龜井, 1986, 1995).

미나모토노 도시요리源俊賴의 《산목기가집散木奇歌集》(1128년경 완성)에는 에이초永長 2년(1097) 윤정월閏正月 6일에 그의 부친 대재권수大宰權帥 미나모토노 쓰네노부源經信가 대재부에서 사망했을 때, "하카타에 자주 오고 가는 당인唐人이 많이 와서 조문하였다"라고 기록되어 있다. 또한 중국 저장성浙江省 닝보시寧波市 텐이거 박물관天一閣博物館에는 1167년 (남송 건도乾道 3) "일본국태(대)재부 하카타진 거주日本國太(大)宰府博多津居住"의 정연丁淵, "일본국태(대)재부 거주日本國太(大)宰府居住"의 장녕張寧, 중국 건주建州 보성현普城縣 출신으로 일본에 거주하는 장공의張公意 세 사람이 명주(영파)의 사원 문 앞 도로 건설을 위해 돌길 1장丈(대략 3미터) 액수의 돈 10관문貫文을 희사한 것을 새긴 석비石碑 세 점이 소장되어 있다.

12세기에는 중국인 해상들이 거주하는 "하카타진당방博多津唐房"이 성립되었다. 이것이 처음 보이는 것은 서교사西敎寺 소장 《양권소지예기兩卷疏知禮記》 상권 오서奧書에 에이큐永久 4년(1116) 대산선大山船의 습삼랑 선두방襲三郎船頭房이 "하카타진당방"에서 《양권소지예기》를 서사書寫했다는 기록이다.*

당방은 하카타 해안의 서쪽에 위치했던 것으로 보이며, 그곳에서는 중국풍의 막새, 우물의 측면 벽으로 전용轉用된 묶인 통 등이 출토되었다(大庭, 2009: 21~28쪽). 중국인 거주 지역은 원래 "당방唐坊"으로 표기했다. "당唐"은 중국 혹은 넓게는 이국異國을 의미하고, "방坊"은 도시,

---

* 서교사는 지금의 일본 시가현 오쓰시 사카모토에 있는 천태진성종(天台眞盛宗)의 총본산 사원이다. 《양권소지예기》는 《예기(禮記)》에 달린 주석을 간추려서 두 권으로 정리한 책을, 오서는 책의 끝에 서지에 관한 사항 등을 서술한 부분을 말한다.

시장, 가게, 마당, 방 등 즉 도시 내부의 구획된 공간을 의미한다. 하카타의 경우는 방, 여관, 주거지, 건물을 의미하는 "방房"을 일관되게 사용하고 있다(柳原, 2011: 125~126쪽).

하카타 유적군에 보이는 중국인의 흔적

하카타 유적군에서 출토된 수입 도자기는 다음과 같은 특징이 있다(大庭 他, 2020: 51~54쪽).

첫째, 묵서 도자기. 중국 도자기의 바닥 부분이나 몸체 아래 부분에 문자나 화압花押을 묵서한 것이 출토되고 있다. 묵서 도자기는 11세기 후반부터 12세기의 것이 대다수다. 묵서는 "강綱"이라고 적힌 묵서, 인명, 화압, 숫자, 용도를 기록한 것, 한자漢字, 기타 등 일곱 종류로 분류되어 있다(佐伯, 1996). 이 중에서 "강"이라고 적힌 묵서는 "왕王"·"정丁" 등 중국 성씨 다음에 글자 "강"을 이어서 쓰거나 "강사綱司" 혹은 단순히 "강"이라고 적은 것이 있다. 인명은 중국 성씨나 이름을 기록한 것으로 "왕", "임林", "정"이라는 성만 기록한 것과 "왕사랑王四郞", "왕이王二", "진성陳成"이라는 성명을 기록한 것이 있다.

"강"이라고 적힌 묵서, 인명, 화압은 하카타에 중국인이 존재했음을 직접적으로 보여주는 사료다. "강"이라고 적힌 묵서는 중국에서 화물을 선적할 때 그것의 위치를 표시하기 위해 작성된 꼬리표의 용도를 가진 묵서라고 생각된다. 인명, 화압에 대해서도 상인 혹은 선원의 적재 화물을 식별하기 위한 기호로서 작성된 것으로 보인다.

둘째, 상품화 전의 도자기. 가마 도구를 끼워 겹쳐서 구운 상태 그대로 보전된 것으로 가마 도구인 받침대도 출토되고 있다. 중국인 해상들이 생산지에서 가마에서 꺼낸 상태 그대로 도자기들을 사들여서 일본에 반입한 후 한 점 한 점 분리해 상품화한 것으로 추정된다.

셋째, 수입 도자기를 일괄 폐기 한 유구. 백자 완碗 등을 파도치는 해안가에 일괄적으로 폐기한 것(제14차 조사. 앞서 서술) 외에 상품 검수 과정에서 파손을 확인한 도자기를 나무 상자에 넣어 폐기한 것(제56차 조사의 SK028), 화염에 타서 판매할 수 없게 된 도자기를 일괄적으로 폐기한 것(제79차 조사 1827호 유구)이 있다. 모두 12세기 전반의 유구다.

넷째, 도기의 호壺, 옹甕 종류. 대형 호·옹 종류가 다수 출토된다. 수입품의 용기容器로서 들여와 배에서 하역한 뒤 그대로 수옹水甕 등으로 사용된 것으로 보인다.

다섯째, 중국인들의 생활을 장식한 도자기. 12세기를 중심으로 백자, 청백자青白瓷, 청자青瓷 소품들이 출토되고 있다. 수적水滴〔연적硯滴〕, 필가筆架〔붓걸이〕, 등잔, 향로, 인형, 불상 등이 있다. 일본의 다른 지역에서는 거의 출토되지 않는 것들이다. 하카타에 거주한 중국인 해상들이 자신들의 생활을 장식한 물건들이었을 것이다.

이제까지 언급한 것을 종합해보면, 하카타가 중국인 해상들의 영업 거점이었고 그들이 자신들의 생활을 중국풍으로 장식하고자 했거나 혹은 중국에서의 생활 양식을 하카타로 가지고 들어왔음을 알 수 있다. 하카타는 중국인 해상들이 활약하는 무대로서 도시화를 이루었다(大庭 他, 2020: 54쪽).

또한 12세기부터 13세기에 걸쳐 유리를 녹이는 도가니(중국 도기의 수주水柱를 전용轉用한 것)와 유리로 된 작은 항아리 및 뚜껑, 접시 같은 용기 조각, 편평한 유리 조각, 작은 구슬, 막대형 제품 등 다양한 유리 제품이 출토되고 있다. 이러한 유리 제품들은 분석 결과 칼륨 납 유리임이 밝혀졌으며, 이로써 송대에 등장하는 크리스털 유리의 생산 기법이 하카타에 전해지고 있음을 알 수 있다(大庭 他, 2020: 61쪽).

하카타 강수

하카타 거주 중국인 해상들의 중심은 "강수綱首" 또는 "선두船頭"라 불린 사람들이었다. 이들은 선주船主와 같은 경영자를 가리키는 것으로 생각된다. 강수는 일본의 사원·권문權門에 귀속되어 그들을 자신의 후원자로 삼았다. 무역선 파견은 강수 개인이 행한 것이 아니었고 그 배후에 사원과 권문이 자리하고 있었다. 형식상 무역선 파견 주체는 사원·권문이었고, 하카타 강수는 그 청부인請負人〔도급인都給人〕이었다(榎本, 2007: 71~72쪽). 무역 자본은 하카타 강수 개인의 상품, 이들의 후원자인 사원·권문 혹은 일반인의 출자出資로 구성되었다. 귀국 후 해상들은 청부금을 권문에 지불했다. 유력 사원에서 조직된 산승山僧, 히요시신인日吉神人, 하치만신인八幡神人 등이 국내의 유통을 담당했고, 해상과의 분업이 확인된다.[•] 하야시 분리林文理는 이러한 무역 형태를 권문 무역權門貿易이라 부른다(林, 1998).

1218년, 산문山門(비예산연력사比叡山延曆寺) 말사末寺의 대산사大山寺에 소속된 장광안張光安이 하코자키궁유수筥崎宮留守 행편行遍과 행편의 아들 광조光助에 의해 살해되었다고 하는 "장광안 살인사건"이 일어났다. 장광안은 "신인통사선두神人通事船頭"(《화정요략華頂要略》)라고 표기되어 있고, 대산사의 신인이자 통사通事(통역)와 선두(강수)를 겸하고 있던 것을 알

• 히요시신인에서 "히요시"는 히요시대사(日吉大社)를 가리키는 것으로 현재의 일본 시가현 오쓰시 사가모토에 위치한 신사(神社)다. "신인"은 일본 고대·중세의 신사에서 신사의 사무를 보조하거나 잡역을 담당하던 사람을 말한다. 하치만신인에서 "하치만"은 하치만신(八幡神)을 가리키는 것으로 일본에서 숭배되는 무운(武運)의 신을 말한다.

수 있다(大庭, 2019: 102~105쪽).

또 다른 유명한 하카타 강수로는 사국명謝國明이 있다. 그는 남송의 수도 임안臨安 출신으로 전해진다. 남송에서 귀국한 엔니円爾(성일국사聖一國師)에게 깊이 귀의했다. 1232년, 엔니를 해치려고 한 대재부 유지산有智山(대산사)의 의학義學(선종에 적의를 품고 있던)으로부터 그를 지켰다. 1242년, 하카타에 승천사承天寺를 창건하고 엔니를 초빙해 그를 개산開山(절이나 사원을 처음 세우거나 종파를 새로 연 승려)으로 삼았다. 1243년에는 엔니의 권유로, 몇 년 전에 소실된 임안(항주杭州)의 경산만수선사徑山萬壽禪寺(남송의 선원禪院 오산五山 중 제1위)의 재건 자금으로 목재 1000매枚를 보냈고, 그 사원의 무준사범無準師範으로부터 예장禮狀("이타와타시板渡 묵적墨蹟")을 증여받았다(西尾, 2011).•

하카타 선禪

선종 사원에서는 비품備品으로 의식에 사용되는 나한羅漢이나 달마 그림, 화병, 촛대, 향로, 향합香盒 등의 불구류佛具類가 필요했다. 그래서 북송이나 남송에서 제작된 청자, 퇴주堆朱(붉은 옻칠을 두껍게 여러 번 칠하고 무늬를 새긴 공예품), 동기銅器 등의 당물이 수집되었다.

12세기 말에 두 차례 송에 들어간 묘안 에이사이明庵榮西가 개산이 되어 일본 국내 최초의 본격적인 선사禪寺인 안국산安國山 성복사聖福寺가 하카타에 창건되었다. 이곳은 원래 "하카타 백당百堂의 땅"이라 했는데, 중국인의 묘소에서 유래한 것으로 생각된다(龜井, 1986: 218쪽). 성복사

• 무준사범은 중국 남송의 임제종(臨濟宗) 승려를, 예장은 사례(謝禮)의 뜻으로 보내는 서한을 말한다. 이타와타시의 묵적에서 "이타와타시"는 "목재를 전달함"을, "묵적"은 "붓으로 쓴 기록이나 문서"를 뜻하므로 이타와타시의 묵적은 목재를 전달해준 것에 대한 감사 편지를 말한다.

의 창건을 실질적으로 원조한 사람은, 묘안 에이사이의 《홍선호국론興禪護國論》 말미의 〈미래기未來記〉(겐큐建久 8년(1197) 8월 23일)에 보이는, "진서하카타진鎭西博多津의 장국안張國安" 등 중국인 해상이었다(伊藤, 2021: 231쪽). 묘안 에이사이는 이후 교토에 건인사建仁寺, 가마쿠라鎌倉에 수복사壽福寺를 개창했다.

사국명의 지원을 받아 하카타에 만송산萬松山 승천사를 창건한 사람이 엔니다. 엔니는 1235년 하카타에서 히라도平戸를 경유해 남송의 경원慶元에 도착했다. 만수선사의 무준사범을 따르면서 인가印可〔사승師僧이 제자의 득법得法 또는 설법을 증명하고 인가하는 일〕를 받았다. 1241년, 경원 정해현定海縣(지금의 닝보시寧波市 전하이鎭海)에서 출항해 탐라耽羅(제주도)를 거쳐 하카타에 도착했다. 대재부에 숭복사崇福寺를, 히젠국肥前國에 만수사萬壽寺를 창건했고 1242년에 하카타 승천사의 개산이 되었다. 이듬해에 교토의 구조 미치이에九條道家로부터 초빙을 받고 교토로 가서 동복사東福寺의 개산이 되었다.

이처럼 선종이 처음 전해진 지역인 하카타의 선종 사원은 하카타 강수 등 중국인 해상의 활동과 일체화한 것이었고, 송-원 문화의 이입에 깊이 관여하게 된다(伊藤, 2021: 233쪽).

중국 도자기로 보는 무역 시스템의 변화

11세기 후반부터 12세기에 걸쳐 하카타 유적군에서 출토되는 수입 도자기의 종류와 형태는 매우 다양하다. 이 시기는 중국의 화남華南 지방(지금의 장시성, 광둥성, 푸젠성)에서 생산된 백자가 주를 이루고 그 형태가 다양하다. 또한 복건성福建省 민강閩江 상류의 건요建窯에서 구워진 다구茶具인 천목완天目碗이 출토되었는데, 이것들은 하카타에 거주한 중국인 해상들이 사용했던 것으로 여겨진다(大庭 他, 2008: 113~115쪽).
12세기의 일괄 폐기 유구를 근거로 하면, 하카타에는 다양한 백자 완
이 실려 왔고 중국인 해상들의 창고에 보관되었으나, 이것들은 일본인
의 기호와 맞지 않아서거나 국내 수요가 없어서 유통되지 못한 상품
이었던 것으로 생각된다. 반입된 상품에 대한 수요는 대재부가 하카타
에서 검수해 상품 목록을 작성한 후에 발생했다. 반드시 국내 수요에
부합하는 상품이 실려 온 것은 아니었다(大庭 他, 2020: 58~59쪽).

　12세기 후반이 되면, 이렇게 유통이 되지 않는 도자기의 형태는 감
소한다. 대재부에 의한 무역 관리가 이루어지지 않게 되면서 중국인
해상과 일본 국내 사이의 직접적 접촉이 이루어졌다. 국내 수요를 근
거로 한 상품의 선별이 이루어지게 된 것으로 보인다(大庭 他, 2020:
59쪽). 이 시기는 방룡천요倣龍泉窯(이른바 동안요同安窯 계열)의 빗살무늬
청자, 절강성浙江省 용천요龍泉窯 계열의 획화劃花무늬 청자 등의 청자가
주를 이루었다. 천목완이 증가했고, 경덕진요景德鎭窯의 청백자도 출토
되고 있다(大庭 他, 2008: 117~119쪽).

　13세기가 되면, 하카타에서 출토되는 도자기에 개성이 사라지고 일
본 전국 각지에서 볼 수 있는 것들만 남게 된다(大庭, 2019: 77~78쪽; 大
庭 他, 2020: 59쪽). 절강성 용천요 계열의 연판蓮瓣 무늬 청자 완이 그 대
표다. 이러한 경향은 사원·권문 등의 당물에 대한 수요에 부합하는 상
품을 해상들이 선별한 결과는 아닐까?

2. 고려와 북송·남송 사이의 해역 교류

중국인 해상의 고려 내항

북송 건국(960) 이후, 중국인 해상들은 중국과 한반도 사이를 활발하게 왕래하게 되었다. 고려의 수도 개성(개경)의 외항外港이 있는 예성강禮成江에는 조운漕運을 통한 조세 물품이 집하하는 동시에 중국 사절이나 해상들이 입항했다. 이러한 물품들이나 사람들은 예성강에서 하역하거나 상륙한 후 왕성王城으로 들어갔다. 12세기 전반, 궁성 남문의 바깥쪽에는 중국인 해상들을 위해 청주관淸州館, 충청관忠淸館, 사점관四店館, 이빈관利賓館 등 네 개의 객관을 마련해두었다. 개성에는 다수의 중국인이 거주하며 중국인 집단 거주 사회를 형성하고 있었던 것이다(山內, 2003: 198, 200, 211쪽).

중국인 해상들은 1012년 이후, 거의 매년 고려에 도항해 무역을 하고 있었다. 중국인 해상들이 내항하면 고려의 관인들이 환영하고 그들에게 객관을 지정해준 뒤, 장령전長齡殿에서 해상들이 국왕에게 바치는 진상품을 받았고 그 가치를 헤아려 해상들에게 몇 배의 답례를 내렸다. 이 진상품은 하위의 사람이 상위의 사람에게 바치는 물품을 의미하는 "방물方物"이라 불렸다. 해상들은 고려 국왕의 팔관회八關會나 탄신일 등의 국가적 의례에 참석했다(山內, 2003: 203~204, 215~216쪽).

중국인 해상들은 송-고려 사이 외교의 일부를 담당하기도 했다. 송에서 고려로의 통교에는 송 황제의 조서 전달, 송의 정치 정보 전달, 송의 군사 정보 전달의 사례가 있고, 고려에서 송으로의 통교에는 공문서 전달, 고려 정부 주문 상품 조달의 사례가 있다(山內, 2003: 207~209쪽).

고려와 거란 사이 본격적 수교에 따라 1030년대부터 고려-북송 사이에 사신(외교 사절) 왕래는 단절되었다. 11세기 후반, 북송의 신종神宗은 신법新法 개혁을 시작하고 아울러 적극적인 대외 정책을 취했다. 고려의 문종文宗도 북송과의 외교 회복을 원했다. 고려에 왕래하고 있던 복건 출신의 해상 황신黃愼의 중재로 고려와 북송 양국 사이에 외교가 재개되었다. 1071년, 고려는 약 40년 만에 북송으로 사신을 파견했고, 1078년에는 북송의 사신이 고려를 방문했다. 이후, 북송이 멸망하고 남송(1127)이 성립하는 직후까지 북송과 고려 양국 간에 사신의 왕래가 지속되었다(森平, 2017: 200쪽).

정강靖康의 변變(1126~1127)으로 여진女眞이 건국한 금이 북송을 멸망시키자, 남송은 고려에 거듭해 사신을 보냈고 금에 대항하기 위한 제휴를 요청했다. 고려는 이에 응하지 않았다. 1130년대 이후로는 고려와 남송 양국 사이는 외교 사절의 왕래는 보이지 않게 되고, 해상들이 왕래하는 관계로만 남게 되었다(森平, 2017: 201쪽).

고려와 북송·남송 사이의 항로

다음으로 고려와 북송·남송을 잇는 항로를 살펴보자(森平, 2017, 2021).

개경 근교를 남쪽으로 흐르는 예성강의 하구에 있는 벽란도碧瀾渡가 고려 측의 출발지였다. 벽란도에서 황해를 횡단해 산동반도山東半島에 이르는 북방 항로와, 한반도 남서 연해를 경유해서 동중국해를 비스듬히 횡단해 강남에 이르는 남방 항로가 있었다.

고려와 연결되는 북중국의 창구 항구는 11세기 초까지는 산동반도 북안의 등주登州였다. 그러나 이 창구 항구는 북송이 고려와 일시 단교하고 거란에 대한 경계 체제를 강화하면서 11세기 전반에는 공식적으로는 폐쇄되었다. 11세기 후반에 송과 고려가 다시 통교한 후, 북중국의 창구 항구는 산동반도 남부의 밀주密州 판교진板橋鎭에 열렸다.

남방 항로로는 당 말기 이후, 중국 동남 연해 지역이 경제의 중심으로 부상하는 과정에서 명주가 고려 및 일본으로 향하는 지정指定 무역항으로서 발달했고 여기에 시박사市舶司〔중국 당대唐代부터 해상 무역에 대한 모든 사무를 맡아보던 관아〕가 설치되었다. 남송 시기를 포함해 일관되게 간선 항로로 기능한 것은 남방 항로였다.

고려와 북송 사이의 무역

고려의 경우 북송과의 외교는 무역이나 문물을 도입하는 성격이 강했다. 고려 국왕이 북송 황제에게 조공하고, 이에 대한 답례로 회사를 통해 조공하는 측은 양질의 많은 문물을 입수할 수 있었고 그 이익은 컸다(森平, 2017: 201쪽).

조공과 회사를 통해 입수할 수 있는 고급 문물은 고려의 위정자爲政者들이 목표로 하는 체제 정비나 문자 진흥에 필요한 것이었다. 예를 들면, 송에서 판각한 대장경이나 《문원영화文苑英華》·《태평어람太平御覽》·《책부원구冊府元龜》 등의 유서類書(백과사전), 약재, 궁정 음악과 그 악기, 회화 등이 있었으며, 의사醫師나 화공畵工과 같은 특수한 기능을 가진 인재의 초빙도 포함되어 있었다(森平, 2017: 201쪽).

고려가 북송에서 수입한 물품으로는 견직물, 중국 도자기 등의 공예품, 서적, 약재, 향료, 차 등을 들 수 있다. 특히 약재나 향료에 대해서는 동남아시아나 인도양 방면과의 무역을 통해 중국에 유입된 것들도 포함된다. 공작이나 앵무새, 설탕 등도 그러한 남방 물산의 하나다. 고려에서는 금, 은, 인삼, 마포, 세저細紵(모시포), 호피, 송자松子〔소나무 열매의 송이. 솔방울〕, 부채, 화문석, 고려청자, 종이, 붓, 먹 등이 북송으로 수출되었다(森平, 2017: 202쪽).

중국 도자기의 고려 유입

북송이나 남송에서 고려로 수입된 물품 중에서 구체적 양상을 알 수 있는 것은 도자기다. 하카타에서의 검토와 마찬가지로, 출토량이 많고, 생산지나 생산 연대의 특정이 가능하다. 고려가 북송이나 남송과의 사이에서 형성하고 있던 교역망의 일면을 이를 통해 알 수 있다.

고려가 수입한 중국 도자기의 특징을 살펴보자. 이명옥李明玉에 따르면, 고려 시대의 육상陸上 유적(한반도 본토)에서 출토되는 중국 도자기에는 다음과 같은 경향이 있다(李, 2021).

시기로는 고려 중기(12~13세기)의 유적에서 다량의 중국 도자기가 출토되고 있다. 이러한 도자기는 경기도, 충청도, 전라도, 경상도, 제주도 지역에서 확인되었고 궁성·관청 관련 유적, 사찰(사원 터), 건물의 터, 분묘 등에서 출토되고 있다.

그 대부분을 차지하는 것은 북송의 백자다. 고려 내에서는 백자에 대한 소비 욕구가 높았으나, 질적으로 뛰어난 백자의 생산은 어려운 환경이었다. 비교적 품질이 좋은 정요定窯·경덕진에서 생산된 백자가 주로 소비된 점으로 미루어, 그것들은 주로 고려 백자의 대체품으로서 소비된 것으로 생각된다. 개성이 최대의 북송 백자 소비지였고, 상류층 거주 지역에서 출토된 것들이 가장 질이 좋다. 이로 미루어, 북송 백자는 양반들이 자신들의 부와 실력을 과시하는 수단 즉 위신재威信財로서 전유專有하고 사용한 것으로 보인다. 이들 백자는 고려 사신이 북송을 왕래할 때 구입했을 가능성이 있다.

중국 청자는 일부 지역에서 소량이 확인되는 정도다. 고려는 상감

청자象嵌靑瓷 등의 뛰어난 청자를 제작하고 있었고, 상당량의 고려청자
가 북송·남송에 수출되었다. 따라서 청자는 그 수요가 백자보다 낮았
을 것으로 보인다.

한국에서는 조수 간만의 차이가 심해 매우 험한 곳인 한반도 서해
안을 중심으로 침몰선의 조사가 활발하게 이루어지고 있다. 태안泰安
마도馬島 지역과 신안新安 흑산도黑山島 지역에서는 앞에서 살펴본 육상
유적으로부터의 출토 사례가 없는 중국 도자기가 발견되었다. 전자의
생산지는 복건성·광동성廣東省·강서성江西省·절강성 일대로 추정되고,
그중에서도 복건성의 것이 많다. 하카타 유적군에서 대량으로 출토된
도자기와 유사하며 "임강林綱", "양강楊綱", "정강鄭綱", "강사綱司" 등이
묵서된 도자기를 확인할 수 있다. 후자는 55점의 도자기 중 남송 시대
용천요의 청자 완과 명皿이 많고 그 외 복건성의 흑유黑釉 완과 백자 완,
명 등이 있다.* 대략 12세기 중후반~13세기 전반 남송 시대의 용천요
청자가 주류를 이루고 있다. 이 해역은 고려-남송 사이의 남방 항로에
위치해 있다.

의천 속장경과 중국인 해상

고려 국왕 문종의 왕자 의천義天은 화엄종華嚴宗 등 내외의 학문들을 배
우고 승관僧官의 최고위인 승통僧統에 올랐으며 이후 대각국사大覺國師의
시호諡號를 추증받았다. 북송으로 건너가 화엄종의 정원淨源과 천태종
의 종간從諫 등에게 배우면서 불교 서적의 수집에 힘썼다. 귀국한 후 주

---

* 명은 일반적으로 윗면이 넓게 열려 있는 식기 중에서 얕고 평평한 형태를 가리킨다. 흑유는 검
은 빛깔의 도자기 유약을 말한다.

지가 된 개성 근교의 흥왕사興王寺에 교장도감教藏都監을 설치(1086)하고 송·요·일본과 고려에서 널리 불교 서적을 모아 《속장경續藏經》 4000여 권으로 간행했다(의천판義天版).

북송의 천주泉州 출신 해상들은 의천과 친밀한 관계였고, 의천판 속 장경을 입수할 수 있었다. 해상들은 하카타로 건너오면서 의천판 속장 경을 일본에 가져왔다. 중국인 해상 네트워크가 일본으로 의천판 속장 경을 가져오게 한 것이다(原, 1999, 2006; 橫內, 2020).

3. 원과 고려·일본 사이의 해역 교류

하카타 선종의 전개

두 차례에 걸친 몽고습래로 하카타는 큰 피해를 입었고, 당방의 흔적 은 보이지 않게 되었다. 하카타만에는 몽골 대비책으로 석축지石築地(원 구방루元寇防壘)가 만들어졌다. 석축지는 오키노하마〔하카타만 연안부〕를 파도 등에 의한 침식으로부터 지키는 방파제의 역할도 해서, 13세기 후반 이후 하카타의 도시화가 진행되었다(大庭, 2019: 24쪽; 伊藤, 2021: 236쪽). 하카타 선종은 가마쿠라와 밀접한 관계를 가지면서 새로운 전 개를 보이고 있다.

도래승渡來僧 란케이 도류蘭溪道隆에 의해 하카타에는 송풍宋風의 순수 선종이 도입되었다. 고쿠쇼마치御供所町〔지금의 일본 후쿠오카현 후쿠오카시 하카타구〕에 있는 서송산瑞松山 원각사円覺寺는 란케이 도류를 처음 받아 들인 사원이다. 이후 란케이 도류는 호조 도키요리北條時賴의 보호를 받 아 가마쿠라에 건장사建長寺를 개창했는데, 이 사원은 가마쿠라 막부의 대륙 정보 중심지라는 의미도 있었다(伊藤, 2021: 234쪽).

막부는 최신의 대륙 정보를 가지고 귀국한 입송승入宋僧 난포쇼묘南甫紹明를 대재부 슈고쇼守護所의 무토씨武藤氏(쇼니씨小貳氏)와 친제이鎭西에서 활동한 호조 도키사다北條時定의 외교 고문으로 삼기 위해 메이노하마姪浜의 홍덕사興德寺(개기단월開基檀越은 호조 도키사다)로 내려보냈다.* 난포쇼묘가 몽골의 국신사國信使 조량필趙良弼과 시문詩文을 교환하고, 이후 대재부 숭복사에 장기간 체류한 것은 막부의 대원對元 정책의 일환이었다. 하카타의 선종 사원은 가마쿠라와 직결되는 막부의 출장 기관이었다(伊藤, 2021: 234쪽).

오키노하마에는 석성산石城山 묘락사妙樂寺가 창건되었다(1316). 현재 묘락사는 하카타 해변의 고쿠쇼마치에 있지만, 원래는 오키노하마의 석축지 옆에 위치해 있었다. 묘락사의 역사는 1316년에 하카타 주민들이 오키노하마에 건물 한 채를 건립한 데서 시작된다. 1346년, 단월[시주]들이 힘을 모아 불전佛殿을 조영造營했고, 난포쇼묘의 제자 게쓰도 소키月堂宗規를 개산으로 삼아 선종 사원이 성립했다고 한다(伊藤, 2021: 236쪽).

일본과 원의 무역
─사사조영료당선

몽고습래 이후, 오히려 일본과 원의 무역은 활기를 띠고 있었다. 14세기에 들어서면, 거의 매년 무역선이 일본과 원 사이를 왕래했고(木宮, 1955: 410~415쪽), 일-원 무역은 일-송 무역과는 달리 권문이 해상을

---

* 슈고쇼는 중세 일본에서 슈고(守護) 곧 가마쿠라·무로마치 시대에 각 지방의 경비·치안을 위해 파견된 지방관들이 거주한 관저의 소재지를 말한다. 개기단월은 사찰을 창건할 때 재정적 또는 경제적 지원을 한 특히 중요한 신도나 시주(施主)를 일컫는다.

신인·기인寄人 등의 형태로 조직한 흔적이 없어 기존과 같은 분업은 보이지 않는다.* 그러나 권문이 해상의 청부를 통해 선박을 파견하는 구조는 변하지 않아 일-원 무역의 큰 틀은 일-송 무역을 계승한 체제였다고 생각된다(榎本, 2014: 100~101쪽).

14세기 전반, 하카타-경원 대양로를 항로로 삼은 무역선인 사사조영료당선寺社造營料唐船이 왕래했다. 해상들이 대양로를 왕복하는 무역선에 대해 가마쿠라 막부와 무로마치 막부室町幕府가 일본으로부터의 한차례 왕복에 한해 "조영료당선"의 간판을 거는 것을 허락해 선박의 영해 내 안전을 보장했다. 그 대가로 해상들은 무역 이익의 일부를 사사寺社〔사원과 신사〕의 조영 비용으로 거출했다(村井, 2013). 이와 관련해 나카무라 쓰바사中村 翼는 해상이 막부에 대한 의존도를 높였다는 점을 지적하고 있다(中村, 2021: 222쪽).

1975년에 대한민국 전라남도 신안군 지도면智島面(지금은 증도면曾島面) 방축리防築里 도덕도道德島 앞바다에서 확인된 신안 침몰선은 중국에서 건조된 정크선이다. 탑재된 꼬리표 목간木簡을 통해 1323년(원의 지치至治 3)에 중국의 경원을 출항해 일본의 하카타로 향하다가 앞서 언급한 지점에서 침몰한 것이 밝혀졌다. 선체의 길이는 대략 28미터이고 최대 폭은 약 9.3미터다. 유물의 총수는 약 2만 2000점이었고, 그중 약 2만 점은 용천요 청자를 중심으로 하는 중국 도자기다. 침몰선은 고려청자 7점(12~14세기에 생산된 골동품), 천목완(건잔建盞), 800만 매 이상(약 28톤)의 동전銅錢, 자단목紫檀木, 호초胡椒〔후추〕, 주석 덩어리 등을 싣고

---

* 기인은 조정의 관아에서 일하는 사람을 말하는데, 여기서는 신사에서 일하는 관리인 신인과 같은 의미다.

있었다.*

신안 침몰선은 1319년에 화재로 소실된 동복사(교토)의 재건을 위한 사사조영료당선이었던 것으로 보인다. 동복사는 최대이자 "공적公的"인 하주荷主〔하물荷物의 주인. 화주貨主〕였으나 어디까지나 다수의 하주 중 하나에 불과했으며, 신안 침몰선은 하코자키궁筥崎宮 등 다수의 하주의 하물을 함께 선적한 "기합선寄合船"이었다(村井, 2013: 255쪽). 고급 물품에만 치우치지 않고 다양한 계층의 수요에 부응하는 상품을 실었던 것이 사사조영료당선의 실제 모습이었다고 생각된다(關, 2015: 73쪽).

에노모토 와타루榎本 涉의 시산試算에 따르면, 남송 말과 원대의 일-중 무역선의 승무원 수는 함께 탄 사람을 포함해 백수십 명에서 250명 이상에 달하기도 했다고 한다(榎本, 2021a). 또한 에노모토는 1305년 이후 입원승入元僧〔일본에서 원나라에 건너간 불승〕에 대해 1년에 평균 도항인은 11~18명 정도라고 추산하고 있다(榎本, 2021b).

지대의 "왜구"

이렇게 일-원 무역은 활발했던 반면, 14세기 전반에 왜인 해상(왜상倭商)들은 수차례 원에서 폭동 사건을 일으켰다(榎本, 2007: 120~133, 140~155쪽; 2020, 186~189쪽).

1309년, 경원에서 최초의 "왜구" 사건으로 원의 연호年號를 취해 지대至大의 "왜구"라 불리는 사건이 발생했다. 경원의 이졸吏卒들이 "도이島夷"로부터 재물을 빼앗으려 하자, 도이들이 자신들이 소지하고 있던 유황

---

* 건잔은 중국 송나라 때 건요(建窯)에서 생산된 찻잔으로, 복건성 건양(建陽) 수길(水吉) 일대의 철분 함량이 높은 점토를 흙으로 삼아 구워 만든 것이다.

을 이용해 성城에 불을 질러 "관부官府·고가故家〔세가世家〕·민거民居"가 거의 전소되었다.* 그 이후에도 경원에 내항한 왜선들에 의한 "왜구" 사건이 발생했고 원은 경비 체제를 강화했다.

1335년 여름 무렵, 경원에 무역을 하러 온 왜선들은 경원의 "상관上官"에게 뇌물을 바쳤다. 그러나 이들은 거래가 생각대로 진행되지 않았는지 창국昌國〔지금의 저장성 저우산시舟山市〕에서 약탈을 행했다(원통元統〔원의 연호〕의 "왜구"). 같은 해 7월에 확립된 원의 바얀 정권 치하에서 왜선의 입항이 금지되었다.

이 모든 사건은 시박사에서 정식 거래를 희망하면서 일본에서 내항해온 해상들의 폭동이었다. 그 원인은 경원의 관리들이 해상들로부터 재물을 빼앗은 데 있었다. 후대의 전기 왜구前期倭寇와 같은 조직적·계획적 약탈은 아니었다.**

그 결과, 일-원 무역은 1335년부터 1343년까지 단절되었다. 1342년에 원으로 파견된 천룡사선天龍寺船(천룡사조영료당선天龍寺造営料唐船. 무로마치 막부의 보호를 받았다)은 한동안 입항이 허가되지 않았으나, 인내심을 가지고 교섭을 한 결과 이듬해에 무역이 허가되어 일-원 무역이 재개되었다.

고려와 원의 무역

몽골 황실에서는 특정한 인족姻族(몽골어로 쿠다)과 대대로 통혼하는 관

• 이졸은 사병(관병官兵) 또는 하급 관리를 말하며 여기서는 후자의 의미로 쓰였다. 도이는 문자 그대로는 "섬 오랑캐"이며 여기서는 일본인들을 말한다.

•• 전기 왜구와 후기 왜구(後期倭寇)는 일본 역사학계에서 왜구를 그 활동 시기에 따라 분류한 것으로, 전기 왜구는 14~15세기의 왜구를, 후기 왜구는 16세기의 왜구를 말한다.

습이 있었다. 몽골에 복속한 고려 왕가에는 황실의 황녀나 왕녀(한어로는 모두 공주公主라고 칭한다)를 시집보냈다. 1274년, 젊은 왕이었던 충렬왕忠烈王이 세조 쿠빌라이의 딸 쿠틀룩켈미시와 혼인한 것이 그 최초의 사례다. 몽골 황실의 사위를 몽골어로는 구레겐, 한어로는 부마駙馬라고 한다. 고려 국왕은 부마라고 하는 몽골 왕후귀족의 일원이 된 것이다(森平, 2011, 2017).

13세기 후반부터 14세기 전반까지의 몽골 패권기에 한반도와 중국 간의 해상 교통과 무역에 대해서는 모리히라 마사히코森平雅彦의 연구에 근거해 서술한다(森平, 2021).

고려가 원에 정치적으로 통합되자, 원이 필요로 하는 물자를 고려에서 반출하고, 고려가 필요로 하는 물자를 원에서 제공하거나 혹은 원에 체류하는 고려 왕족에게 자재資材를 보내는 등의 목적으로 해상을 통한 물자 수송이 고려와 원의 공권력에 의해 실시되었다.

13세기 후반, 고려와 요동 지방 사이에서 부족한 식량을 서로 제공하는 사업이 실시되었다. 고려와 북중국 사이에서는 원이 요구하는 물자나 대도大都[지금의 베이징]에 체류하는 고려 왕족 일행에 대한 반전盤纏(여비 혹은 체재 경비)이 수송되었다. 전자에 대해서는 궁전 건축용 자재로서 대목大木(1272), 사원 건축용 자재(1309)가 원의 요구에 따라 운반되었다.

13세기 말에는 남중국에서 식량난으로 고통을 겪는 고려로 식량 수송이 집중적으로 이루어졌다. 1290년대 전반前半에 식량 수송을 담당한 것은 남중국에서 대도로 세량稅糧 수송을 청부받은 해도운량만호부海道運糧萬戶府의 관계자들이었다. 출항지는 장강長江 하구의 태창太倉[지금의 장쑤성 쑤저우시 소재]이었고, 도착지는 직고直沽[지금의 톈진天津]였다.

이러한 공적 물류를 배경으로 고려와 원 사이에 해상 무역이 전개되었다. 몽골 패권기의 큰 변화로는 북송 멸망 이후 적어도 표면적으로는 단절되었던 고려와 북중국 사이 무역이 부활한 점을 언급할 수 있다. 유라시아 규모의 거대 제국의 정치·경제 중심으로서 대도가 발전했고, 그 외항外港으로서 직고라는 새로운 허브가 부상한 것이 그 배경에 있다. 그러나 대도 방면과의 무역이 사료에 나타나는 것은 시기적으로 늦어 1341년에 "대도 상인大都商人"이 고려를 방문해 해적선 30여 척의 흉악한 행동을 통보한 것이 그 최초의 기록이다.

고려의 경우 남중국과의 무역은 고려가 건국 이래 원에 신속臣屬할 때까지 대對중국 무역의 중심이었다. 남중국에 뿌리를 둔 "송상宋商"이 고려를 방문했다. 1278년, "송상" 마엽馬曄이 방물을 고려 국왕에게 진상했고 내정內庭에서 연회를 받았다. 1288년에는 "송상" 고개顧愷와 육청陸淸 등이 고려를 방문해 물품을 진상했다. 1298년, 원에 망명해 천주에 거류하고 있는 남南인도 "마팔국馬八國"의 왕자 우합리宇哈里의 사신이 고려를 방문해 은사모銀絲帽, 금수수박金繡手箔, 침향沈香, 토포土布를 진상했다.

고려 왕실과 조정에 의한 무역도 이루어졌다. 1295년경, 충렬왕비 쿠틀룩켈미시 공주가 인삼과 송자를 "강남"으로 보내면서 무역을 했다. 1304년, 관료들에게 은과 포布를 거출하게 해서 국학國學[고려 시대의 중앙 교육 기관]의 운영 자금으로 충당했다. 그 남은 재물을 가지고 박사博士 김문정金文鼎 등을 "중원中原"으로 보내 선성先聖·칠십자七十子의 화상畫像[초상화], 제기祭器, 악기樂器, 육경六經·제자諸子·역사 서책을 구입하게 했다.*

일본-중국 사이와 마찬가지로, 고려와 중국 사이에서도 바다를 통한 승려의 이동은 그가 탑승한 무역선의 존재를 시사한다. 고려와 북중국 사이에서는 1334년에 고려의 승려 중향中向이 해로를 이용해 대도로 건너왔다. 고려와 남중국 사이에서는 고려의 승려 식무외式無外가 해로를 이용해 "강남"으로 향했다. 1304년에는 "강남"의 승려 철산소경鐵山紹瓊이 바다를 건너 고려에 왔다.

4. 일본 열도 주변 해역 교류의 활성화

몽골 패권기인 13세기 후반이 되면, 중국인 해상들의 활동으로 자극받은 일본 열도 주변 해역에서의 교통·유통이 활성화되었다. 여기서는 다네가시마種子島, 야쿠시마屋久島 이남의 "남도南島"의 물자 교역(關, 2020)과 이지마夷島 등 "북방北方"과 교토를 연결하는 동해 항로에 대해 살펴보고자 한다.**

"남도" 교역

10~11세기 전반, "남도"에서는 적목赤木, 야구패夜久貝, 빈랑檳榔이 일본의 교토로 들어왔다. 적목은 친왕위기親王位記나 사경축寫經軸, 대도大刀의 손잡이, 빗 등으로 활용되었다. 야구패는 야광패夜光貝로 술잔이나 나전螺鈿의 재료였다. 빈랑은 부채·도롱이에 활용되었다.*** 빈랑모거檳榔毛車

• 중원은 중국의 황허강 중류의 남부 지역, 또는 중국의 중심부나 중국 땅을 지칭한다(여기서는 후자). 선성은 옛날의 성인이나 중국의 주공(周公)을 가리킨다(여기서는 전자). 칠십자는 공문(孔門) 곧 공자(孔子) 문하에 있던 사람들 중 재능이 뛰어난 70여 명의 제자를 말한다.
•• "동해"는 원서에는 "日本海"(일본해)라고 되어 있다.

는 천황, 상황, 4위四位 이상의 귀족만 사용이 허가된 우거牛車였다(山里, 2012).

"남도"의 북송으로의 주요 수출품으로는 유황硫黃이 있었다. 북송에서는 흑색 화약이 개발되었고 그 원료로서 유황이 필요했다. 일본의 유황 산지는 주로 사쓰마국薩摩國 이오지마硫黃島(가고시마현鹿兒島縣 미시마촌三島村)였다. 이오지마에서 산출된 유황은 규슈 서해안을 거쳐 하카타로 운송되었고, 중국인 해상들의 무역선을 통해 북송으로 반입되었을 것으로 보인다(山內, 2009). 이를 보여주는 것이 앞서 언급한 하카타 제221차 조사에서 돌무더기 유구의 전면前面에서 출토된 유황이다.

11세기 후반에 도쿠노시마德之島에서 고려의 도기와 흡사한 가루미야키라는 도기의 생산이 시작되었다. 나가사키현長崎縣 니시소노기반도西彼杵半島에서 생산된 활석滑石으로 만든 돌솥이 "남도"에 유입되었다. "남도"에서는 분말로 만든 활석을 점토와 섞어 불에 구워 만든, 돌솥 모방 토기(활석혼입토기滑石混入土器)를 제조했다.

13세기 후반, 새로운 유황 산지로 오키나와沖繩섬 서북쪽 이오토리시마硫黃鳥島가 등장한다. 이오토리시마는 일-송 무역의 시기에 하카타 등에서 류큐열도琉球列島 해역으로 남하한 사람들에 의해 유황 광산으로 발견되었으며, 13세기 후반 이후 중국 남부와 류큐열도를 연결하는 교역 루트가 가시화하는 동인의 하나가 되었을 가능성이 크다(山內, 2021: 277~278쪽).

14세기 후반, 명의 홍무제洪武帝의 요청에 따라 오키나와섬의 중산中

••• 친왕위기는 일본 황실의 친왕(혹은 황자)의 지위와 관직을 공식적으로 기록한 문서를 말한다. 사경축은 불교 경전을 베껴 적은 뒤에 이를 두루마리 형태로 만들어 걸 수 있게 한 작품이다.

山·산북山北·산남山南이 명에 조공을 바쳤다. 그때 유황을 헌상했는데, 이오지마가 산지였을 가능성이 크다(山內, 2021).

그리고 오키나와제도沖繩諸島의 유적에서는 13세기 후반 이후 중국 복건성 백자가 출토되고 있다. 나키진今歸仁 형태, 비로스크 형태라 불리는 완, 명 종류다(瀬戶, 2018).* 이는 류큐열도-복건 루트의 물류가 활성화되었음을 시사한다.

14세기 후반이 되면, 대양로는 전기 왜구나 명의 홍무제에 대항하는 해상 세력에 의해 방해를 받기 때문에 다른 루트의 중요성이 커져갔다. 그래서 히고국肥後國 다카세쓰高瀬津-사쓰마-류큐열도-복건이라는 남도 루트가 활발하게 사용되게 된다(橋本, 2005).

동해 교통의 활성화

13세기 후반 이후, 동해 교통이 활성화되어 "북방"과 서일본 사이의 유통이 활발해졌다. 비파호琵琶湖를 통해 교토와 연결되는 와카사국若狹國(특히 오바마小浜)·에치젠국越前國에서 도호쿠東北 지방, 쓰가루津輕와 이지마까지 항로가 연장되고 있었다. 와카사국 이서以西의 항로는 하카타와 연결되어 있다.

중세 일본에서 이지마라 불린 홋카이도北海道에서는 14세기에 아이누 문화가 성립하고 있었다. 14세기 사료에서 "에조蝦夷"라는 호칭은 아이누를 지칭하는 것으로 보아도 무방하다.

• 나키진 형태에서 "나키진"은 오키나와 본섬의 북부에 위치한 지역 명칭이다. 이곳은 유네스코 세계문화유산인 나키진 성터가 유명하고, 이 성터는 14세기 중반~15세기 초까지 존재했던 북산(北山) 왕국의 도성이었다. 비로스쿠 형태(Birosuku Type)에서 "비로스쿠"는 오키나와에 위치한 12~15세기 무렵의 취락 유적을 가리키는 용어다. 13세기 말~14세기 중엽의 백자 수십 점이 출토되어 이를 "비로스쿠 형태의 완(碗)"이라고 명명했다.

동해 교통은 호조씨 도쿠소得宗 권력이 통제하고 있었던 것으로 보인다. 일례로, 와카사국 다가라스우치多烏浦의 하타 가문秦家에는 호조씨로부터 받은 분에이文永 9년(1272) 2월 일자의 과소기過所旗가 전달되었다(지금은 교토대학 종합박물관 소장).* "사가미노카미도노相模守殿(호조 도키무네北條時宗) 어령御領" 즉 도쿠소령得宗領이었던 "와카사국 슈고분若狹國守護分"의 다가라스우치의 선박 도쿠마사루德勝에 대해 여러 나라의 나루터와 관문에서 관전關錢[관세]이 면제되는 것을 보증하고 있다.** 과소기의 상부에는 호조씨의 미쓰우로코三鱗 무늬[호조씨의 문장紋章으로 삼각형 세 개를 세 개의 산처럼 보이게 한 문양]가 그려져 있다.

당시 쓰가루 지방의 지토 직위는 호조씨가 독점하고 있었다. 호조씨의 도쿠소피관得宗被官[호조씨의 직속 가인家人을 지칭하는 학술 용어]이었던 안도씨安藤氏는 쓰가루의 도사미나토十三湊를 거점으로 삼아 혼슈와 이지마를 왕래하는 선박에 대해 그곳이 자신의 영해임을 주장했고 통행료를 징수했던 것으로 보인다(黑嶋, 2013: 104쪽).

도사미나토 유적(아오모리현青森縣 고쇼가와라시五所川原市 오아자大字 13)은 주산호十三湖 서쪽에 반도 모양으로 발달한 남북으로 길고 가늘게 뻗은 사주砂州 위에 위치하고 있다. 유적은 북측 서쪽의 마에가타만前潟灣에 면한 항만 시설 구역, 토루의 북쪽에 위치한 무가옥부武家屋敷[부케야시키, 무가武家 저택] 및 영주관領主館 구역, 토루 남쪽의 마치야町屋 구역, 남

• 과소기는 통행료나 관세의 지불을 면제해주는 것을 증명하는 해상통행증을 말한다. 가마쿠라 시대 중기에 광범한 지역에 걸쳐 상업 활동이 행해졌음을 보여주는 해상통행증의 현존하는 가장 오래된 유물이다.

•• 사가미노카미도노는 사가미(지금의 일본 가나가와현 일대)의 지역 행정을 담당하는 책임자를 지칭한다. 호조 도키무네는 가마쿠라 막부의 제8대 싯켄(執權)으로 쇼군의 섭정 역할을 했던 인물이다.

단의 사찰 지구로 구분된다. 13세기 초에 마에가타 중앙부에서 취락이 발생했으며, 14세기 중엽부터 항만 시설의 중심부가 마에가타의 북쪽으로 이동한 것으로 추측된다. 14세기 전반에 건립된 영주관(방형方形의 거주 건물)에는 안도씨가 거주한 것으로 여겨진다(榊原, 2015).

해적의 대두

몽골 패권기 서일본에서는 해적海賊의 활동이 활발해진다(關, 2016). 해적은 일본의 사료에 보이는 사람들이다. 이들 해적은 세토나이카이瀬戸內海와 규슈 지방 등의 연안, 도서島嶼를 근거지 삼아 폭력을 통해 해상 교통의 안전을 위협하면서 약탈을 행했다.

13세기 전반, 가마쿠라 막부의 법령이나 막부에서 슈고守護에게 내린 지시 등의 내용 중에 활동을 금지하는 대상으로서 해적을 명시하고 있다. 13세기 후반, 니시국西國에서 악당의 행동이 활발해진 것과 맞물려 해적의 활동도 활발해진다. 막부는 해적을 금압禁壓하는 법령을 빈번하게 발포했다.

14세기가 되면, 해적의 활동은 더욱 기승한다. 세토나이카이를 중심으로 동쪽은 기이수도紀伊水道에, 서쪽은 분고수도豊後水道에 이르는 해역에서는 해적의 활동이 격심해졌다. 1308년, 니시국 및 구마노우라熊野浦의 해적이 가까운 시일에 봉기할 것이라는 소문이 돌자, 가마쿠라 막부는 세토나이카이의 수군水軍 영주 가와노 미치아리河野通有에게 선박의 경비와 해적의 포박을 명령하고 있다. 이는 구마노熊野 악당의 봉기에 관한 지령이었다(綱野, 2007: 244쪽).

1319년, 빈고국備後國 슈고 나가이 사다시게長井貞重의 다이칸代官 엔세이円淸와 그 아들 고치高致 등은 다카노산령高野山領 빈고국 대전장大田莊의 창고인 오노미치우라尾道浦에 난입해 불각佛閣·사전社殿 여러 곳과 정소政所〔정청政廳〕, 민가 1000여 채를 모두 태우고 아즈카리쇼다이預所代 등을 살해했다. 이들은 자신들을 단속하는 측의 슈고와 결탁하고 있었다(關, 2016: 34~35쪽).*

사사조영료당선도 해적의 습격을 받을 위험성이 있었다. 가마쿠라 막부는 건장사선建長寺船 등을 경비할 것을 고케닌에게 명령했다御家人役(相田, 1943; 關, 2016).** 미우라 히로유키三浦周行는 구마노 해적이 천룡사선天龍寺船을 경비했던 것으로 상정하고 있다(三浦, 1922: 678쪽).*** 세토나이카이에서는 해적들에게 대금을 지불하고 이들을 배에 타게 하고 다른 해적들의 습격을 피하는 상승上乘이 행해지고 있었다.

맺음말

제6장에서는 하카타를 통해 동아시아 해역 교류의 양상을 논의했다. 당방이라 불린 중국인 거류지가 생겨났고, "강수" 등이라 불린 중국인 해상을 통한 주변 무역이 이루어졌다. 이는 하카타 유적군으로부터 출토된 묵서 도자기나 수입 도자기 일괄 폐기 유구 등에서 확인할 수 있다. 하카타는 물류의 거점이자, 성복사나 승천사와 같은 선종 사원이

---

* 다이칸은 영주를 대신해 부임지에서 행정 사무를 맡았던 관리를, "대전장"은 헤이안 시대 말기부터 빈고국에 만들어진 장원을, "사전"은 신사(神社)의 신체(神體)를 모신 건물을 말한다.

** 御家人役은 건장사선 등의 경비가 고케닌의 직무가 되었음을 일컫는 말이다.

*** 건장사선은 가마쿠라 시대 말기에 화재로 소실된 건장사의 재건 비용을 마련하기 위해 가마쿠라 막부에 의해 원에 파견된 무역선을, 천룡사선은 천룡사의 조영 비용을 마련하기 위해 무로마치 막부의 공인을 받고 원에 파견된 무역선을 말한다.

창건되고 크리스털 유리의 생산 기법이 전래되는 등 종교와 기술이 전달되는 장소이기도 했다. 중국인 해상의 청부를 통해 일본의 권문이 무역선을 파견하는 구조는 송원 시대에 일관되게 지속되었다.

고려는 북송·남송·원과 외교 관계를 맺고 있었으며 공적 물류가 차지하는 비율이 높았다. 그 속에서 중국인 해상이 외교에서도 일정한 역할을 수행하면서 무역을 담당했다.

중국인 해상의 활동으로 자극받아 교역이 활발해진 13세기 후반 이후, 공권력에 의한 기존 질서에 완전히 편입되지 못한 계층의 활동이나 불법적 행위가 가시화한다. 서일본의 해적이나 지대의 "왜구"가 그 대표적 사례이고, 이들은 폭력을 사용해 약탈을 행했다. 이러한 움직임은 14세기 후반에 한반도나 중국 대륙을 습격한 전기 왜구에 의해 더욱 두드러지게 된다. 전기 왜구의 구성원은 한반도와의 교섭에서 최전선에 있던 쓰시마·이키·마쓰우라 지방의 바닷가 사람들을 중심으로 고려 왕조에 불만을 가진 고려 사람들이 포함되어 있었을 가능성이 있다. 전기 왜구의 주된 약탈품은 수송선이나 창고에서 빼앗은 쌀과 연안 주민들이었으며, 이것들은 모두 동아시아 해역에서 상품이 되었다(關, 2017: 112~116쪽).

명의 성립(1368)을 계기로 명을 중심으로 조선, 일본, 류큐 등의 국가 사이의 교섭이 주류가 되는 시대로 이행하게 된다. 14세기 후반, 하카타에는 베트남산 도자기(완, 명)가 보이게 되었고 15세기가 되면 류큐가 동남아시아 도자기 유통의 중심지가 된다(大庭 他, 2008). 물류의 대상이 동남아시아로까지 확장해간 것이다.

수중고고학이 밝혀낸
12~14세기의 동아시아 교역선

기무라 준

일본에서는 중국 대륙에서 일본으로 건너온 교역선을 "당선唐船"이라 칭했다는 것을 아는 분도 많을 것이다. 한어漢語 사료의 사례를 인용하면, 중국에서는 "곤륜박崑崙舶"(곤륜인崑崙人의 배) 등 선박의 조종자나 출항 지역을 그 명칭으로 삼아 외래의 선박을 식별하고 있었다.* 한편, 명대《무비지武備志》의 "사선沙船" 등은 용도나 형상으로 선박의 형식을 보여주는 사례이고, 사선은 사취砂嘴〔모래곶串, 사주沙洲/砂洲〕가 발달한 석호潟湖에서 정박하거나 얕은 바다에서 항해하기에 적합한 평저平底 구조의 배라는 정도는 알 수 있다.

20세기 후반 이후, 고고학 분야에서는 출토되는 선박 재료나 침몰선에 대한 연구가 활발해졌다. 12~14세기 해상海上 교역에 사용된 동아시아 항양선航洋船의 구조도 상세히 이해할 수 있게 되었다. 그 효시는 원대의 여행자들이 가장 번영한 무역항으로 평가한 천주泉州에서 13세

---

* 여기서 곤륜인은 중국에서 인도나 동남아시아 일대에 사는 사람들을 부르는 명칭이다.

기 후반의 침몰선이 발견된 것이었다. 후세에 토사土砂의 퇴적이 대형 선박의 정박을 방해해 국제 무역항의 지위를 잃어간 천주항이었으나, 그 토사는 남송 멸망 전후에 건조된 해상海商의 교역선을 타임캡슐처럼 보존하고 있었다. 1974년, 당시 크기를 거의 그대로 유지하고 있는 길이 24미터의 선체船體가 출토되었다. 잔존 부분은 선박의 등뼈에 해당하는 용골龍骨, 선창船艙의 칸을 막는 격벽隔壁, 선각船殼을 구성하는 외판外板이었다. 천주에 정박한 원대의 교역선에 대한 문헌 기록을 떠올리게 하는 선체는 그 외판을 이중·삼중으로 다층화한 구조로 되어 있었다. 이 다중 외판은 배를 좀먹는 조개로부터의 피해를 방지하고 선각을 견고하게 해 원양을 항해하는 교역선에는 없어서는 안 되는 구조였다. 송대의 조선 기술을 활용해 건조된 천주 선박은 진수 후 수십 년 동안 동남아시아와의 향료·향목香木·향신료 교역에 사용된 선박으로, 어느 날 귀항 중 잘못해 항구 내에서 좌초했다. 얕은 바다여서 선적해 있던 화물은 대부분 회수되었지만, 선체 바닥은 연질軟質의 해저에 묻히면서 현대까지 남게 되었다.

수중고고학水中考古學의 발달은 해저에 남겨진 선체 고고 자료, 침몰선 유적의 발굴 조사를 가능하게 해왔다. 중국 수중고고학은 1987년에 광둥성廣東省 양장시陽江市 근해에서 발견된 남해南海 1호를 그 성과로 자랑하고 있다. 발견 20년 후인 2007년, 길이 35미터의 강철 상자 형태의 케이지가 해저에 내려졌고 주위의 토사와 함께 그 선체가 인양되었다. 박물관 내에서 케이지 내부를 발굴해 대량의 교역품이 선창에 보관된 상태로 출토되었다. 남해 1호선은 천주 선박보다 오래된 12세기 후반의 것인데, 우연하게도 선박의 잔존 길이는 천주 선박의 길이와 비슷한 24미터 정도여서 선박의 기본 구조 외에 그 형태도 천주 선박과 유사했다. 이를 통해 같은 형태의 선박이 송대에 널리 보급되었고 남중국해에서의 항해에 사용되었음이 확실해졌다. 견고한 선체에 대한 과신이 있었는지 수만 점의 도자기와 이에 더해 100톤이 넘는 철제품을 운반하던 남해 1호는 해상海上 무역상들이 빠지기 쉬운 과다 적재가 의심된다. 이것이 남해 1호가 침몰한 원인이었을지도 모른다.

남해 1호에서는 교역선의 목제 닻의 누름돌로도 사용된 정석碇石(석제 앵커 스톡)이 출토되었다. 중세 무역의 거점이었던 하카타博多 각지에는 같은 형태의 정석이 다수 남아 있어 남해 1호와 같은 형태의 교역선이 내항해 닻을 내리고 정박했음을 오늘날에 알려주고 있다. 가고시마현鹿兒島縣 아마미오시마奄美大島 우켄무라宇檢村에서도 대형의 정석이 현재 전해지고 있다. 우켄무라의 구라키자키倉木崎 해저 유적에서 출토된 2000점 이상의 중세 무역 도자기〔자국에서 소비하는 것이 아니라 외국 수출을 목적으로 생산된 도자기. 무역 도자〕와 아울러, 동중국해 중국 연안에서 건조된 교역선이 12세기 후반~13세기 전반에 하카타만灣뿐만 아니라 항해가 어려운 남서부의 제도諸島 해역을 왕래하고 있었음을 현대에 전하고 있다.

1281년에 몽고습래蒙古襲來 때 해전이 치러진 나가사키현長崎縣 마쓰우라시松浦市 다카시마鷹島 앞바다에서는 정석 이외에 원군元軍 선단의 군선軍船 2척이 발굴되었다. 원군은 한반도 목포에서 출항한 동로군東路軍 선단과 중국 영파寧波에서 출항한 강남군江南軍 선단으로 꾸려졌는데, 출토된 2척은 강남군 선박으로 아마도 징발된 교역선이었을 것이다.* 그

---

* 동로군(고려와 몽골 연합군)의 출발지는 목포(木浦)가 아니라 힙포(合浦, 마산) 일대 해역이었다.

다카시마 2호선 복원도(이토 료이치 그림, 기무라 준·오노 린타로 편집, 《도설 세계의 수중 유적圖說世界の水中遺跡》, 그래픽사, 2022년에서 인용)

중 한 척인 다카시마鷹島 2호선의 복원을 시도한 결과, 출토선은 소형의 천주 선박과 같은 형태였다. 다카시마 2호선, 아울러 천주 선박과 남해 1호 등의 비교 연구를 통해 "동중국해 계통"이라 부를 수 있는 형식의 항양선이 그 존재를 드러냈다. 중국의 절강성浙江省이나 복건성福建省의 동중국해 연안에서는 12~13세기에 항해 성능과 수송에 뛰어난 선박을 건조하는 조선업이 성숙해, 송대 해상들이 자신들의 선박으로 바다를 건너는 일이나 원대의 해상海上 군사 활동 및 사무역私貿易 활동을 뒷받침했다.

한국 남부의 전라남도 다도해 해역에서 발견된 14세기 초의 신안新安 침몰선은 하카타나 교토京都의 사사寺社(사원寺院과 신사神社) 관계자들이 승선한 교역선으로, 원대 중국의 영파에서 출항해 귀항하는 도중에 사치품을 포함한 다량의 화물과 함께 해저로 침몰했다. 조선사造船

史 관점에서는 "중국해 계통" 항양선의 최종 형태라 할 수 있는 선박이다. 용골과, 갑옷 형태로 이어붙인 다중 외판 등 이전 시대의 조선술을 계승하면서 선창의 격벽 수를 천주 선박이나 남해 1호선의 절반으로 줄이는 등 선박 경량화의 노력이 엿보인다. 인양된 선체의 용골은 휘어져 있었고, 선체의 강도가 약했던 것이 신안선이 침몰한 원인으로 추정된다. 신안선을 마지막으로 이와 같은 형태의 "동중국해 계통" 구조를 가진 침몰선 유적은 특정되지 않는다.

한편, 12~14세기 동중국 계통의 조선술은 완전히 사라진 것은 아니었고 그 일부는 남중국해 지역의 조선술에도 영향을 준 것이 동남아시아 해역의 침몰선 유적 연구를 통해 확인되고 있다. 마쓰우라 사료박물관에 소장된 〈당선唐船의 그림〉으로 대표되는 것처럼, 근세 사료에서 사선이나 동중국해 계통의 당선과 함께 동남아시아에서 내항한 섬라선暹羅船〔시암Siam선〕 등의 항양선이 당선과 외형이 유사한 선박으로 묘사되는 것은 그러한 항양선이 조선사상上의 기술 계승과 융합이 있었기 때문이다.

제3부

초점

제7장

몽골 패권기의 디아스포라

무카이 마사키

1. 유목 제국과 교역 디아스포라

역사상 수많은 원거리 교역을 담당한 상업민은 각지에 계속 흩어져 거주하면서도 느슨한 일체성을 갖는 이산형離散型 공동체를 형성했다. 이러한 이산형 공동체는 애브너 코언Abner Cohen에 의해 "교역 디아스포라"라고 개념화되었고(Cohen, 1971), 필립 D. 커틴Philip D. Curtin은 서아프리카의 하우사족 연구의 지견知見을 토대로 "교역 디아스포라"를 지탱한 다양한 사회 제도를 인류사적 시각에서 논했다(カーティン, 2002). 로빈 코언Robin Cohen은 디아스포라를 첫째, 희생자(난민), 둘째, 노동([연한] 계약 노동 이민), 셋째, 제국(식민자, 식민지 관리), 넷째, 교역(교역민, 브

• 교역 디아스포라는 "Trading Diasporas"를 말한다. 하우사족은 아프리카의 나이지리아 북부에서 니제르 남부에 걸쳐 사는 민족이다. 커틴의 책의 원제는 "Cross-Cultral Trade in World History"(1984)이며, 국내에서는 《(경제 인류학으로 본) 세계 무역의 역사》(2007)로 번역·출간되었다.

로커), 다섯째, 탈영토화(종교적, 문화적)로 분류하고 있다.[*] 디아스포라는 "이민移民", "난민難民"보다도 훨씬 광범하고, 장기적인 역사적 지속성을 지닌 개념이다.

로빈 코언 자신이 말하는 것처럼, 이상以上은 단순화된 이념화이며, 이는 "그것들이 공통으로 나누어 가지고 있는 것을 무시하는 것이 아니라 그것들의 가장 중요한 특성을 부각하기 위한" 것이다(コーエン, 2012: 54~55쪽). 실제로 몽골 패권기에도 첫째에서 다섯째까지의 특징을 가진, 교역 디아스포라로서 연구 대상으로 삼을 수 있는 탈영역적/초영역적 집단이 많이 존재했다. 그리고 이미 디아스포라 개념을 활용한 연구들(家島, 1993; Yokkaichi, 2008; Chaffee, 2018)이 있다. 제7장에서는 이러한 논의를 근거로 유목 제국과 교역 디아스포라라는 관점에서 몽골과 무슬림의 연결에 보이는 다양한 양상을 살펴보고자 한다.

유라시아 역사상의 유목 국가들은 오아시스 교역민들의 디아스포라와 깊은 관련이 있으며, 후자가 유목 제국의 세력 확장에서 수행한 역할과 재정적·외교적 측면에서 보인 활약도 지적된다(荒川, 2003: 40~42쪽; 森安, 2007: 88~136쪽). 유목 제국의 전통을 계승한 대몽골 울루스(몽골 제국)도, 쿠빌라이(원元 세조) 이후 동방에서 그 종주국을 구성한 대원大元 울루스(원)도 위구르인을 비롯한 다양한 교역민 디아스포라와 연결되어 있었다. 특히 몽골 통치하의 모든 주요 도시에 흩어져 살면서 몽골 궁정에서도 통용된 투르크어나 페르시아어를 구사한

• 로빈 코언이 *"Global Diasporas: An Introduction"*(초판 1997)에서 분류한 것으로, 각각 "Victim diaspora", "Labour diaspora", "Imperial diaspora", "Trade diaspora", "Deterritorialised diaspora"를 말한다. 책은 국내에서는 《글로벌 디아스포라—경계를 넘나드는 사람들의 역사와 문화》(2017)로 번역·출간되었다.

무슬림의 교역 디아스포라는 원격지遠隔地를 연결하는 인적 유대로서 중요한 역할을 수행했다.

2. 몽골 패권기의 다양한 디아스포라

한편, 몽골 패권기의 동방유라시아에서 디아스포라의 관점에서 연구 대상이 될 수 있는 탈영역적/초영역적 집단은 교역민에 한정되지 않고 무수히 존재했다.

종교에 주목할 경우, 몽골 패권기의 디아스포라가 될 수 있는 것은 투르키스탄·이란 출신의 무슬림이다. 원의 재정 관료 등으로 활약한 엘리트 계층 외에 몽골이 정복한 도시에서 포로가 되어 동방으로 이주된 직인職人 집단이 있었다. 예를 들면, 원의 여름철 수도夏都인 상도上都〔지금의 네이멍구자치구 둬룬多倫 서북부〕 근교의 시마린에는 3000호의 사마르칸트 출신(시마리)의 직물 직인이 모여 거주하면서 납실실納失失(아랍어의 나시즈nasīj)이라는 금 비단(금실을 짜서 집어넣은 비단)을 제조했다. 이외에도 마르코 폴로에 따르면, 동방 시리아 교회(이른바 네스토리우스파) 기독교도의 집단 거주지가 내몽골의 후흐호트, 섬서陝西의 한중漢中과 서안西安, 운남雲南의 곤명昆明, 강소江蘇의 진강鎭江, 복건福建의 복주福州·천주泉州에 존재했다. 그리고 돈황敦煌 막고굴莫高窟, 카라호트 유적, 오르도스 지방에서 동방 시리아 교회 기독교의 것으로 추정되는 출토 문헌, 독특한 십자가(네스토리우스교의 십자가)를 장식한 청동기, 묘석墓石이 발견되고 있다. 원의 겨울철 수도冬都 대도大都(지금의 베이징) 서남쪽의 방산房山은 동방 시리아 교회와 연고가 있는 땅이었다. 이곳에는 원대 말기에 십자사+字寺라는 교회가 세워졌는데, 원 초기에는 위구르인 기독교 수도사 랍반 사우마(바르 사우마, "랍반"은 경칭)가 거주했고, 그는 이곳에서 서역 남도西域南道(실크로드의 하나)를 통해 예루살렘과 바그다드를 거쳐 프랑스까지 여행했다.* 그는 여행 경로에 있는 돈황, 호탄, 사마르칸트, 카슈가르, 이란 각지의 동방 시리아 교회의 부주교·주교·수도원의 네트워크를 이용했다. 프란체스코회 탁발승의 활약도 눈에 띈다. 로마 교황이나 프랑스 왕의 사절로서 유럽과 몽골 궁정 사이를 여행하고 대도의 대주교가 된 몬테코르비노의 요한이나 천주의 주교가 된 페루자의 안드레아와 같은 인물이 있다. 하남河南의 개봉開封에는 유대교도의 공동체가 존재했으며, 송대로 거슬러 올라간다고 하는 전승도 있지만 원대에도 유대교도를 가리키는 "출홀朮忽"(페르시아어 Johūd의 음사音寫)을 한어漢語 문헌에서 확인할 수 있다.

민족에 주목할 경우, 먼저 투르크-몽골계 부족들의 디아스포라가 존재한다. 이들은 장수나 관원으로서 가족을 데리고 임지任地를 옮겨 다녔다. 이러한 최상위에는 칭기스 칸 이래 개국 공신의 후손들이 위치했다. 원에서 제諸 부족의 가계家系에 대해서는 쓰쓰미 가즈아키堤一昭의 연구가 상세하다(堤, 1992 이외 다수). 이들 제 부족의 정체성에 주목하면, 일례로 옹구트인이나 케레이트인의 디아스포라도 설정할 수 있다. 이 둘은 주로 동방 시리아 교회 기독교를 수용해서 종교적 디아스포라와도 중첩된다. 그 밖에 유라시아 동방의 거란契丹, 여진女眞, 서하西夏나 카자흐 초원~남러시아 초원의 킵차크, 캉글리와 같은 유목민

---

* 랍반 사우마는 기독교의 성지인 예루살렘으로 가려고 했으나 훌레구 울루스와 맘루크 왕조의 대립으로 인해 가지 못했다. 랍반 사우마가 예루살렘을 거쳤다는 서술은 오류다.

과 수렵민도 군사적 활약이 두드러졌다. 천산天山 위구르 왕국의 왕(위구르어로 이두쿠트, 한어로 역도호亦都護) 또는 재상宰相, 서하(탕구트)의 왕(성姓은 이李씨) 또는 세신世臣〔대대로 섬기어 온 가신家臣〕, 이런 왕국들이 멸망할 때에 칭기스 칸에게 개별적으로 귀순한 유신遺臣과 유민遺民이 대대로 무장이나 관료로 활약했다. 원대 말기에 복양濮陽(하남성)의 탕구트인 숭희崇喜가 저술한 《술선집述善集》은 몽골 패권기 서하 유민에 관한 귀중한 사료다.

이러한 민족 집단들은 모두 독자적인 왕을 추대했으나, 몽골 제국에 귀순한 후에는 자기네 왕가 혈통의 사람 휘하에 그 동족 집단이 모였고 군단을 형성하는 경향도 보였다. 가계가 유리하게 작용한 것은 의심할 바가 없지만, 몽골 체제하에서 지위를 획득하기 위해서는 케식텐에 입시入侍하는 것이 중시되었다. 케식텐이란 칭기스 칸이 자신과 천인대千人隊의 각급 부대장의 아들들 중에서 기능이나 체격이 뛰어난 자를 선발해 만든 친위대였다(이에 대해서는 후술). 예를 들면, 킵차크 왕가의 혈통으로 여겨지는 토토각(토토합土土哈)은 쿠빌라이의 케식텐에 입시해 훗날 킵차크인을 모아 조직한 기병 군단을 이끌었다. 그의 후손 엘테무르 또한 킵차크 군단을 이끌면서 활약했고, 얼마 지나지 않아 옹립한 문종文宗 톡테무르의 조정에서 실권을 장악했다. 캉글리 군단도 쿠빌라이의 케식텐에 입시한 왕족 아샤부카(아사불화阿沙不花)의 휘하에 캉글리인이 모여 조직되었다(片山, 1980a).

화북華北의 진정眞定, 동평東平, 익도益都, 제남濟南 등을 거점으로 삼은 한인漢人 군벌들이 쿠빌라이 정권에 흡수되자 각 군벌의 인재와 유력자의 아들들이 케식텐에 들어왔고 얼마 지나지 않아 무장이나 관료로 활약했다. 그 휘하의 장수·군사軍士들은 원군元軍에 편입되었고, 장강長江

연안과 그 이남의 각지에 주둔하면서 원의 지배를 뒷받침했다. 옛 남송南宋의 영토인 장강 이남(강남江南)의 중국인 디아스포라로는 남송 후기에 이미 동남아시아로 이주한 중국 상인이나 남송 멸망 시 베트남으로 몸을 피한 유신들이 있었다. 외랑外郞이라는 이름으로 알려진 진연우陳延祐처럼 원 말기에 일본으로 도피한 한인도 있었다.

몽골 패권하의 남방 세계에서도 탈영역화하는 집단이 출현했다. 해남도海南島의 여족黎族이 원군에 편입되어 베트남 등 다른 지역으로 파견되거나, 베트남 중부의 왕국 참파의 참인人 수군이 해남도 북단의 백사항白沙港 부근에 주둔하기도 했다. 인도양 세계로 통하는 중국 동남 연해 지역에는 다양한 디아스포라의 흔적이 있다. 일례로, 천주 출토 종교 석각에서는 무슬림 외에도 마니교도, 기독교도, 위구르 불교도, 힌두교도의 존재를 확인할 수 있다. 타밀어 비문碑文은 몽골 패권기 이전부터 이미 동남아시아에 진출해 있던 타밀 상인 공동체의 존재를 보여준다.

3. 몽골 패권 초기의 무슬림 디아스포라

이제부터는 몽골 제국과 교역 디아스포라의 연결이라는 관점에서 몽골 패권기 무슬림 디아스포라의 모습을 제시해보고자 한다. 다만 무슬림이라고 한 마디로 말을 해도, 다루어지는 집단은 상당한 다양성을 지니고 있어, 무슬림을 결코 단일한 민족 집단이라고 할 수 없다. 이들 무슬림은 출신지별 특색도 무시할 수 없고, 다른 민족 집단과의 통혼도 확인되며, 문화적으로도 다양성을 지닌다. 다만 몽골 패권기까지는 중국에 이슬람을 전한 선현先賢의 전승이 공유되었고, 연해 지역에서는 외래인 무슬림으로서의 새로운 정체성의 맹아도 확인되는 것으로 보아 각지의 무슬림 공동체가 서로 고립되어 존재하지는 않았을 것이다(向, 2019).

무슬림 해상의 중국 동남 연해 지역 유입

13세기 중반~14세기 중반, 중국의 항만 도시港灣都市(이하 항시港市)는 해외에 개방되어 몽골 지배 지역과 그 외부 세계를 연결하는 교통·교역의 허브로 기능하고 있었다. 1260년에 카안(칸들의 상위에 있는 대칸)의 자리에 오른 쿠빌라이는 그가 정복한 남송(1127~1279)의 제도를 그대로 좇아 1277년에 천주와 항주杭州에 해상海上 무역을 감독하는 시박사市舶司〔중국 당대唐代부터 해상 무역에 대한 모든 사무를 맡아보던 관아〕를 설치했다. 이듬해에 쿠빌라이는 천주의 포수경蒲壽庚〔남송 말기 복건성 출신의 해상〕에게 무역 관계를 수립하기 위해 해외 제 국가에 초유招諭 선단을 파견하라고 명했다.* 천주의 포씨 성姓은 대식大食 사람 해상海商의 후손이다. 대식이란 이슬람교도의 국가들을 가리킨다. 남송 시대에 포씨 성은 광주廣州, 해남도, 천주 등에 정착해 있었다. 다양한 정황 증거를 통해 이들은 이란계 무슬림이었던 것으로 확인되고 있다. 당시 천주의 외래인 해상(박료舶獠) 중에는 페르시아만에 면한 파르스 지방의 항시인 시라프에서 온 사람도 있었다. 남송의 악가岳珂가 저술한《정사桯史》에 따르면, 이들은 "시라위尸羅圍"라 불렸고 그 자산資産은 포씨에 버

---

* 여기서 초유 선단이란 상대국을 설득하거나 달래어 외교를 맺으려는 목적으로 파견한 사절단(使節團) 성격의 선단을 말한다.

금가는 것으로 여겨졌다. "시라위"가 시라프인을 가리키는 페르시아어 시라피Sīrāfī의 음역音譯임은 구와바라 지쓰조桑原隲藏가 고증했다(桑原, 1989: 200~201쪽). 시라프 해상들은 인도양을 가로지르며 활약했는데, 시라프 자체는 10세기 후반부터 급속하게 쇠퇴했고 1220년에는 폐허가 되었다. 그 요인으로 부와이 왕조[이란계의 시아파가 세운 이슬람 왕조]의 파르스 지방 지배를 피해서 파르스의 주민들이 오만의 도시 수하르로 이주한 것, 이슬람력 366년 혹은 367년(서기 976~978)에 일어난 대지진으로 시라프인들이 이산한 것, 시라프인들이 키시섬에 상권商權을 빼앗긴 것 등이 언급된다(家島, 1993: 109~117쪽). 어쨌든 시라프인의 이동에는 희생자 디아스포라의 측면과 교역 디아스포라의 측면이 있다.

이러한 이란계의 해상들은 현지의 한인들과 통혼했고, 얼마 지나지 않아 이주지의 사대부 계층 인맥에 편입되어 지방 엘리트의 일각을 구성했다. 동시에 중국 항시를 거점으로 중국 선박(정크선) 무역 경영에 나서 무역망을 중국에서 해외 제 국가로 확장했다. 남송 후기에는 천주에서 브루나이로 이동한 포씨 성도 있었는데, 이는 한반도나 일본으로 거점을 옮긴 중국계의 "신라新羅 상인"이나 "하카타博多 상인"이 등장한 것과 궤를 같이한다. 몽골 패권 이전의 하이브리드한 이란계 디아스포라들은 새로 유입하는 무슬림 해상들에게 숙소를 제공하거나 현지 한인과의 중개인 역할을 해나갔다.•

• 여기서 하이브리드(hybrid)는 혼인을 통해 원래 거주지 혈통과 이주한 지역의 토착민 혈통이 서로 혼합되었음을 의미한다.

카안을 섬긴 무슬림 고관高官의 가계

남송이 정복된 이후, 몽골 치하에서 남북이 통합된 중국에서는 카안의 중심지인 수도권(대도와 상도 주변)과 제 지방을 연결하는 역할을 하도록, 몽골의 신하가 된 무슬림 엘리트 일족이 각지에 파견되었고 그 후손들이 광범한 지역에 흩어져 거주하는 디아스포라를 형성해나간다. 몇 가지 사례를 살펴보자.

대몽골 울루스 성립 이전, 케레이트 부족을 이끈 옹칸과 벌인 전투에서 패배한 칭기스 칸은 동료들과 함께 발주나호수로 도망해서 그 물을 함께 마셨다(1203). 칭기스 칸이 재기한 이후 이 동료들은 특별히 중시되었다. 그중 한 사람으로 자파르 호자라는 무슬림이 있었다. 이 인물은 새이賽夷(사이드[사이이드]) 즉 자신을 예언자[선지자] 무함마드의 후손이라 칭하고 있었다. 그는 《금사金史》에 등장하는, 몽골 사자 걸리지乞里只(일치) 찰팔扎八과 동일한 인물이다. "일치"란 몽골어로 "사자使者"를 뜻한다. 《원사元史》의 〈열전列傳〉에 따르면, 자파르 호자는 이전에 칭기스 칸의 사자로 금에 파견되었고 금 공격에서는 샛길을 사용해 선도의 역할을 맡았다. 그의 전기에 대해서는 허구라고 하는 견해도 있다. 그러나 그가 외교나 군사에서 보인 활약의 배경에 무슬림 교역민의 협력이 있었을 가능성이 있다. 상인이 외교를 담당하는 사례는 드물지 않다. 그리고 칭기스 칸의 주위에는 일찍부터 무슬림 상인들의 모습이 확인된다. 이는 유목민과 오아시스 교역민 사이 관계성을 고려하면 쉽게 이해할 수 있다. 자파르 호자의 일족은 그 후 몽골 치하의 중국에서 4대에 걸쳐 아홉 명이나 되는 임관자를 배출했다(楊, 2003: 363~369쪽. 도판 1).

고위 무슬림 디아스포라의 또 하나의 사례는 부하라 출신의 사이드

〔사이이드〕아잘 샴스 앗 딘 일족이다. 이 일족으로부터는 중앙 행정부 중서성中書省과 지방 최대 행정 기관 행중서성行中書省(행성行省)의 재상이 배출되었다. 사이드 아잘 샴스 앗 딘의 아들 나시르 앗 딘은 운남행성雲南行省의 장관(평장정사平章政事)에 취임했고, 손자 바얀 평장平章은 성종成宗〔테무르〕의 재위 때(1294~1307)에 중앙의 재상이 되었고 이전에는 자이툰(천주)의 지사知事였다고 한다. 바얀 평장의 동생 아미르 우마르도 후에 복건행성福建行省의 관료로 임명되었다.

사이드 아잘 샴스 앗 딘은 한어로 새전적賽典赤이라고 기록되었다. 페르시아어에서 "진정한 성예聖裔〔성스러운 후예〕"를 가리키는데, 이는 예언자 무함마드의 후손들을 의미한다. 그의 몽골로의 투항을 전하는 기사는 복잡하게 얽혀 있다. 《원사》의 〈열전〉에 따르면, 태조(칭기스 칸)가 서방을 정벌할 때에 섬사정瞻思丁(샴스 앗 딘)이 1000명의 기병騎兵과 함께 항복해 몽골군을 맞아들이고 표범과 백색의 매를 바쳤다고 한다(후술하듯, 실제로는 샴스 앗 딘의 부친이 항복했다). 그런데 《집사集史》 쿠빌라이기紀에 따르면, 샴스 앗 딘은 황제 뭉케의 명을 받아 운남 지방 평정에 나선, 즉위 이전의 쿠빌라이의 군대 앞에서 복종의 의식을 거행한다. 이후 "뭉케 카안에 대하여 복무하는 것을 그에게 훈련시키자"는 것에 쿠빌라이도 동의했고, 뭉케는 샴스 앗 딘을 귀히 여겨 그에게 큰 소유르갈(은총)을 내렸다. 마침내 쿠빌라이가 즉위하자 쿠빌라이는 또한 샴스 앗 딘에게 소유르갈을 내렸고 재상의 지위를 수여했다고 한다(Boyle, 1971: 287쪽). 뭉케 카안에 대한 복무라는 것은 아마도 샴스 앗 딘이 케식텐의 일원이 되었음을 의미하고, 은총이란 여기서는 그가 중용되어 훌륭한 지위에 올랐음을 가리킨다. 투항자나 제왕諸王 혹은 신하가 행하는, 공물을 수반한 알현(몽골어로 아울자)에 대해서는 카안의 은사恩賜(즉 소유르갈)가 내려지는 것이 일반적이었다(本田, 1991: 412~414쪽). 또한 공물을 수반한 알현과 군대에 양식糧食(몽골어로 투즈구)을 제공하는 것을 통해 항복자의 지위가 보장되는 사례도 보인다(Boyle, 1958: Vol. 1, 102쪽).

《원사》와 《집사》에서는 샴스 앗 딘이 투항한 시기와 상대가 크게 다르다. 양즈주楊志玖는 전대흔錢大昕이 의거한 비문에 근거해 기병 1000명을 이끌고 칭기스 칸에게 투항한 사람은 샴스 앗 딘의 부친 카마르 앗 딘(고로마정苦魯馬丁)이고, 이때 그의 아들 샴스 앗 딘이 부친을 따라온 것이라고 보아, 〈열전〉에 "투항 이후 케식텐에 입시하여 종군從軍하였다"라는 것은 샴스 앗 딘의 행적이라고 파악했다(楊, 2003: 354~355쪽). 한편, 《집사》의 기사에서 뭉케 휘하로 입시한 사람도 샴스 앗 딘이었다(그의 아들 나시르 앗 딘일 수도 있으나, 텍스트 자체는 그렇게 읽히지 않는다). 알현과 은사는 이미 한 차례 그것을 행했던 가문이 새 주군과 관계를 다시 맺기 위해 재차 행해졌을지도 모른다.

샴스 앗 딘의 활약은 행정·재정·군사 방면 등 그 폭이 넓었는데, 군대에 대한 보급이라는 점에서는 제국의 확장을 경제력으로 뒷받침하는 교역 디아스포라로서의 속성을 읽어낼 수 있다. 그리고 샴스 앗 딘 이후, 3대에 열다섯 명이나 되는 그의 후손들이 중국 방면의 행정관行政官이 되었다(楊, 2003: 145~287쪽. 도판 2).

이 일족과 고향 부하라의 유대가 중국에 온 이후 어떻게 되었는지는 불분명하다. 페르시아어 사서史書에 따른다면, 부하라에서는 호라즘군軍이 진을 치고 칭기스 칸의 원정군에 저항을 했기 때문에 주민의 전 재산이 몰수되었고, 대형 모스크와 벽돌로 지어진 몇몇 궁전을 제외하면 도시 전체가 불타버려 부하라는 한때 폐허가 되었다. 그러나 이후

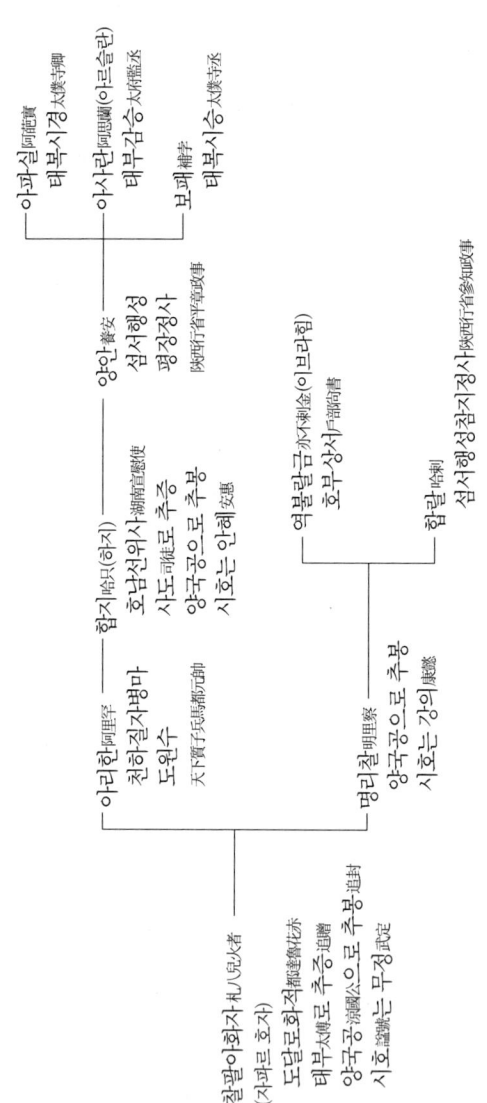

도판 1_자파르 호자(찰팔아화자札八兒火者) 일족

(출전: 청淸 전대흔錢大昕 《원사씨족표元史氏族表》 권2, 《원사元史》 권120 〈열전列傳〉의 찰팔아화자를 토대로 작성)

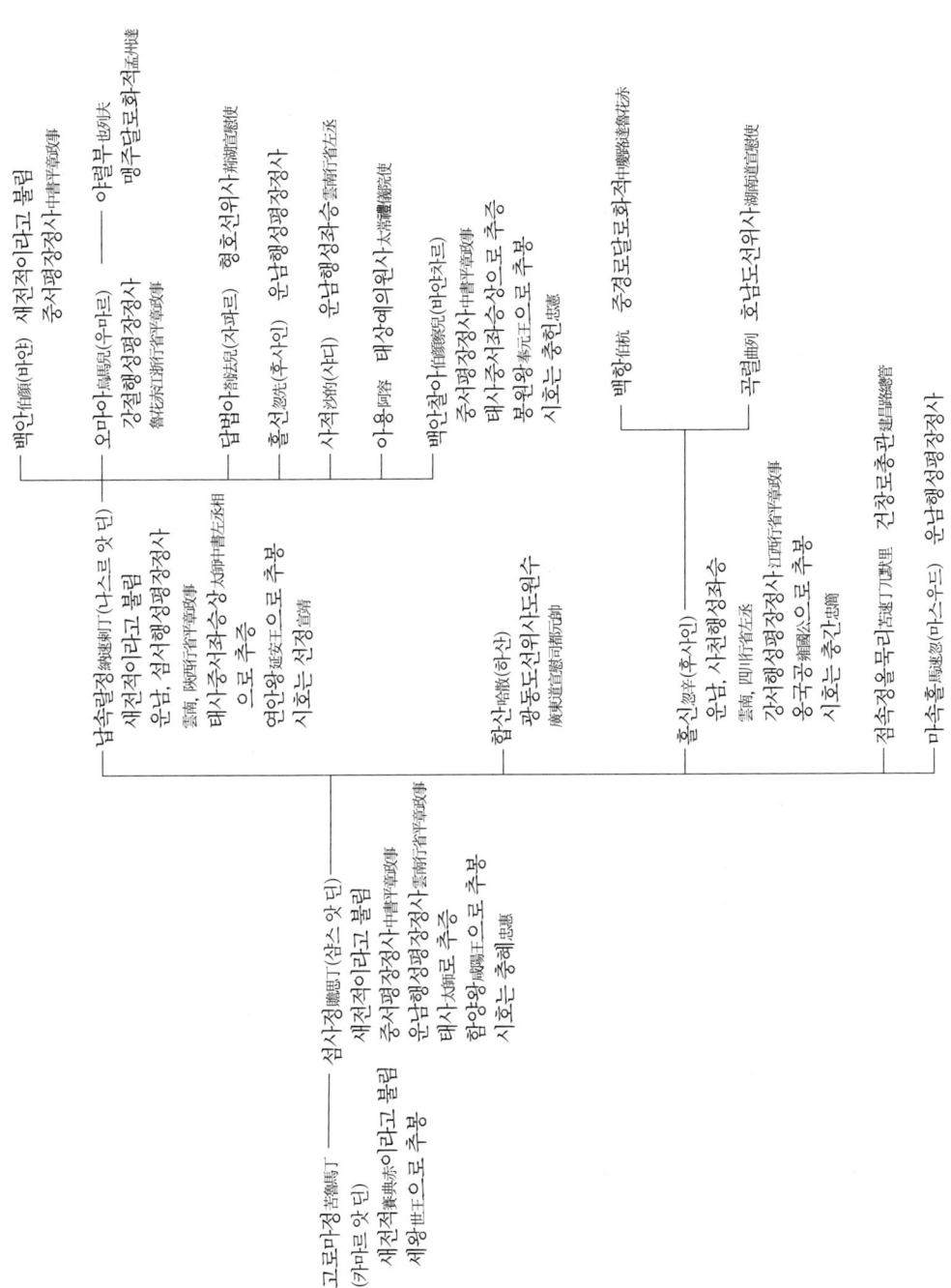

도판 2_사이드(사이이드) 아잘 샴스 앗 딘(새전적섬사정賽典赤瞻思丁) 일족

(출전: 청 전대흔《원사씨족표》권2,《원사》권125〈열전〉의 새전적섬사정 부록 납속랄정·홀신을 토대로 작성)

몽골이 이 지역의 통치를 맡긴 호라즘인 관료 마흐무드 얄라바치의 활약으로 부하라는 경이적인 부흥을 이루었고, 10년 후에는 번영을 되찾았다고 한다(Boyle, 1958: Vol. 1, 97~107쪽). 카마르 앗 딘과 샴스 앗 딘 부자는 (공물을 수반한 알현 덕분에) 어려움을 피했지만, 일시적인 고향의 파괴에 따른 이동이라는 점에서는 희생자 디아스포라라고 할 수 있다. 샴스 앗 딘은 동방의 새로운 세상에서 관대하고 인자하다고 알려진 행정관이 되었다.

4. 중국 동남 연해 지역에 뿌리를 내린 무슬림 엘리트의 후손들

앞 절에서 소개했듯, 무슬림 고위 관료 일족과 그 후손들은 몽골 지배하의 중국 각지에 지방관으로 부임해 세습 지배층을 형성해나갔다. 사서에 보이는 저명한 가계 외에 투르키스탄·이란의 옛 호라즘 샤 왕조 등의 영역에서 동방으로 이주한 투르크계·페르시아계 무슬림들도 상당히 많았다(楊, 2003: 143~287쪽).

복건 연해 지역에는 이슬람식 이름의 관원이 눈에 띄게 높은 비율을 차지하고 있었다. 몽골 패권하의 강남에서는 광역 통치 권역을 구성하는 행성의 영역 내에 상급부터 순서대로 로路, (부府), 주州, 현縣의 정부가 설치되었는데, 복건 영역 내의 (그리고 동시대 중국 제1의) 주요 무역항 천주를 보유한 천주로泉州路, 천주에 설치되어 무역의 관리와 항만 업무를 담당한 시박제거사市舶提擧司, 염정鹽政〔국가가 재정 확보 목적으로 소금을 전매專賣한 것〕과 조세 이외 각종 세금의 수송을 담당한 도전운사都轉運司에서는 이슬람식 이름의 관원이 눈에 띄게 높은 비율을 차지하고 있었다. 물론, 이슬람식 이름의 몽골족 혹은 한족, 기타 민족 출신자도 있어서 인명만으로 그 사람이 무슬림인지 아닌지는 알 수 없으나, 다른 도시나 지역과 비교하면 천주 인근의 관청에서 이슬람식 이름의 관원이 특히 많았음은 명백하고, 후술하겠지만 이는 이 지역에서 출토되는 다수의 이슬람 묘비와의 관련성을 짐작하게 한다(向, 2009).

무슬림과 징세 기구 사이 관계는 무슬림들의 상인으로서의 성격에서 비롯한 것으로 추정된다. 원대 시인 정학년丁鶴年의 증조부 아로정阿老丁(알라 앗 딘)에 대해 기록한 《구령산방집九靈山房集》〔저자는 대량戴良〕 권 19의 〈고사전高士傳〉은 상인 일족의 관직 임용 모습을 아주 생생히 기록한 흥미로운 사료다. 이에 따르면, 정학년의 증조부 아로정과 그의 동생 오마아烏馬兒(우마르)는 본래 원 초기의 거상巨商이었다. 세조世祖 황제(쿠빌라이)가 서방으로 원정했다가 군량이 떨어졌을 때, 그 군대에 말을 달려와 참여하고 재물을 바치면서 귀부歸附〔스스로 와서 복종함〕했다. 이때부터 몇 차례나 서북西北의 제왕을 정벌하는 데 종군했고, 관직 수여에 대한 논의도 있었으나, 아로정은 노령으로 출사를 바라지 않아 특별히 토지와 집을 하사받고 수도에 머물렀다. 오마아는 출사에 응하면서 지방의 선위사宣慰使(변경 지역에 다수 배치된, 행성에 버금가는 광역 행정 구역의 장관)로 임용되었다. 그 후 티베트의 초항招降〔상대나 적을 회유하거나 설득해서 항복하도록 함〕에 큰 공이 있어 선위사에서 감숙행중서성좌승甘肅行中書省左丞이 되었다. 그의 조부는 점사정苫思丁(샴스 앗 딘)이라고 하는데, 북진왕北晋王(쿠빌라이의 황태자 친킴의 장남인 진왕 캄말라?)의 종관從官〔왕을 수행하던 벼슬아치〕이 된 것을 시작으로 여러 관직을 역임하며 임강로臨江路 다루가치가 되었다. 시정施政〔정치를 시행함. 또는 그 정

치)은 관대함과 자애慈愛를 중요시한 터라 사람들은 그의 덕을 그리워
했다.

　몽골군에 양식(투즈구)을 제공하는 것을 통해 은총을 받아 지위를
보장받은 사례는 사이드 아잘 가문에서도 확인된다. 무슬림들이 군대
에 보급을 담당하는 것은 흔히 볼 수 있는 일로, 그들이 본래 상업과
깊은 연관이 있었다고 한다면 이해하기 쉽다.

　투르키스탄·이란의 이슬람 왕조에서 행정을 맡아온 무슬림 엘리
트 가계의 후손들은 중국에서도 행정관으로 활약했다. 일례로, 원 말
기 복건의 천주 남쪽에 위치한 장주로漳州路에서 다루가치가 된 질리미
실迭理彌實(다르비슈)이라는 인물이 있다. 이 인물의 출신은 문헌에는 "합
로온씨合魯溫氏, 서역인西域人"으로도, "회회인回回人"으로도 기록되어 있다.
"회회"는 무슬림을 가리킨다. "합로온"(또는 아아혼阿兒渾)은 "아르구"의
음역이고, 중앙아시아의 탈라스에서 발라사군까지의 지역(지금의 키르
기스스탄 전역과 카자흐스탄의 일부)에 있던 투르크계 민족을 가리킨다.
아르구는 무슬림(회회)과 통혼해 이슬람화하는 사례도 많았다. 실제로
질리미실의 조부 만속아滿速兒(만수르)와 부친 묵리마합마默里馬合麻(멜릭
무함마드) 역시 부인은 회회씨回回氏(무슬림)였고, 질리미실이라는 이름
또한 페르시아어에서 수피 수도승을 의미하는 다르비슈의 음사다. 덧
붙여서, 질리미실처럼 투르키스탄·이란 출신자라도 중국식의 자字를
가지는 것 자체는 드문 일이 아니다. 《원사》 권196의 〈열전〉에 따르면,
관직 임용 경로는 숙위(케식텐)에서 시작되었다.

　질리미실이 살았던 시대는 전란이 계속되어 백성은 곤궁했으나, 질
리미실의 3년의 임기 동안 백성은 평안하게 지냈다. 얼마 지나지 않아
명조의 군대가 복건의 도시를 차례차례 공략하고 투항을 권유하는 문

서를 받게 되자, 질리미실은 "내가 [원조에] 지고 있는 은혜가 두터워서 죽을[죽어서 갚을] 수밖에 없다"라고 하면서 공복公服을 입고 원의 궁정이 있는 북쪽을 향해 두 차례 배례拜禮한 다음 도끼로 명조의 인새印璽[옥새]가 찍힌 투항 권유 문서를 잘라버리고는, 손에 "대원신자大元臣子"라고 크게 쓴 판목을 들고 자세를 바로 하고 앉아 패도佩刀[차고 있던 칼]로 목을 찔러 자결했다.

몽골로부터 받은 은총에 보답해 죽었다는 것은 비단 케식텐만이 아니다. 과거를 통해 관직에 나아간 광동염방사첨사廣東廉訪司僉事 획독보정獲獨步丁(쿠틉 앗 딘)과 그의 형으로 각각 건강建康(지금의 장쑤성江蘇省 난징南京), 신주信州(지금의 장시성江西省 상라오上饒)에서 관직에 임용된 목로정穆魯丁(무히 앗 딘?), 해로정海魯丁(하이르 앗 딘) 역시 자신이 몽골로부터 40년에 걸쳐 입은 은의恩義에 감사하며 국난의 상황에서 순국하는 길을 택했다.

5. 중국 동남 연해 지역에서 출토된 이슬람 비문에서 확인할 수 있는 것들

중국의 동남 연해 지역의 제 도시에서 출토된 이슬람 묘비(대부분은 아랍어이고, 일부는 한어·페르시아어·투르크어를 섞어 기록한 묘비)는 이 지역으로의 외래인 인구 유입 경향과 관련해 귀중한 자료를 제공한다.

양주揚州, 항주, 복주, 천주, 광주 출토 묘비에는 "떠돌던 땅에서 죽은 자는 순교자로 죽은 것이다" 또는 "떠돌던 땅에서의 죽음은 순교이다"와 같은 정형구가 많이 보인다. 이러한 것들은 예언자 무함마드의 성스러운 전승이라고 여겨지는데, 중국 연해 지역 외에서는 확인되지 않는다. 그리고 이러한 묘비들과 명확하게 관련된 "떠돌이 순교자"라는 말이 천주 출토 아랍어 묘비에서 발견되었다. 1272년에 새겨진 묘비로, 앞의 두 묘비보다도 오래된 것이다. 1272년은 천주가 몽골 지배하에 놓이기 4년 전이다. 피장자被葬者는 호라즘 왕의 아들 무함마드 샤라고 한다. 일설에는 몽골군의 추적을 피해 각지에서 저항을 이어나간 전설적 영웅 잘랄 앗 딘 혹은 그의 아들이라고 여겨진다. 이 묘비는 영산靈山이라 불리는 천주 동부 교외의 이슬람 성인 묘지에서 발견되었다(Chen et Kalus 1991: 158-159쪽, note 75, Pl. XLII b). 먼 이국의 왕자가 도피처로 삼은 곳이 되었다는 것은 육지 영역 국가의 권력으로부터 일정한 거리를 유지하는 항시 특유의 속성(통치 권력의 영향이 미치지 않는 지역성)을 보여준다.

옛 호라즘 샤 왕조 영역의 지명에서 유래한 이름(니스바)을 가진 피장자는 몽골 지배기의 것에 속하는 중국 연해 지역에서 출토된 이슬람 묘비의 절반 이상에 달한다(31건 중에 17건). 당시 천주의 무슬림들에게 무함마드 샤의 묘비는 특별한 의미를 가졌을지도 모른다. 다만, 호라즘 왕은 무슬림으로부터 존경을 받은 아바스 왕조 칼리프를 압박한 것과 호라즘 군대가 포학하다는 것으로 알려져 있어서 사람들의 평가는 좋지 못했다. 호라즘 왕자 묘비의 중요성은 이슬람의 제 도시를 파괴한 몽골에 계속 저항한 잘랄 앗 딘 개인의 영웅성과 먼 길을 이동해 중국에 온 전도자로서의 선구성에 있었을지도 모른다.

"떠돌이=순교자"라는 개념을 나타내는 정형구의 사용은 14세기 초까지의 시기에 천주에서 확산했고, 1352년에는 광주에서도 확인되듯이, 14세기 중반에는 중국 동남 연해 지역의 무슬림들에게 널리 공유되고 있었다. 묘비에 이러한 정형구들이 새겨진 묘의 주인(피장자)은 로路의 다루가치와 같은 관직을 보유한 사람, 투르크어·몽골어에서 유래한 왕가의 일원을 시사하는 칭호(샤, 타힌, 칸, 카툰)를 가진 사람, 핫지·셰이흐·화자 등 이슬람 사회에서 존경받는 지위에 있는 사람이 많다. 여기에는 옛 호라즘 왕국 유민 외에도 카라 키타이 또는 그 치하에서 존속한 예전의 카라한 왕조 엘리트층의 후손들도 포함될 것이다. 이러한 무슬림 엘리트층에 공유된 "떠돌이＝순교자" 개념은 중국 연안 지역 무슬림 주민 공통의 선조 이미지를 상징하는 것으로서 기능하기 시작했고, 몽골 패권기의 이동에 뿌리를 둔다고 자인하는 무슬림 디아스포라로서의 정체성의 형성에 한몫했다(向, 2018, 2019).

6. 몽골 패권기의 디아스포라에 관한 고찰

종교, 민족, 출신지 등 다양한 표지를 사용해 디아스포라는 무수하게 만들어낼 수 있다. 그러나 그러한 개념들과 그 지시 대상이 되는 사람들 사이에 필연적 관계는 없다. 몽골 제국의 지배 영역과 같은 다원적 사회에서 정체성은 복잡하고 중층적이다. 그럼에도 종교, 민족, 출신지 등 어느 한 가지 측면에만 주목해서 공간적으로 격절된 공동체를 ○○인의 디아스포라 등으로 일괄하는 것은 궁극적으로 그러한 디아스포라를 연구 대상화 하기 위한 작위에 불과하다. 최근에는 실체적 디아스포라보다 화법話法(내러티브)으로서의 디아스포라에 주목해야 한다는 논의도 있다. 이타가키 유조板垣雄三가 문제 설정의 수數만큼 지역이 만들어진다고(n지역론) 지적한 것처럼(板垣, 1992), 디아스포라도 마찬가지로 무수하게 만들어낼 수 있는 것이다(n디아스포라론). 일례로, 카 안의 친위대(케식텐) 출신자의 디아스포라, 원에서 출사를 거부한 남송 유신의 디아스포라, 기후 변동으로 남하한 유목민 디아스포라 등도 설정할 수 있다.

또 한 가지 문제는 원래 "파종播種"을 의미하는 "디아스포라"라는 용 어 자체가 본래 그것이 지칭하는 집단이 경험하는 사이클의 한 국면 만을 나타내고 있다는 데서 기인한다. 그 결과, 디아스포라에는 탈영 역화 순간에 주목하는 동태적動態的 시점(135년 유대인의 예루살렘에서의 추방, 1948년 팔레스타인의 나크바 등)과 탈영역 이후에 형성되는 "교역 이 산형 공동체"에 주목하는 정태적靜態的 시점(고대 그리스인과 페니키아인 의 식민 도시들 등)이라는 두 방향성이 있다.* 그리고 실제로 디아스포라 라는 용어로 분석 대상화 되는 공동체에서는 대부분의 경우에 탈영역 → 이산형 공동체 형성 → 두 번째 탈영역 또는 소멸·주변화와 같은 장기적 사이클을 그려낼 수 있다. 따라서 디아스포라라는 개념을 사 용할 때, 공통 정체성의 공유 혹은 그 맹아가 보이는지의 여부, 어떠한 관점에서 디아스포라를 논할 것인지의 문제, 일련의 사이클 중 어느 국면을 다룰 것인지의 문제를 명시해야 할 것이다. 이렇게 해서 디아스 포라는 유익한 논의가 된다. 역으로 말하면, 무엇을 논하고자 하는지 를 명확하게 하는 것을 통해 풍부한 디아스포라의 사례를 참조할 수 있다는 점에서 디아스포라론論은 그것의 과제를 넘어서는 유익함도 있 다. 그래서 제7장에서는 유목 제국과 교역 디아스포라라고 하는 관점

---

* 나크바는 "재앙"이라는 의미이며, 이스라엘의 건국으로 인한 팔레스타인 주민의 실향과 이산 (디아스포라)의 고통을 뜻한다.

에서 그 나름으로 공통 정체성의 맹아를 확인하는 것이 가능한 무슬림에 주목해 논의했다. 이 디아스포라 집단은 몽골 패권기에 하나의 탈영역화(중국으로의 이동)에서 다른 탈영역화 혹은 주변화(해외 또는 도시 교외로의 이산)까지를 경험했다.

몽골 패권기에는 상당수의 투르키스탄·이란 출신 무슬림 엘리트들이 중국으로 이주했고 재상이나 행정관으로 활약했다. 이들의 다수는 출신지에서 이미 대대로 관료, 지식인, 부유한 상인을 배출한 가문의 일원이었으며, 몽골이 카라 키타이나 호라즘을 원정할 당시 몽골에 투항했다. 그리고 이들의 후손들은 중국 각지에 흩어져 세습 엘리트 집단을 형성했다. 그 공통의 특징으로 카안에 대해 공물을 수반한 알현(아울자)의 의식이나 양식(투즈구)의 제공을 통해 지위를 보전받고 있다는 점, 외교 사절이나 향도嚮導 혹은 수송을 담당하고 있다는 점, 케식텐에 입시하거나 왕후·후비后妃에게 고용되는 등의 경로로 관료가 되어 세습 지배 계급을 구성하고 있다는 점 등을 언급할 수 있다. 이와 같은 디아스포라는 부하라 출신의 사이드 아잘 가문과 같이 고향의 괴멸이 디아스포라 집단의 이동의 계기가 되었을 수도 있다는 점에서는 모두冒頭에 소개한 로빈 코언의 이념형 중 희생자 디아스포라의 측면을 갖는 부분도 적지 않을 것이다. 한편 몽골이 새로 획득한 옛 남송 영토인 강남에서는 디아스포라 집단이 지배층의 일각을 맡았다는 점에서는 제국 디아스포라였고, 이들이 상업을 통해 네트워크를 확장했다는 점에서는 교역 디아스포라이기도 했다. 일반적으로 무슬림은 국가를 초월한 탈영역적 집단인데, 부하라인이나 아르구인들은 이전의 페르시아, 투르크-이슬람 문화권에서 동방으로 건너와 월경적越境的 문화 이식移植의 주체가 되었다. 이는 코언이 말한 탈영토화 디아스포라로 위치 지을 수 있다. 몽골 치하의 중국에서 무슬림 디아스포라의 거점이 된 곳은 섬서, 운남, 복건과 같은 변경이었다.

　이러한 변경 지역에는 초기에 케식텐 출신의 군단장이 카안의 눈과 귀로 파견되었다. 얼마 지나지 않아 세습의 지역 엘리트화한 무슬림 가계의 아들들도 케식텐에 입시하게 되었다. 케식텐 출신자들은 관직 임용 후에도 낮에는 정무를 수행하고 밤에는 입시하는 것으로 알려져 유목 궁정과 중앙 정부를 가교하는 역할을 수행했을 뿐만 아니라, 멀리 출장을 나간 케식텐 출신자들은 궁정과 지방을 연결하는 역할을 수행했다(片山, 1980b). 최근 유라시아에서의 친위군 비교 연구가 활발하게 이루어지면서 유목 국가의 케식텐에 대한 연구도 소개되고 있다(丸橋, 2018). 이는 케식텐과 디아스포라, 통치 시스템 전체와의 관계성이라는 측면에서도 주목받는 연구 분야다. 특히 당대사唐代史 연구에서는 환관宦官, 금군禁軍, 불교 교단이 일체화한 세력을 형성했고, 여기에 소그드인 불교도 또한 관여하고 있었음이 밝혀져 주목할 만하다(中田, 2006, 2018 외). 유목 국가 몽골의 케식텐과 당조唐朝의 내정內廷에는 차이점도 있다. 예를 들면, 중국 왕조에서는 내정과 외정外廷의 인원이 서로 다른 집단에 속했으나, 몽골에서는 관료와 케식텐의 인원이 중첩되어 궁정과 정부를 연결하고 있었다(Hsiao, 1978: 34~44쪽). 그러나 당의 정치·교역·종교와 밀접하게 관련되어 있던 소그드인과, 몽골 왕후나 후비의 오르도에서 카안과 연결되어 행정관이 되어서 정치를 움직인 무슬림은 내정(오르도), 금군(친위군), 종교의 관점에서 비교 가능할 것이다. 또한 제7장에서 다루고 있는 사이드 아잘 일족은 소그드인과 마찬가지로 소그디아나 출신이다. 당대의 소그드인은 이슬람 세력에 의해 흡수된 고향을 피해 동방으로 이동한 희생자 디아스포라와 교역 디아스포라가 공존하는 속성을 지니고 있었다.

로빈 코언은 앞서 희생자 디아스포라, 노동 디아스포라, 제국 디아스포라, 교역 디아스포라, 탈영토화 디아스포라 다섯 가지로 분류되는 디아스포라 모두에 공통되는 특징 중에서 고향 지역에 대한 집합적 기억, 공통의 문화적·종교적 유산의 계승, 강력한 민족 집단 의식이 있었다는 점을 언급하고 있다. 이러한 것들은 바로 그 집단을 "디아스포라"로 규정하는 요소인데, 선천적으로 동일성을 지닌 집단이 그 의식을 유지한다기보다는, 제7장에서 살펴보았듯이, 고향을 떠난 다양한 출신의 무슬림들이 이슬람을 매개로 하는 새로운 정체성을 형성하는 사례도 있을 수 있다. 또한 몽골 패권기의 무슬림들이 수송이나 교역 같은 분야에서 활약한 점은 디아스포라가 지닌 기업가성性의 논의와도 통한다.* 이외에도 이민족 지배를 특징으로 하는 제국적 체제에서 지배자와 피지배자 사이 완충으로서의 특징들이 확인된다. 이문화異文化 사이를 가교하는 사례, 현지 사회에 적극적으로 순응·동화하는 사례, 국가의 은의에 보답하려고 행동하는 사례도 확인된다. 생활권으로서 변경이 선호되는 것도 특징적이다. 이와 같은 특징들은 현대의 이민 디아스포라에도 적용되는 부분이 많지 않을까?

---

* 여기서 기업가성은 혁신, 위험의 감수 등 "기업가정신(entrepreneurship)"을 갖춘 성향을 의미한다고 말할 수 있겠다.

몽골 제국 시대의 천문학

이사하야 요이치

몽골의 유라시아 통치는 그 지배 영역 각지에서 지역 간 교역을 활성화시켰다. 이에 따라 유라시아 원격지遠隔地 사이에서 문화 교류가 유례없는 규모로 커져갔다. 다양한 교류를 보인 학문적 지식 중에서도 몽골은 천문학에 특별한 관심을 보이며 천문학을 높이 평가하고 있었다. 그들은 자신들의 세계 통치가 하늘(텡그리)의 명령에 근거한 것이라고 믿었다. 그래서 몽골은 천체 현상을 읽어내는 것, 그것으로부터 천명天命을 알아내는 것에 매우 큰 관심을 기울였고 그것을 군사적 원정이나 즉위식 같은 자신들이 지상에서 하는 행동의 지침으로 삼았다. 게다가 몽골은 문화적 차이를 중시했다. 이는 그들의 문화 정책을 고려할 때 중요한 점이다.

이를 살펴보기 위한 분석 개념으로 제안하고자 하는 것이 "번역과 순화의 패러다임Translation-Naturalization Paradigm"이다. 이 개념을 이문화異文化를 자문화自文化에 받아들이는 장기적 과정에서 전형적으로 보이는 패턴이며, 초기의 번역과 그 후의 순화 두 단계로 구성된다고 정의하고자 한다. 동유라시아 역사에서 이문화 유입으로는 당대唐代에 전성기를 맞은 불교의 전래나 명청대 서양 문명의 도래가 유명하지만, 그 사이의 또 하나의 임팩트가 최근 주목받고 있다. 그것은 주로 몽골 제국 시대(1206~1368)와 명대(1368~1644)에 해당하는 이슬람권 문화의 전달이다.

천문학만으로 논점을 좁혀도 몽골 제국 시대에는 이슬람권으로부터 한어권으로 그 나름의 수의 천문학자가 이주해온 것으로 보이며, 그중에는 궁정에서 고위 관직을 얻는 사람들도 나타났다. 이들의 활동은 이들 전용의 천문대 설립 등을 통해 항상적恒常的인 것이 된다. 그러나 앞서 언급한 "번역과 순화의 패러다임"에 비추어보면, 이슬람권 문화의 전달은 특히 천문학에 관해서는 그 이전 불교의 전래나 그 이후 서양 문명의 도래와는 성격이 다른 것이었음이 분명해지고 있다. 불교의 전래와 서양 문명의 도래라는 임팩트에서는, 예를 들면 불교의 전래에서는 산스크리트어와 중앙아시아의 제어諸語로부터의 번역이, 서양 문명의 도래에서는 유럽 언어로부터의 번역이 이문화에서의 천문학 도입에 중요한 역할을 수행했고, 이후 이 지역의 학자들이 그것들을 자신의 학술적 전통 속에 편입해나가는 순화의 프로세스가 이어진다. 따라서 "번역과 순화의 패러다임"이 불교의 전래와 서양 문명의 도래라는 두 가지 임팩트의 시기에는 성립하고 있다.

그러나 몽골 제국 시대와 명대의 임팩트인 이슬람권 문화 전달 시기의 경우, 그 유입기인 몽골 시대에 대해서는 현재에 이르기까지 번역 문헌이 알려져 있지 않으며, 번역 사업은 비로소 후반기에 해당하는 명대 초기에 들어서야 이루어진다. 즉, 몽골 제국 시대에 해당하는 13세기부터 14세기 중엽에 걸쳐서는 "번역과 순화의 패러다임"이 기

마라가 천문대의 나시르 앗 딘 투시(Wikimedia Commons: Nasir al-Din al-Tusi at observatory.jpg)

능하지 않는 것이다. 왜? 그 이유는 천문학에만 주목해서는 아마도 해석할 수 없을 것이다. 이 문제는 몽골 제국의 이데올로기에 관한 것이라는 점에서다.

서유라시아는 이란에서 당시 유라시아 최대 규모였던 마라가 천문대의 건설을 주도한 나시르 앗 딘 투시(1201~1274)가 현지 몽골 정권의 칸의 칙명을 받아 페르시아어 천문서 《일 칸 천문편람Zīj-i īlkhānī》을 편찬했다. 그 제1부로 역曆에 관한 부분은 몽골 제국의 이데올로기를 천문학적 관점에서 파악하는 데에 알맞은 사료다. 거기에는 당시의 문화교류를 반영해 이슬람권의 천문 편람에 역사상 최초로 중국의 역이 기록되었고, 이에 더해 당시 이란에서 사용되고 있던 다른 다섯 가지의 역이 병기되어 있다. 이들 각 역에 대한 기술은 기본적으로 독립적이며, 정수定數〔상수常數〕나 계산법에 상호 간의 영향이 보이는 것은 아니다. 게다가 중국의 역은 "제왕帝王들이 사용하는 역"이라고 기술되기는 하지만, 각각의 역에 우열은 없고 어떤 것은 역 상호 간의 환산換算에 대한 설명과 표였다.

이 사실로부터 최근 자주 사용되는, 몽골의 다종교·다문화에 대한 "관용"이라는 말 이상의 적극적인 제국의 이데올로기를 파악할 수 있다. 이는 몽골이 상이한 천문학적 전통의 통일이나 융합을 통해 새로운 것을 만들어내려는 것이 아니라 오히려 서로의 차이를 유지하는 것을 중시했다는 것이다. 몽골에는 주로 자신들의 정책 결정을 위해 선택의 다양성을 유지하는 것이 중요했다. 말하자면, "세컨드 오피니언"을 위해 몽골 궁정에는 다양한 유형의 지적知的 전통을 보유한 지식인들이 모여 있었던 것이다. 그리고 천문학자들 역시 그 점을 잘 이해하고 있었다. 이들 천문학자들에게 필요한 것은 상대의 지식을 자신들의 주머니 속 물건처럼 만드는 "번역과 순화"가 아니라 자신들이 상대보다 앞서기 위해 자신들의 지식을 연마해 그 우위를 군주에게 어필하는 것이었다. 그리고 이러한 유형의 경쟁은 천문학의 진보에 기여하게 된다. 예를 들면, 한인 관료들에 의해 이 시대에 만들어지게 되는 수시력授時曆은 중국 역법의 전통에서 나온 산물로, 그 최고의 걸작으로서 명성이 높다. 몽골은 문화 간 차이를 이용해 정치적 판단을 내렸고, 천문학자들 또한 이러한 이데올로기 속에서 자신들을 연마했다. 몽골 제국 시대의 천문학, 여기에는 "근대 과학"이라는 말이 연상시키는 지식의 합리화나 통일성과는 다른 원리가 작동하고 있었던 것이다.

제8장

중앙아시아·동아시아의 동방 시리아 교회

– 몽골 시대를 중심으로

다카하시 히데미

머리말

로마 제국의 동쪽 끝에서 일어난 기독교는 주로 로마 제국 영내에서 퍼져나가 제국 영토와 그 주변 지역에서 크게 발전하게 되었다. 동시에 기독교는 서아시아 기원의 종교이기도 하다. 기독교는 이른 시기에 로마 제국의 동쪽 끝 국경을 넘어 육로와 해로 양쪽을 거쳐 아시아 대륙 각지로도 확산해나갔다. 제8장에서는 몽골 시기에 이르기까지 중앙아시아와 동아시아에서의 기독교 전파에 대해 약술하고, 몽골 시대 중국에서 동방 시리아 교회의 전개 및 쇠퇴에 관해 최근 발견된 사료에 중점을 두어 서술하고자 한다.

1. 동방 시리아 교회의 동쪽으로의 전개

페르시아의 교회와 중앙아시아에서의 그 포교

3세기 전반에 파르티아가 멸망하고, 사산조 페르시아가 일어난 무렵에는 이미 그 영내 서부에 기독교도 집단이 있었던 것으로 생각된다. 페르시아 영내의 기독교도들은 제국의 수도 셀레우키아·크테시폰의 주교를 수장으로 하는 교회 조직을 형성하며, 로마 제국 영내 교회와는 점차 거리를 두게 된다. 콘스탄티노플 대주교 네스토리우스가 431년의 에페소스 공의회에서 단죄되었을 때, 이 공의회에 페르시아 영내의 주교단은 출석하지 않았다.* 결과적으로, 페르시아 영내의 교회는 네스토리우스를 단죄한 것이 아니었고 로마 제국 내 교회로부터는 "네스토리우스파"로서 이단시되었던 것이다. 페르시아 영내의 교회들은 전통적으로 로마 제국 내의 "서방西方의 교회"에 대해 "동방東方의 교회"를 자칭했으나, 이 명칭은 통상 그리스 정교正敎 등을 가리키는 "동방 교회"와의 구별이 어려워 혼란스러우므로, 제8장에서는 시리아어를 교회 용어로 사용하는 지역의 동부 교회라는 의미로 최근 연구에서도 빈번하게 사용하게 된 "동방 시리아 교회"라는 명칭을 쓰기로 한다.

페르시아 영역 서부의 메소포타미아 지역을 거점으로 한 동방 시리아 교회는 페르시아 영내의 동쪽 지역에서도 선교 활동을 펼치며 신도를 확보해나갔다. 424년에 열린 주교 회의의 기록을 통해, 당시 이

---

* 네스토리우스는 기독교의 한 갈래인 네스토리우스파(네스토리우스교, 경교, 동방 시리아 교회)의 시조로 그리스도의 신성(神性)과 인성(人性)을 따로 구분해야 한다는 이른바 이성설(二性說)을 주장해 431년 에페소스(에페수스) 종교회의에서 이단자로 선고받고 추방당했다.

미 메르브와 헤라트에 대주교좌座가 설치되어 있었음을 알 수 있다 (Chabot, 1902: 43, 109쪽). 그 후 2세기여가 지난 651년 사산조의 마지막 왕 야즈데게르드 3세가 메르브에서 사망했을 때, 그 장례를 집전한 이는 국교 조로아스터교의 사제가 아니라 그 지역 기독교 주교 엘리야였다고 아랍의 역사가 타바리가 전하고 있는데, 이를 통해 이 일대에서 기독교가 확산했음을 알 수 있다(de Goeje & Prym, 1893: 2883쪽).

635년(정관貞觀 9)에 수도사 아라본阿羅本이 장안長安에 도달했고, 638년(정관 12)에 장안의 의녕방義寧坊에 사원이 설치되어 종교 활동을 하는 것이 허가된 것은 〈대진경교유행중국비大秦景教流行中國碑〉와 《당회요唐會要》 권49의 기록에서 알 수 있는 그대로이며, 781년에 건립된 〈대진경교유행중국비〉의 시주施主로 토하리스탄(박트리아) 발흐 출신의 야즈드보제드를 비롯해 당대唐代에 중국으로 이주한 기독교도의 다수는 페르시아인이나 소그드인 등 이란계 민족 출신이었을 것으로 추정된다. 특히 서안西安에서 발견된 미계분米繼芬(805년 사망)의 묘지墓誌와 낙양洛陽에서 출토된 경교景教〔동방 시리아 교회 혹은 네스토리우스교〕 경당經幢(829년 건립)에 기록된 안安·미米·강康 같은 소그드 성씨 등을 통해서는 중국에 소그드인 기독교 집단이 존재했음이 드러나며, 이는 소그디아나 본토에서 발견된 십자가나 십자가가 새겨진 화폐 등과 후술할 투루판 분지의 수도원 유적에서 발견된 기독교 소그드어 문서와 함께 소그드인들 사이에서 기독교가 보급되었음을 뒷받침하고 있다.

투르크인의 개종과 그 이후

기독교가 언제 소그디아나의 도시 주변과 그 북쪽 지역에 거주하는 투르크계 부족들 사이에 침투하기 시작했는지는 확정할 수 없다. 7세기 후반에 성립된 것으로 여겨지는 《후제스탄 연대기》에는 메르브 대주교 엘리야가 644년에 어느 투르크인 부족장과 그 휘하 부대를 개종시켰다는 기록이 있는데, 이때의 개종은 소규모이고 단발적인 것이었다고 추정된다(Guidi, 1903: 34~35쪽). 아바스 왕조 초기에 동방 시리아 교회의 최고 지도자(가톨릭코스)였던 티모테우스 1세(재위 780~823)는 서간書簡에서 중국이나 인도의 대주교와 함께 "티베트인의 땅"과 "투르크인의 땅"의 대주교를 언급하고 있으나(Braun, 1901: 308쪽), 이 중 "티베트인의 땅의 대주교"에 대해서는 이 시기에 토번 왕국이 타림 분지 일대로 자국의 영토를 확장하고 있던 것과 관련지을 수 있으며, 티베트 중심부에도 기독교도가 있었다고 상정想定할 필요는 없고(沈, 2022), "투르크인의 땅의 대주교" 관할하에 있던 것은 현지 도시 지역에 거주하는 소그드인 등의 신도였을 가능성이 있으며, 〔"투르크인의 땅에"〕 반드시 투르크인 신도가 있었다고 단정할 수는 없다.

아랍어로 기록된 동방 시리아 교회의 《탑塔의 책》이나 시리아 정교회(서방 시리아 교회)의 성직자이면서 동방 시리아 교회의 역사에도 정통했던 바르 에브라야(바르 헤브라에우스, 1286년 사망)의 《교회사》에는 메르브 대주교 아브디슈의 지도하에 행해진 "투르크인의 왕"의 기독교 개종에 대한 기록이 보인다. 《탑의 책》은 복수의 저자에 의한 저작으로, 해당 부분은 11세기에 성립된 것으로 추정되고, 바르 에브라야는 이 개종을 1007년의 사건으로 기록하고 있다는 점에서, 개종은 1000년 전후의 사건으로 보는 게 타당할 것이다. 구체적으로 어느 지역의 어느 부족의 "왕"의 개종이었는지에 대해서는 《탑의 책》은 "어느 투르크인의 왕"이라고 하는 데 비해 바르 에브라야는 케레이트의 왕이라고 기록하고 있는데, 이는 13세기의 상황을 반영한 사후적 주장

일 가능성이 크다(Gismondi, 1896~1899: I 112~113쪽; Abbeloos & Lamy 1872~1877: II. 279~282쪽).

이상과 같이, 투르크인 사이에서 기독교 전파 과정에 대해서는 시리아어나 아랍어 역사서에서 많은 것을 읽어낼 수는 없지만, 13세기 초에는 케레이트·나이만·옹구트 등 투르크계 부족 중에 기독교를 신봉하는 이들이 있었다는 점은 확실하다. 그중에서도 몽골 지배자 일족과 혼인 관계에 있던 케레이트나 옹구트의 수장들이 기독교도였음은 몽골 지배하에서 기독교도들에 대한 비호로 이어졌고, 이는 동방 시리아 교회 세력의 확장을 가져왔다. 이 상황을 동방 시리아 교회의 주교좌 분포로 살펴보면, 다마스쿠스 대주교 일야스 알 자우하리가 10세기에 기록한 대주교좌 목록에는 중앙아시아와 그 주변의 것으로 헤라트·메르브·사마르칸트 세 곳만이 주교좌의 전부인 반면(Assemanus 1719~1728: III/1. 188쪽), 《탑의 책》 권말에 수록된 14세기 목록에서는 일부 사본寫本의 판독이 확실하지 않기는 해도 "투르키스탄", "칸발릭"(베쉬발릭?), "알파릭"(알말릭?), "탕구트", "카슈가르와 나베카트"의 다섯 개 주교좌가 추가되어 있다(Gismondi, 1896~1899: II. 126쪽).

현재 중앙아시아 제諸 국가와 신장웨이우얼자치구新疆維吾爾自治區에서 근세 이전의 기독교 건축물로 확인되는 것으로는 우르구트(우즈베키스탄)의 수도원 유적, 악베심(키르기스스탄)의 교회 유적, 투루판(신장)의 수도원 유적을 들 수 있다. 이 중 악베심의 교회는 규모도 크고 주교좌 교회였을 가능성도 고려된다. 투루판 분지 북부의 포도구葡萄溝 근처 수도원 유적에서는 20세기 초에 1000점이 넘는 시리아어, 시리아 문자 소그드어 등의 사본 단편斷片이 발견되었다. 수도원의 장서에 걸맞게 전례서典禮書나 성인전聖人傳 등이 중심이나 약학서藥學書 등의 단편도 있으며, 최근 연구에서는 아리스토텔레스의 《범주론範疇論》의 시리아어 번역 단편도 확인되고 있어서(Lin, 2021), 동방 시리아 교회의 중심에서 멀리 떨어진 이 지역에서도 수도원이 학문의 장場으로 기능하고 있었음을 암시하는 것으로 흥미롭다. 이 수도원 유적에서는 2021년 이후에 새로 발굴이 진행되어 다수의 문서 단편 외에 회화 단편 등이 발견된 것으로 보고되어 앞으로의 연구가 기대된다(劉·王·王, 2022). 투루판 분지에서는 포도구의 수도원 외에도 시리아어, 시리아 문자 소그드어의 단편이 발견되었으며, 이러한 단편 중에는 호부護符〔부적〕나 점占에 관련된 것이 포함되어 있다. 호부 사용이나 점은 교회가 공식적으로는 금지한 행위지만, 투루판 분지의 것과 동일한 형태의 사본 단편은 카라호트에서도 발견되고 있어 수도원 밖 일반 신도들의 종교관을 보여주는 것으로 주목받고 있다(Takahashi, 2022).

2. 몽골 시기 중국의 동방 시리아 교회

몽골 시기 교회에 관한 사료

몽골 지배하의 중국에 있던 동방 시리아 교회 신도들은 교회 중앙에서 파견된 고위 성직자를 제외하고는 거의 모두 투르크계 제 부족 출신으로 여겨진다. 한문 문헌에서 "야리가온也里可溫"이라 칭해지는 그러한 기독교도들에 대해서는 《원사元史》나 《원전장元典章》 등에 보이는 공적 기록 외에 가톨릭 선교사들에 의한 기록이나 후술할 묘지명 등의 다양한 사료가 남아 있는데, 당대唐代의 경교비景教碑 같은 기독교도 그 자신들이 남긴 체계적 기록은 없고 각 사료가 제공하는 정보가 단편적이어서 그 전체상을 파악하기는 어렵다. 시리아어로 남아 있는 문헌으로는 옹구트 출신의 가톨릭코스 야발라하 3세(재임 1281~1317)와 그 스승 랍반 사우마[바르 사우마, "랍반"은 경칭]의 전기傳記가 있고, 1248년에 랍반 사우마의 체발식剃髮式을 집전한 마르 기와르기스와 1263년에 야발라하 3세의 체발식을 집전한 마르 네스토리스라는 두 중국 대주교 이름이 알려져 있지만(Borbone, 2009: 10*, 11*), 중앙아시아나 중국에서의 교회 제도와 고위 성직자에 대한 그 이상의 정보는 부족하다. 이 시기 중국에 있던 동방 시리아 교회 신도들 중 투르크계 제 부족 출신 왕후王侯·귀족의 동향에 대해서는 어느 정도 정보를 얻을 수 있는데, 중국의 역사가들은 그들이 기독교도로서 활동한 것에는 관심이 없었다. 관료나 군인으로 등용된 기독교도들에 대해서는 이름 등을 통해 그 사람이 기독교도라는 점은 확인할 수 있으나, 이름과 직책 이상의 정보가 있는 경우는 드물다(殷, 2012). 이러한 가운데 비교적 많은 것이 알려진 인물로는 후술할 《지순진강지至順鎭江志》에 등장하는 마르 사르기스 외에 야리가온을 관할하는 숭복사崇福司의 초대 수장 애설愛薛(1308년 사망)이나 저명한 문인으로 알려진 마조상馬祖常(1279~1338) 등을 들 수 있다.

원대의 시리아어·시리아 문자 사료

기존에 원元 영내에서 발견된 동방 시리아 교회 관련 문물로 이전부터 알려진 것으로는 옹구트의 도성都城 중 하나인 올론숨의 일대에서 발견된 다수의 묘석墓石, 항구로서 번영했던 취안저우泉州(천주, 푸젠성福建省)에서 발견된 기독교도의 묘비, 양저우揚州(양주, 장쑤성江蘇省)의 에리세바(야리세팔也里世八, 1317년 사망)의 묘비, 츠펑시赤峰市(네이멍구자치구內蒙

古自治區) 쑹산구松山區의 쑹저우松州(송주) 옛터 부근에서 발견된 야우난 (1253년 사망)의 묘비, 장자커우張家ㅁ 북쪽 석주자량石柱子梁(허베이성河北省 장베이현張北縣 얼취안징향二泉井鄉 스주량촌石柱梁村 부근)에서 발견된 묘석, 베이징北京시 팡산구房山區 십자사十字寺의 십자가가 새겨진 돌기둥, 후흐호트 근교의 만부화엄경탑萬部華嚴經塔(백탑白塔)에 사제 마르 사르기스 등이 남긴 복수複數의 시리아 문자 투르크어 제기題記 등이 있다.

이러한 문물 중에 올론숨, 취안저우(천주), 양저우(양주)의 묘비는 시리아 문자가 활용된 경우인데도 언어는 기본적으로 투르크어다. 또한, 양저우의 에리세바 묘비나 취안저우의 몇몇 묘비에서는 시리아 문자 투르크어와 한문이 병기되어 있으며, 취안저우에서는 중국어(한자, 팍빠 문자)만 사용된 경우가 있다. 이는 중앙아시아 일대에서 발견된 동시대 묘석 대부분에서 시리아어가 사용된 것과는 대조적이고, 중국에서 한문화漢文化의 영향력이 강했음을 이야기해준다.

이상의 문물에 더해 새롭게 발견된 것 중에서 흥미로운 것이 후흐호트의 백탑과 둔황敦煌 동쪽의 유림굴楡林窟을 방문한 기독교도들이 남긴 제기다. 후흐호트의 백탑에는 사제 마르 사르기스 등의 제기에 더해 필리포스, 요시무트, 키라키즈(퀴리아코스)라고 하는 명백하게 기독교도 이름을 가진 세 명을 포함해 다섯 명의 혹은 여섯 명의 방문자가 남긴 위구르어와 시리아어 제기가 마쓰이 다이松井 太 등에 의해 새롭게 보고되었고, 위구르문文에 이어 나오는 시리아어 부분에는 "당신의 종 필리포스"라고 해독되는 문자열이 있다(白·松井, 2016: 42~44, 74쪽). 마찬가지로 마쓰이 등이 새롭게 보고한 과주瓜州(간쑤성甘肅省 주취안시酒泉市 과저우현瓜州縣) 유림굴 제16굴의 시리아 문자 투르크어 제기에는 부얀테무르, 나타나예르, 요한난이라는 세 과주 거주인이 석굴을 돌아보고 맥주와 양을 바치고 궤배跪拜〔무릎을 꿇고 절함〕한 것이 기록되어 있다. 기독교도 세 사람이 불교도와 동일한 행동을 취하고 있는 것이 주목될 뿐만 아니라, 마쓰이도 지적했듯이, 제기의 말미에 가까운 부분에서 세미레치예의 시리아 문자 투르크어 묘비명에서 자주 등장하는 "기념하게 되어yad bolzun"라는 표현이 사용되고 있어 간쑤성 일대와 톈산天山 이북의 기독교도와의 연계를 시사한다(松井, 2017).

고당왕 기와르기스와 그 일족

원조 시기 중국에서 가장 높은 지위에 오른 기독교도 중에 일찍이 금金에 등을 돌리고 칭기스 칸과 같은 편이 되어 그 보상으로 대대로 황실에서 며느리를 맞이하게 된 옹구트의 수장들이 있었고, 그중 가장 잘 알려진 인물이 기와르기스(활리길사闊里吉思, 1298년 사망)다. 두 명의 황녀皇女를 며느리로 맞아들이고, 장인이자 매형인 성종成宗 테무르(재위 1294~1307)에 의해 1294년에 "고당왕高唐王"에 봉해진 기와르기스에 대해서는 〈부마고당충헌왕비명駙馬高唐忠獻王碑銘〉 등의 한문 기록과 함께 프란체스코회 수도사 몬테코르비노의 요한(1247~1328)의 서간에 보고가 있으며, 라시드 앗 딘의 《집사集史》에서도 언급되고 있다.

기와르기스에 관한 새로운 발견으로서 몽골 서부인 지금의 호브드현縣에서 바얀울기현을 향해 알타이산맥을 넘는 고개를 따라 자리한 올란 톨고이의 한문 비문과 시리아어 비문이 있다. 비문의 존재 자체는 이미 1990년에 발표된 몽골어 논문에서 보고된 것이지만, 오자와 다카시大澤孝 등이 2014년에 현지 조사를 실시했을 때 그 내용을 기록했다. 세 점의 비문 중에 한문으로 된 것에는 "고당왕"이라는 이름과 "대덕大德 2년 6월 18일"(서기 1298년 7월 27일)이라는 날짜가 있다. 시리아어 비문 중 한문의 바로 오른쪽 것에는 성서의 《시편詩篇》 제68(67)편 제5절의 문구를 약간 바꾼 "주께서 그 거룩한 곳에 계시니"라고 하는 문구와 함께 "그리스력 1609년"(서기 1297/1298)이라는 날짜가 있으며, 이 비문에서 약간 떨어진 다른 암석에 기록된 또 한 비문에는 《시편》 제25(124)편 제2절의 "예루살렘은 산들이 둘러싸고, 주께서 그 백성을 둘러싸고 계시니"라는 문구가 새겨져 있다. "고당왕"이라는 이름과 비문의 날짜를 통해 이 비문들이 기와르기스가 카이두의 반란을 진압하기 위해 서북쪽으로 원정했을 때 적에게 사로잡혀 처형되기 직전에 남긴 것임을 확인할 수 있다(Osawa & Takahashi, 2015).

이 기와르기스에 대해서는 몬테코르비노의 요한이 경건한 기독교도로 묘사하는 데 비해 유학자 염복閻復(1236~1312)이 지은 "부마고당충헌왕비명" 등에서는 기와르기스의 유학儒學에 대한 경도가 강조되어 있고, 기와르기스에 의한 유학의 옹호를 뒷받침하는 자료는 이러한 공적 기록 외에도 발견된다. 하나는 천위안陳垣 등이 이미 지적한 바와 같이, 《만력길안부지萬曆吉安府志》에 "부마고당군왕활리길사駙馬高唐郡王闊里吉思"가 비서감秘書監 관료였던 오추吳鄒(장응진張應珍)의 역易에 관한 책을 간행했다는 기록이 있고, 이는 왕운王惲(1227~1304)이 기록한 오추吳鄒의 책 서문을 통해서도 뒷받침된다(陳, 1934: 23~24쪽 정丁). 또한, 예전에는 폴 펠리오Paul Pelliot가 주목한 것으로 오식분吳式芬의 《군고록攟古錄》 권 17에 "고당군왕석존제명기 식성찬정서 강소가정전탑본 지원至元 30년 2월高唐郡王釋奠題名記 息誠撰正書 江蘇嘉定錢搨本 至元三十年二月"이라는 기록이 있다. 안타깝게도 비문의 본문은 남아 있지 않으나, 제명題名을 통해 기와르기스가 1293년에 거행된 석전釋奠 의식의 비용을 제공한 것이 알려져 있다(Pelliot, 1973: 273쪽).

유교를 비롯한 제 종교에 대한 비호는 당시 왕후·귀족의 책무의 일부였다고 보이는데, 기와르기스뿐만 아니라 그 일족도 불교나 도교 시설에 기진寄進[기부]했다는 기록이 남아 있다. 기와르기스 이후 시대에는 특히 도교의 일파인 전진교全真教와의 관계를 심화해나간 것이 알려져 있고, 이는 한문화漢文化의 세계에서 기독교도 유력자들의 존재 방식을 보여주는 것으로 흥미롭다.

진강, 양주, 천주

원대 화중華中, 화남華南에서의 기독교도 동향에 대해서는 천주[취안저우]나 양주[양저우]의 기독교도 묘비와 함께 지순至順 연간(1330~1333)에 성립된 《지순진강지至順鎮江志》가 중요한 정보를 제공해준다.• 《지순진강지》에는 대상對象 지역의 야리가온 인구를 총 215명(비한인非漢人 인구의 1.6퍼센트, 총인구의 0.033퍼센트)으로 기록한 권3의 인구 통계도 흥미로우나, 잘 알려진 것은 권9의 대흥국사大興國寺 항목에 수록된 지원 18년(1281)에 세워진 비의 명문銘文이다. 여기에는 지원 14년(1277)에 진강부로총관부부달로화적鎮江府路總管府副達魯花赤으로 이 지역에 부임해 마르코 폴로의 《여행기》에도 "Marsa(r)chis"로 등장하는 마르 사르기스(마설리길사馬薛里吉思)가 진강鎮江[장쑤성 전장] 일대에 6개 사원, 항주杭州[저장성浙江省 항저우]에 1개 사원 등 총 7개 기독교 사원을 건립한 사실 등이 언급되어 있다. 이 기사 중에는 아마도 이러한 교회들의 헌당식獻堂式을 위해 진강으로 초빙된 "불국마리합석아마아실리하필사홀팔佛國

• 화중은 중국의 장강(長江, 창장강) 중·하류 지방을 총칭하는 말로 장쑤성·안후이성(安徽省)의 중남부와 저장성(浙江省)·장시성·후베이성(湖北省)·후난성(湖南省) 등에 걸쳐 있다. 화남(화난)은 중국 남부 지방의 통칭으로 푸젠성·광둥성(廣東省)·구이저우성(貴州省) 등에 걸쳐 있다.

馬里哈昔牙廳兒失理河必思忽八"에 대한 언급이 있다. 여기에서 "마리합석아馬里哈昔牙"는 시리아어로 주교에 대한 경칭인 "mār ḥasyā"이고, "하필사홀팔河必思忽八(아필사홀팔)은 시리아어로 주교를 의미하는 "apesqōpā"의 음사로, 최근에 모리야스 다카오Moriyasu Takao, 森安孝夫가 지적했듯이, 이 인물은 천주에서 묘비가 발견된 주교 마르 슈레몬(마리실리문아필사고팔마리합아석馬里失里門阿必思古八馬里哈昔牙, 1313년 사망)과 동일인이라고 확정할 수 있다(Moriyasu, 2011: 354쪽).《지순진강지》에서 주교의 이름 앞에 있는 "불국佛國"은 로마 제국의 옛 칭호로, 예로부터 기독교 발상지로 여겨진 "불름국拂菻國"으로 정정訂正해도 좋을 것으로 생각되며, 이상의 내용을 통해서는 이 시기 중국에서는 대도大都[지금의 베이징] 근처에 있는 대주교mīṭrōpōlīṭā 외에 천주에도 서방 시리아에서 파견된 주교apesqōpā가 거주하며 화중·화남 일대를 관할하고 있었던 것으로 보인다.

주교 마르 슈레몬의 묘비에 대해서는 주교의 직분을 보여주는 "관령강남제로명교진교등야리가온管領江南諸路明敎秦敎等也里可溫"은 "강남江南 제로諸路의 명교明敎(마니교도)와 진교秦敎(기독교도) 등의 야리가온을 관할한다"라는 의미로서 "야리가온"이 기독교도 이외의 신도 또한 포함하고 있었다는 모리야스의 지적도 중요하다. 이와 관련해서는 같은 천주의 대덕 10년(1306)의 묘비도 언급하고자 한다. 묘비명의 전반부는 소실되어 피장자被葬者의 이름 등은 명확하지 않으나, 명문 작성자는 "관령천주로야리가온장교관겸주지흥명사오알치니사管領泉州路也里可溫掌敎官兼住持興明寺吳唉哆呢嘿"("알치니사唉哆呢嘿"는 시리아어 이름 "안토니(우)스"의 음사)이며, 명문銘文이 남아 있는 부분에는 "나의 명문名門에서 공公의 복음福蔭에 부처의 후신後身은 아니지만 또한 부처의 제자라 삶과 죽음에 한이 없으니 천당에 오르리라吳於我明門, 公福蔭裏, 匪佛後身, 亦佛弟子, 無憾死生, 升天堂矣"

라고 되어 있다. 오알치니사가 관할하고 있던 천주로泉州路의 야리가온 중에 마니교도가 있었을 가능성이 크다는 것과 최근 푸젠성 샤푸현霞浦縣에서 발견된 마니교 문서에 보이는 "명문明門"이라는 단어의 용례 등을 근거로 하면, 여기에 나오는 "명문"도 마니교와 관련을 지을 수 있고 이 묘비명을 기독교의 사제가 자신의 관할하의 마니교도를 위해 기록한 것으로 보아도 타당할 것이다.

3. 동아시아·중앙아시아에서의 교회의 쇠퇴

중국에서의 쇠퇴

앞서 언급한 《지순진강지》 권9에는 단도현丹徒縣(지금의 장쑤성 전장시鎭江市) 반야원般若院에 관한 부분에서 마르 사르기스가 건립한(혹은 탈취한) 사원 중 두 곳을 불교도들이 지대至大 4년(1311)에 탈환했다고 기록되어 있고, 마르 사르기스 등의 후원자를 잃은 후에 이 지역의 기독교가 쇠퇴해간 모습을 엿볼 수 있다.

그보다 약간 이후 시대의 기록으로 옹구트 출신 마조상의 친족이기도 했던 김합랄金哈剌(김원소金元素)의 《남유우흥시집南遊寓興詩集》에 "기대흥명사원명열반寄大興明寺圓明列班"이라는 제목으로 "절의 문은 늘 닫혀 푸른 이끼가 깊이 끼었고, 천 년의 등불은 불림佛林에서 전하여 내려왔네. 하늘에는 밝은 달이 있고 물에는 구름이 있는데, 세상 사람들 중 그 누가 스승의 마음을 알랴寺門常鎖碧苔深, 千載燈傳自菁林, 明月在天雲在水, 世人誰識老師心"라는 시 한 수가 있다(秦, 2017: 264쪽). "등전燈傳"이라는 용어를 시작으로 시 그 자체는 불교, 특히 선禪의 세계를 상기시키는데, 제목에 있는 "열반列班"은 시리아어로 수도사의 경칭敬稱으로 사용되는 "rabban"의 음사이고, "홍명사興明寺"는 대덕 10년(1306)의 묘비를 작성한 사람인 오알치니사가 주지를 맡고 있던 천주의 사원이다. 김합랄은 1356년 이후 복건행성福建行省과 강절행성江浙行省의 관직에 임명되었으며, 《남유우홍시집》에 수록된 것은 1350년대 후반의 작품으로 보이므로, 이 시에서 읊었던 것은 알치니사의 시대로부터 반세기가 지난 후의 천주 홍명사의 정경이라고 보아도 좋을 것이다. 1357년에 시작된 이슬람교도의 반란(역사파해亦思巴奚의 난)과 그 이후 "서역인西域人"의 학살을 경험한 원대 말기의 천주에서 이끼가 긴 홍명사의 늙은 수도사를 방문한 신도는 이제 김합랄 외에는 없었는지도 모른다.•

원대 말기 중국에서 지배자 몽골인과 색목인色目人에 대한 한인漢人의 반감이 커져가는 상황에서 색목인인 투르크계 민족을 주체로 하는 기독교도들의 입지는 서서히 위협받게 된 것으로 보인다. 양저우나 취안저우에서 발견되는 기독교 묘비의 대부분은 도시 성벽에 매립되어 있던 것으로, 이는 원이 멸망한 후 묘지가 황폐해지면서 묘지의 석재가 성벽의 건축 재료로 사용된 결과다. 이와 동일한 유형의 현상은 양주나 천주의 이슬람교도 묘비에도 적용되며, 이를 통해 이들 지역에서 기독교도와 이슬람교도가 운명을 함께했음을 알 수 있다.

중국에 있던 기독교도들의 이후 행적에 대한 단서를 보여주는 것으로 현재 영국 잉글랜드 맨체스터의 존 라이랜즈 도서관에 소장된, 구약성서의 발췌문 등을 포함한 시리아어 사본이 있다. 권두에 있는 프

• 역사파해의 난은 원대 말기인 1357년부터 1366년 사이에 복건 지역에서 발생한, 페르시아 출신 사람들로 구성된 역사파해군이 주축이 된 군벌의 혼전이다.

랑스어 기록 및 사본 작성과 사본의 프랑스로의 송부에 관여한 예수회 수도사 장 고빌의 서간에 따르면, 이 사본은 북경의 흠천감欽天監에서 동관정冬官正의 직임에 있던 이슬람교도 관리 Lieou yu si(유유석, 류위시劉裕錫)가 소유했던 사본을 1725년경 모사模寫한 것이다. 유유석의 증언에 의하면, 원본의 사본은 그의 선조先祖가 "원조元朝의 창시자 칭기스 칸"에 의해 중국으로 끌려왔을 때에 지참했던 것이다. 그것이 칭기스 칸이 살아 있을 때의 일이었는지는 차치하고, 유유석의 선조가 몽골 시기에 성서의 사본을 지참했다는 증언이 사실이라면 이슬람교도 유유석은 원조 시기 기독교도의 후손일 가능성이 크며, 이는 원대 중국에 있던 기독교도의 적어도 일부는 명대 이후에 이슬람교도 집단으로 흡수되어갔음을 의미한다.

중앙아시아에서의 쇠퇴

중앙아시아에서 같은 시기의 기독교도와 관련된 유물로는 옛 세미레치예주州(지금의 카자흐스탄 남동부) 일대에서 발견된 다수의 묘석이 있다. 키르기스스탄의 추강江 유역에서는 19세기 말 비슈케크 남쪽 교외의 카라지가치 및 부라나에서 모두 600기基 이상의 기독교 묘석이 발견되었고, 키르기스스탄 국내의 이식쿨 호숫가나 신장의 알말릭에서도 같은 형태의 묘석이 출토된 바 있으며, 이외에 알말릭에서 이리강江을 따라 내려간 카자흐스탄 영내의 자르켄트 근교 우샤랄 마을에서도 2016년에 시작된 발굴에서 새로운 묘석의 발견이 보고되고 있다. 피장자의 이름이나 사망 연도 외에 피장자가 생전에 교회에서 맡았던 직책 등이 시리아어나 시리아 문자 투르크어로 기록된 이 묘석들은 중세 중앙아시아 기독교도들에 관한 소수의 사료로서 중요한데, 그 대부분은

13세기 말부터 14세기 초의 것이다. 1330년대의 묘석 중에는 전염병이 사인死因으로 기록된 것이 있으며, 이는 최근 연구에서도 이 일대가 전염병 발원지였던 것으로 보이는 페스트(흑사병黑死病)의 대유행과 관련지을 수 있다(Spyrou et al. 2022).

중앙아시아의 14세기 중반 이후 기독교에 대한 사료는 전무한데, 아마도 페스트의 유행으로 약화된 기독교 집단은 티무르 왕조 치하의 탄압에 의해 최종적으로 소멸한 것 같다.

맺음말

제8장에서는 동방 시리아 교회의 중앙아시아·동아시아로의 전파에 대해 간략하게 서술하면서 몽골 시기 중국을 중심으로 하는 지역의 동방 시리아 교회 상황에 대해 최근의 발견과 연구 성과를 근거로 고찰해보았다. 이러한 발견이나 연구 중에서도 예를 들어, 유림굴의 제기에 보이는 신도의 행동이나 천주의 묘비에서 읽어낼 수 있는 "명문"의 마니교도와의 관계, 옹구트 부족 수장들의 불교 및 도교와의 관계 등 특히 기독교도의 타他 종교와의 관계에 대한 검토를 통해서는 기독교 발상지 서아시아와는 상황이 크게 다른 중국이라는 문화권 내 동방 시리아 교회의 실태가 이전보다도 명확하게 드러나고 있는 동시에, 존 라이랜스 사본에 대한 고찰 등을 통해서는 중국에 있던 기독교가타 종교에 흡수되어 최종적으로 소멸해간 과정에 대해 중요한 시사점을 얻을 수 있다. 여기서 다루지 않은 당대唐代의 경교도 포함해 근세 이전의 중국, 몽골, 중앙아시아의 기독교에 대한 연구는 최근에 여러

새로운 발견이 보고되는 분야이자, 유라시아 동서의 문화 교류에 대해 분석하는 것에서도 중요한 영역이다. 앞으로의 새로운 발견과 그 검토를 통해 더 이루어질 연구의 진전이 기대된다.

제9장

일 칸국의 이란계 관료들

― 몽골 지배하 이란의 재무 제도와 문화

와타베 료코

머리말

13세기 몽골 제국의 서아시아 침공과 훌레구(재위 1256년경~1265)가 이란고원 에 세운 서쪽의 몽골 정권 일 칸국(1256년경~1358)의 이란 지배는 이란사에서 중요한 변화의 시기를 불러왔다. 10세기 가즈나 왕조(977~1186) 이후, 20세기 카자르 왕조(1796~1925)에 이르기까지 투르크계 유목민 배경의 군사 정권이 패권을 장악한 이란고원 에서 유목국가의 지배 그 자체가 큰 변화는 아니었다. 그러나 앞선 투르크계 왕조들이 서아시아·중앙아시아에서 이슬람 문화와 제도들을 수용한 것과는 달리, 일 칸국은 몽골 제국이 구축한 통치 제도들을 거의 계승했다. 7대 가잔(재위 1295~1304)의 이슬람교 개종과 개혁 정치로 무슬림 왕조로 전환한 후에도, 일 칸국은 이슬람적 제도·문화에 몽골적 요소를 추가한 새 제도·문화를 창출해 후대의 투르크계 왕조들의 국가 형성에도 지대한 영향을 주었다. 일례로, 오르도(궁정)의 경비와 가정家政〔가계家系 또는 가문의 일〕을 관장한 케식 관료들은 유목 군주를 근시近侍하는 중추적 관직으로서 그 일부의 호칭이나 기능을 변화시키면서 15세기의 투르크만 왕조들과 사파비 왕조(1501~1736)에도 계승되었다(Melville, 2006). 몽골 제국의 질서와 통치 이념을 보여주는 공문서 서식(제2장의 72~75쪽 참조)은 süzümiz(수주미즈, 우리들이 하는 말) 형식 문서의 발전, 인장印章의 사용 등 이후 페르시아어 공문서 서식을 크게 변화시켰다(小野, 1993; EIr: "Farmān"). 이에 더해, 공식 역曆으로서 12지 역의 사용(Melville, 1994)과 투르크-몽골어 어휘의 페르시아어로의 유입 등 몽골 시대 이후 이란 왕조들의 국가 제도들은 몽골의 유산을 빼놓고는 설명할 수 없다.

제9장은 이란사에서 변화의 시대로서 일 칸국 시기의 중요성을 살펴보는 데서 일 칸국의 이란 통치의 특질을 재지在地의 이란계 관료들이 맡은 역할에 초점을 두어 고찰하고자 한다. 일 칸국의 이란계 관료, 특히 초기에 권세를 행사한 주베이니 가문이나 가잔의 개혁을 보필하면서 후반기의 오르도에 영향력을 가진《집사集史》의 편찬자 라시드 앗딘(1318년 사망) 등이 맡은 정치적·문화적 역할은 이전부터 강조되어왔다. 그러나 "야만적인" 정복자 몽골의 치하에서 이란 통치의 실권을 장악하고 사회와 문화를 보호한 재지 관료라고 하는 기존의 도식적 이미지는 일찍이 비판받았고, 자신의 이익을 계속 추구하면서 몽골의 지배에 참여해간 재지 관료들의 모습에서 일 칸국의 권력 구조나 이란 지배의 내실을 다시 분석할 가능성이 제시된 지 오래다(Aubin, 1995; Aigle, 2005; Lane, 2014). 게다가 현재는 문서 사료나 문서·재무 기술의 관료 기술 지침서 사료가 재지 관료들이 몽골 지배층을 위해 구축한 통치 체제에 대해 밝히는 것을 가능하게 하고 있다.

그래서 제9장에서는 먼저 일 칸국의 행정·재정 기관 디완과 그 관료들의 실상을 파악하면서 그들이 재무 운영과 문화 정책에서 맡은 역할을 검토하고자 한다.

1. 일 칸국의 디완과 관료들

일 칸국의 디완의 형성

말할 것도 없이 디완dīwān이란, 아바스 왕조(750~1258) 시기에 고도로 발달한 무슬림 왕조들의 행정·재정 기관이다. 그러나 몽골 제국 제4대 카안 뭉케(재위 1251~1259) 사후 발생한 계승 분쟁의 와중에 훌레구가 서방 원정군과 함께 서아시아 정복지를 점유하면서 성립한 일 칸국의 디완(대大디완dīwān-i buzurg, 또는 지고한 디완dīwān-i aʻlā)의 직접적 기원은 제2대 카안 우구데이(재위 1229~1241) 시대부터 훌레구의 서방 원정기까지 서아시아의 정복지에서 칭기스 가문 각 왕가의 수익 관리를 담당한 총독amīr의 행정부(《원사元史》에 기록된 "아모하등처행상서성阿母河等處行尙書省")에 있다(本田, 1991: 101~126쪽; 高木, 2014). 디완은 몽골 제국 시대 페르시아어 사료에서는 문서·재무를 관장한 자르구치(단사관斷事官)와 함께 통치를 담당한 비칙치(서기관書記官)를 가리키고, 디완의 최고 책임자를 의미하는 와지르wazīr(재상宰相)의 칭호가 자주 사용되었다(四日市, 2002). 이란고원 동북부 호라산에 설치되어 각 왕가의 대리인이 참여한 총독부總督府 디완에서는 서아시아 정복지에서 특히 강력한 권한을 보유한 조치 가문에서 파견된 울룩 비칙치(대서기관大書記官)가 와지르라고 불렸고, 총독을 보좌한 재지 관료가 와지르 휘하의 디완들을 지휘하는 대신大臣에 해당하는 사힙 디완ṣāḥib-dīwān(디완의 장관)의 칭호로 불렸다(TJ: II, 223, 239, 243~246, 256쪽).

훌레구가 이란 잔류를 결정하자, 훌레구와 그의 정복지 점유에 이의를 제기한 조치 울루스 군주 베르케(재위 1257~1266) 간에 전쟁이 벌어지게 되는(1263) 과정에서 조치 가문 관료들과 뭉케의 궁정에서 서방원정을 수행한 와지르가 일소되었고, 총독인 사힙 디완이었던 바하 앗 딘 주베이니의 아들 샴스 앗 딘 무함마드(1285년 사망)가 전국의 사힙 디완에 임명된다. 이에 제국과 다른 왕가로부터 자립한 일 칸국의 디완이 성립되었으며, 이와 동시에 와지르와 사힙 디완의 지위도 거의 통합된다. 일 칸국에서 특히 초기 디완의 최고 책임자가 종종 와지르/사힙 디완의 두 직함을 겸한 것은 몽골 지배하의 디완이 몽골 제국의, 이어 일 칸국의 정복지 경영의 요청에 응해 형성된 행정·재정 기관이었다는 경위를 반영한다고 할 수 있다.

일 칸국 디완의 관료들

일 칸국 디완의 형성기에는 호라산의 주베이니 가문이나 파르유마디 가문 등 총독부 디완의 인재들이 계승되었다. 주베이니 가문은 셀주크 왕조(1038~1157) 및 호라즘 샤 왕조(1077~1231)에서 복무한 관료 가문이었다. 앞서 서술했듯, 이들 주베이니 일족은 역대 총독의 사힙 디완을 지낸 바하 앗 딘 주베이니의 아들 샴스 앗 딘과 그의 형제 알라 앗 딘 아타 말릭(1283년 사망)이 훌레구를 섬겼고, 제2대 칸 아바카(재위 1265~1282) 및 제3대 칸 아흐마드 테구데르(재위 1282~1284) 시대를 거쳐 약 20년간, 제4대 칸 아르군(재위 1284~1291)에 의해 숙청되기까지 일 칸국의 행정·재정을 지배했다. 일 칸국의 정치적 중심이 오르도의 유목지인 이란 북서부에 확립된 이후에는 주로 이라크나 아제르바이잔 지방 출신의 관료들이 활약하게 된다.

앞서 언급한 바와 같이, 10세기 이후 투르크계 왕조가 통치하게 된 이란고원에서는 무슬림 왕조들의 전통적 국가관에서 국가의 두 기둥으로 "칼의 사람"(군인)과 "붓의 사람"(관료)이 같은 시기에 페르시아어 사료에 등장하는 "투르크Turk 타지크Tājīk"와 겹치며, 투크르계 군사 지배층과 정주定住 사회 출신으로 페르시아어를 구사하는 이란계(타지크)의 관료들이 분업적으로 국가의 운영을 맡는 구조가 형성되었다. 일 칸국도 이 구조를 벗어난 것은 아니었으나, 오르도가 권력의 자장磁場으로서 막강한 힘을 지니고 지배층인 몽골 아미르가 비非몽골 피지배민에 대해 압도적 우위에 있는 일 칸국의 통치 구조 아래에서 이란계 관료의 권력 획득에는 일 칸으로부터의 신용이나 유력 아미르의 후원이 필수적이었다. 주베이니 가문의 몰락 후 와지르/사힙 디완들로는 바그다드의 세무稅務에 성공하면서 아르군의 신임을 얻은 유대교도 의사 사드 앗 다울라 알 부하리(재임 1289~1291), 가잔의 동생으로 제8대 칸 울제이투(재위 1304~1316)에게 재무의 능력을 인정받은 오르도의 어용상인御用商人〔궁정 상인〕 타지 앗 딘 알리샤(재임 1312~1324) 등 투르크계 군사 정권 아래 타지크 관료의 통상적 공급원으로 여겨진 도시의 명망가 계층이나 관료 가문과는 다른 다채로운 출신의 인물들이 있다. 그러나 그들은 권력의 중추인 오르도와의 연계와 일 칸의 신임이나 아미르의 사적 후원을 얻고 있었다는 점에서 공통점을 가지고 있다. 일 칸국의 재정난이 표면화하기 시작한 제5대 칸 게이하투(재위 1291~1295) 시대에 초鈔, chāw〔화폐(지폐)〕 발행 실패 등의 실책을 저지르면서도 가잔 정권 초기까지 재정에 영향력을 행사한 사드르 앗 딘 카리디(1297년 사망)의 권세에도 카즈빈의 울라마 명가名家라는 그의 출신보다 일 칸 직속의 카라우나스 군軍사령관으로 힘을 가진 아미르 타가차르와의 그의 사적 연계가 더 컸을 것이다(Aubin, 1995: 46~68쪽; 志茂, 1995: 244~247쪽).

그럼에도 일 칸국의 와지르·관료들이 디완을 지배할 수 있었던 것은 그들이 이란고원 의 행정·재정 운영에서 필수적인 문서·재무 기술을 지니고 있었으며 그 전문가를 보유하고 있었기 때문이다. 일 칸국에서는 몽골어와 전통적 재무 장부 기록 작성에 통달한 이란 북부 도시 라이의 지배자 말릭 파흐르 앗 딘 하산(1308년 사망)과, 가잔과 울제이투 시대의 와지르 사아드 앗 딘 사와지(1312년 사망)의 부하로 아랍어·페르시아어·투크르어·몽골어 작문에 뛰어난 무바라크 샤 사위 등 위구르 문자 몽골어와 아랍어·페르시아어 관료 기술 양쪽에 능숙한 관료들이 활약했다(大塚 他, 2022: 165쪽. 177쪽의 주 7). 또한 몽골 지배기에 편찬된 재무·서간 기술 지침서는 사서史書가 전하는 권력 투쟁의 무대에서는 등장하지 않는 관료들의 활동을 전한다. 사드르 앗 딘 카리디에게 헌정되어 일 칸국 전반기의 재무 운영을 전하는《회계 기술의 안내》의 저자 하산 이븐 알리는 숙련된 재무 관료였고, 사아드 앗 딘 사와지에게 서간·재무 기술 지침서《행운의 책》을 헌정한 파라크 알라 타브리지는 알라 앗 딘 아타 말릭 주베이니를 보좌하면서 일 칸국 디완의 재무 운영 체제를 구축한 서기 자말 앗 딘 문시의 제자였다(高松, 2013: xvi쪽). 또한 일 칸국의 실질적인 마지막 군주가 된 제9대 칸 아부 사이드(재위 1316~1335) 시대의 문서 장관으로 공문서 용례집《서기전범書記典範》을 편찬한 나흐치와니도 그의 부친이 알라 앗 딘 아타 말릭 주베이니 휘하의 관료였다(TS: iv-x). 일 칸국 디완 형성기부터 말기까지 관료들이 세대를 거쳐 계승해온 관료 기술이 이란 통치를 실무 측면에서 지탱하고 있었던 것이다.

2. 일 칸국의 재무 운영 제도와 재무 기술의 발전

일 칸국의 몽골 세제와 관리 장부

일 칸국의 세제稅制는 몽골 침공 이전의 기존 세제(지조地租 하라주를 중심으로 하는 말māl)에 몽골이 도입한 쿱추르qūpchūr, 탐가tamghā가 더해진 이중 체계를 취하고 있었다(渡部, 2015: 22쪽). 쿱추르(몽골어로 "모아지는 것")는 말할 것도 없이 뭉케 시대에 도입된 인두세人頭稅다. 쿱추르세稅가 시행된 곳은 인구 조사를 통해 1만 명의 세금을 낼 수 있는 담세 능력擔稅能力을 가진 단위인 투멘tūmān이 설치된 지역이라고 생각되며, 일 칸국 말기의 행정지리서 《심혼心魂의 환희歡喜》의 제2부가 보여주는 투멘의 분포는 일 칸국의 쿱추르 세제가 총독 시대의 체제를 거의 계승한 것임을 암시하고 있다(高木, 2014: 117~120쪽). 《회계 기술의 안내》의 인구 조사 장부iḥṣā 사례(Watabe, 2015)에 따르면, 인구 조사는 도시에서는 가구街區 단위로, 농촌에서는 촌락 단위로 호戶별로 남성 담세 능력자 수를 헤아렸고 울라마·셰이흐(수피의 도사導師) 등 종교 지도자의 호수戶數는 종교 지도자와 학자에게 면세 특권을 부여한 칭기스 칸의 야사(JT: II, 1388)에 따라 칼라니야qalānīya 즉 칼란(부역賦役) 부담자와 구분하는 방식을 취했다. 인구 조사 장부는 카눈qānūn(조세 규정)에 함께 등록되었고, 거주민의 이동을 감시하는 본관本貫, hūjāwūr 관리의 역할도 수행한 것으로 보인다(JT: II, 1482쪽: 本田, 1991: 304쪽). 인구 조사

장부의 형식이 무엇을 규범으로 해 작성되었는지는 몽골 침공 이전의 재무 장부 서식에 관한 사료가 없어서 밝히는 것이 곤란하지만, 재무 기수법記數法 시야크siyāq를 사용한 그 서식이 전통적 장부 기록 방법을 활용해 고안된 것임은 분명하다.

일 칸국 초기부터 그 도입이 확인되는 상공업세 탐가세稅(本田, 1991: 323~332쪽)에는 상거래에 과세·징수되는 것, 시장별·업종별로 청부請負, ḍamān에 맡겨지는 것이 있으며, 전자의 관리 장부는 재무의 가장 기본 장부로 여겨지는 일지日誌, rūznāmcha의 형식으로 탐가세가 부가된 거래, 세액, 세수稅收로부터 지급된 각종 지출을 매일 기록했다(M: 118a~120a). 이러한 종류의 탐가세는 "대大탐가tamghā-yi kabīr"라 불렸고 (SN: 131~133쪽), 가잔이 자신의 묘지 도시 샨부에 설립한 대상隊商 숙소에서 탐가세 징세관 탐가치에게 행하게 한, 유럽 등 멀리에서 온 상인들에게 탐가세를 과세하는 것도 아마도 이에 해당할 것이다(JT: II, 1374쪽). 한편, 청부의 탐가세 장부는 감사관監査官, mushrif이 조사해 산정한 청부액의 징수를 탐가치가 월 단위로 기록해나간 것으로(M: 117b~118a), 사전에 세수액이 정해진 시장세·직업조합세와 같은 것이었음을 알 수 있다. 탐가세의 실태에는 여전히 불명확한 점이 많으나, 탐가세에는 쿱추르세와 마찬가지로 목적에 따라 각종 세무 관리 장부가 정비되어 있었음을 재무 기술 지침서는 전하고 있다.

징세 청부 제도와 바라트 제도의 문제점 및 변화

탐가세에서 행해진 징세 청부 제도muqāṭaʿa, ḍamān는 일 칸국에서 널리 시행된 기본적 징세 제도였다. 징세 청부 책임자는 징세관mutaṣarrif·지사知事였고, 또는 몽골 제국에 신종臣從해 일 칸국 지배하에 편입된 지방 정권들에서는 군주인 경우도 있었으나, 이들은 디완에서 카눈에 근거해 작성된 세무 규정서mu'āmara에 따라 징세할 뿐만 아니라 각종 경비를 위해 디완에서 발행되는 바라트barāt(지불 명령서)의 보유자에게 명령된 금액을 세수에서 지급할 의무를 지고 있었다(징세 청부의 과정과 거기에서 사용되는 장부 및 문서에 대해서는 渡部, 2015 참조).

바라트는 몽골 침공 이전부터 존재해왔으며, 시대에 따라 다양한 기능을 지닌 문서의 명칭으로(EI2: "Berāt"), 몽골 시대에는 경비 조달을 위한 재무 문서로서 지대한 역할을 담당했다. 일 칸국에서는 몽골군의 군비, 관료의 급여, 오르도의 식비·필수품에 이르기까지의 세출歲出은 재고財庫, khizāna에서 지급하기보다 필요한 액수를 각지의 세수에 할당하고 징세 책임자에게 발부하는 바라트를 경비 수급자·관리자에게 주어 해당 금액을 수령하게 하는 것이 일반적이었다. 징세 청부 책임자는 청부 종료 시, 청부 기간 내 수령한 바라트와 지불액 영수증을 회계 기록과 함께 디완에 제출하고, 바라트로 지불한 세수의 잔여액을 납부하지만, 청부가 계속되는 경우에는 미징수액이 다음 연도 청부액으로 이월되기도 했던 것으로 보인다. 즉 세수는 디완에 납부되기 전에 대부분 바라트로 소비되었으며, 징세 청부는 세입을 확보하는 것과 동시에 세금을 제반 경비로 분배해 국가 운영의 혈액으로 흐르게 하는 말단末端의 기능을 담당하고 있었다.

징세 청부는 아바즈 왕조 시대부터 존재해온 제도로, 일 칸국의 징세 청부와 바라트 제도는 몽골 지배층이 경비를 수시로 징발할 수 있는 매우 편리한 방법으로서 설계된 점이 주목된다. 본래 바라트는 제3대 카안 구육(재위 1246~1248) 시대부터 사용(남용이 문제가 되었다)되었고(本田, 1991: 277쪽), 일 칸국 성립 후에도 잠시 이란에서 칭기스 가문 왕족의 권리와 이익의 관리를 지속하고 있던 마지막 총독 아르군 아카(1275년 사망)는 "전국의 징세 청부인muqāṭiʻ-i mamālik"이라 불리고 있었다(JT, II, 1061쪽). 청부와 바라트를 이용한 경비 징발 체제는 제국 초기부터 계승된 것일 가능성도 있다.

그러나 징세 청부에는 청부 요구를 충족시키지 못할 경우 징세 청부 책임자가 스스로 그 부족분을 보충해야 한다는 위험성이 있었고, 이로 인해 가혹한 징수와 납세자의 피폐화에 따른 징수 곤란이라는 악순환이 발생했다. 그리고 그것은 일 칸국 중기 아르군의 아흐마드 살해에서 시작되어 가잔의 바이두(재위 1295)로부터의 칸위 탈취까지 지속된 약 10년의 내분기에 재정난의 중요한 한 가지 요인이 되었다. 가잔 즉위 전의 일 칸국 재정 위기는 오르도와 왕족·아미르의 사치로 인한 경비 증가, 와지르·관료나 지사·징세관의 사리私利 추구와 부패, 수확고 평가제에 따른 지조의 자의적이면서 과중한 사정査定, 역참yām 경비를 포함한 다양한 사유에 따른 징발의 증대에 따른 납세자의 부담 등 복합적 요인에서 기인했다(本田, 1991: 265~281쪽). 그러나 디완에 타격을 준 것은 각 주州의 세수 잔고를 파악할 수단도 없이 바라트를 남발한 데서 기인한 경비 조달 수단의 마비였다(JT: II, 1416~1417쪽).

가잔의 재정 개혁은 징세 제도의 포괄적 재검토, 오르도 가정의 운영이나 역참 경비의 정비와 긴축, 이크타 제도 도입을 통한 몽골군에 대한 상시적 재정 기반의 부여 등 일 칸국에서 산적해 있던 재정 문제의 해결을 목표로 삼은 것이었다(JT, II, 1414~1452, 1476~1486, 1504~1539쪽; 本田, 1991: 233~260, 301~321쪽). 그렇지만 유목 국가 군주의 은사恩賜, suyūrghāmīshī에 의한 징세권 분여分與의 성격을 지니고 있어서 그 이후 이란고원 에서 발전하는 토지 제도 소유르갈과의 관계가 논의되어온(Paul, 2021) 이크타 제도를 제외하면, 쿱추르 세제나 징세 청부 및 바라트 제도라는 기본적 재정 운영 시스템은 변화하지 않았으며, 그 재물의 징발 체제가 근본적으로 바뀐 것은 아니었다.

그러나 가잔 이후의 디완에서는 바라트 발행과 주별·징세구區별 바라트 할당액을 기록하는 타우지프 장부, 아와르자 장부라는 새로운 재무 장부가 등장하고 있다. 아와르자awārja란, 사산 왕조에서 이슬람 시대로 계승된 장부 형식으로, 대차대조의 기능이 있는 것으로 보이는데, 일 칸국 후반기에는 각 주·징세구로의 바라트 발행 누적 상황을 기록·감시하며 한도를 초과하는 바라트의 발행을 예방하는 명확한 목적을 가진 장부로 발전했다(渡部, 2015: 41~45쪽). 가잔의 개혁 이후 일 칸국 재정의 상대적 안정은 개혁의 일정한 효과 외에도 내분의 종식이나 권력을 지닌 와지르들의 장기적 재정 지배 등 다양한 요인에 기인한 것으로 여겨지는데, 재무 운영의 요체인 바라트 제도의 개선도 영향을 끼쳤을 것이다.

일 칸국 디완의 재무 운영과 재정 위기를 거친 이러한 변화가 보여주는 것은 디완의 관료들이 몽골 지배층의 요구에 부응하는 징세와 경비 조달 제도를 기존의 재무 관리 제도와 전통적 관료 기술을 활용해 정비해나갔다는 점이다. 재정 위기의 한 가지 요인은 그 제도가 잉태한 취약성에 있었으나, 그 문제는 관리 기술의 개선으로 극복되어갔다. 이러한 몽골의 통치를 이란 사회에 정착시키는 실무 설계에 관여할 수 있던 점에 재지 관료들의 힘이 있었던 것이다.

3. 일 칸국 시대의 이슬람 문화와 라시드 앗 딘

일 칸국 시대는 "몽골의 평화"[팍스 몽골리카Pax Mongolica] 아래 동서 문화 교섭에 의한 동방 문화의 전파, 중국 미술의 영향에 의한 미술 공예의 발전, 마라가와 타브리즈에서의 활발한 학술 활동, 페르시아어 역사 서술의 활성화 등 이란 문화사 및 이슬람 문화사에서도 특기할 만한 활력이 넘친 시대였다(EI3: "Ilkhānids"). 몽골의 지배자들은 학술과 예술의 발전에 그들의 후원을 통해 주체적으로 관여했다고 여겨진다(Biran, 2013). 그러나 동시에, 특히 이슬람 학문·문화의 영역에서는 몽골 지배층의 신임을 얻어 막대한 재력을 움직일 수 있는 힘을 가진 이란계 관료와 지식인의 존재도 컸다.

주베이니 가문은 지식인·문인에 대한 후원자이기도 했으며, 특히 몽골 제국 초기의 사서에서 페르시아어 산문학散文學의 걸작으로 꼽히는 《세계정복자사》를 저술한 아타 말릭 주베이니는 그 자신이 사립 디완으로서 지배한 바그다드의 부흥과 문화의 보호에 진력했다(Gilli-Elewy, 2011). 과학, 철학, 시아파 신학 등의 영역에서 이슬람 문화사에 큰 족적을 남긴 학자이며, 훌레구가 서방을 원정한 시기에 그의 비호를 받아 측근으로 활약한 나시르 앗 딘 투시(1274년 사망, 이 책의 이사하야 요이치의 칼럼 참조)는 학술의 보호자로서의 역할도 주목받고 있다. 훌레구의 신뢰가 두터운 참모로서 투시의 역할은 그의 재정론에서도 알 수 있는데, 쿱추르, 탐가, 면세 특권 타르칸tarkhān 등 몽골 제도들을 모두 숙지하고 있으면서 이것들을 기존의 이란–이슬람적 재정 제도와 양립시키는 그의 논의는 일 칸국 재정의 형성에 영향을 끼쳤다고 생각된다(Minovi & Minorsky, 1940). 그가 건설한 마라가 천문대는 바그다드의 도서관으로부터 옮겨온 1만 권의 장서를 갖추고 있었으며, 전 지역의 와크프(기진寄進[기부]) 재산의 관리권도 그의 재량에 맡겨져 있었다. 풍부한 연구 환경과 재정 기반을 보장받고 광범한 지적 네트워크를 구축해 일 칸국 초기의 학술 활동을 지탱한 투시의 영향은 그의 아들들·제자들을 통해 일 칸국 후반기까지 지속되었다(Mudarris Raḍawī, 1354/1975~1976). 가잔의 이슬람 개종까지, 제3대 아흐마드를 제외하고 무슬림이 아니었던 역대 일 칸은 그중 다수가 불교를 신봉하는 한편, 유능한 인재는 종파를 불문하고 받아들이는 종교적 관용책을 채택한 것으로 보인다. 그 가운데 몽골 군주의 신임하에 문화 보호에 필요한 정치적·재정적 힘을 가진 무슬림 요인要人들의 활동이 이슬람 문화·학술의 유지에 갖는 의미는 컸을 것이다.

일 칸국이 무슬림 왕조로 전환된 칸국 후반기에 똑같은 역할을 담당한 사람이 라시드 앗 딘이다. 일 칸국의 가장 유명한 이란계 정치가로서 라시드 앗 딘의 생애와 업적에 대해서는 최근에는 종래의 "우상偶像" 적 평가에 대한 비판적 재검토와 함께 연구가 급속히 심화하고 있다(Akasoy, Burnett & Yoeli-Tlalim, 2013; Kamola, 2019). 여기서는 일 칸국의 이란계 관료들 중에서 "와지르"로서의 라시드 앗 딘의 입장과 일 칸국의 이슬람화 이후 일 칸국에서 그의 문화 활동이 갖는 의의를 지적해보고자 한다.

가잔 시대 이전 라시드 앗 딘의 경력에는 불명확한 점이 많은데, 훌레구 서방 원정 시기에 투시와 함께 비호를 받은 유대교도 의사 일족에 속했으며, 아마도 아바카 시대에 시의侍醫로서 오르도에서 일했고(라시드 앗 딘의 이슬람 개종은 이 시기라는 주장이 있다), 아르군 가문과 연결이 되면서 가잔의 개혁에서 두각을 나타낸 라시드 앗 딘의 경력은

제2절에서 살펴본 바와 같이, 오르도와의 연결 고리나 일 칸국의 신용이 큰 의미를 가진 이란계 관료만의 것이었다. 다만 그가 권세를 행사한 가잔부터 울제이투의 시대는 이란계 와지르가 두 명이 존재한 다소 변칙적인 시대였고, 디완을 총괄한 사람은 라시드 앗 딘의 동료인 사와지, 이어서 타슈 앗 딘 알리샤였다. "와지르"로서의 라시드 앗 딘의 지위와 역할은 일 칸국의 신임이 두터운 측근인 투시에 가까운 것이었으며, 라시드 앗 딘은 행정·재정에 관여한 그의 아들들과 오르도 및 디완의 인맥을 통해 큰 정치적 영향력을 행사했지만, 그가 관여한 것은 주로 문화 활동이었다.

라시드 앗 딘의 주된 문화 활동에는 첫째,《집사》편찬과《왓사프사》의 저자 왓사프 및《선사選史》의 저자 무스타우피 등에 대한 비호를 통한 역사서 편찬 활동 후원, 둘째, 중국 의서醫書 등 페르시아어 초역抄譯의《진귀의 책》(탄수크 나마Tansūq-nāma) 편찬, 농서農書《사적과 생명》(아사르 와 아흐야Āthār wa Aḥyā') 편찬이 보여주는, 동서 문화 교섭에서의 학술 활동 지휘(宮, 2018: 하권), 셋째, 신학 저작 편찬이 보여주는 울라마와의 교류, 넷째, 자선 시설 라시드구區, Rab'-i Rashīdī의 설립을 들 수 있다(이 책 제2장의 84쪽 참조). 와지르로서 얻은 부富를 와크프로써 일족을 위해 보전한(가족 와크프) 위 넷째 활동 등(Hoffmann, 2000) 라시드 앗 딘의 문화 활동에는 사회사·경제사의 관점에서도 논의할 점이 많으나, 여기서는 가잔 이후 일 칸국의 이슬람 정책과의 관계를 지적해두고자 한다.

《집사》의 편찬에 관해서는 최근에 눈부신 연구의 진전이 확인되는데(大塚, 2014; Kamola, 2019), 라시드 앗 딘 자신이 편찬한 제1권 몽골사는 몽골 제국사의 재구성인 동시에 오구즈-투르크만족의 시조 전승 오구즈 카간의 설화의 번안翻案을 통해 몽골을 이슬람적 역사관 안에 위치시키고 무슬림 군주 가잔의 지배 정당화를 꾀하려는 의도가 있었다는 점이 중요하다(宇野, 2002). 라시드 앗 딘의 문화 활동은 이슬람 국가 일 칸국의 지배의 정당성을 옹호하는 것과 불가분의 관계에 있었다. 라시드 앗 딘은 일 칸국의 이슬람 정책을 수니파의 샤피이파 법학에 근거해 추진하려 했으나, 이슬람 개종 후 일 칸국 궁정은 시아파의 영향력과, 하나피 법학파와 샤피이 법학파 사이 대립 등의 문제에 직면해 있었다. 몽골 침공에 따른 사회 변동은 예언자[선지자] 일족 ahl al-bayt에 대한 숭경崇敬을 통해 수니파와 시아파가 종파 초월적 신앙을 공유하는 "종파적 모호성confessional ambiguity"(Woods, 1999: 1~23쪽)이라는 환경을 무슬림 사회에 조성했다고 여겨진다. 가잔이 예언자 일족에 경도되어 그 비호 정책으로서 사이드[사이이드, 예언자 무함마드의 후손들에 대한 경칭]의 관館, dār al-siyāda을 설립한 것은 그 점을 보여주는 사례인데(岩武, 1992), 몽골 군주에게 예언자 일족에 대한 숭경은 칭기스 가문만이 통치권을 갖는다는 혈통 원리의 주장과도 관련되어 있었다(Pfeiffer, 2014: 129~168쪽). 이 문제는 가잔의 후계자 울제이투의 시아파 개종(1310)으로 귀결되었으며(Pfeiffer, 1999), 통치 체제에 큰 변동에 이르지는 않았지만 시아파에 기반한 후트바khuṭba(금요일 예배의 설교)와 화폐 발행은 울제이투가 사망할 때까지 지속되었다.

오르도에서 법학파의 세력 다툼과 시아파 개종 문제가 발생한 시기에 라시드 앗 딘은 그의 일련의 신학 저작을 집필했다(岩武, 1994). 저작집에 수록된 다수의 신학자와 법학자의 찬사는 그가 구축한 울라마와의 광범한 교류 네트워크를 보여준다(van Ess, 1981). 학술적 가치가 떨어지고, 이슬람 학문의 지식을 과시하는 라시드 앗 딘의 자기 현시顯示에 그친다는 평가를 받아온 신학 저작이지만, 최근에 라시드 앗 딘이 관여한 궁정의 신학 토론과 울제이투의 이슬람적 왕권에 관해 그가 드러내고자 한 논의가 갖는 중요성이 주목받고 있다(BH: Introduction).

20년에 걸친 라시드 앗 딘의 권력은 울제이투 사후 아부 사이드가 즉위하고(1316) 나서 얼마 지나지 않아 그에 대한 동료 타슈 앗 딘의 공격으로 단절되었으나, 아부 사이드 정권 전반기에 권력을 장악한 아미르 초반이 실각한(1327) 이후 라시드 앗 딘의 아들 기야스 앗 딘 라시디가 일 칸국의 실질적인 마지막 와지르에 임명되면서 라시드 앗 딘의 유산은 1335년 아부 사이드의 사망에 따른 일 칸국 해체 때까지 이어지게 된다. 무슬림 왕조 일 칸국과 역사를 함께한 라시드 앗 딘의 문화 활동이 이슬람 국가로서의 일 칸국의 종교 정책에 어떠한 영향을 끼쳤는지에 관한 앞으로의 연구 심화가 기대된다.

맺음말

제9장에서는 이란의 몽골 정권 일 칸국의 특질을 권력의 중추 오르도에 연결되어 몽골의 통치에 참여한 재지 이란계 관료들의 재정·문화에서의 역할에 초점을 맞추어 논의했다. 예전부터 침략자 몽골에 대한 이란 사회·문화의 수호자라는 이미지로 언급되어온 이란계 관료들의 실상은 몽골 제국 통치의 유라시아 각지에서의 고유한 전개에 대해 고찰의 실마리를 제시해줄 것으로 생각된다. 몽골 제국 정복지 각지에 공시적共時的으로 발생했으나, 사료가 갖는 지역성 및 언어의 차이로 인

해 다양한 모습을 보이는 몽골 제국의 통치 제도는 종종 연구자들을 곤란스럽게 해왔다. 그 차이는 단순히 사료의 차이가 아니라 몽골의 통치에 재지 사회가 어떻게 대응했고, 어떻게 몽골 지배자들의 요구에 부응하는 행정·재정 제도를 만들어냈는지에 주목하면서 해명해나갈 필요가 있을 것이다. 일 칸국의 관료들이 자신들의 기술을 구사해 만들어낸 재무 운영 제도는 그 점을 보여주고 있다.

몽골의 통치에 관여한 이란계 관료와 지식인들은 자신들의 지배자 몽골의 통치를 이해하고 수용하며 때로는 그것을 활용함으로써 몽골의 지배와 이란 사회를 서로 연결하는 역할을 맡았다. 이는 몽골 지배자의 주체적 관심에서 발생한 문화의 활성화에서도 마찬가지였고, 이슬람화 이전의 주베이니 가문이나 투시, 이슬람화 이후의 라시드 앗딘과 같이 권력의 자장인 오르도에서 자신의 지위를 구축하고 정치적·재정적 영향력을 지닌 재지 관료·지식인들이 후원자이자 문화의 조직자로서 수행한 역할에 주목하는 것이 몽골 시대의 문화적 활황의 배경을 밝혀주는 실마리가 될 것이다.

이란계 관료들은 몽골 지배에서 예전의 연구가 설정한 도식적 역할이 비판받고 있는 현재에도 여전히 핵심 인물로 남아 있다.

일 칸국 시대의 보편사에 보이는
세계 인식과 라시드 앗 딘

오쓰카 오사무

다음의 도판은 몽골 제국 시대 서아시아를 대표하는 역사가 라시드 앗 딘(1249~1318)의 신학 저작 《술탄 대화》(《라시드 저작 전집》에 수록)에 첨부된 인류 계보도의 일부다. 여기에는 인류의 조상 아담으로부터 뻗어나가는 계보도의 하나의 직선이 노아에 이르고, 그의 세 아들(왼쪽부터 함, 셈, 야벳)로부터 세계의 여러 민족이 갈라져 나가는 바로 그 분기점이 나타나 있다. 이슬람교도의 세계 인식은 같은 일신교一神敎를 받드는 유대교도 및 기독교도의 그것과 큰 틀에서는 공통되고, 신의 천지창조로 세계가 시작되고 아담을 시조로 하는 인류가 세계로 전개되어 종말의 날을 맞는다는 시간의 흐름 속에 있다. 이러한 세계 인식에 토대를 두고, 천지창조에서 시작해 저자와 동시대에까지 이르는 인류의 역사는 "보편사普遍史"라 불린다. 보편사는 이슬람교도들의 역사 서술에서도 중심적 위치를 차지하며, 이 형식을 취하지 않는 문헌에서도 그 세계 인식은 널리 공유되고 있었다.

그러나 이슬람교도들의 보편사 서술 방식은 일률적이지 않았다. 아

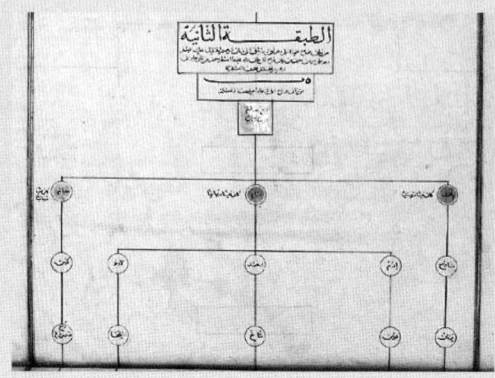

라시드 앗 딘의 《라시드 저작 전집》(아랍어판) 파리본本(Bibliothèque nationale de France, Ms. Arabe 2324, fol. 266b)

랍인 무함마드(570년경~632)가 창시한 이슬람교는 페르시아인과 투르크인 등 다양한 민족에 수용되었고, 그 과정에서 보편사도 그 수용자 각각의 전통적 세계 인식의 영향을 받으면서 변화해나갔다. 일례로, 일신교적 세계 인식과는 다른 맥락에 있는, 케유마르스를 인류의 시조로 삼는 페르시아인에 의한 세계 인식이 보편사의 초기 단계에서 수용되었으며, 이 인물을 아담으로 비정하는 역사가까지도 등장했을 정도다.* 이렇게 보편사는 그 기본적 틀은 유지하면서도 지역과 시대에 따라 여러 형태로 수용되어왔으나, 13세기 전반 서아시아에서는 미지의 존재였던 몽골인의 등장으로 그들을 인류 역사의 어디에 위치시킬 것인가라는 새로운 논점이 부상하게 되었다. 앞서 언급한 라시드 앗 딘이 1307년에 저술한 페르시아어 보편사서 《집사集史》는 "중국사"와 "프랑크사" 등이 포함된 그 특이한 구성으로 주목받기 쉽지만, 보편사에서 몽골인의 위상을 명확하게 설명한다는 점에서도 중요하다.

---

* 케유마르스는 페르시아 신화의 등장인물로, 조로아스터교의 전통에서는 신이 창조한 최초의 인간으로 규정된다.

몽골인이 이란에 건국한 일 칸국에서 편찬된 보편사서에서도 제7대 군주 가잔(재위 1295~1304)의 이슬람교 개종 이전에는 보편사 속 몽골인의 위치에 관한 설명이 이루어지지 않았다. 일례로, 현존하는 일 칸국 최초의 보편사서인 바이다위(?~1316/1317)의 《역사의 질서》에서는 몽골인은 아바스 왕조(750~1258) 시대에 이란을 지배한 여러 왕조의 마지막에 속한다고 되어 있으나, 그 기원에 관한 설명은 되어 있지 않다. 가장 먼저 몽골인의 위상을 설명한 것은 가잔 즉위 이후, 1300년에 카샤니(?~1323/1324년 이후)가 저술한 《역사 정수歷史精髓》와, 이에 크게 의존해 편찬된 제2권 "세계사"를 수록한 《집사》였다. 두 책에 포함된 "오구즈사"에는 투르크인의 오구즈 칸이 되는 인물이 야벳의 후예로 등장하며, 그의 전설적 사적事績이 설명되는 과정에서 투르크인에서 분기된 집단으로서 몽골인이 등장한다. 다만 거기에는 여러 부족에 관한 상세한 설명은 존재하지 않는다. 이에 대해 라시드 앗 딘은 《집사》 제1권 "몽골사"의 모두冒頭 부분에서 "오구즈사"의 내용을 근거로 상세한 투르크-몽골 여러 부족의 계보를 처음으로 제시했다. 다만 다른 세계의 왕조들 역시 오구즈 칸의 후예로 보는 특이한 설명이 이루어져 있는데, 이는 전통적 보편사 서술의 맥락과는 크게 괴리된 것이었다. 그 때문인지, 후세에 라시드 앗 딘의 세계 인식이 그대로 인용되는 경우는 거의 없었다. 한편, 1세대 뒤의 역사가 무스타우피(?~1344년 이후)가 저술한 《선사選史》는 투르크-몽골 여러 부족을 기존의 보편사 서술의 맥락에서 설명하는 형식을 취하고 있으며, 이러한 보편사서의 지침이 후세 역사가에게는 더 선호되어 빈번하게 참조되었다.

라시드 앗 딘은 보편사에 새로운 바람을 불어넣었는데, 그것은 내용으로만 그친 게 아니었다. 그는, 이 글 모두에서 소개한 계보도 외에도, 《집사》 제1권 "몽골사" 안에 계보도를 삽입하거나 세계 여러 민족의 계보도인 《족보族譜》를 저술하는 등 역사서에서 문자로 설명되는 정보를 원, 사각형, 직선을 이용해 도식화하는 새로운 시도에 착수했다. 이 발명에는 라틴어로 서술된 푸아티에의 페트루스(1130년경~1205)의 《예수의 계보도》로부터의 영향이 지적되는데, 이는 바로 몽골 시대의 학문적 지식의 교류 성과라고도 할 수 있다. 이 라시드 앗 딘의 계보도를 획기적 발명으로 평가한 무스타우피는 《선사》의 발문跋文에서 이를 개량한 계보도를 삽입했으며, 이후 이러한 계보도는 역사서 이외의 서적에서도 장르를 불문하고 널리 활용된다(일례로, 수피 교단의 도통道統을 제시할 때에도 활용되었다). 몽골 제국의 서아시아 지배는 보편사의 내용에 대해서뿐만 아니라 그 서술 방식에도 큰 영향을 끼친 것이다.

제10장

티베트 불교와 몽골

나카무라 준

머리말

1239년, 몽골 제국 제2대 카안 우구데이의 둘째 아들로 옛 서하西夏 영토에 봉지封地를 받은 쿠덴이 티베트로 군대를 파견했고, 이에 호응해 1244년 사꺄파의 고승 사꺄 빤디타가 티베트를 대표해 자신의 조카 팍빠를 데리고 회견차 쿠덴에게 갔다.* 이 회견이 오늘날까지 이어지는 몽골-티베트 관계사關係史의 시작으로 여겨져온 것에 대해서는 이전 회차의 《이와나미강좌 세계역사》에 서술된 그대로다(中村, 1997: 121~123쪽).

---

* 13세기 초에 이슬람 세력의 침공으로 인도에서 불교는 단절되었다. 1203년에는 비크라마실라 사원 최후의 학두(學頭) 사꺄스리 바드라가 사꺄로 망명했고, 그 결과 그가 꿍가걜첸에게 비구계 (比丘戒, 출가자가 지켜야 하는 계율)를 전수하게 되었다. 꿍가걜첸은 훗날에 사꺄파를 대표하는 학승(學僧)이 되고, 사꺄 빤디타(사꺄의 대(大)학자)라고 칭해지기에 이른다(熊谷, 2021: 194쪽). 사꺄 빤디타는 인도에서 불교의 최종 형태를 전수받은 것이고, 당연히 티베트를 대표하기에 적합한 인물이었다고 할 수 있을 것이다.

1. 사꺄 빤디타 이전

그런데 최근에 네이멍구의 카라호트(흑수성黑水城)에서 출토된 서하문西夏文 및 한문漢文 불교 문헌과 대만臺灣의 고궁박물원故宮博物院 및 베이징北京의 국가도서관國家圖書館에서 발견된 티베트 불교 문헌의 한역漢譯, 명대에 성립된 《대승요도밀집大乘要道密集》 등의 분석을 통해 서하 시대에 티베트 불교가 상당한 정도로 유포되었음이 밝혀지고 있다(陳, 2003; 沈, 2017). 이러한 연구 성과의 영향을 받아, 1227년에 서하가 몽골 제국에 의해 멸망되었으므로 사꺄 빤디타가 초빙(1244)되기 이전에 몽골이 티베트 불교와 접촉했을 가능성이 크다고 여겨지게 되었다. 그리고 스진보史金波가 2015년의 연구에서 티베트로부터 전해진 백산개경白傘蓋經이 1243년에 판각되어 티베트어·서하어·한어로 각각 1000권씩 인쇄된 것, 그 일의 발원자가 다름 아닌 쿠덴이었다는 점을 밝혀냈다(浜中, 2018).• 사꺄 빤디타와 회견하기 이전에 쿠덴이 옛 서하 영토에서 티베트 불교 교단과 접촉한 물증이 발견된 것이다.

연구자 중에는 쿠덴이 티베트로 군대를 파견하고 대표자를 보내라고 요구한 것은 서하와 티베트 불교 사이의 연결고리를 이어받아 이를 다시 이용하고자 했기 때문이라고 분석하는 경우도 있다(Atwood, 2014: 22쪽; 沈, 2019: 122쪽). 또한, 후술할 몽골 시대의 국사國師·제사帝師 제도에 대해 그 연원을 서하 시대에서 찾으려는 논고도 많다. 이 둘 모두 티베트 불교의 고승이 국사·제사에 임명되었다고 하는 공통점에서

• 백산개경에서 "백산개"는 "백산개불정(白傘蓋佛頂)"이라고도 칭하며 불교에서 초자연적 위험을 막아주는 수호자를 말한다.

도출된 분석인데, 하지만 서하의 국사·제사에 대해서는 구체적인 내용이 거의 알려져 있지 않고, 선웨이룽沈衛榮이 지적하듯(沈, 2019: 111, 127쪽), 현 단계에서 서하 시대와 몽골 시대를 일률적으로 말하는 것은 신중해야 한다. 몽골 제국이 《요사遼史》, 《금사金史》, 《송사宋史》를 편찬했으나 서하에 대해서는 정사正史를 편찬하지 않았기 때문에, 제국이 서하로부터 무엇을 계승했는지에 대해서는 체계적으로 알기가 어려운 상태이므로 신중하게 논의를 진행해나갈 필요가 있는 것이다. 비교적 자료가 많은 몽골 시대에 티베트 불교의 역할을 밝히는 것에서 서하 시대의 그것을 읽어내는 계기를 얻을 수 있을지도 모른다.

서하 문제는 일단 제쳐놓고, 제10장에서는 몽골과 티베트 불교의 관계에 대해 특히 쿠빌라이와 팍빠를 중심으로 황제와 국사·제사의 관계를 사례 삼아 몽골 제국에서 정치와 종교의 존재를 논의하겠다. 또한, 팍빠와 화북 불교의 관계에 대해서도 언급하고자 한다.

2. 쿠빌라이와 팍빠

대조국사

1260년에 제5대 카안으로 즉위한 쿠빌라이는 같은 해 12월에 사꺄 빤디타의 조카 팍빠를 대조국사大朝國師에 임명하고 그에게 옥인玉印을 수여해 불교를 통령統領할 것을 명했다. "대조大朝"란, 1271년에 쿠빌라이가 "대원大元"이라는 국호를 세울 때까지 사용된 한자漢字 국호國號다.

그리고 실은 팍빠 이전에 또 한 명의 불승이 대조국사로 임명되었다. 바로 카슈미르 출신의 나마那摩(남무南無라고 칭하기도 한다)다. 나마는 제

4대 카안 뭉케로부터 대조국사로서 옥인을 하사받고, 천하의 불교를 통령하라는 명을 받았다. 나마의 사적에 대해서는 거의 알려져 있지 않으나, 몽골 황족 주변에 티베트 불교 승려와 함께 카슈미르 불교 승려가 있었다는 점은 확실하다. 일례로, 마르코 폴로의 《세계의 서술》에 따르면, 쿠빌라이의 곁에는 각종 마법과 마술에 뛰어난 마술사나 점성술사가 있었고, 이러한 사람들은 티베트 혹은 카슈미르라 불리는 우상偶像 숭배자들이었다고 기록된다(高田, 2013: 165쪽). 마르코 폴로는 불교도나 도교도를 우상 숭배자라고 부른다는 점에서, 이 경우의 우상 숭배자는 티베트와 카슈미르의 불승을 가리키는 것으로 판단할 수 있다. 또한, 이슬람교로 개종해 1295년에 즉위한 훌레구 울루스(일 칸국)의 가잔 칸은 기독교·유대교·불교·조로아스터교 종교 시설의 파괴를 명했고, 불승에 대해서는 개종을 받아들이지 않는 자를 인도·카슈미르·티베트로 돌려보냈다(本田, 1991: 227쪽). 카슈미르의 불승이 서아시아로도 활동 영역을 넓혀가고 있었던 것인데, 이들이 몽골 제국의 동서에서 수행한 구체적 역할에 관해서는 나마의 그것과 마찬가지로 거의 알려져 있지 않다.

한편, 나마의 존재는 서하 시대와 몽골 시대에 티베트 불교의 연속성을 전제로 하는 논의가 얼마나 안이한지를, 그리고 얼마나 사실과는 동떨어진 내용을 만들어낼 위험성이 있는지를 시사한다.

뭉케와 쿠빌라이가 왜 카슈미르와 티베트의 고승을 몽골 제국 불교계의 정점에 위치시켰는지에 대해서는 1차 사료에 명기되어 있지 않아 아직 명확하지 않지만, 카슈미르와 티베트 고승의 칭호가 한자·한문이라는 점에서, 그것이 몽골의 지배하에 들어간 중국의 불교계를 의식한 일이었음은 틀림이 없을 것이다.

국사로서의 사적

몽골 제국의 새로운 수도인 대도大都의 조영造營이 본격적으로 시작되는 1267년, 국사 팍빠는 대도의 중심 궁전 대명전大明殿의 어좌御座 위에 백산개를 두고 동시에 대도의 궁성 정면 현관에 해당하는 숭천문崇天門에 금륜金輪을 설치할 것을 진언했다.* 이는 황제 쿠빌라이를 불교 경전에 등장하는 이상적 제왕帝王 전륜성왕轉輪聖王의 최고격인 금전륜성왕金轉輪聖王으로 위치시키려는 작업의 일환이었다(Franke, 1994: 54~61쪽; 石濱, 1996; 中村, 1997: 135~136쪽).**

또한 잘 알려져 있는 팍빠 문자에 대해서는 1269년 2월에 그 반포가 공식적으로 선언되었고, 같은 해 7월에는 로路들에 교육 기관 몽고자학蒙古字學이 설립되었다(팍빠 문자는 당시 몽고자蒙古字·국자國字 등으로 불렸다).*** 같은 해 12월에는 완성되고 얼마 지나지 않아 태묘太廟에서 1주일간 밤낮을 가리지 않고 불사佛事가 거행되었는데, 이때 그 불사를 집전하라는 쿠빌라이의 명을 받은 이가 국사 팍빠였다. 그리고 이듬해인 1270년 10월에 쿠빌라이는 종묘宗廟의 제사 축문祝文을 국자 즉 팍빠 문자로 쓰라고 명한다. 팍빠 문자는 본래 새서璽書 즉 카안의 옥새를 날인한 명령문을 기록하기 위한 문자로 제작된 것인데, 이러한 사례 이외에도 제사·국사 인장의 인문印文 등에도 활용된 실례가 보이고 있어,

---

* 금륜은 불교의 세계관에서 세상의 중심에 있는 수미산을 받치고 있는 바퀴를 말한다.

** 전륜성왕은 불교에서 정법(正法)에 의한 통치로 이 세상에 이상 국가를 실현하는 제왕을, 금전륜성왕은 네 종류의 전륜성왕(금륜왕, 은륜왕, 동륜왕, 철륜왕) 중에서 가장 지위가 높은 제왕을 말한다.

*** 로는 송대에서 원대까지의 행정 구획이다. 팍빠 문자는 쿠빌라이의 명을 받아 티베트 불교 승려 팍빠(파스파八思巴)가 만든, 41개의 자모로 구성된 문자다. 티베트 문자를 모태로 티베트어, 몽골어, 위구르어, 중국어를 모두 적기 위해 제정한 것이다.

팍빠 문자는 그 이면에 존재하는 권력과 권위를 상징하는 문자로서 광범하게 사용되었다.

　이상과 같은 사례들을 통해 쿠빌라이는 즉위 초기부터 국사 팍빠에게 자신의 황위 정통성과 왕권을 가시적으로 표상하고 구체화하는 시책을 맡겼다고 할 수 있을 것이다. 그리고 앞서 살펴본 1267년부터 1270년 전후의 시기는 대도 건설(1267년부터), 남송南宋 원정(1268년부터), 행정 문서 서식 통일 및 문서 행정 추진(1270), 국호 "대원大元" 채택(1271) 등 남송 영토 접수를 전제로 쿠빌라이에 의한 신新국가 건설 작업이 단숨에 가속화한 시기와도 일치한다. 훗날에 보이는 팍빠의 제사 임명(1270), 쿠빌라이를 금전륜성왕으로 표현하는 백산개의 대법요大法要 시작(1270), 백산개 불사의 거점이면서 또한 역대 제사의 거주지가 되는 대호국인왕사의 기공(1270)도 마찬가지의 맥락에서 이해할 수 있을 것이다.

국사 팍빠와 화북 불교

중화中華의 세계에 쿠빌라이가 황제로서 등장하는 동시에 불교계에서는 티베트 불교의 고승 팍빠가 국사로서 군림하게 되는데, 그렇다면 티베트 불교와 재지在地 중국 불교 사이의 관계는 어떠했을까?* 필자 등이 처음 소개한 높이 약 4미터의 〈소림사성지비少林寺聖旨碑〉에는 몽골어와 그 대역對譯 한문이 함께 적힌 쿠빌라이의 성지가 두 통 새겨져 있다(中村·松川, 1993). 성지聖旨란, 황제의 명령(몽골어로 자를릭)을 가리키고 몽

---

* 中村(1999b) 참조. 그리고 中村(2021)은 중국 본토에서 존재감을 크게 높인 티베트 불교와 재지 중국 불교 사이의 관계에 대해 남송 최후의 황제 조현(趙顯)이라는 인물의 생애를 매개로 그 일단을 소개한 것이다. 함께 참조되었으면 한다.

골 지배 영역에서는 그 무엇보다도 절대적 권위를 보유했다. 그리고 이 두 통의 성지를 통해 재래의 화북華北 불교와 팍빠 사이의 관계 일부분이 처음으로 밝혀지게 되었다.

두 통의 성지 중 첫 번째 성지는《(세계사 사료 4) 동아시아·내륙아시아·동남아시아 II 10~18세기(世界史 史料 4) 東アジア·陸アジア·東南アジア II 10-18世紀》(2010)에도 소개되어 있는데, 그 내용은 다음과 같다. 첫째, 설정복유雪庭福裕를 비롯한 다섯 명의 고승에게 팍빠 휘하에서 한지漢地〔옛 금조의 영토〕의 모든 불승을 이끌고 석가모니의 도를 통해 하늘에 기도해 우리들에게 축복을 주게 하라.* 둘째, 불승들이 관여하는 모든 일은 팍빠의 말에 따라 설정복유 등 다섯 장長이 해결하라. 셋째, 불승들은 다섯 장의 말을 통해 경전의 정해진 바를 어기지 않고 올바르게 행하라.

이 성지는 1261년 6월 1일 자로, 즉 팍빠가 국사에 임명되고 반년이 지나 발령된 것이다. 아직 남송의 영토를 접수(1276)하기 이전이라서 화북이 그 대상이 되겠지만, 다섯 고승 중 최고 지위에 오른 설정복유는 조동종曹洞宗의 고승으로, 일례로 1271년에 천하의 불승들을 대도에 집결시켰을 때에 그의 법통法統을 계승하는 사람이 3분의 1을 차지했다고도 전해지는 화북 불교계의 거물이었다.• 이 성지의 맥락을 통해

---

* 투르크어·몽골어의 텡그리(t(e)ngri)라는 단어는 한문으로는 "천(天)"으로 번역된다. 몽골의 초원에 서면, 새파란 허공 즉 천(하늘)이 돔 모양으로 대지를 덮고 있음을 깨닫게 된다. 투르크계·몽골계 유목민에게는 옛날부터 텡그리(하늘)만이 모든 것을 결정하며, 모든 것에서 따라야 하고 따르지 않을 수 없는 유일한 절대적 존재라는 신앙이 존재했다. 몽골 제국에서도 칭기스 칸과 그 일족은 텡그리의 가호하에 전 세계의 지배를 인정받았다고 생각했다.

• 조동종은 선종(禪宗) 제6조(六祖)인 당나라 선승(禪僧) 혜능(慧能, 638~713)이 조계(曹溪)에서 법을 전해 일어난 종파다. 제2조 조산(曹山)과 제1조 동산(洞山)의 이름에서 종명(宗名)을 삼았다고 전한다.

당시 화북의 불승들의 상위에 설정복유를 비롯한 다섯 고승이 위치했고, 그 위에 불교계 최고위의 대조국사 지위의 팍빠가 위치한 것을 알 수 있다.

두 번째 성지는 1268년 1월 25일 자로, 쿠빌라이가 소림사少林寺 주지 족암정숙足庵淨肅에게 보낸 것이다. 그 내용은 다음과 같다. 첫째, 족암정숙이 하남河南에 속한 불승의 지도자가 되어라. 둘째, 불승들이 관여하는 모든 일은 팍빠의 말에 따라 경전의 정해진바 그대로 족암정숙이 올바르게 해결하라. 셋째, 불승들은 족암정숙의 말에 따라 경전의 정해진 바를 어기지 않고 올바르게 행하라. 당시 쿠빌라이는 하남의 불승들을 족암정숙이 관할할 것을 명했고, 그 위에 국사 팍빠를 위치시켰음을 알 수 있다. 실은 팍빠는 1264년 초 쿠빌라이의 곁을 떠나 잠시 티베트로 돌아갔으며, 그가 다시 쿠빌라이의 곁으로 돌아온 것이 이해의 일이었다.

이렇게 〈소림사성지비〉에 새겨진 두 통의 쿠빌라이 성지로부터는 화북 불교 혹은 하남 불교를 각각 중국 불교의 고승을 매개로 하여 팍빠가 통령한 모습을 추출할 수 있다. 그리고 이 성지들은 팍빠의 국사 취임과 귀환 시기에 맞추어 내려진 것이라고 생각된다.

그리고 이 두 통의 성지를 통해 첫 번째 성지가 내려진 1261년부터 두 번째 성지가 내려진 1268년 사이에 팍빠의 권한이 강화되었음을 알 수 있다. 첫 번째 성지에는 설정복유 등 다섯 장長이 도리에 어긋나는 짓을 하면 "우리들에게 보여라. 어떻게 말하여도 우리들은 알 것이다"라고 한 반면, 두 번째 성지의 내용이 병행하는 곳에서는 "팍빠에게 보여라. 그들을 다투게 하여서 〔그들이〕 어떻게 틀린지를 말하더라도(?) 팍빠가 알게 하라"라고 되어 있다. 즉, 화북의 불승 지도자로 임명된 설정복유 이하 다섯 불승이, 또 하남의 불승 장에 임명된 족암정숙이 부당한 행위를 저지른 경우, 전자(1261)의 경우에는 우리들 즉 쿠빌라이를 비롯한 위정자 몽골 측이 관여한 반면, 후자(1268)의 경우에는 팍빠에게 그 처리가 일임되고 있다. 두 번째 성지는 하남에 한정된 이야기이기는 하지만, 팍빠의 권위가 미치는 범위가 축소되었음을 보여주는 것은 아니다. 일례로, 산동山東의 영암사靈巖寺는 소림사와 같은 조동종의 큰 사원으로, 1269년 즉 두 번째의 쿠빌라이 성지가 내려진 이듬해에 팍빠가 법지法旨에 의해 영암사의 주지를 임명한 것으로 알려져 있다. 황제의 성지에 견주어지는 법지란 국사급·제사급의 티베트 불교 승려가 발령한 명령(문)이다. 이외에 제왕諸王의 명령(문)은 영지令旨, 황태후皇太后·황후皇后의 명령(문)은 의지懿旨라고 했는데, 황족이 아닌 국사·제사가 같은 종류의 법지를 낸 것은 그 자체가 이들의 특별한 지위를 나타낸다고 할 수 있다(中村, 1999b).

제사 팍빠

1270년, 팍빠는 쿠빌라이에 의해 제사로 승격되어 옥인을 하사받고 계속 불교를 통령하는 임무를 맡았다.* 그의 지위에는 팍빠 이후에도 사꺄파의 고승이 임명되었고, 글자 그대로 "제왕의 스승" 혹은 "황제의 스승"을 의미하는 제사는 몽골 황실에 의한 티베트 불교 숭배를 상징하는 것의 하나로 주목받아왔다. 팍빠 자신은 1274년에 티베트로

---

* 현존하는 제사의 옥인에는 팍빠 문자 한문으로 "대원제사통령제국승니중흥석교지인(大元帝師統領諸國僧尼中興釋敎之印)"이라고 새겨져 있다. 그러나 팍빠의 제사 임명은 "대원"이라는 국호가 세워진 1271년보다 1년 전의 일이다. 제사 임명 당시에 팍빠에게 사여(賜與)된 옥인에는 팍빠 문자로 "대조제사운운(大朝帝師云云)"이라고 새겨져 있었을 것이며, 그러한 인장 그 자체와 날인된 문서 등이 발견될 가능성이 있다(中村, 2010: 49쪽 주 45, 57쪽 주 73).

돌아갔으며, 그때 제사의 칭호는 그의 이복동생 린첸걜첸rin chen rgyal mtshan에게 승계되었다.* 연구자들은 제사의 순서에 숫자를 붙여 린첸걜첸을 제2대 제사로 보고, 이후에도 역대 제사들을 제3대, 제4대로 헤아리고 있다. 그러나 쿠빌라이 이후 즉위한 황제 테무르가 1304년에 잠양 린첸걜첸을 제6대 제사로 임명한 성지에는 쿠빌라이가 팍빠를 제사로 임명한 것을 명시한 뒤, 그에게 팍빠를 대신해 불승을 관할할 것을 명한다. 그 성지에는 연구자들이 말하는 "제5대" 제사의 이름은 없다. 즉, 황제와 제사의 관계란 어디까지나 쿠빌라이와 팍빠 사이에 성립한 관계를 그대로 이어받은 것이라는 인식이 존재했던 것이다. 또한, 현재의 제사가 살아 있을 때에 황제가 사망하는 등의 이유로 제사가 교체되는 경우, 신임 황제가 다시 제사를 임명하는 사례를 확인할 수 있다. 쿠빌라이와 팍빠 사이에 구축된 "황제와 그의 스승"이라는 관계를 다시 구축한 것으로 보인다(中村, 2010: 55~59쪽).

한편, 이 관계가 알탄 칸, 순치제順治帝, 강희제康熙帝, 건륭제乾隆帝와 역대 달라이 라마 사이에서 재연되어왔음은 이시하마 유미코石濱裕美子에 따라 이전 글에서 언급한 바와 같다(中村, 1997: 140~143쪽). 쿠빌라이와 팍빠의 기억은 몽골 시대를 넘어 중앙유라시아 세계에 오랫동안 이어져 내려오고 있다.

---

* 팍빠가 1264년에 쿠빌라이의 곁을 떠났을 때, 팍빠는 국사의 지위를 사임하지는 않았다. 제사의 경우, 팍빠 외에도 제3대 제사 다르마팔라락시타가 티베트로 돌아갈 때 그 지위를 사임했고, 다르마팔라락시타의 생전에 제4대 제사가 임명되었다. 국사보다 제사가 상위 직위였음은 틀림이 없으나, 그 담당 직무의 차이에 대해서는 아직 밝혀지지 않았다. 다만, 제사란 그 이름 그대로 황제를 가깝게 모시는 것이 요구되는 존재였을 것이다.

3. 신어전을 보유한 티베트 불교 사원

대호국인왕사와 제사

역대 제사는 황제와 함께 겨울철 수도 대도(1272년까지는 중도中都라고 불렸다)와 여름철 수도 상도上都(1263년까지는 개평부開平府) 사이를 계절에 따라 이동했다(中村, 2010: 49~50쪽). 대도에서는 티베트어로 "me tog ra ba'i sde chen po"(메똑 라바이 데첸뽀, 화원花園의 큰 사원)라 불린 대호국인왕사大護國仁王寺를 거점으로 삼았다. 이 사원은 쿠빌라이의 명에 따라 그 정후正后인 차비에 의해 건립된 것이고, 팍빠가 제사에 임명된 1270년에 건축을 시작해 1274년에 건립되었다. 공사 감독은 팍빠의 제자로 원대 제일의 공예가로 알려진 네팔 출신의 아니가阿尼哥가 맡았다. 따로 쿠빌라이의 명을 받은 아니가는 대도의 대성수만안사大聖壽萬安寺의 건립도 담당하고 있었고, 이 사원은 묘응사妙應寺로서 베이징에 현존하며, 특히 눈에 띄는 티베트식의 백탑白塔의 이름을 따서 원대부터 현재에 이르기까지 백탑사白塔寺라 칭해진다. 대호국인왕사에 안치된 불상은 티베트 불교 양식으로 여겨지며, 또한 이 사원에 우뚝 솟아 있던 탑도 아니가에 의해 만들어진 것인 이상 티베트 불교 양식이었을 것이다.

대호국인왕사에서는 1270년부터 제사가 주도하는 백산개의 불사가 거행되었다. 매년 2월 8일, 대호국인왕사는 대명전에서 백산개를 맞이하는 2만 명 전후의 의장대 및 음악대와 함께 궁성 안팎을 순행하는 행사를 진행했고, 15일에는 궁성의 대명전에 들어가 황제·황후 앞에서 불사를 거행했다. 대호국인왕사 경내에는 전국에서 다수의 상인과 상품이 모여들었고, 또한 가무와 연회를 즐기려는 후비·제왕을 비롯한 수많은 사람이 불사에 참여했다고 한다. 백산개의 불사를 여는 목적은 황제를 금전륜성왕으로 위치시키는 것, 중생의 불상사를 없애 그들을 복지福祉로 이끄는 데 있었다. 진호국가鎭護國家〔불교의 교법教法으로 난리를 진압하고 나라를 지키는 일〕의 의미가 담긴 이 불사는 팍빠가 제사에 임명되고 대호국인왕사가 기공된 해에 시작되었다.

한편, 2월 8일에 도시에서 불상을 모시는 의식 자체는 이미 고대 인도의 많은 지역에서 행해졌으며, 중국에서는 위진남북조魏晉南北朝 시대 이후 요遼·금金 시대에도 확인할 수 있는데(乙坂, 2017: 497쪽; 倉本, 2020: 216~294쪽), 쿠빌라이와 팍빠 시대에 시작된 백산개의 불사에는 티베트 불교의 요소를 다양한 형태로 확인할 수 있다는 점에서 큰 역사적 의의가 있다고 인정받을 수 있다(中村, 1993).

칙건사원과 신어전

그런데 쿠빌라이 시기 이후, 대도와 그 교외에는 역대 황제들의 명에 따라 불교 사원이 건립되었고 그곳에는 토지를 중심으로 한 막대한 사원 재산이 기진寄進〔기부〕되었다. 그리고 이러한 사원에는 신어전神御殿(영당靈堂)이 설치되었고, 그곳에는 사원 건립을 명한 황제와 그 황후의 어용御容(초상)이 그 사후에 봉안되었다(표 1). 그러나 직계 후손이 황위 계승 분쟁에 패한 경우는 예외로, 예를 들면, 태정제泰定帝 이순테무르가 사망한(1328) 후 그의 아들 천순제天順帝 아리기바는 정쟁에서 패하면서 두 사람에게는 묘호廟號가 추증追贈되지 않았을 뿐만 아니라 이순테무르의 어용이 모셔져야 하는 대천원연성사大天源延聖寺에는 정쟁에서 승자가 된 명종明宗 코실라 부부의 어용이 봉안되었다.

이러한 사원을 건립할 때는 기존의 칙건사원勅建寺院〔황제의 칙령에 의해 건립된 불교 사원〕에서 그 양식을 찾아 제사의 지도하에 불상·불화·

표1_주요 칙건사원과 신어전 일람

사원 명칭(통칭)	건립자	준공 연도	신어전 제사 대상자
대호국인왕사(大護國仁王寺) (진국사鎭國寺)	황후(皇后) 차비	1274	차비
대성수만안사(大聖壽萬安寺) (백탑사白塔寺)	세조(世祖) 쿠빌라이	1288	쿠빌라이, 차비
대천수만녕사(大天壽萬寧寺)	성종(成宗) 테무르	1305	테무르, 황후
대숭은복원사(大崇恩福元寺)	무종(武宗) 카이샨	1312	카이샨, 황후
대영복사(大永福寺) (청탑사青塔寺)	인종(仁宗) 아유르바르와다	1321	영종(英宗) 시데발라, 황후
대천원연성사(大天源延聖寺) (흑탑사黑塔寺)	태정제(泰定帝) 이순테무르가 개명	(수대隋代)	명종(明宗) 코실라, 황후
대승천호성사(大承天護聖寺)	문종(文宗) 톡테무르	1329	톡테무르, 황후

당간幢竿〔법회나 기도 등의 의식이 있을 때 사찰의 입구에 세우는 깃대의 일종으로, 당幢(불화를 그린 기)을 달아두는 장대〕 등이 제작되었고, 그 원형은 대호국인왕사에 있었다고 여겨진다. 또한, 대성수만안사는 백탑사白塔寺라는, 대영복사大永福寺는 청탑사青塔寺라는, 대천원연성사는 흑탑사黑塔寺라는 각각 사원에 세워진 탑의 색깔에 따른 속칭을 가지고 있는데, 대성수만안사가 그러한 것처럼, 아마도 이들 사원 모두 티베트식 불탑을 갖추는 등 티베트 불교 색채의 사원이었을 가능성이 크다. 신어전에 봉안된 어용에 관해서는 쿠빌라이나 차비 등의 그것은 아니가에 의해 만들어졌고, 그 제작에는 티베트 원산原産의 재료가 필요했다. 그리고 이러한 칙건사원들에서는 상제常祭(매달 1일, 8일, 15일, 23일) 이외에 절일節日〔명절〕과 제사祭祀 대상자의 명일命日(기일)에 제사가 거행되었으며, 석가의 탄신을 축하하는 4월 8일의 욕불회浴佛會, 석가가 깨달음을 얻은 12월 8일의 성도회成道會 등도 모두 제사帝師가 중심이 되어 집전되었다.

이러한 신어전이 설치된 칙건 불교 사원은 황제가 대를 거듭할 때마다 늘어났고, 대도를 티베트 불교의 독특한 분위기로 둘러싸이게 했다. 이러한 것들은 보는 이로 하여금 왕권과 깊이 결부된 티베트 불교의 존재를 강하게 인식하게 했을 것이다.

그리고 칙건사원에는 훗날에 어용이 봉안될 황후를 중심으로 광대한 토지가 기진되었으며, 이러한 토지에서 발생하는 수익은 사원 운영과 제사 비용에 충당되었다. 이러한 사원 재산은 영업永業 혹은 항산恒産이라고 불리면서 조정의 보호를 받았는데, 대호국인왕사를 제외하면, 다른 사원의 재산은 대도 지역에서는 거의 확인되지 않고, 금과 남송이 서로 대립했을 때에 완충 지대 역할을 한 황하黃河 혹은 회하淮河와 장강長江 사이에 끼인 지역에 집중해 있다는 특징이 있다. 옛 금金 영토는 우구데이 시대에. 옛 남송의 영토는 쿠빌라이 시대에 각각 칭기스칸 일족과 공신들에게 분배되었으나, 그 남은 부분에 사원 재산이 설정된 것으로 보인다.

한편, 《원사元史》에 따르면, 홍건紅巾의 난[홍건적紅巾賊의 난]에 더해 기근이 일어나는 상황에서 순제順帝 토곤테무르가 1360년에 그럼에도 신어전의 제사는 태묘의 제사와 함께 선조의 은혜에 보답하는 대사大事로 삼아야 한다면서, 줄였던 제사의 횟수를 원래대로 되돌리라는 조서를 내렸음을 알 수 있다. 그러나 명의 군대가 대도에 접근한 1368년 6월, 번개가 대성수만안사에 떨어졌고 사원이 전소되었다. 물론, 쿠빌라이의 어용을 모신 신어전도 불타버렸을 것이다. 그다음 달, 토곤테무르는 대도를 포기하고 북쪽으로 갔으며, 8월에 대도는 함락되었다. 명 초기에 성립된 《원사》는 이를 "나라가 망하였다"라고 기록한다. 사실 토곤테무르는 살아 있었으며, 그의 사후에는 아들 토구스테무르가 황위를 계승한다. 대성수만안사가 낙뢰로 불에 타 소실되었다는 기록은 그것이 사실인지의 여부는 차치하고, 명 측으로서는 몽골의 운명이 다했음을 상징하는 사건으로 기록하고 싶었을 것이다. 그 존재의 중요성이 명에서도 충분히 인식되고 있었음을 보여준다(中村, 1999a).

불교 경전의 번역과 인쇄의 중심

위구르 문자 투루판 문서에서 "Mañjuśrīnāmasamgīti"(만주스리나마상기띠)라고 하는 불교 경전 판본의 단편이 여러 점 발견되었는데, 그중 하나인 TM 14(U 4759)는 오서奧書를 통해 임인년壬寅年 즉 1302년에 카르나다스라는 인물에 의해 "대도에 있는, 백탑을 가진 큰 사원에서 taydu-taqï aq stup-luɣ uluɣ vxar-ta"로 번역되었음을 알 수 있다. 여기에 보이는 카르나다스(가로납답사迦魯納答思)는《원사》권134에〈열전列傳〉이 수록된 위구르인으로, 그 열전에 따르면, 그는 국사 팍빠 곁에서 티베트어를 배워 티베트어 경론經論 및 인도어 경론을 위구르어로 번역했으며, 이 번역본들은 쿠빌라이의 명에 따라 목판으로 인쇄·반포되었다고 한다 (森安, 2015: 523~525쪽). 이 투루판 문서에 보이는 "대도에 있는, 백탑을 가진 큰 사원"이란, 백탑사라는 별칭을 가진 대성수만안사를 가리킨다고 보아도 틀림이 없다.

그리고 최근에 티베트자치구의 사원들에서 원대에 판각된 티베트 불교 경전 여덟 점이 발견되었다는 보고가 있다(西熱桑布, 2009; 熊文彬, 2009). 이 경전들의 오서에는 일례로 "큰 궁성 대도의 푸른 불탑에서 쓰고, 흰 불탑에서 성취한 호사好事, pho brang chen po ta'i tu'i mchod rten sngon por bris/mchod rten dkar pos grub pa dge'o//"(두 점)라거나, 혹은 해당 경전을 인쇄한 장소를 "진국사鎭國寺의 큰 사원tshen hō gsi'i sde chen po"(한 점)이라고

명기한 것도 있다고 한다. "푸른 불탑"은 청탑사라는 별칭을 가진 대영
복사이고, "흰 불탑"은 대성수만안사이며, "진국사"라는 한자를 음사
音寫하고 다시 티베트어로 "큰 사원"이라고 기록되어 있는 것은 대호국
인왕사에 다름없다. 지금으로서는 네 가지 사례 말고는 없으나, 칙건
사원은 불교 경전을 번역·인쇄하는 중심지의 임무를 하고 있었다고도
생각할 수 있다. 또한, 이들 원대에 판각된 티베트어 불교 경전의 내용
은 모두 불교가 풍요로워지도록 기원하는 동시에 황제·황태자를 비롯
한 몽골 황족의 안녕과 장수를 기원하고 있다. 칙건사원의 사원 이름
에 활용된 한자에도 마찬가지의 의도가 있었던 것으로 생각된다.

한편, 이러한 불교 경전의 발원자·시주는 차비를 비롯한 여성 황족
뿐이다. 사원 재산의 기진자에게도 마찬가지의 경향이 확인되고 있어,
앞으로 여성이라는 관점에서 접근해나가면 또 다른 새로운 역사적 사
실이 밝혀지게 될 것이라 기대된다(中村, 2013: 17~18쪽).

맺음말

티베트 불교를 비롯한 제諸 종교와 몽골의 관계에 대해서는 최근 30여
년 사이에 그 실태가 급속히 밝혀져왔다.

13~14세기 몽골 시대에 몽골 황족들 중 특정 종교·교파에 경도된
사람들도 있었으나, 특히 황제 본인이나 그 지위에 근접한 사람일수
록 각종 종교·교파와 적당한 거리를 두었다. 혹은 그러한 태도가 요구
되었다. 역대 황제들이 티베트 불교 외의 불교 종파, 이슬람교, 기독교,
도교에도 일정한 이해를 보이고 그 종교들을 보호한 것은 알려져 있

다. 〈소림사성지비〉에 명기되어 있듯이, 황제가 종교에 요구한 것은 각각의 경전과 의례에 따라 "우리들"을 위해 하늘에 기도할 수 있는 특별한 기능을 가진 사람과 집단이었다. 이는 하늘이야말로 칭기스 칸 일족에게 세계의 지배를 보증하는 존재였기 때문이다. 무슬림이 알라라고 부르고, 기독교도가 야훼라고 부르는 존재는 몽골인들에게는 자신들이 신앙하는 텡그리(하늘) 그 자체라고 이해되었다고 생각된다. 몽골 제국은 자신들의 통치하에 있는 사람들의 신앙에 관대했다고 알려져 있으나, 그 이유는 사실 단순한 것이었다.

특히 뭉케와 쿠빌라이의 통치는 그 이전과 비교하면 몽골 왕권 측이 종교계와의 거리를 급속하게 좁힌 시대였다. 이 두 황제는 각 종교의 고위 혹은 뛰어난 성직자에게, 지식인에게, 나마와 팍빠에게도 그렇게 했던 것처럼, 그 권위의 증표로서 성지, 칭호, 인장을 자주 하사했다. 이러한 사례는 도교와 기독교에서도 확인할 수 있으며, 몽골 제국의 황제라는 절대적 권위를 통해 통솔자로 임명된 인물을 중심으로 종교계의 재편성이나 강화된 교단화敎團化 등 종교와 관련한 새로운 움직임이 제국 전역에서 일제히 진행되었다(中村, 2008). 그 결과, 제국 전역에서 칭기스 칸 일족을 위해 텡그리를 기리는 체계가 구축되어갔다. 현대를 살아가는 우리들에게는 정치가 종교를 이용한 것으로도 보이지만, 거기에서 몽골에 의한 순수한 텡그리 신앙을 간파할 수도 있을 것이다.

제10장에서는 필자에게 주어진 주제인 몽골 시대와 티베트 불교 사이의 관계를 중점적으로 다루었으나, 예를 들어 대호국인왕사 이외의 칙건사원에 대해서는 그 주지로 임명된 인물로 알려진 사람은 율종律宗이나 화엄종華嚴宗을 비롯한 중국 불교의 고승 또는 고려의 불교 승려였

고, 티베트 불교 승려는 한 사람도 확인되지 않는다(陳, 2010). 대도 지역에 건립된 칙건사원에서 주지의 종파를 둘러싼 다양성은 티베트 불교, 중국 불교, 고려 불교, 나아가서는 위구르 불교와 서하 불교가 몽골의 치하에서 어떻게 "공존"하고 있었는지를 파악하는 중요한 실마리가 될 가능성을 시사한다. 불교의 종파들은 어떻게 몽골 시대라는 시기를 공유했는지, 그리고 애초에 왜 쿠빌라이는 티베트 불교를, 그것도 사꺄파의 팍빠를 발탁했는지 등은 앞으로 밝혀낼 과제다.

제11장

몽골의 동남아시아 침공과 "타이인"의 대두

와타나베 요시나리

머리말

동남아시아 고대사의 대가大家 조르주 세데스George Cœdès는 앙코르·파간 등 인도화한 국가들이 쇠퇴의 조짐을 보이기 시작했고, 13세기 후반 몽골군의 운남 및 동남아시아 침입과 그에 따른 "타이인"* 세력의 부상으로 이들 국가가 쇠퇴해간 것을 "13세기의 위기"라고 불렀다(セデス, 1980: 145~165쪽).

이후 13세기를 "고전기古典期" 국가의 종말로 간주하는 시대 구분이 정착해왔으나, 각 왕국 연구의 진전, 몽골의 움직임과 "타이인"의 활동에 관한 새로운 지견知見 등으로 이 분기分期에 대한 재검토가 필요해지고 있다.

---

* 여기서는 오늘날 태국의 타이(Thai)인은 물론이고, 인도의 아삼에서 버마, 윈난(雲南), 타이 북부, 라오스, 베트남 북서부 등에 걸쳐 분포하는 타이(Tai)계 언어들의 화자(話者)를 "타이인"으로 부른다(飯島, 2020: 74쪽).

10세기 이후 동남아시아 대륙부〔라오스, 미얀마, 베트남, 캄보디아, 타이〕의 역사를 정치·문화·경제의 집권화를 향한 큰 흐름 속에서 파악하려는 빅터 리버먼Victor Lieberman은 13세기가 아닌 13세기 후반부터 14세기까지를 역사의 전환점으로 삼는다. 1000년 전후부터 1250/1300년 사이에 파간·앙코르·대월(베트남) 등 그 이후 시대의 모델이 되는 국가(헌장 국가憲章國家)가 번영하다가 1400년을 기점으로 이들 국가가 모두 붕괴해갔다는 것이다. 붕괴의 요인으로는 국력과 민중의 피폐, 기진지寄進地〔기부지〕의 증가(토지, 사람 모두 면세免稅)에 따른 재정 악화 등 내적 요인 외에도, 몽골군의 침입에 의한 대리·파간의 와해와 그에 이어진 "타이인"의 남진南進, 홍수·가뭄 등 기후 변동에 따른 경제 부진, 사회 동요 등이 강조되고 있다(Lieberman, 2003: 25, 240~241쪽; 2011).

한편,《원사》등 한어漢語 사료에 더해 새로 출토된 묘지墓誌 및 타이어 연대기 등을 활용해 버마〔지금의 미얀마〕 북부와 타이 북부에서 "타이인" 왕국들의 출현과 몽골의 동남아시아 침공 사이의 관계를 분석한 크리스티안 다니엘스Christian Daniels는 "타이인"의 "비등沸騰"(Cœdès, 1968: 189~191쪽)에 대한 리버먼의 논의에 동의하면서도 몽골이 새로운 군사·행정 모델을 제공해 "타이인"의 국가 창출에 기여했다는 주장(Lieberman, 2003: 241쪽)을 부정하고 "타이인"의 주체성을 강조하고 있다(Daniels, 2018).•

제11장에서는 이러한 논의가 전제로 삼는 몽골의 동남아시아 침공

• 여기서 비등은 타이인의 위상이 커지고, 타이인이 동남아시아 역사의 무대에 주체로 등장하게 됨을 의미한다.

이 동남아시아 지역들에 끼친 영향을 재검토하고, 새로 도래한 "타이인"의 세력 대두에 대해서도 검토하고자 한다(桃木, 2019).

1. 몽골의 동남아시아 침공

운남

1252년, 뭉케(헌종憲宗)는 남송南宋을 공략하는 데서 사천四川, 광서廣西의 측면에서 강남江南을 노리기 위해 쿠빌라이에게 운남雲南의 대리국大理國 토벌을 명한다. 이는 운남의 전략적 위치를 인식하고 있던 쿠빌라이 본인의 제안이라고도 일컬어진다. 1253년, 우량카다이(올량합태兀良合台)의 지휘하에 몽골군은 운남에 진입해 12월에는 대리를 평정한다. 대리국 국왕 단흥지段興智는 동쪽으로 도망하지만 곤명昆明에서 잡히고, 운남의 대부분은 몽골의 지배하에 들어가게 된다. 1256년, 단흥지는 지도地圖를 바치면서 운남의 부족들을 평정해줄 것을 요청했다. 뭉케는 크게 기뻐하며 단흥지에게 마하라자(대왕大王)를 칭하는 것을 인정하고 우량카다이군軍의 선봉으로서 아직 항복하지 않은 운남 부족들의 공략과 베트남 원정 등에 참전하게 했다. 이후, 단씨 일족은 대리를 거점으로 권력을 회복해갔다.

이후 몽골의 운남 지배는 운남이 몽골의 남송 공략의 전선前線 기지라는 성격에 더해 버마와 북부 타이 방면으로의 세력 확장 거점으로서의 의미를 겸하는 동시에 쿠빌라이 가문의 사영지로서의 측면도 지니게 되는 복잡한 양상을 띠게 된다.

1267년, 쿠빌라이는 다섯째 아들 후게치(홀가적忽哥赤)를 운남왕雲南王

에 봉해 운남 통치를 맡기려고 했으나, 후게치는 1270~1271년에 운남에서 군권을 침해당할 것을 염려한 운남의 37부部 도원수都元帥 바하 앗딘(보합정寶合丁)에 의해 모살謀殺되고 만다.

1273년 1월, 5년 가까운 공방전 끝에 남송의 거점인 양양襄陽을 함락한 쿠빌라이는 혼란에 빠진 운남 지배를 재정비하기 위해 같은 해윤6월에 운남행성雲南行省의 설치를 명하고, 중신重臣 사이드[사이이드]아잘(새전적賽典赤)에게 운남 통치의 정비를 명한다. 사이드 아잘은 구육왕가의 투글룩(탈홀로脫忽魯) 등을 회유하는 데 성공했으며, 만호萬戶·천호千戶 제도를 개편해 로路·부府·주州·현縣 제도의 도입에 진력했고, 운남 행정의 중심을 대리에서 곤명으로 옮겼다. 대리를 중심으로 한 운남 서부는 단씨 일족의 단실段實을 대리총관大理總管으로 임명해 그들의일정한 권리를 인정하게 되었다(松田, 1980; 林, 1996).

그러나 1279년에 사이드 아잘이 사망하자 몇몇 권력이 중첩되어 얽히게 된다. 운남행성에서는 사이드 아잘의 아들 나시르 앗 딘(납속랄정納速剌丁)이 통치하고 있었지만, 한편으로는 후게치의 아들 에센테무르(야선첩목아也先帖木兒)가 운남왕의 지위를 습봉襲封한다. 운남왕과 운남행성이라는 두 권력이 병존하고, 게다가 운남 서부에는 단씨의 세력이 어느 정도의 권력을 보유하고 있는 이중·삼중의 지휘 명령 계통이 존재하는 사태가 발생한다. 이러한 착종 상황을 정리하기 위해 쿠빌라이는 1285년에 운남왕 에센테무르와 논의하지 않고 일을 행하는 것을 금지하는 칙유勅諭를 내려, 군정軍政상으로 에센테무르의 감독 권한이 운남행성의 그것보다도 상위에 있음을 확인하고 있다(《원사》 권13, 지원至元 22년 10월 을사).

또한 1290년에는 사망한 황태자 친킴의 장남 캄말라(감마랄甘麻剌)가

양왕梁王에 봉해져 운남으로 출진出鎭하는 것이 결정되고, 이후 1293년에는 캄말라의 장남 송산松山이 양왕을 계승하게 된다. 우시네 야스히로牛根靖裕는 상세한 내용은 불명不明이라 하면서도, 양왕이 출진한 후 운남왕 에센테무르가 맡고 있던 역할은 양왕 송산에게 이관되었다고 서술하고 있다(牛根, 2008: 92~93쪽). 양왕과 운남왕 양자 사이 관계는 분명하지 않으나 운남행성은 두 몽골 왕의 행동에 간섭할 수 없었던 것으로 보이며, 몽골군의 버마 침공에는 중앙의 명령에 따라 계획적으로 진행된 부분과 운남에 거점을 둔 군대들이 규율 없이 개별적으로 행동한 부분이 보이는 원인이 여기에 있다고 생각된다.

베트남(대월)과 참파(점성)

몽골의 베트남·참파 침공에 대해서는《원사元史》등 중국 측의 사료와 《대월사기전서大越史記全書》등 베트남 측의 사료를 활용한 상세한 연구가 야마모토 다쓰로山本達郎에 의해 수행되었다(山本, 1950, 1975). 그리고 "아시아의 원구元寇"에 대한 연구의 진전으로 몽골의 참파 침공의 목적 및 주도자 등에 대해서도 새로운 지견이 확보되고 있다(村井, 2021; 向, 2013, 2021).

1257년, 우량카다이 지휘하의 운남 몽골군은 베트남을 경유해 남송을 공격하고자 홍하紅河의 북쪽 연안까지 진출해 쩐陳 왕조의 군대를 격파했고 수도 승룡성昇龍城(지금의 하노이)을 함락했다.● 쩐 왕조의 태종太宗(황제 재위 1225~1258, 상황上皇 재위 1258~1277)은 수도에서 도망해 저항

● 홍하는 베트남의 북부를 흐르는 큰 강으로, 중국 윈난성(雲南省)에서 시작해 하노이를 거쳐 통킹만(灣)으로 흘러 들어간다. "송꼬이강"으로도 불린다.

을 계속했으나, 결국 몽골군의 요구를 받아들여 조공 사신을 몽골에 파견했다.

1260년, 쿠빌라이가 운남을 거쳐 쩐 왕조에 사신을 파견해 자신이 즉위했다는 성지를 전달하면서 쩐 왕조는 3년마다 한 차례 몽골에 조공을 바치겠다고 제의했다. 이를 받아들여 쿠빌라이는 1261년 7월에 태종을 안남국왕安南國王에 봉했다. 그리고 복속의 증표로 코끼리, 수재秀才, 공장工匠 등의 공물을 몽골에 보낼 것을 쩐 왕조에 요구했다. 또한, 여러 차례 쩐 왕조의 국왕이 직접 몽골에 조공할 것을 요구했고, 1267년에는 군장君長이 직접 몽골 궁정에 입조入朝할 것, 군장의 아들을 몽골에 인질로 보낼 것, 백성 수를 편제해 호적을 작성할 것, 군역軍役을 낼 것, 부세賦稅를 납부할 것, 다루가치(달로화적達魯花赤)를 설치해 베트남을 통치할 것 등 여섯 가지 조항을 요구했다(《원사》 권6, 지원 4년 9월 경술). 다루가치라고 하는 감찰관을 상주시키고, 왕 자신이 몽골 궁정에 입조하거나 군사 작전에 참가하도록 한 쿠빌라이의 요구는 몽골 제국에서는 상식적인 것이었으나, 그러한 요구를 받은 쩐 왕조 측은 조공은 하되 상황의 이름으로 원과 통교하는 방식을 이용해 몽골의 국왕 입조 요구를 회피하고 쿠빌라이의 조칙은 〔무릎을 꿇고 받아야 하나〕 일어선 채로 그대로 받는 등 외교를 통한 국체國體 유지에 노력했다(桃木, 2001: 183쪽; 2011: 145~146쪽).

원은 중국 본토의 평정이 일단락되자 남해南海 국가들의 무역 및 그들의 항복을 받아내는 데 힘을 쏟게 된다. 1278년, 천주행중서성泉州行中書省의 수에두(사도唆都), 포수경蒲壽庚 등에게 명해 "동남도서東南島嶼" 방면 번국蕃國("오랑캐 나라")들이 몽골 조정에 내조來朝할 것을 촉구하고, 왕래호시往來互市〔국경·해안 지역 등에서 서로 오가며 두 나라 사이에 교역하는 것〕를 추진하기로 해 10개국에 새서璽書〔옥새가 찍힌 문서〕를 보낸 결과, 1279년에는 참파의 사신이 남인도 동쪽 해안의 마아바르(마팔아馬八兒) 같은 국가의 사신과 함께 몽골 조정에 내조해 진귀한 물건과 물소·코끼리를 바쳤다. 수에두와 포수경 등 복건福建을 거점으로 하는 세력은 이어서 남인도 서부 해안의 쿨람(구람俱藍) 등에 사신을 보내려 했으나, 쿠빌라이는 지방이 앞질러 가는 것을 허락하지 않고 중앙 정부가 직접 이 문제를 처리하기로 해 참파 왕 자신이 몽골 조정에 내조할 것을 요구했다.

그리고 원이 섬국暹國(아유타야)*과 마아바르에 파견한 사신의 선박이 참파의 항구에서 나포되는 사건이 일어나자, 1282년 말 쿠빌라이는 참파로 병력을 파견했다. 점성행성占城行省의 수에두가 이끄는 군대를 중심으로 회절淮浙·복건·호광湖廣의 군사와 선박 100척, 전선戰船 250척을 파견했고 이때 쩐 왕조에는 군대의 경유지로서 "길을 빌리는" 것과 군량 공급을 요구했는데, 쩐 왕조는 이를 거부했다. 그 결과, 수군은 광동廣東을 출발해 직접 참파의 항구(지금의 꾸이년)로 향했고 1283년 초에 총공격을 개시했다. 참파의 왕이 수도 비자야를 버리고 게릴라전을 전개하면서 전선戰線은 수렁에 빠졌고, 쿠빌라이는 추가 군대를 파견했으나 그 일부는 폭풍을 만나 배가 흩어지면서 큰 타격을 입었다.

이러한 교착 상태를 타개하려 쿠빌라이는 1284년에 진남왕鎭南王 토곤(탈환脫歡, 쿠빌라이의 서자)에게 명해 참파를 토벌하기로 했다. 토곤의

* 섬은 수코타이로 비정되어왔으나 최근에는 아유타야로 비정하는 주장이 유력해지고 있다(石井, 2020: 152~157쪽). 다만,《원사》권18 지원 31년 6월 경인(1294년 7월 5일)조(條)에 "필찰불리성(必察不里城)의 감목정(敢木丁)이 사신을 보내어 조공을 바쳤다"고 되어 있고, 지원 31년 7월 갑술(1294년 8월 18일)조에 "조서를 내려 섬국왕 감목정의 내조를 초유(招諭)하였다"고 되어 있어서 "섬"이 펫차부리를 가리킬 가능성, 혹은 아유타야(섬)가 이 무렵에는 펫차부리를 지배하에 두고 있었을 가능성이 고려된다(深見, 2013도 참조).

군대는 육로로 호남성湖南省·광서성廣西省을 경유해 베트남으로 진군해 1285년 초에는 쩐 왕조의 수도를 점령하는 데 성공했다. 성종聖宗(황제 재위 1258~1278, 상황 재위 1278~1290)은 홍하 삼각주 남부로 도망해 저항을 계속했다. 베트남과 참파 중간에 머무르고 있던 수에두의 원군元軍도 북상해 이들을 추격했는데, 같은 해 5월경에는 형세가 역전되어 베트남 측이 공세로 전환했고 최종적으로는 토곤군이 하노이에서 철수할 수밖에 없게 되었고, 남겨진 수에두는 패해 전사했다. 혹은 사로잡혀서 처형되었다고도 한다.

1287년, 쿠빌라이는 다시 토곤에게 명해 베트남 원정의 준비를 시작하게 하고, 1288년 초에는 하노이로 진군했다. 성종 부자는 하노이에서 도망해 다시 게릴라전을 펼치면서 달아났다. 그러나 원군은 식량을 해로로 수송하던 배가 격파되면서 군수 물자의 결핍, 전염병의 고통 등으로 하노이에서 퇴각할 수밖에 없었다. 이에 더해 원 수군水軍은 백등강白藤江(박당강)의 전투(1288)에서 대패했고, 토곤의 육군은 샛길로 겨우 퇴각했다.

한편, 쩐 왕조 측도 몽골군의 침공을 계속 받는 것을 피하고자 몽골에 사신을 파견해 국왕이 직접 몽골 조정에 입조하는 대신에 "금인金人"을 가져와 조공을 바쳤다. 이에 대해 쿠빌라이는 성종이 직접 입조할 것을 다시 요구하면서 사신을 파견했으나, 성종은 노병老病을 이유로 자신의 입조를 거부했다. 1290년, 성종이 사망하자 인종仁宗(황제 재위 1278~1293, 상황 재위 1293~1308)은 그 부고를 전하는 사신을 몽골에 파견했으나 쿠빌라이는 또다시 국왕이 직접 몽골 조정에 입조할 것을 요구했고, 인종이 이에 응하지 않자 1293년 9월에 호광안남행성湖廣安南行省을 설치하고 네 번째 베트남 침공을 계획했지만, 1294년 2월 쿠빌라이가 사망하면서 출병은 중지되었다.

1225년에 성립한 쩐 왕조는 홍하 삼각주에서 대규모 제방을 건설하고, 왕족들에게 개간을 하게 해서 장원莊園을 조성했다. 이를 기반으로 쩐 왕조는 지방 거점을 쩐씨 일족이 장악하는 체제를 구축해나갔다. 몽골군이 쩐 왕조를 침공했을 때 각지에서 이에 대항하는 주체가 된 것이 쩐씨 왕족의 유력자들이었다. 몽골군의 침공에 따른 전투는 이러한 왕족의 전장田莊 경영에도 당연히 타격을 입혔지만 그것은 일시적이었고, 쩐 왕조의 종족을 중심으로 한 지배 체제 자체에는 큰 영향이 없었으며, 오히려 원조는 중화 제국中華帝國으로서의 정통성을 갖지 못한다는 인식에 대한 반작용으로 대월大越 쩐 왕조가 "중화 제국에 뒤지지 않는 독자적 제국"을 추구했고 중국의 모델을 계속 이용하면서 자국의 역사, 황제권, 경역境域, 신불神佛 등의 정식화定式化를 추진해 쩐 왕조의 "자기 중국화自己中國化", 중국 모델의 "현지화"가 한꺼번에 진전되었다고 할 수 있다(桃木, 2001: 182~186쪽). 이렇게 보면, 쩐 왕조에 몽골의 "충격"은 물론 아예 없지는 않았지만 적어도 그것이 쩐 왕조의 "쇠퇴"로 이어지지는 않았다. 참파의 경우도 몽골의 일시적 공격으로 타격이 있기는 했으나 14세기를 통해 쩐 왕조와 항쟁을 거듭하면서도 침향沈香 등의 향약香藥은 물론이고 도자기·면포의 수출과 중계지 교역 등으로 크게 번성해, 적어도 동남아시아 대륙부 동부는 조르주 세데스가 말하는 "13세기의 위기"는 적용되지 않는다고 생각된다.

버마(면緬)

몽골군의 파간 왕국 침공에 대해서는 《원사》·《원조정면록元朝征緬錄》 등 원 측의 사료·연대기* 등과 버마 측 사료에서의 교섭·전투의 내용이나

일시에 관한 기록에 서로 맞지 않는 부분이 있고, 일부 사실 관계가 명확하지 않은 부분도 존재한다. 또한 몽골의 파간 왕국 침입에 대한 평가를 둘러싸고도 몽골의 침입이 파간 왕국 멸망의 직접적 요인이라고 보는 분석(セデス, 1980: 145쪽: Lieberman, 2003: 25, 240~241쪽: 2011)과 타격은 있었으나 몽골의 침입이 왕국의 붕괴와는 직접적 관계가 없다는 주장(Aung-Thwin, 1998)이 있어서, 파간 왕국의 멸망에 대한 몽골의 "충격"을 둘러싼 견해는 갈리고 있다.

1271년, 운남 주둔 몽골군은 파간에 사신을 파견해 신종臣從을 요구했으나 사신은 파간 왕을 만나지 못했고, 1273년 3월에 다시 사신을 파견해 파간 왕의 아들 혹은 근신近臣의 내조를 요구했다. 1275년 5월, 운남행성은 금치金齒("타이인")의 수장 아곽阿郭의 정보를 토대로 "먼저 사신을 파견한 것은 아곽의 부친 아필阿必의 조언에 따른 것으로, 지원 9년 3월[1272년 4월]에 버마 왕은 이에 원한을 품고 [금치를] 침공하여 부친[아필]을 포로로 잡아 돌아갔다"(《원사》 권210, 면국緬國)고 말하면서, 버마 왕이 몽골에 대한 복속 의사가 없어 몽골 사신을 억류하고 있으니 파간[버마]을 정벌해야 한다고 상주했다. 이에 대해 쿠빌라이는 당분간 파간의 동태를 살펴보라고 지시했다. 파간에 있던 몽골 사신의 운명에 관해서는 확실하지가 않다. 버마 측의 연대기는 몽골 사신들이 자국 국왕에게 경의를 표하는 방문을 했을 때에 그들이 무례한 행동을 해서 사신 전원이 살해되었다고 기록하고 있다.**

---

* 파간 시대의 역사를 전하는 연대기로는 1724년 우 칼라(U Kala)에 의해 편찬된 《대왕통사(大王統史, Maha Yazawin Gyi)》(UK), 1829년에 편찬된 흠정(欽定) 연대기 《파리왕궁대왕통사(玻璃王宮大王統史, Hmannan Maha Yazawindawgyi)》(HM) 등이 있으나, 모두 동시대 사료가 아니라서 그 이용에는 주의가 필요하다.

파간의 나라티하파테 왕(재위 1255~1287)은 원조의 요구에 답서도 보내지 않았고, 원조에 내부內附[속국 또는 신하로서 복종함]했던 "타이인" 수장을 상대로 병력을 보냈다. 1277년 4월, 간애干崖를 공격하고 등월騰越과 영창永昌 사이에 성채를 쌓으려 했다. 그러나 간애의 수장 아화阿禾는 몽골군의 협력을 얻어 이 침입을 격퇴했다. 버마 군대의 침입에 대해 운남행성의 나시르 앗 딘은 11월에 까웅진(바모의 북쪽)을 공격해 "타이인" 수장들을 복속했지만, 무더위 때문에 퇴각했다.

이후에도 나시르 앗 딘은 몇 차례 버마에 군대를 파견했으나 큰 성과를 올리지 못했고, 1283년 6월에 쿠빌라이는 중앙의 주도하에 일을 진행하기로 결정하고 종왕宗王 상우다르(상오답아相吾答兒)를 파견한다. 상우다르의 군대는 같은 해 말에는 다시 까웅진을 함락하고, 이듬해 초에는 버마 북부의 요충지 다가웅(태공성太公城)을 빼앗아 거점을 구축하는 데 성공한다.*** 버마의 연대기에 따르면, 버마 북부 전투에서 패했다는 것을 들은 나라티하파테 왕은 당초 파간의 요새화를 추진하고자 했는데 결국 에야워디강 삼각주 지방의 파테인으로 달아났다(UK: 246~249쪽; HM: 352~354쪽).

버마 북부에서는 저항이 계속되고 있었지만, 평화를 향한 움직임도 시작되고 있었다. 1285년 말에 나라티하파테 왕은 다가웅에 있는 원군의 거점으로 사신을 파견해 평화하에 교섭을 시작했고, 1286년 가

** 그 결과, 사신 살해에 격노한 중국 황제가 군대를 파견해왔고, 몽골과 버마 양국 사이에 전쟁이 발발해 나라티하파테 왕은 수도를 버리고 남쪽으로 도망했다고 전해진다. 그러나 사신 살해는 버마력 643년(1281)의 일로 되어 있어, 이것이 1273년의 사신인지는 불분명하다(UK: 246~251쪽; HM: 351~358쪽).

*** 1284년에 설치된 정면행성(征緬行省), 1286년에 설치된 면중행성(緬中行省) 등은 이 다가웅을 거점으로 삼은 것으로 보인다.

을에는 승려 신디타파목카를 파견해 대도大都로 가게 했다. 이듬해인 1287년 5월경 사신은 교섭을 성공리에 마치고 운남으로 돌아왔다.* 한편, 원 측은 화전和戰 양면 전략을 구사해 중앙 정부의 명령에 따라 버마에 사신을 파견하면서, 군대의 증파 또한 준비시키고 있었다. 운남행성도 1287년 가을의 진군을 요청하고 있었는데, 쿠빌라이는 이를 허가하지 않았다. 이는 신디타파목카 사신의 동향과 관련이 있었을지도 모른다. 한편, 운남왕 에센테무르 등은 쿠빌라이의 허가를 얻기 전에 이미 버마로 진군해 파간에 도달했는데 7000명에 가까운 병력을 잃었고, 중앙에는 버마가 비로소 몽골에 항복하고 매년 조공할 것을 약속했다는 패배를 감추는 보고를 올렸다.

나라티하파테 왕은 1287년 5월경 원과 평화 교섭에서 일정한 목표를 이루고 파간 주변에서 원군이 철수한다는 보고를 받자, 도망한 파테인에서 파간으로 돌아가고 있었는데 도중에 자신의 아들인 피(프롬)의 영주 티하투에 의해 암살당한다. 이 티하투 역시 바고(페구)를 공략하던 중 전사했고, 그 결과 그의 동생인 달라**의 영주 초스와가 파간 왕에 즉위했다(UK: 249~253쪽; HM: 354~360쪽).

이후 파간은 1289년, 1294년, 1295년에 걸쳐 몽골에 조공을 반복하고, 1296년에는 왕자와 왕의 동생을 몽골에 파견해 조공하자 초스와 왕이 "면국왕緬國王"으로 봉해졌으며, 쿠빌라이의 뒤를 이은 성종 테무르도 운남의 장군들에게 함부로 버마에 들어가는 것을 금지하는 등 몽골과 파간은 우호적 관계로 전환되었다.

---

* 이 평화 사신에 대해서는 신디타파목카가 남긴 비문 등을 근거로 천루싱(陳孺性)이 상세하게 고증(Chen, 1977)했는데, 원 측 사료에는 이 사신에 대한 기사가 보이지 않는다.

** 지금의 양곤(랑군)의 대안(對岸)에 있는 도시.

그러나 파간 왕국에 정변이 발생하면서 다시 몽골과 파간 양국의 관계는 악화된다. 왕국의 중요한 경제 기반의 하나인 차우세 지방을 거점으로 삼은 왕국의 중신 "샨 3형제"*는 1298년 파간을 공격해 국왕 초스와를 폐위하고 그의 아들 소흐니(재위 1298~1325)를 즉위시켰다 (UK: 255~256쪽; HM: 363~364쪽). 이 사이에 운남성雲南省이 사신을 파견해서 오게 한 버마 남부 몬 왕국**의 사신이 파간 근처에서 습격을 받아 공물을 강탈당하는 사건이 일어났다. 1299년 9월 초스와의 아들들이 자기 부친의 원수를 토벌할 것을 운남행성에 요청해왔고, 사신의 강탈 사건은 샨 3형제가 저지른 것으로 판명되었다. 운남행성은 이를 중앙에 보고했고, 성종 테무르는 샨 3형제의 토벌을 명했다. 1300년부터 1301년에 걸쳐 전투는 일진일퇴를 거듭했고, 최종적으로는 몽골군이 무더위와 전염병 때문에 퇴각할 수밖에 없었다.

이후, 샨 3형제가 정기적으로 조공을 반복하면서 몽골과 파간 양국의 관계는 안정되지만 파간 왕국 내부의 분열은 가속화한다. 왕을 꼭두각시로 만들고 에야워디강〔이라와디강〕 중류 지방에 권력을 확립했던 것으로 보이는 샨 3형제의 세력도 내분으로 인해 핀야와 사가잉에 2개 정권이 병립하는 상황이 한동안 지속되었고, 1364년에 타도민뱌(사쭈만파야)에 의해 핀야의 북쪽 잉와(아바)에 왕조가 수립될 때까지 혼란은 계속되었다. 한편, 해안 지역의 모타마를 중심으로 한 몬 왕국은 바

---

* 지금까지 이 샨 3형제를 샨(타이·야이)족으로, 버마족 대 타이족의 항쟁 결과 파간 왕국이 멸망한 것으로 보는 경우가 많았으나, 아웅트윈이 지적한 대로, 이들은 이 시점에서 완전하게 버마화해 있어서, 본문에서 말하는 샨 3형제의 파간 공격은 민족 간 항쟁이라기보다는 정권 내부의 권력 다툼으로 보아야 할 것이다(Aung-Thwin, 1998).

** 파간 왕국이 쇠퇴하면서 이반(離反) 경향을 보이던 해안 지역의 타톤 지역을 중심으로 하는 몬족의 세력은 모타마(마르타반)를 수도로 삼아 와레루를 왕으로 하는 정권을 수립했다(1287).

고를 병합하고 무역으로 번영해갔으며, 북쪽 산지 지역에서는 14세기 초에 "타이인"의 마오샨(몽마오, 녹천麓川)의 세력이 힘을 키워가고 있었다.

이상의 경과를 보면, 몽골의 침공으로 파간 왕국이 멸망했다는 견해가 들어맞지 않는다는 것은 설명할 필요도 없을 것이다. 파간 왕국 시대에는 위로는 왕·왕비·왕족·고관부터 아래로는 재력을 가진 일반인들까지 수많은 사람에 의해 방대한 수의 사원·파고다·승원僧院이 건립되었다. 이에 따른 토지·노동력(노예)의 기진(면세免税)이 누적되면서 국가 재정에 큰 타격을 주었고, 결과적으로 왕국의 쇠퇴로 이어졌다(Aung-Thwin, 1985). 이러한 와중에 해안 지역의 독립, 심장부 차우세의 이반 등이 이어지면서 왕국이 멸망한 것이다. 몽골의 파간 왕국 침공은 그러한 쇠퇴의 흐름을 가속화했을 뿐이다. 몽골의 파간 왕국 침공에 따른 "타이인"의 "비등沸騰"이라는 관점에 대해서도, 아삼·파간 내부의 샨족 동향을 통해서 알 수 있듯이, 그것은 몽골 침공 이전에 이미 시작되었으며, 또한 북부의 마오샨의 움직임도 몽골군의 움직임으로 촉발되었다고 하기보다는 파간의 쇠퇴에 따른 각지의 이반, 독립 경향 움직임의 하나로 이해하는 쪽이 자연스러울 것이다. 따라서 동남아시아 대륙부 서부도 조르주 세데스가 생각한 "13세기의 위기"는 해당하지 않는 것으로 보인다.

2. "타이인"의 "비등"

수코타이 왕국

"타이인의 세기"의 중심적 존재인 수코타이, 란나 두 왕국의 역사에 대해 이시마 아키코(飯島明子)는 지금까지 이용되어온 사료의 문제점을 지적하고 비문(碑文) 등 새로 출토된 사료를 활용해 조르주 세데스의 역사상이 허구였음을 밝히고 있다(飯島, 2020).

13세기 전반 무렵 수코타이 왕국의 성립에 대해서는 14세기 중반 무렵에 작성된 것으로 여겨지는 시춤 사원 비문이 유일한 사료이며, 그 모두(冒頭) 부분에 왕국 성립의 경위가 언급되어 있다. 거기에는 크메르인이 지배하던 수코타이를 앙코르 왕 휘하 "타이인"의 수장들이 공격해 점령하고 자립을 선언했다고 서술되어 있다. 1292년의 람캄행 왕 비문*에 따르면, 수코타이 왕국의 제3대 왕 람캄행(재위 1279년경~1298) 시대에 왕국의 세력 범위를 대폭 확장했으나, 그다음 루타이(재위 1298~1346) 시대에는 왕국이 약화했고, 수코타이(수도)와 시삿차나라이 주변으로 왕국의 세력이 한정되어 있었다. 그 뒤를 이은 리타이 왕 마하탓마라차(마하탐마라차) 1세(재위 1347~1369)는 수코타이 왕국 중흥의 시조라 불렸고, 북쪽으로는 난강(江) 유역의 웃타라디트에서 남쪽으로는 나콘사완까지, 서쪽으로는 타쿠에서 동쪽으로는 펫차분 부근까지를 지배하에 두었다.•

단선적 왕조 사관에서는 아유타야의 발흥(1351) 이후, 점차 압박을 받아 마하탓마라차 4세(재위 1419~1438)가 사망했을 때 수코타이 왕국은 아유타야에 흡수되었다고 하지만, 실제로는 그 이후에도 수코타이

---

* 비문은 통설에서는 1292년에 제작된 것으로 여겨지나, 모음 배치 방식 등 문자 체계와 문체가 특이하다는 점 등에서, 이 각문을 발견했다고 하는 몽꿋 왕자(훗날의 라마 4세)에 의해 19세기에 작성된 것이라는 주장도 있다(Chamberlain, 1991). 또한, 람캄행 시대 수코타이 왕국의 세력 범위에 대해서도 각지의 국가들을 정복했다고는 하나, 수코타이 왕국과 이들 국가들의 사이는 실제로는 느슨한 종속 관계 혹은 명목상의 상하 관계가 있었을 뿐이라는 이해가 일반적이다.
• 리타이는 마하탓마라차 1세의 휘(諱, 이름)다.

왕국은 독자적 세력을 유지하면서 16세기 초까지는 왕의 칭호를 가지고 그에 걸맞은 사원을 건립했으며, 상카로크 도기라는 이름으로 알려진 대량의 도자기 생산도 16세기 중반까지 계속된 것으로 보인다.

이러한 수코타이 왕국의 성쇠에 대해 타이 측의 각문刻文 사료를 확인하면, 왕국의 성쇠는 몽골의 침공과는 관련이 없는 것으로 보이고, 중국 측의 사료에서도 몽골과 수코타이 사이 관계를 보여주는 기사는 발견되지 않는다.*

항시港市 국가 아유타야

롭부리에 비정比定되는 "라곡羅斛"과 아유타야에 비정되는 "섬暹"에 대해서도 이 둘의 원과의 조공 관계는 확인되지만, 이 둘에 대한 원의 직접적 침공은 없었고 간접적으로도 원 침공의 영향은 거의 확인되지 않는다.

롭부리는 크메르어 비문의 출토와 현존하는 유적의 미술 양식을 통해 앙코르 왕국의 지배하에 있었음을 알 수 있다. 12세기경이 되면, 롭부리는 독립적 경향을 드러내고 13세기 말의 20년 가까운 기간에 여섯 차례나 원에 조공을 반복하고 있다.

한편, 토지가 척박해 경작을 하지 않아 항상 쌀을 "라곡"에서 구해야 했던 "섬" 아유타야는 해양적 성격을 띠고 있었다(《도이지략島夷誌略》, 1349). 차오프라야강 본류本流에 위치해 외양 선박의 항행에도 적합했던 아유타야는 롭부리의 전위前衛 도시로 발전했다. 1282년경, 원군에

---

* 섬이 수코타이가 아닌 아유타야라고 한다면, 수코타이의 명칭은, 대덕(大德) 3년(1299) "속고대(速古臺)" 장군의 조공 기사(《원사》 본기) 외에는, 《대덕남해지(大德南海志)》(1304)에 "섬은 상수(上水), 속고저(速孤底)를 관할한다"에서 보일 뿐이다.

패한 남송의 재상 진의중陳宜中이 참파에서 "섬"으로 달아나 사망했다는 것이 《송사宋史》에 기록되어 있다(권418, 진의중 〈열전〉). 이 무렵에는 "섬"에 화인華人 사회가 형성되었고 또는 중국-참파-섬의 루트가 확립되어 있었음을 시사하는 것으로 보인다. 또한 1282년, 원의 사신이 "섬"과 마아바르로 파견되었을 때 이들이 참파에서 억류된 것을 통해서도 중국-참파-섬 루트의 확립을 엿볼 수 있다. 1320년대에는 수코타이 출신 두 대장로大長老가 수행을 위해 아유타야를 방문하는 등 아유타야는 불교 성지로도 번성했다. 1324년에는 아유타야의 화인 사회에 의해 파넨충 불상이라는 거대한 불상이 건립되었으며, 아유타야에 중국에서 온 상인들이 일정 수 아유타야에 체류하고 있었음을 알 수 있다. 아유타야는 원에도 1294년, 1296년, 1297년, 1299년, 1300년, 1314년, 1319년, 1323년에 조공하면서 원과 일정한 우호 관계를 구축하고 있었다. 《도이지략》에 따르면, 지정至正 9년 여름 5월(1349년 5/6월)에 "섬은 라곡에 항복"(곧 롭부리가 아유타야를 흡수)했고, 그 2년 후에는 "[수도 아유타야가] 처음 시작되었다", "[아유타야의] 기초가 다져졌다"(아유타야 왕조 연대기)라고 되어 있는 것처럼, 아유타야가 수도로 정해지고 우통 후侯가 라마티보디(재위 1351~1369)로 즉위하면서 아유타야 왕국이 성립한다(石井, 2020: 153~161쪽).

란나의 발흥과 발전

수코타이 왕국이나 아유타야 왕국과는 달리 몽골의 침공과 관련지어 언급되는 것이 수코타이의 북쪽에서 흥기한 멩라이 왕의 란나 왕국이다. 조르주 세데스는 치앙라이의 멩라이, 파야오의 감무앙, 수코타이의 람캄행이라는 세 "타이인" 왕국의 수장이 1287년에 서로 동맹을 맺었다고 서술하고 있고, 그 동맹의 배경에는 몽골군의 파간 침공이 있었다면서 몽골의 위협을 강조하고 있다(Cœdès, 1968: 195쪽). 이러한 주장에 대해 이시마 아키코는 세데스가 의거한 《지나카라말리》(16세기 전반前半의 불교 역사서)에 인용된 이야기나 치앙만 사원 각문(1581) 등의 사료에 더해 치앙마이 연대기, 파야오 연대기, 치앙센 연대기 등을 꼼꼼하게 검토한 결과, 멩라이 외 두 왕을 람캄행 등으로 비정할 근거가 부족함을 밝히고 있다(飯島, 2020). 또한 "타이인" 왕국들의 흥기에 대해서도 연대기류에 등장하는 이주·정착의 초기 관련 서술을 종합하면, 그러한 흥기가 대규모 집단의 남하나 군사적 정복에 의한 것이 아니라 12세기 중반 이후 지도자에 인솔된 소규모 집단에 의해 점진적으로 진행된 것이고, 그사이에 선주민先主民 몬-크메르계 사람들과의 교류·혼재·혼혈이 있었으며 선주민의 일부가 점차 "타이인"화한 것으로 추정된다고 서술하고 있다(飯島, 2020: 97쪽; O'Connor, 1995).

멩라이 왕(재위 1261년경~1311년경)은 1281년경 몬인[몬족]의 하리푼차이 왕국을 공략했고, 1296년에는 남쪽으로의 루트를 통제하는 지역에 새 수도 치앙마이를 건설했다. 세 왕의 동맹은 바로 이때에 맺어졌다고 하는데, 앞서 서술한 것처럼, 이는 후대에 만들어진 전설에 불과하다. 이후 16세기 중반 버마의 바인나웅에 의해 점령되기까지 멩라이 왕 계통의 란나("백만의 수전水田"을 의미) 왕국이 북부 타이를 지배하게 된다.

원과 "팔백식부八百媳婦"라고 기록된 란나 왕국의 사이에는 운남 남부의 십송빤나 왕국을 둘러싼 분쟁이 13세기 말에 일어났고, 1301년에는 원군이 병력 2만을 파견해 란나 왕국을 복속하고자 했으나 원군은 무더위와 전염병 때문에 퇴각할 수밖에 없었다. 이후, 원은 여러 차례 란나에 사신을 파견해 초유招諭한 결과, 란나는 1312년과 1315년에 원에 조공했고 양국 관계는 소강상태에 접어들었다.* 1320년대에도 몇 차례 란나 측의 몽골에 대한 조공이 이어졌는데, 이후 팔백식부는 원 측의 기록에서 사라진다. 그러나 이시마 아키코에 따르면, 란나 연대기에는 1365년에 중국 황제가 란나 왕국에 쌀·상아 등의 세금을 요구한 것에 대해 쿠나 왕(재위 1355~1385)이 거절하자, 이에 분노한 황제가 란나 왕국에 대한 공격을 명했으나 란나 측이 승리했다는 이야기를 전하고 있어서(飯島, 2020: 109쪽), 몽골과 란나 왕국 사이에 조공을 둘러싼 갈등이 때로는 일어났던 것으로 보인다. 이렇게 보면 몽골군의 침입도 포함해 몽골의 압력은 어느 정도 감지되기는 해도, 그것이 란나 왕국의 흥기나 성쇠에는 거의 영향을 끼치지 못했고, 쿠나 왕의 사례에서 확인되듯이, 란나 왕국의 정통성 확립에 한몫한 측면도 있다.

결론을 대신하여

지금까지 몽골 제국의 의한 동남아시아 대륙부 각지 침공과 그 영향에 대해 살펴보았는데, 조르주 세데스나 빅터 리버먼이 검토한 몽골군 침입에 따른 왕국의 붕괴와 "타이인"의 남하, "비등"이라는 모습은 확인할 수 없었다. 동남아시아 대륙부 동부의 베트남에서는 쩐 왕조와

---

* 《원사》 권132 보로합답(步魯合答) 〈열전〉, 《원사》 권17 지원 29년 8월 무오(1292년 10월 11일), 권19 원정(元貞) 2년 12월 무술(1296년 12월 29일), 대덕 원년 9월 갑자(1297년 9월 21일) 조 등 참조. 원군의 란나 왕국 침공에 대해서는 《원사》 권20 대덕 4년 12월 계사(1301년 2월 1일), 《원사》 권136 합랄합손(哈剌哈孫) 〈열전〉, 《원사》 권156 동문병(董文炳) 〈열전〉, 《원사》 권168 진우(陳祐) 〈열전〉, 《원사》 권180 조세연(趙世延) 〈열전〉 참조.

참파 모두 몽골군에 의해 수도가 점령되었지만, 결국 쩐 왕조와 참파는 몽골군을 격퇴했고, 두 왕국은 존속하며 발전했다. 동남아시아 대륙부 서부의 버마에서는 파간의 쇠퇴, "타이인"의 "비등"은 몽골의 침공 이전에 시작되었고, 몽골의 침공은 그러한 움직임을 가속화했을 수는 있으나, 그것이 그 직접적 요인은 아니었다. 동남아시아 대륙부 중앙의 "타이인" 세력의 발흥에 대해서도 수코타이·아유타야에는 몽골 침공의 영향이 확인되지 않으며, 란나타이는 몽골의 침공을 받는 등 몽골의 압력은 감지되나, 그것이 왕국의 흥기와 성세에 직접적 영향을 끼친 것은 감지되지 않는다.

조르주 세데스가 생각하는 "13세기의 위기"의 중심적 사건인 앙코르 왕국의 쇠퇴에 대해서는 제11장에서 자세히 논할 지면의 여유가 없었지만, 몽골군의 앙코르 왕국 침공은 확인되지 않았고* 또한 자야바르만 7세(재위 1181~1218년경) 이후 왕국이 쇠퇴해갔다는 관점도 최근의 연구에서는 재검토가 수행되고 있으며, 대규모 사원이 더는 건축되지 않은 것은 국력이 쇠퇴한 때문이 아니라 그러한 필요성이 없어지면서 왕을 신성시하는 왕권 개념이 변모하고 있었기 때문으로 생각된다. 또한 13세기 말의 모습을 전하는 《진랍풍토기真臘風土記》에 앙코르 도성의 번화함이 묘사되어 있는 것을 통해, 적어도 자야바르만 8세(재위 1243~1295), 스린드라바르만(재위 1295년경~1307) 시기까지는 앙코르 왕국이 국력을 유지했고, 그 이후 아유타야의 공격에 의해 자주 수도가 점령되는 등 왕국이 쇠퇴해간 것으로 보인다(松浦, 2022: 268~269쪽;

---

* 《원사》, 《진랍풍토기》(1296~1297년의 사신과 동행한 주달관(周達觀)이 저술한 견문기) 등의 사료를 살펴봐도 초유(招諭)의 사신 파견, 진랍 측의 조공 등의 기사는 산견해 있으나 몽골군의 앙코르 왕국 침공에 대해서는 확인할 수 없다.

石澤, 2021).

　이렇게 동남아시아 대륙부 전체의 역사 흐름을 살펴보면, 동남아시아 대륙부와 관련한 "13세기의 위기"에서 벗어나 14세기의 위기 혹은 대변동에 대해 생각할 필요성을 강하게 느낀다. 파간 붕괴 후 북부 산지 마오샨 왕국의 버마 중앙부 침공, 버마 중앙부 건조 지대에서 정치 세력의 난립, 앙코르의 쇠퇴, 베트남에서 14세기 중반 이후 민중 반란의 빈발 및 참파의 공격에 의한 쩐 왕조의 동요 등 대륙부 각지에서 정치적 혼란이 발생했다. 한편, 버마 해안 지역에서 몬 왕국의 성장, 타이의 아유타야 왕국의 발전, 참파의 번영 등도 확인되고, 이러한 역사상들을 농업 국가의 동요와 항시港市〔항구 도시〕 국가의 번영이라는 단순한 이분법으로 해석하기보다는 한층 더 깊은 검토가 필요하다. 앞으로의 과제로서 소빙기小氷期에 접어들었다고 여겨지는 기후 변동의 영향에 대해 보다 많은 기상 데이터의 수집*과 함께 연대기와 비문 등의 사료에서 자연재해나 기근, 농민 반란에 관한 기록을 꼼꼼하게 추출해** 그 상관관계를 엄밀하게 규명해나가는 작업이 요구된다고 할 것이다.

---

* 현재, 14세기의 기후 변동을 추정하는 근거 데이터는 베트남 남부 달랏의 나이테 데이터뿐이고, 여기에 인도 동부 단다크 동굴의 데이터를 참고값으로 활용하고 있다(Buckley, 2010; Lieberman & Buckley, 2012).

** 이와 관련해 베트남에 대해서는 모모키 시로(桃木至朗)가 그 필요성을 이미 지적하고 있다(桃木, 2011: 378~386쪽). 버마·타이에 대해서는 빅터 리버먼이 켕퉁 연대기를 활용해 13세기 말부터 15세기 초의 가뭄에 대해 언급하고 있으나(Lieberman & Buckley, 2012: 1075쪽), 보다 많은 연대기·비문 등의 기사와 비교·대조가 요구된다. 예를 들면, 탄툰은 비문의 기사에서 1331년에 파간에서 대홍수가 일어난 것을 지적하고 있다(Than Tun, 1959: 123쪽).

제12장

유라시아 세계의 중국 도자 유통

모리 다쓰야

머리말

도자기는 인류가 만들어낸 가장 보존성이 높은 기물器物의 하나다. 깨져서 사용할 수 없게 되더라도 사라져 없어지는 것이 아니라 그 대부분은 쓰레기로 땅속이나 물속에 남아 있다. 또한 도자기에는 광역 유통이라는 특성이 있다. 중국 도자陶瓷가 그 대표로, 중국 도자는 8세기 말경부터 동아시아·동남아시아에서 동아프리카·지중해에 걸친 광대한 지역에 방대한 양이 수출되었고 16세기 이후에는 유럽과 신대륙으로까지 그 유통 범위가 확장했다. 유라시아 세계의 많은 항만 유적과 도시 유적에서는 중국 도자를 비롯해 동남아시아 도자, 이슬람 도기陶器 등 외국산 도자기가 출토되고 있으며, 이것들은 당시 사람과 물질[물품]의 이동을 이야기하는 실물 사료로서 고고학·역사학·미술사 등의 연구에서 다양하게 활용되고 있다.

　이 책에서 다루고 있는 몽골 제국의 시대는 중국 도자사史상 대변혁

기이며, 동시에 방대한 양의 도자기가 중국에서 세계 각지로 운송된 시대이기도 하다. 제12장에서는 무역 도자貿易陶瓷 연구의 성과를 토대로 몽골 시대 도자 기술의 발전, 더 나아가 사람과 물질의 이동·교류의 변화에 대해 검토하겠다.•

1. 몽골 제국 이전의 도자 유통

중국 도자의 해외 수출이 본격화하는 것은 당대唐代 후반기인 8세기 말부터 9세기에 걸쳐서다. 이 시기의 대표적 수출 도자는 절강浙江의 월주요越州窯 청자, 하북河北의 형요邢窯 백자 및 삼채三彩, 호남湖南의 장사요長沙窯 청자 및 황유갈록黃釉褐綠 채자彩瓷, 하남河南의 공의요鞏義窯 백자 및 삼채와 백유남白釉藍 채자 등이며, 이외에도 광동廣東과 복건福建의 조제粗製 청자 등도 수출되었다. 이러한 중국 도자는 9세기에 아바스 왕조의 수도가 있던 이라크(바그다드)의 사마라 유적이나 페르시아만 북안北岸의 무역 도시 시라프 등을 중심으로 이집트, 동아프리카, 인도양 연해 지역의 항만 도시 유적, 타이와 베트남, 일본과 한반도 등으로 광범위하게 유통되었다. 1998년 인도네시아에서 발견된 바투 히타무 Batu Hitamu 침몰선은 826년경 중국을 출발해 서아시아로 향하는 중 침몰한 서아시아의 상선商船으로 추정되며, 침몰선에서는 6만 7000여 점의 중국 도자, 금은기金銀器, 청동 거울 등이 인양되었다. 이 도자기의

• 무역 도자는 자국에서 소비하는 것이 아니라 외국 수출을 목적으로 생산된 도자를 가리키는 용어다.

조합은 시라프 유적 및 사마라 유적 출토 중국 도자와 근사近似하며 당시 당과 아바스 왕조 사이 해상 무역의 실상을 보여주는 자료로 중요하다(Krahl, 2010).

한편, 같은 시기의 이라크와 이란에서는 중국에서 수입한 백자나 삼채를 본뜬 백유 도기나 다채유多彩釉 도기가 제작되었고, 나아가 독자적 배열을 더해 흰색 바탕에 남색 문양이 새겨진 백유남채 도기 등도 만들어졌다.

만당晩唐 시기 중국의 무역 도자는 당시 주요 외교 거점이었던 강소성江蘇省 양주揚州, 절강성 영파寧波, 광동성 광주廣州에서 수출된 것으로 생각되고, 동남아시아·서아시아로 향하는 무역 항로는 양주를 출발해 광주를 경유해서 남서쪽으로 향하는 루트와 광주에서 출발하는 것이 일반적이었고, 일본이나 한반도로 향하는 항로는 주로 영파에서 출발했다.

오대五代(907~960)에 이르러, 화북華北 도자의 수출량은 감소하고 청자는 월주요 계열 청자와 광동의 방월주요倣越州窯 청자〔월주요를 모방한 청자〕 등이, 백자는 안휘安徽 번창요繁昌窯 백자 등이 도자 수출의 중심이 된다. 화북 도자의 수출량은 적지만, 인도네시아에서 발견된 인탄 Intan 침몰선(Flecker, 2002)에서는 자주요瓷州窯 계열 백유자白釉瓷가, 치르본Cirebon 침몰선(秦, 2007)에서는 정요定窯 백자가 소량 발견되었다. 침몰선에서 인양된 도자의 생산지로 미루어볼 때, 이 단계의 주요한 도자 수출항은 전씨錢氏 오월국吳越國이 거점을 둔 항주만杭州灣 남안南岸의 항구(항주와 영파)와 오월국 남부의 온주溫州, 남한南漢의 거점인 광주였을 것으로 보인다.

북송北宋(960~1127)에서는 월주요 계열 청자(월주요 청자와 구요甌窯 청자),

강서江西 경덕진요景德鎭窯 백자·청백자, 광동 광주서촌요廣州西村窯 등의 백자·청자·흑유자黑釉瓷, 광동 조주요潮州窯 백자 등이 수출의 중심이 되었으며, 요주요耀州窯 청자 및 정요 백자, 자주요 계열 도기 등 화북의 도자기 또한 양은 적지만 수출되었다. 북송 말기가 되면, 용천요龍泉窯 청자와 복건 도자(백자)의 수출이 시작된다. 북송 말기, 남송 초기의 용천요 청자의 수출은 아직 그다지 많지 않았으나, 복건 백자는 광동 조주요 백자와 함께 대량으로 수출되어 일본에서는 하카타博多와 히라이즈미平泉 등 11세기 후반부터 12세기 전반의 유적에서 대량으로 발견되고 있다.

북송 후기 원우元祐 2년(1087)에 복건의 천주泉州에 시박사市舶司〔중국 당대唐代부터 해상 무역에 대한 모든 사무를 맡아보던 관아〕가 설치되면서 복건이 중국의 대외 교류 창구로서 그 중요성을 더하고, 남송(1127~1279)과 원元(1271~1368)에서는 천주가 중국 최대의 해항海港으로 성장한다. 북송 후기부터 복건 도자가 대량으로 수출된 계기는 천주 시박사의 설립이었다고 생각된다.

한편, 북송의 중국 도자는 서아시아에서는 페르시아만 북안 지역의 도시 유적과 이집트 푸스타트 유적 등에서 어느 정도 한꺼번에 출토되었다는 것이 알려져 있다.

12세기에 들어서면, 광동 도자와 월주요 계열 청자의 수출량이 감소하고 절강 용천요 청자, 복건 도자, 강서 경덕진요 백자·청백자가 도자 수출의 중심이 된다. 남송대가 되면 천주가 동남아시아·서아시아로 향하는 도자 수출의 최대 창구가 되고, 광동 도자를 대신해 복건 도자의 수출 비중이 높아진다. 남송대에 복건에서 생산된 도자는 용천요 청자의 모방품, 경덕진요 백자·청백자의 모방품, 흑유자(찻잔), 갈유자褐釉瓷, 연유鉛釉 도기 등의 종류가 풍부하다.

남송대에는 동남아시아·서아시아로의 도자 수출은 천주가 중심이었고, 일본으로의 수출은 영파를 거점으로 이루어졌다. 한편, 금金의 영역에서 생산된 화북 도자의 수출은 고려로의 수출을 제외하면 거의 확인되지 않는다.

그리고 서아시아에서는 남송대 중국의 백자·청백자·청자를 모방해 백유 도기나 청유青釉 도기가 활발히 생산되고 있다.

2. 몽골 제국 시대 중국 도자기 생산의 변화

다음으로 원 시대에 중국 도자의 양식과 유통에 어떠한 큰 변화가 있었는지에 대해 살펴보겠다. 먼저 남송 후기부터 원 시대에 걸쳐 다량의 도자기가 한꺼번에 출토된 유적의 사례를 들면서 도자기의 기형器形, 장식, 조성의 변화와, 이어서 그 유통의 변화에 대해 개관한다.

먼저, 몽골이 중국에 침입하기 이전 단계의 중국 도자의 양상을 확인하고자 한다.

[도판 1]은 1240년 전후 몽골군이 중국 남부 사천성四川省으로 쳐들어갔을 때에 매장되었을 가능성이 큰 것으로 보이는 사천성 수녕금어촌교장遂寧金魚村窖藏에서 출토된 도자기다(庄, 1994; 朝日新聞社, 1998; 成都文物考古研究所 외, 2012). 이 교장窖藏에서는 도자기 985점이 출토되었으며, 용천요 청자가 355점, 경덕진요 청백자가 604점, 요주요 청자가 2점, 정요 백자가 8점, 사천 도자가 16점이었다.•

• 교장은 도기류를 보관하기 위해 특별하게 제작된 구덩이를 말한다. 우리나라에서는 교장을

용천요 청자

경덕진요 청백자

도판 1_사천성 수녕교장에서 출토된 도자기(朝日新聞社, 1998)

도판 2_이마코지니시 유적에서 출토된 용천요 청자(國立歷史民俗博物館, 2005: 151쪽)

이 단계의 도자기는 용천요 청자는 연판문蓮瓣紋 외에는 거의 문양이 없으나, 경덕진 청백자·백자에는 획화문劃花紋·첩화문貼花紋 등 풍부한 문양이 새겨져 있다. 높이 30센티미터 정도가 가장 큰 부류고, 기본적으로 대형 제품은 적다.

이후 13세기 후반이 되면 변화가 시작된다. [도판 2]는 가마쿠라鎌倉 이마코지니시今小路西 유적의 가마쿠라 막부鎌倉幕府 고급 무사의 집으로 추정되는 화재층火災層, burnt layer에서 한꺼번에 출토된 도자기로(鎌倉市 敎育委員會, 1990), 13세기 후반부터 말경의 양상을 보여준다. 용천요 청자는 첩화문 등의 장식이 풍부해졌고, 대반大盤 등의 대형 기물 종류가 나타나고 있다.

다음 단계인 14세기 전반이 되면 변화는 더 뚜렷해진다. 이 단계의 대표적 자료는 한국의 신안新安 침몰선에서 인양된 도자기다(도판 3, 文化廣報部·文化財管理局, 1981, 1984, 1985, 1988). 여기서는 전체 길이 약 28미터, 폭 약 9미터의 목조 범선의 선체와 도자기 2만여 점, 금속제품 700여 점, 동전銅錢 약 28톤, 은정銀錠〔은괴. 덩어리 형태의 백은白銀〕, 목제품, 칠기漆器, 석제품(다구茶臼〔찻잎을 가는 맷돌〕, 연적硯滴 등), 유리제품, 향료香料, 목재(자단紫檀) 등 다채로운 유물이 인양되었다.

용천요 청자는 60센티미터가 넘는 화병花瓶 등 대형 기물 종류가 등장하고 있고, 병瓶, 호壺, 반盤, 발鉢 등의 대형 제품이 눈에 띈다. 장식은 첩화문, 획화문, 각화문刻花紋, 철반문鐵斑紋 등이 많이 사용되었고, 원 시대의 특징이라고도 할 수 있는 마상배馬上杯〔말 위에서 사용한 것으로 추정되는 술잔〕가 등장한다.

"매납 유구(埋納遺構)"로 통칭하기도 한다.

용천요 청자　　　　　　　　　　　경덕진요 자기

도판 3 신안 침몰선에서 인양된 도자기(文化廣報部·文化財管理局 1981, 1984, 1985, 1988)

경덕진요의 제품으로는 백자·청백자 외에 유리홍釉裏紅, 철반문, 철
회鐵繪 등 새로운 장식 기법이 적용된 제품이 보인다.

14세기 중엽의 사례로 강서 고안교장高安窖藏(劉·熊, 1982; 劉, 2006) 및
하북 보정교장保定窖藏 출토 도자(河北省文物研究所, 1986)를 들 수 있다
(도판 4). 이 단계의 용천요 청자는 이전 단계와 그다지 큰 변화는 없지
만, 경덕진요의 청화青花 자기가 나타나고 있고, 호·병·매병梅瓶·발·반
등의 대형 기물 종류가 눈에 띈다.

이렇게 원 시대에 일어난 기형의 대형화, 장식의 다용화多用化, 색채
장식의 탄생, 청화의 탄생 등은 새 지배자 몽골인과 그들과 함께 중국
에 들어온 색목인色目人(중앙아시아인, 서아시아인, 유럽인)의 기호에 맞추
기 위해 일어난 변화다. 특히 경덕진요 청화 자기와 용천요 청자의 대
형 반·발이 원 시대 중기 무렵에 등장해 급속하게 유행하게 된 배경에
는 음식물을 대형 용기에 담는 초원 사람들의 식습관이 영향을 끼친

용천요 청자

고안교장

경덕진요 청화자기

보정교장

도판 4_고안교장·보정교장에서 출토된 도자기(劉 2006; 張 2008)

것으로 여겨진다.

다음으로 청화 자기의 탄생에 대해 다루고자 한다. 경덕진요에서는 14세기 초부터 전반기에 철 안료를 이용한 유하철회釉下鐵繪, 동銅 안료를 이용한 유하채釉下彩의 유리홍, 코발트 안료를 이용한 유하채의 청화 등 세 종류의 유하채 자기가 생산되기 시작하는데, 1323년의 신안 침몰선에서는 철회와 유리홍만 발견되어서 이 단계에서는 청화의 생산이 아직 본격화하지 않았을 가능성이 크다.

지정 양식至正樣式(지정 연간은 1341~1370년)이라고 불리는 전형적 원대 청화 자기의 완성은 영국 데이비드 컬렉션의 지정 11년(1351)이라는 명문이 있는 병甁으로 미루어 14세기 중엽보다 약간 이전으로 생각된다.

즉, 신안 침몰선의 1323년과 데이비드 병의 1351년 사이 어느 시점이 청화 자기의 완성 시기로 추정된다.

중국 청화 탄생의 배경에 관해서는 중국 내 독자적 발전설과 서아시아 영향설이라는 두 관점으로 크게 나뉜다. 최근에는 서아시아로부터의 영향을 중시하는 경향이 강해지고 있으나, 단순한 문화적 영향이 아니라 색목인이 경덕진에서 모종의 형태로 청화 자기 탄생에 관여했을 가능성이 제기된다(森, 2017). 원의 청화에는 아랍 문자가 코발트의 유하채로 기록된 사례가 다수 알려져 있으나(謝, 2015), 최근 경덕진의 낙마교落馬橋 지구에서 아랍 문자가 새겨진 고각발高脚鉢〔높은 다리가 달린 발. 고족발高足鉢〕이 발견되었다. 구연口緣〔발 주둥이〕 바깥쪽에 있는 아랍 문자 명문은 페르시아어 4행시의 일부로 여겨지고, 페르시아어에 능숙한 사람이 적은 것으로 추정되고 있다(黃·黃, 2012). 경덕진에서 아랍 문자 명문이 있는 자편瓷片〔자기의 깨어진 조각〕이 출토된 것이나 그 밖에 여러 원대의 청화에 아랍 문자의 청화 명문이 확인되는 것으로 보아, 원 시대 후기에 경덕진의 가마에 아랍 문자를 쓸 수 있는 사람이 존재했음은 틀림없을 것이다.

원 청화에 사용된 코발트 안료는 서아시아 등 해외에서 중국으로 운송된 것으로 알려져 있다. 또한 원 청화의 문양 구성, 특히 반盤의 동심원同心圓과 방사선放射線 모양의 구획을 조합한 문양 구성은 서아시아 도기와 금속기金屬器의 문양 구성과 흡사하다. 흰색 바탕에 남색 문양은 본래 서아시아 지역에서 선호한 색채 구성이며, 몽골인도 하늘의 색인 청색과 진실과 순결을 상징하는 백색을 성스러운 색깔로 존숭했다(四日市, 2015). 이러한 점에서, 몽골 지배기에 경덕진에서 탄생한 청화 자기에는 당시 서아시아인과 몽골인의 미의식이 짙게 반영되어 있으며, 이는 서방으로부터 강력한 영향을 받았음이 분명하다.

한편, 원 청화 탄생의 기술적 배경에는 14세기 초경 경덕진 자기에 철회나 유리홍 등 유하채 기술의 도입이 있었다. 원 시대에 경덕진요에서 유하채라는 새 장식 기법이 도입된 배경에는 지배자 몽골인과 색목인의 기호가 강하게 영향을 끼쳤다.

유하채 자기의 탄생, 특히 청화의 탄생과 거의 같은 무렵에 경덕진요에서는 녹색이나 적색의 상회上繪〔유약을 발라 구운 자기 표면에 다시 그림을 그려 구워낸 무늬〕를 넣은 유상채釉上彩 자기(홍록채紅綠彩 자기)와, 남유藍釉를 전체적으로 입혀 백색 문양을 부각한 남유·백화藍釉白花 자기, 자기의 소지素地〔유약을 바르기 전 도자기〕 위에 청색〔하늘색〕의 저온 유약을 입힌 공작유孔雀釉 자기가 탄생했다. 청화의 색채 구성은 이란의 백유남채 도기 및 백유남흑채白釉藍黑彩 도기와 근사하고, 유상채 자기는 이란의 미나이 도기 및 서아시아의 에나멜 채색 유리와, 남유·백화 자기는 이란의 남유 도기 및 라주바르디네 도기와, 공작유는 이란의 청유 도기와 근사한 것처럼, 원대에 경덕진요에서 생산된 새로운 색채 구성의 자기는 같은 시대 이란의 도기나 서아시아의 유리 색조와 매우 닮아 있다.

마치 이란의 도기와 유리의 화려한 색채의 세계를 중국 자기의 기술로 재현한 것 같은 상황이다. 이는 단순한 기술이나 의장意匠의 영향이라는 현상이 아니라 이란의 공예와 미의식을 이해한 사람이 기획해서 만들어낸 것으로 보는 쪽이 자연스럽다. 앞서 언급한 바와 같이, 원대 경덕진의 가마에 아랍 문자를 능숙하게 쓸 수 있는 사람이 있었던 것은 분명하며, 아마도 경덕진에 파견된 색목인(주로 무슬림) 관료, 또는 도자기의 매매에 종사한 색목인 상인 등이 서방에서 전래된 코발트 안료를 경덕진에 들여왔고, 이것이 원 청화의 탄생에 밀접하게 연관되었을 가능성이 크다.

8세기 말경 중국의 자기는 서아시아로 활발하게 수출되었으며, 그 높은 품질과 아름다움은 자기를 생산하지 못했던 서아시아인들을 계속 매료시켰다. 몽골이 유라시아의 주요 부분을 지배한 시기에 우월한 중국의 자기 제조 기술로 이란 지역을 비롯한 서아시아의 사람들이 선호하는 색조의 자기를 만들고자 탄생시킨 것이 청화, 유상채 자기, 남유백화 자기, 공작유 자기 등이었다고 생각된다. 물론, 이때에 사용된 기본적 자기 제작 기술은 중국의 전통적 기술이며 문양의 대부분도 중국풍이지만, 자기의 색채, 기형, 문양 구성 등은 서아시아의 공예품을 연상시키는 것으로 만들어진 것이다.

몽골의 유라시아 지배는 중국 도자의 기형과 문양을 크게 변혁하는 계기가 되었고, 더 나아가 이 시대에 중국에서 서아시아로 대량으로 운송된 용천요 청자와 경덕진요 청화 자기는 이란을 중심으로 한 서아시아 도기에 지대한 영향을 끼쳐, 그 형태와 문양을 모방한 청유 도기와 백유남채 도기가 활발히 만들어지게 되었다.

3. 몽골 제국 시대 도자 유통의 변화

다음으로 도자 유통의 변화에 대해 다루고자 한다. 몽골이 중국 전역을 지배하기 이전인 남송 시대에 이미 해상 교통로를 통한 중국 도자의 수출은 활발하게 이루어지고 있었으며, 일본·동남아시아·남아시아·서아시아·동아프리카·지중해 지역에 용천요 청자, 복건 도자, 경덕진 도자, 광동 도자 등이 수출되고 있었다. 중국의 북부를 금에 빼앗긴 남송은 해상 무역을 통한 경제 활동을 중시했다. 금·은의 해외 유출을 막고자 대외 교역을 통한 결제는 도자기와 비단 제품 등으로 하도록 규정하기도 해서(《송사宋史》 권185, 〈식화지食貨志〉, 향香), 이 시대에 다량의 중국 도자가 바다를 건너 운송된 것이다.

쿠빌라이(1215~1294, 재위 1260~1294)가 건립한 원조가 1279년에 남송을 항복시키자, 남송의 해상 무역 기구와 무역 루트는 원으로 이어졌다. 원은 쿠빌라이의 동생 훌레구(1218~1265, 재위 1260~1265)가 지금의 이란 지역에 건립한 일 칸국(1258~1353)과 우호적 관계를 맺고 있었다. 양국은 남송 이래로 해상 루트를 통해 밀접하게 교류했고, 남송 시대보다도 더욱 방대한 양의 중국 도자가 해상 루트를 통해 페르시아만으로 운송되었다.

필자는 2007년 이래 욕카이치 야스히로四日市康博와 이란의 알리 바흐라니푸르Ali Bahranipur와 함께 페르시아만 북쪽 연안의 도시와 성곽 유적에 대한 전면적 답사를 진행해왔는데, 이 조사를 통해 원 시대의 급격한 중국 도자 무역량의 증가를 확인할 수 있었다(森, 2008).

일 칸국 시대에 페르시아만의 교역 거점이 된 곳은 키시와 호르무즈였다. 호르무즈는 현재의 호르무즈섬이 아니라 14세기 초까지는 호르무즈섬 동쪽 대륙에 거점이 있었으며, 이 지역은 고古호르무즈라 불린다. 고호르무즈 유적에 대해서는 1960년대에 영국인 앤드루 조지 윌리엄슨Andrew George Williamson이 분포 조사를 실시했다(Priestman, 2005). 윌리엄슨의 조사 번호 103지점은 고호르무즈의 항만 도시로 추정되는 유적이다. 이곳은 페르시아만에 면한 해발 0미터 지대에 1000미터×500미터 정도의 범위로 펼쳐진 유적이고, 지표면에서 건물의 기초와 벽돌의 퇴적을 분명하게 확인할 수 있으며, 건물 유적 부근에는 대량의 도자기가 산포되어 있다. 당시 유구遺構가 거의 그대로 보존되어 있으며, 방대한 양의 중국 도자가 확인되는데, 특히 원 시대의 용천요 청자가 많다. 필자 등은 유적 내에 유물이 집중되어 있는 지점에서 5미터×5미터 정방형正方形의 격자(그리드grid)를 세 군데에 설치하고, 그 안의 지표면에 산포되어 있는 도자기류를 모두 세서 이슬람 도기·토기와 중국 도자 수량을 비교했다. 그 결과, 제1 격자에서는 이슬람 도기·토기 19점과 중국 도자 25점, 제2 격자에서는 이슬람 도기·토기 14점과 중국 도자 16점, 제3 격자에서는 이슬람 도기·토기 1점과 중국 도자 65점이 나와, 모든 지점에서 중국 도자의 양이 이슬람 도기·토기의 양을 상회했다. 이는 이 항만 도시에서는 중근동中近東에서 생산된 도기·토기보다 중국 생산 도자가 더 많았을 가능성을 시사한다. 중근동에서 이집트·동아프리카 지역에는 원 시대에 들어오면 중국 도자의 출토량이 남송 시대의 단계의 그것보다도 증가하는 것은 지금까지도 지적되고 있는데, 대부분의 유적에서는 현지 생산 도기·토기의 양의 중국 생산 도자의 양보다 더 많다(佐佐木, 1999). 한편, 이 유적에는 중국 생산 도자의 양이 중근동 생산 도기·토기의 양을 상회하는 매우 특수한 상황을 보여주고 있어서, 이곳이 당시 중국과의 무역에서 중심적 항만 도시였을 가능성을 보여준다. 또한, 이 지점에서 그리 떨어져 있지 않은 곳에 위치한, 호르무즈 왕국의 옛 수도로 추정되는 유적에서도 중국 도자가 대량으로 산포되어 있는데, 중국 도자의 양이 이슬람 도기·토기의 양을 상회할 정도의 상황은 확인되지 않는다. 103 지점에서 확인되는 중국 도자의 다수를 차지하는 것은 용천요 청자고, 복건의 청자·백자, 소량의 경덕진 자기, 소량의 광동산 갈유호褐釉壺가

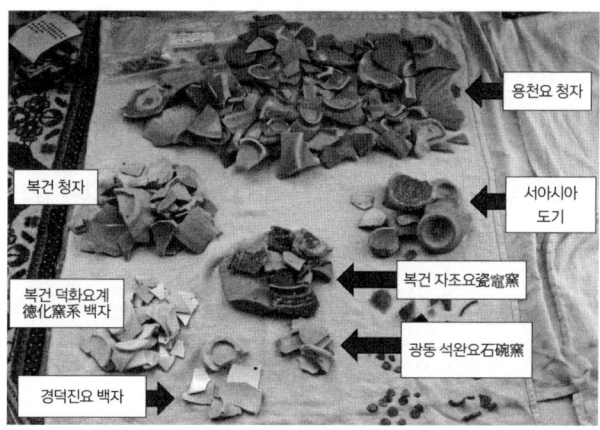

도판 5_고古호르무즈 103지점에서 채집된 도자기(필자 촬영)

그다음이며(도판 5), 이들 도자의 대부분은 13세기 말부터 14세기 초의 것으로 비정比定되고 있다. 14세기 초 이후의 중국 도자는 거의 보이지 않는데, 이는 14세기 초에 호르무즈 왕국이 고호르무즈 지역에서 지금의 호르무즈섬으로 거점을 옮겼다고 하는 문헌 기록과 거의 일치하는 상황을 보여준다. 중국 도자의 제작 연대는 원조 초대 황제 쿠빌라이의 생전부터 사후 직후 시기로, 원이 남송을 항복시키고 그리 오랜 시간이 지나지 않은 단계에서 방대한 양의 도자기가 페르시아만으로 운송되기 시작했음을 시사한다. 이 시기 호르무즈 왕국은 키시의 지배하에 있던 것으로 여겨지는데, 왕국이 호르무즈섬으로 거점을 옮긴 이후인 1320년대에 왕국은 키시와의 항쟁에서 승리를 거두었고 페르시아만 무역의 패권을 장악했다(Yokkaichi, 2019).

키시섬의 하리레 유적에서도 용천요 청자를 중심으로 한 방대한 양의 중국 도자가 출토·산포되어 있으나, 중국 도자의 이슬람 도기·토기와의 수량적 비율은 명확하지 않다. 다만 도자기 산포 상황으로 미루어볼 때, 하리레 유적에서도 중국 도자의 양이 이슬람 도기 및 토기의 양을 상회하는 상황이었을 가능성은 있다. 하리레 유적은 키시의 중심적 도시 유적으로, 이곳에서는 13세기부터 14세기 중엽의 중국 도자가 풍부하게 확인되고 있다. 13세기 말부터 14세기 전반의 중국 도자의 양이 가장 많으며, 그중 용천요 청자가 가장 많고 그다음으로 복건 도자, 소량의 경덕진 자기와 광동 도자여서 고호르무즈 항만 도시 유적의 것과 거의 같은 조성임이 확인되었다. 고호르무즈와 같은 시기부터 다소 새로운 시기의 중국 도자가 그 중심이며, 14세기 중엽부터 수출이 시작된 경덕진의 청화 자기도 확인되고 있다.

이란 서부의 일 칸국 시대 유적에서는 많은 곳에서 원 용천요 청자의 산포가 확인되고 있으며, 이것에서 원조와의 우호 관계를 통해 일 칸국에 방대한 양의 중국 도자가 운송되고 광범하게 수용된 상황을 알 수 있다. 그 수입의 거점이 된 곳이 호르무즈와 키시였고, 그곳에 집중적으로 유입된 중국 도자가 일 칸국 내에 유통되었을 뿐만 아니라 키시와 호르무즈를 거쳐 아라비아반도·이집트·동아프리카 등의 광대한 지역으로 유통되었을 가능성도 생각해볼 수 있다. 이처럼 13세기 말부터 14세기 중엽의 시기에 중국과 페르시아만을 연결하는 해상의 물류 통로가 매우 활성화된 상황을 중국 도자기 출토 상황을 통해 알 수 있으며, 이는 원조와 일 칸국의 우호 관계에 기반한 것이었을 가능성이 크다.

그 외 원대의 페르시아만과 중국을 연결하는 지역에서도 이 시기 중국 도자의 출토가 많이 확인된다. 인도네시아 트로울란 유적(龜井·Miksic, 2010: 22쪽) 및 투반 유적(出光美術館, 1990)과 타이의 수코타이 유적 등에서는 같은 시기에 페르시아만 지역과 마찬가지의 용천요, 복건, 경덕진 도자라는 도자기 조성이 확인되고 있다. 한편, 이러한 도자들에 더해 매우 소량이기는 해도 자주요 계열 도기가 함께 나오는 경우도 있다.

네이멍구(內蒙古) 등 중국 북부 내륙 지역과 중앙아시아를 연결하는 초원의 길에서도 중국 도자가 출토된다. 네이멍구의 집녕로(集寧路) 유적(陳, 2004) 및 연가량(燕家梁) 유적(內蒙古自治區文物考古研究所 外, 2010)은 원 시대 교통로의 역(驛)에 관한 도시 유적으로, 경덕진 자기 및 용천요 청자 등 중국 남부의 도자와 함께 화북의 자주요 계열 및 균요(鈞窯) 계열의 도자기가 대량으로 출토되고 있다.

몽골의 카라코룸 유적(龜井, 2007, 2009)이나 카라호트 유적(弓場, 2008) 등 초원의 길 유적에서도 거의 같은 도자기 조성이 확인되고 있다. 중국 북부 내륙부에서 몽골 지역(이른바 초원의 길)에 이르기까지 이처럼 화북 도자와 강남 도자가 공존하는 도자기 조성이 확인되고 있다. 또한, 이러한 중국 도자의 분포는 중앙아시아로도 확대하고 있다.

원대에 접어든 13세기 말경부터 동남아시아·서아시아·동아프리카 등에서는 중국 도자의 출토량이 급증했으며, 그 조성은 용천요 청자를 중심으로 그다음의 복건 도자, 소량의 경덕진 자기 및 광동 도자, 드물게 보이는 자주요 계열 도자로 되어 있었다. 같은 시기부터 중국 북부에서 몽골 일대 내륙 지역에서의 중국 도자 유통도 활성화해 화북의 자주요 계열 도기 및 균요 계열 도자와 함께 화남(華南)의 용천요 청자, 경덕진 자기 등도 운송되었다. 이처럼 해상 루트와 내륙 루트에서는 서로 다른 조성의 중국 도자가 유통되었음이 분명하다.

한편, 일본은 다른 지역과는 달리 14세기가 되면 중국 도자 수입량이 이전에 비해 감소하고 있다. 다음 절에서는 원대의 1323년경 한반도 서남쪽 신안 앞바다에서 침몰한 가마쿠라 시대 말기의 무역선인 신안 침몰선에서 발견된 중국 도자를 통해 일-원 무역의 상황을 살펴보겠다.

4. 신안 침몰선 인양 도자의 특수성

원 시대에 일본으로의 도자기 수출은 다른 지역과 그 양상이 다소 다르다. 일본으로 향하던 신안 침몰선의 도자기 조성을 분석하면, 약 2만 점의 도자기 중 가장 수가 많은 것은 용천요 청자로 56퍼센트를 차지한다. 그다음은 경덕진요 자기로 약 21퍼센트, 복건 생산 도자 약 8.8퍼센트, 절강성 금화철점요金華鐵店窯 도자기 6.1퍼센트, 강소성 의흥요宜興窯 또는 절강성 북부 도기 항아리 종류 5.1퍼센트, 강서 공주칠리진요贛州七里鎭窯 도자 0.44퍼센트, 자주요 계열 도자 0.37퍼센트, 광동 석만요石灣窯 갈유사이호褐釉四耳壺 0.12퍼센트, 절강 항주杭州 노호동요老虎洞窯의 관요官窯 모방 청자 0.1퍼센트, 강서 길주요吉州窯 도자 0.06퍼센트, 고려청자 0.04퍼센트, 일본 도기 0.02퍼센트, 하북 정요 백자 0.01퍼센트, 산지 불명 0.64퍼센트다(森, 2016).

신안 침몰선의 도자기는 당시의 거의 중국 전역의 산지 제품을 포함하고 있고, 출항지인 영파와 영파에서 가까운 거대 도시 항주에서 소비된 도자기의 조성과 근사하다. 즉, 원 시대에 일본으로 운반된 도자기의 양상은 당시 중국 강남 지역의 도자기 소비 상황을 반영하고 있다고 생각된다. 신안 침몰선에는 여기에 더해 건잔建盞, 길주요 천목天目〔찻잔〕 등 한 시대 이전의 고물古物인 다도구茶道具 등도 포함되어 있었다

(森, 2016).

동시대 동남아시아·서아시아에서 발견된 원대 중국 도자는 용천, 복건, 경덕진과 소량의 광동 제품이라는 조성을 보이며, 다른 가마의 제품은 아주 극소량의 자주요 계열 도자가 함께 있는 정도다.

한편, 화남 제1의 도시 항주와 가까운 영파에서는 거대 도시 항주에서 국내 유통을 통해 모여든 중국 각지의 도자기를 고물을 포함해 입수할 수 있었고, 이러한 국내 시장에서 유통된 도자기를 일본으로 가는 배에 싣는 것이 가능했기 때문에 신안 침몰선과 같은 다채로운 도자기 조성이 형성된 것으로 보인다. 또한, 그 배경에는 일본인의 중국 문화에 대한 동경이 강하게 작동하고 있었다. 중국 문화의 모든 것을 가지고 일본으로 돌아가려는 강한 의식으로 항주와 영파에서 유통되는 다양한 산지의 중국 도자를 일본으로 운반했으며, 나아가서는 다도구 등 일본인이 선호하는 송대 중국 도자 등을 의식적으로 수집하고 있었다. 그러한 의미에서 일-원 무역은 세계의 다른 지역에서 이루어지는 중국 무역과는 다른 특수한 성격을 지니고 있었다.

몽골 제국이 유라시아 대부분을 지배한 시대는 세계적 규모로 사람과 "물질"의 이동이 활발해지면서 사회와 문화가 크게 변화했다. 이 시대에 중국 도자는 몽골인을 중심으로 한 새로운 지배자의 휘하에서 기물의 형태 및 종류와 장식 기법이 획기적으로 변화했고, 중국에서 서방으로의 수출품으로서 그 이전보다 더욱 중요한 위치를 차지하게 되었다. 또한 원조와 일 칸국을 연결하는 바닷길의 활성화로 중국과 페르시아만을 잇는 물류가 고도로 발달했다.

제12장에서는 도자기라는 물질을 연구 자료로 삼아 원대 도자기 생

산과 유통의 변화에 대해 살펴보았다. 이렇게 물질을 상세하게 분석해서 연구 자료로 삼는 것을 통해 인간의 활동과 교류의 변화, 더 나아가 감성의 변화 및 문화의 변화 등까지도 알 수 있게 되는 것이다.

제13장

카라추의 시대

—티무르 왕조를 중심으로

가와구치 다쿠시

머리말

14세기 중반부터 후반에 걸쳐 유라시아는 그 이전까지 1세기 넘게 지속되어온 몽골 시대의 세력 구도가 큰 변동을 수반하면서 해체로 향하는 시기를 맞고 있었다. 동아시아에서는 몽골족이 명에 의해 북방으로 쫓겨났고, 북쪽으로 돌아간 몽골 황실은 "북원北元"이라 불렸다. 서아시아에서는 훌레구 울루스(일 칸국)를 대신해 잘라이르 왕조, 초반 왕조, 무자파르 왕조, 인주 왕조 등이 그 후계 국가로 대두했다. 중앙아시아에서는 차가타이 울루스가 동서로 분열되어 동부는 차가타이 가문에 의해 모굴 울루스로 통합되었지만, 서부는 차가타이 가문이 실권實權을 잃고 아미르라 불린 부족이나 지방군의 지도자들이 할거하기에 이르렀다. 아미르 중에서는 먼저 카즈간과 그 후손이 주도권을 장악했으나, 점차 티무르(1336?~1405)가 두각을 나타내 카즈간 일족을 타도하면서 티무르 왕조를 창건했다. 또한 서북 유라시아에서는 동서로 분열되어 있던 조치 울루스가 티무르의 지원을 받은 조치 가문의 톡타미쉬에 의해 통합되어 한때 중앙유라시아의 패권을 다툴 정도로 강성함을 과시했다.

이러한 대변동 속에서 티무르 왕조(1370~1507)는 중앙아시아 서반부의 마와라안나흐르(아무다리야〔강〕에서 페르가나 분지를 포함하는 시르다리야〔강〕 유역에 걸친 지역)에서 성립했고, 그곳에서 서아시아로 영역을 확장해나갔다. 티무르 왕조의 민족은 차가타이인(주로 투르크화한 몽골인)과 타지크인(이란계)이 중심이었고, 그 대부분이 이슬람교도였다.

티무르 왕조에 대해서는 투르크-몽골, 페르시아, 이슬람의 관점에서 검증할 필요가 있으나 제13장에서는 이 책의 취지에 따라 몇 가지 논점에서 몽골 제국의 계승 국가로서의 티무르 왕조의 특질을 밝히고, 이어 조치 울루스의 동향도 간단하게 다루면서 티무르 왕조의 대외 관계 및 군사 활동을 조망한다. 마지막으로 포스트-몽골 시대의 유라시아 정세를 크게 변화시킨 요인에 대해 검토해보고자 한다.

1. 몽골 제국의 계승 국가로서의 티무르 왕조

칸 제도와 쿠릴타이

일반적으로 1370년의 티무르 정권 성립을 기준으로 그 이전의 몽골 시대 즉 차가타이 울루스 시대와 그 이후의 티무르 왕조 시대를 명확하게 구분한다. 그러나 필자는 티무르 왕조의 창시자 티무르의 시대(1370~1405)는 오히려 13~14세기 몽골 시대의 일부 또는 연장으로서 파악해야 한다고 생각한다. 티무르는 우구데이 가문의 다니쉬만드차를 칸으로 추대한 차가타이 울루스의 유력자 카즈간(투바이트 부족 출신)을 본받아 만년晩年까지 우구데이 가문 출신의 인물을 꼭두각시 칸으로 두고 있었기 때문이다. 꼭두각시라고는 해도, 칸은 완전히 명목상의 존재가 아니었고 군사 행동 칙령을 발포하고 때로는 군대 지휘관으로서 적과 싸울 것이 요구되었다. 티무르가 추대한 우구데이 가문 출신의 칸은 다니쉬만드차의 아들 소유르가트미쉬(재위 1370~1388)와 소유르가트미쉬의 아들 술탄 마흐무드(재위 1388~1402)의 2대에 걸쳐 있었는데, 1402년에 술탄 마흐무드가 사망하자 티무르는 이후 칸을 두지 않았다. 티무르 사후 그의 넷째 아들로 후계자 분쟁을 제압하고 새 통치자가 된 제3대 군주 샤 루흐(재위 1409~1447)는 칸 제도를 폐지했지만(Woods, 1990: 116쪽), 샤 루흐에 의해 중앙아시아 총독에 임명된 그의 장남 울루그 벡은 조부 티무르를 본받아 칸을 두었다고 알려져 있다. 아마도 샤 루흐가 본거지로 삼은 호라산을 포함한 서아시아에서와는 달리, 울루그 벡이 부임한 중앙아시아에서는 당시에도 여전히 칭기스 칸의 남계男系 후손들만을 칸에 추대하는 이른바 "칭기스 계통의 원리The Chinggisid Principle"가 우세했던 것으로 생각된다. 이상의 경위로 보아, 명실상부하게 차가타이 울루스에서 티무르 왕조로 변화한 것은 칸을 두지 않은 티무르 만년 이후의 일이었다고 보아야 할 것이다.

그런데 몽골 제국에서는 새 칸 선정, 군사 원정 결정, 법령 발포 등 정치 및 군사의 중요 사항을 결정하기 위해 쿠릴타이(집회)를 개최했는데, 티무르도 몽골의 전통에 따라 꼭두각시 칸의 이름으로 종종 쿠릴타이를 개최했고 만년에 칸을 두지 않았을 때에도 계속 쿠릴타이를 개최했다. 쿠릴타이에는 왕족, 부족 지도자, 군대 지휘관이 참여했고, 참여를 소홀히 하는 자는 엄벌에 처해졌다. 티무르가 살아 있는 동안에 쿠릴타이는 큰 의미를 지녔지만, 티무르 이후의 통치자들은 거의 쿠릴타이를 개최하지 않았으며 국사國事를 독단적으로 결정한 것으로 보인다.

한편, 티무르 왕조의 역대 군주들은 몽골계 바룰라스 부족 출신이어서, "칭기스 계통의 원리"에 따라, 그들이 칭기스 가문 사람에게만 허락되는 칸의 칭호를 자칭하지는 않았다. 다만, 맘루크 왕조의 역사가 이븐 타그리비르디는 《빛나는 별》에서 샤 루흐에 대해 "태멀레인[티무르]의 아들, 칸 샤 루흐"라고 기록했다(Popper, 1958: 90쪽). 또한 티무르 왕조 말기의 유력 정치가로서 시인이자 문인인 나보이는 티무르를 "네 울루스의 칸"이라고 불렀다고 한다(菅原, 2021: 293~294쪽). 이븐 타그리비르디와 나보이가 칭기스 칸의 후손이 아닌 티무르와 샤 루흐를 칸으로 부른 것은 "칭기스 계통의 원리"와 모순되는 일인데, 이는 그들이 티무르와 샤 루흐를 몽골의 "칸" 즉 "제왕帝王"과 마찬가지의 존재로 간주한 데 따른 것으로 여겨진다. 다만, 여기서 주목하고 싶은 점은 나보이의 "네 울루스"라는 기록이다. 네 울루스란 몽골 시대부터 티무르 등장까지 유라시아에 존재한 네 개의 몽골 정권(즉 중앙아시아의 차가타이 울루스, 서북 유라시아의 조치 울루스, 서아시아의 잘라이르 왕조[또는 옛 일 칸국], 동아시아의 북원)을 지칭하는 것으로 생각된다(川口, 2007: 제6장). 실제로 티무르는 이들 중 차가타이 울루스, 조치 울루스, 잘라이르 왕조를 정복했고, 남은 북원은 생애 마지막 원정에서 정복하려 했으나 그의 죽음으로 실현되지 못했다.

투르크-몽골계 부족과 차가타이인

비어트리스 포브스 만즈Beatrice Forbes Manz는 티무르가 1370년의 정권 수립부터 1380년대 초까지는 그때까지 각 부족의 독립성이 강했던 부족 연합체를 자신을 충실하게 따르는 하나의 정복 군대로 바꾸는 데 성공했다고 지적했다(Manz, 1989: 66~106쪽). 그 계기는 티무르가 자신의 정권 수립에 공헌한 차가타이 울루스의 유력 부족 및 지방 군대 지도자들에게 아무런 은상恩賞도 직위도 부여하지 않으면서 그들을 정권에서 배제한 데 있었다. 여기에 불만을 가진 잘라이르 부족, 술두스 부족, 아파르디 부족, 팢탈란 군대 등은 반란을 일으켰으나 모두 진압되었다. 그 결과 잘라이르 부족은 해체로 내몰렸고, 술두스 부족, 아파르디 부족 등은 부족 지도자가 티무르의 측근으로 교체되었다.

그런데 부족 연합체에서 정복 군대로 바뀌는 과정에서도 기존 부족은 대부분 존속했으나, 이와 동시에 차가타이 울루스에서 진행된 부족의 재편으로 신흥 부족이 등장한 점에 유의해야 한다. 14세기의 차가타이 울루스 시기부터 티무르 왕조 시기에 걸쳐 엘지기데이 부족, 카우친 부족, 타르칸 부족, 벨구트 부족 등 몽골 제국 시대에는 볼 수 없던 부족이 다수 등장했고, 이들 부족은 티무르 정권에 참여했다. 하피즈 아브루의 《역사 집성歷史集成》에는 새롭게 등장한 엘지기데이 부족 및 야사우리 부족의 부족지部族誌가 보인다(川口, 2007: 218~238쪽). 그리고 티무르 왕조가 서북 유라시아 조치 울루스와의 관계를 심화하는 과정에서 킵차크 부족, 우즈베크 부족 등 조치 울루스에서 기원한 부족이 티무르 정권과 샤 루흐 정권에 참여한 점도 주목된다. 티무르 왕조의 역대 정권에 복무한 아미르(군사·행정 지휘관)의 출신과 활동을 상세히 검증한 안도 시로安藤志朗의 연구에 따르면, 티무르 가문의 출신 부족인 바룰라스 부족을 비롯해 투르크-몽골계 부족이 다수 티무르 왕조의 역대 정권에 참여해 군사·행정 분야에서 활동했음을 알 수 있다(Ando, 1992: 223~245쪽).

한편, 티무르 왕조의 군주와 왕족을 비롯한 지배층은 차가타이라고 불렸고, 이들은 투르크화한 몽골인이었으며 부족을 뛰어넘는 정체성과 충성심을 가지고 있었다(Manz, 1992: 31~32쪽). 그러나 카스티야 왕국 사절 클라비호가 언급한 바와 같이, 차가타이에는 몽골고원에서 온 몽골인과 중앙아시아에 거주하는 투르크인도 포함되어 있었던 것으로 보인다(山田, 1967: 192~193쪽). 차가타이인은 맘루크 왕조, 아크 코윤루(백양조白羊朝), 오스만 왕조와 같이 티무르 왕조와 인접한 서방 국가들에서 편찬된 사료, 일례로 이븐 타그리비르디의 《빛나는 별》, 아부 바크르 티흐라니의 《디야르바크르의 책》, 아슈크파샤자데의 오스만 왕조 역사 등에서도 산견散見되고 있어(Popper, 1958; Abū Bakr-i Ṭihrānī, 1962, 1964; ʿAşıkpaşazâde, 1332/1914), 이들 국가에서도 잘 알려져 있었음을 알 수 있는데, 한편으로 이들 차가타이인은 타타르인, 몽골인이라 불리는 경우도 있었다. 게다가 《빛나는 별》에는 샤 루흐가 "페르시아인과 차가타이인 왕국의 통치자"(Popper, 1958: 90쪽)라고 되어 있어 맘루크 왕조의 역사가가 티무르 왕조를 페르시아인과 차가타이인으로 구성된 국가라고 비교적 정확하게 이해하고 있었음을 알 수 있다.

그러나 티무르 왕조에서 차가타이인과 페르시아인의 사회적 지위는 서로 대등하지 않았으며, 차가타이인이 압도적 우위를 보였다. 즉, 차가타이인은 티무르 왕조의 중앙 관청 투와치청廳(군무軍務 담당)과 재무청의 최고 책임자에 임명되었지만, 타지크인은 재무청의 세 번째 지위인 와지르라 불리는 실무 관료에 오르는 것이 고작이었다(安藤, 1995: 259~260쪽; Manz, 2007: 79~110쪽). 구체적으로 티무르 왕조의 관직은 궁정 업무 관직과 공적 업무 관직으로 구분되었고(間野, 2001:

376~382쪽), 전자는 차가타이인이 독점했으며, 후자에서 타지크인이 취임한 것은 서기書記 정도였다.

언어, 문학

이븐 아랍샤에 따르면, 티무르는 문자를 알지 못했고 아랍어를 이해할 수 없었지만 페르시아어·투르크어·몽골어에 대해서는 충분하게 이해했다고 한다(Ibn ʿArabshāh, 1407/1986: 455쪽). 또한 과거 예언자[선지자] 들의 기록과 역사, 왕들의 공적 등을 궁정 역사가들을 통해 페르시아어로 이해하고 있었다. 티무르가 역사상의 인물에 대해 관심이 높았음은 잘 알려져 있는데, 일례로 그는 정복자로서 대大제국을 구축한 알렉산드로스와 몽골 제국을 창시한 칭기스 칸, 아프가니스탄에서 인도로 성전聖戰 원정을 거듭한 가즈나 왕조의 전성기를 이룩한 군주 마흐무드의 생애에 큰 관심을 가지고 있었다(川口, 2014: 255~256쪽).

한편, 티무르 왕조도 2세대 이후가 되면 복수複數의 언어와 문자를 이해하고 본인이 시문과 책 등의 작품을 남기는 문인풍의 통치자 및 왕족도 등장하게 된다. 이들은 종종 페르시아어와 투르크어로 시를 지었는데, 샤 루흐와 그의 아들 바이송구르, 왕조 말기 술탄 후사인과 바부르 등은 뛰어난 책과 시집을 남겼다. 특히 바부르는 차가타이어로 많은 분량의 회상록《바부르 나마》를 남겼으며, 그 자체가 티무르 왕조 역사와 초기 무갈 왕조 역사를 밝혀주는 매우 귀중한 사료가 되고 있다(間野, 1998).

티무르 왕조에서는 일반적으로 아랍 문자가 사용되었으나, 이븐 아랍샤가 "차가타이인에게는 몽골의 문자로 알려진 위구르라는 문자가 있다"(Ibn ʿArabshāh, 1407/1986: 477쪽)라고 서술했듯이, 몽골 제국에서 몽골어의 필사에 이용된 위구르 문자 또한 서간이나 칙령, 문학 작품 등에서 사용되고 있었다. 티무르에게는 항상 "위구르인 박시들과 페르시아인 서기들"이 따라다녔다고 하는데(久保, 2012: 48쪽), 전자는 위구르 문자를 취급하는 투르크인 서기이고, 후자는 아랍 문자를 다루는 타지크인 서기였을 것이다. 또한, 티무르 왕조 치하에서는 위구르 문자 투르크어 문서의 필사 기술을 해설한 《위구르 문서 교본》이 편찬되어 위구르 문자를 사용한 칙령, 칙서, 공식 서간, 사적 서간, 장부, 역사 저작, 송시頌詩, 이야기, 통지, 기록, 연보, 디완의 업무에 관한 모든 안건과 칭기스 칸의 관습법(투레) 등이 필사되었다고 한다(松井, 2018: 17쪽).

야사, 투레, 요순

투르크어의 야사(야사크)는 몽골어에서는 자사(자삭)라 불리며, 칭기스 칸이 제정해 성문화했다고도 하는 "법령法令"을 의미한다. 티무르 왕조 사료에는 몽골어·투르크어의 투레라는 술어도 자주 나오는데, 이것도 야사와 거의 동일한 의미다. 한편, 요순이란 몽골어로 "관습", "관행", "관습법"을 의미한다.

존 E. 우즈John E. Woods는 차가타이 울루스에서는 야사에 근거해 재판하는 야르구 법정과 이슬람법 샤리아에 근거해 재판하는 샤리아 법정의 "이원적 법정 시스템dual court system"이 존재했고, 티무르와 그 후계자 치하에서 이 시스템이 계승되었다고 한다(Woods, 1990: 101, 121쪽). 확실히 티무르는 정권 수립 직전에 우구데이 가문의 소유르가트미쉬를 칸에 즉위시키고 "요순과 야사의 규정을 옛날의 규제들에 따라 부흥시키셨다"(Shāmī, 1937: 58쪽)라고 되어 있듯이, 몽골의 요순과 칭기스 칸의 야사 부흥을 드높이 선언했다.

그렇다면 티무르 왕조에서 야사(투레)와 샤리아는 어떤 관계였을까? 이븐 아랍샤는 티무르와 샤 루흐의 경우에 관해 다음과 같이 서술한다.

그[티무르]는 칭기스 칸의 규제들—이는 이슬람 신앙에서 이슬람법과 같은 것이다—을 신봉하고, 칭기스 칸의 규제들을 예언자 무함마드의 도道[=이슬람] 이상으로 준수하였는데, 이에 대해서는 차가타이인이나, 다슈트·하타이·투르키스탄의 사람들, 이들 휘하의 일반 민중도 마찬가지다. 즉, 그들은 모두 이슬람의 규정들 이상으로 외우고 있던 칭기스 칸이 정한 규제들을 준수하고 있는 것이다. (……) 우리들의 주인이자 셰이흐 하피즈 앗 딘 무함마드 바자지와 우리들의 주인이자 사이드〔사이이드〕로 여기는 셰이흐 알라 앗 딘 무함마드 부하리와 그 외 가장 탁월한 울라마들, 이슬람의 이맘들은 모두 바로 그 이유로 티무르가 불신앙자不信仰者, kufr라고 하는, 즉 칭기스 칸의 규제들을 이슬람의 샤리아보다 우월하다고 보는 자는 불신앙자라고 하는 파트와를 제출하고 있다. 참고로, 이는 그들이 티무르를 불신앙자로 간주하는 몇 가지 이유 중의 하나에 불과하다. 또한, 다음과 같이 말하는 자들도 있다. 즉, 샤 루흐는 칭기스 칸의 투레와 규제들을 무효로 하지 않으면서 자신의 통치가 이슬람의 샤리아에 따라 시행되도록 명하였다고 한다. 그러나 나는 이것이 신빙성 있는 이야기라고 생각하지 않는다. 칭기스칸의 투레와 규제들을 준수한다는 것은 그들의 휘하에서는 이미 명백한 신앙이고 진정한 신조와 같은 것이 되어 있었기 때문이다. (Ibn 'Arabshāh, 1407/1986: 455~456쪽)

이에 따르면, 티무르는 이슬람의 셰이흐(장로), 울라마(지식인), 이맘

(종교 지도자)들로부터 칭기스 칸의 규제들 즉 투레 또는 야사를 이슬람법 샤리아보다 우월하게 한 것을 이유로 자신을 "불신앙자"로 여기는 파트와(법학적 결정)를 제출받았다고 한다. 이는 앞서 서술한 바와 같이, 티무르가 정권 수립 직전에 투르크-몽골의 전통을 중시해 "요순과 야사의 규정을 옛날의 규제들에 따라 부흥시키셨다"는 것과 부합한다.

이에 비해 샤 루흐는 자신의 통치가 이슬람법 샤리아에 따라 시행되도록 하라고 명하면서도 칭기스 칸의 투레 또는 야사를 무효로 하지 않고 오히려 이를 준수하고 있었다는 것이다. 샤 루흐에 대해서는 재위 초기에 야사의 폐지와 샤리아의 부흥을 선언한 것으로 전해지지만 (Manz, 2007: 28쪽), 이븐 아랍샤의 주장은 기존의 샤 루흐 통치자상像에 수정을 요구하는 것이라 할 수 있다.

2. 대외 관계와 정복 활동

티무르는 1370년대 초부터 1380년대 초까지, 그리고 3년 전역戰役을 마친 1380년대 말에 호라즘 지방을 통치하는 수피 왕조로 다섯 차례, 천산산맥天山山脈 북쪽의 모굴 울루스로 여섯 차례 군대를 이끌고 원정을 하거나 또는 원정군을 파견했다. 그 결과, 1388년에 호라즘을 정복했으나 모굴 울루스는 정복하지 못했다. 티무르의 이러한 군사 행동들의 목적은 분명 차가타이 울루스의 부흥과 확장에 있었다. 주목할 점은, 칭기스 칸은 자신이 정복한 호라즘 남부를 그의 장남 조치에게 주었지만, 티무르는 호라즘 남부는 본래 칭기스 칸의 차남 차가타이에게

속하기 때문에 호라즘 남부를 반환할 것을 수피 왕조에 요구하면서 자신의 호라즘 정복을 정당화하려 했다(川口, 2014: 60~62쪽). 이에 대한 수피 왕조의 당주當主 후사인 수피의 대답이 흥미롭다.

> 당신들의 국가는 전쟁의 집dār al-ḥarb이다. 모든 무슬림은 지하드의 이름으로 당신들을 배제할 필요가 있다. (Ḥāfiẓ Abrū, 1380/2001: 466쪽; Бартольд, 1964: 53쪽; Landa, 2018: 219쪽)

이에 따르면, 수피 왕조의 당주는 자국의 중심지 호라즘 지방이 지금 이슬람교도의 영예로운 땅이고 울라마가 있는 곳이라는 점과는 대조적으로 티무르의 정권·국가를 "전쟁의 집" 즉 전쟁 상태에 있는 영역으로 단정하면서 이슬람 국가가 아닌 지하드의 대상으로 간주했던 것이다.

한편, 모굴 울루스의 경우 당시 유력한 두글라트 부족 출신의 카마르 앗 딘이 차가타이 가문의 일리야스 호자 칸을 시해하고 실권을 장악하고 있었기 때문에, 티무르는 자신과는 달리 "칭기스 계통의 원리"를 무시한 카마르 앗 딘의 타도·배제에 집착해 이를 위한 원정을 여러 차례 시도했던 것이다.

이어 1380년대 초부터 만년에 이르기까지 티무르는 서아시아·서북유라시아·북인도에 대한 원정을 거듭했고, 마지막으로는 명·북원 원정을 감행했다. 이 중 몽골 시대에 툴루이 가문인 훌레구의 후손들이 통치해온 서아시아를 정복하는 데서 티무르는 칭기스 칸이 차가타이에게 중앙아시아뿐 아니라 이란도 주었는데, 훗날 툴루이 가문이 이란을 차가타이 가문으로부터 빼앗았다며, 여기서도 사실에 어긋나는 주장을 통해 이란을 톨루이 가문으로부터 차가타이 가문으로 되찾으려는 자신의 행동을 정당화했다(川口, 2014: 60~62쪽). 티무르는 오스만 왕조나 맘루크 왕조 등 서아시아 세력들에 서간을 보내 훌레구에 의해 찬탈된 이란을 차가타이 가문이 되찾았음을 전하면서 서아시아의 정복을 진행한 것으로 보인다(川口, 2014: 79~81쪽).

이리하여 티무르는 5년간의 전역을 마칠 때까지 거의 이란을 정복하는 데 성공하자 이란 지역들과 중요한 도시들의 총독 직위를 그의 후손들과 유력한 신하들에게 부여하고 본격적인 통치에 나섰다. 그런데 북인도의 정복을 명령받은 티무르의 손자 피르 무함마드가 펀자브 지방의 정복에 시간이 걸린다는 소식을 접하자, 티무르는 이미 준비를 마친 옛 몽골 제국의 동방 영토 원정보다 손자의 구원과 북인도 원정을 우선시했다. 티무르는 과거에 반복적으로 북인도 원정을 행한 가즈나 왕조의 무함마드를 의식하면서 이교도들에 대한 약탈을 동반한 전쟁(가즈와〔군사 습격, 약탈 원정〕)을 감행했다.

그런데 맘루크 왕조를 중심으로 오스만 왕조, 조치 울루스, 잘라이르 왕조, 카라코윤루(흑양조黑羊朝) 등 서아시아 세력들을 끌어들인 반反티무르 동맹이 구축되자, 티무르 만년의 7년 전역은 반티무르 동맹과의 전쟁이 되었다. 그럼에도 티무르는 테렉 강변의 전투에서 톡타미쉬가 이끄는 조치 울루스 군대를 괴멸시키고, 이어 맘루크 왕조 치하의 다마스쿠스를 함락시키며, 앙카라전투(1402)에서 오스만 왕조 군대에 대승을 거두는 등 큰 전과를 올리면서, 티무르는 이란과 이라크를 확보하는 데 성공했다.

이상과 같이, 티무르는 중앙아시아를 기점基點으로 삼고 사방으로 원정을 벌여 유라시아 각지를 정복했고, "초원과 오아시스의 패자霸者"

(久保, 2014)가 되었으나, 그가 실질적으로 통치한 영역은 "이란과 투란"(투란은 아무다리야를 경계로 이란과 인접한 지역으로, 마와라안나흐르라는 표현과 궤를 같이한다)이었으며, 이 두 지역은 호라산 지방을 결절점으로 삼고 있었다(Shāmī, 1937: 9쪽; 木村, 2008: 43~47쪽). 티무르 원정의 최대 목적은 칭기스 칸과 그 후손들이 창건한 몽골 제국의 재흥에 있었다고 생각된다. 주목할 점은 티무르는 "훌레구 칸의 옥좌"인 옛 훌레구 울루스의 영역 즉 이란 중부·서부 및 이라크의 통치자에는 자신의 꼭두각시 칸인 우구데이 가문의 술탄 마흐무드를 앉혔다는 것이다. 티무르는 조치 울루스에는 조치 가문의 톡타미쉬, 티무르 쿠틀룩, 쿠이르착을, 북원에는 우구데이 가문의 타이지 오굴란을 파견하려 했다(川口, 2014: 107~108쪽). 이리하여 티무르는 유라시아 정복 이후 유라시아 각지에 칭기스 가문의 인물을 자기의 대리로 보내 자신의 영향력을 유지하려 한 것으로 보인다.

티무르의 사망(1405) 이후, 4년에 걸친 내란을 제압하며 군주가 된 사람은 호라산에 근거한 티무르의 넷째 아들 샤 루흐였다. 그런데 아제르바이잔, 이라크, 이란 중부 등 티무르 왕조의 서방 영토를 카라코윤루에게 빼앗기자, 샤 루흐는 재위 전반前半에 두 차례의 아제르바이잔 원정을 감행해 "훌레구 칸의 옥좌"를 확보하고자 했다. 그리고 샤 루흐가 사망(1447)한 후 계승 분쟁을 제압한 아부 사이드(재위 1451~1469)는 새롭게 대두한 아크코윤루와 적대하며 아제르바이잔 원정을 감행했으나 대패하고 사망했다. 이로 인해 티무르 왕조의 서방 영토는 상실되었고, 제국은 중앙아시아의 사마르칸트 정권(1469~1500)과 호라산의 헤라트 정권(1469~1507)으로 분열된다. 이 중 티무르 왕조 말기에 사마르칸트 정권의 군주가 된 바부르는 북방에서 온 유목 민족 우즈베크족의 남하 및 침공에 저항하는 것을 단념하고 아프가니스탄을 경유해 북인도로 진로를 바꾸어 제2차 티무르 왕조라고도 할 수 있는 무갈 왕조(1526~1858)를 세우게 된다(間野, 2013).

마지막으로, 군사 활동과 관련해 사민徙民 정책에 대해서도 다루고자 한다. 티무르 왕조의 군주들은 군사 원정 시, 주로 경제적·문화적 이유에서 정복지에 거주하는 상인·수공업자·문화인文化人 등을 강제로 본국으로 이주시켰다. 그 결과, 티무르 왕조의 본거지 마와라안나흐르와 호라산은 경제적·문화적으로 크게 번영했다. 이 점은 "칭기스 칸은 파괴하고, 티무르는 건설했다"라는 말이 있듯이, 티무르 왕조 군주들이 영내 주요 도시에 건설한 많은 대규모 공공 건축물을 떠올리면 알 수 있을 것이다. 이러한 건축물들은 강제로 이주된 많은 직인職人과 예술가에 의해 건설된 것이다. 이렇게 해서 사마르칸트와 헤라트의 융성은 중앙아시아 역사에서도 특필해야 하는 다양한 "티무르 왕조 문화"가 꽃피게 했다. 또한, 티무르는 제국의 수도 사마르칸트의 주변에 시라즈, 다마스쿠스, 카이로, 술타니야 등 자신이 정복했거나 또는 정복을 계획했던 것으로 여겨지는 이슬람권의 대표적 도시의 이름을 붙인 조그만 도시를 건설했으며(Бартольд, 1964: 62쪽; 川口, 2014: 153~154쪽), 그곳에는 강제 이주 정책으로 연행된 사람들이 정착한 흔적이 남아 있다.

3. 카라추 정권의 출현

14세기부터 15세기에 걸친 포스트-몽골 시대의 유라시아를 조망할 때, 옛 몽골 제국 영토에는 북원, 차가타이 울루스, 모굴 울루스, 홀레구 울루스, 조치 울루스 등과 같이 칭기스 가문 출신자가 통치자로서 군림하는 정권이 다수 존재했으며, 이른바 "칭기스 계통의 원리"가 확고하게 기능하고 있었다. 그런데 이러한 정권들에서는 칭기스 칸의 후손들이 아닌 부족 출신자가 칸을 칭하며 실질적인 통치자가 된 사례가 보인다. 그 전형적인 사례로 북원에서 유목 부족 연합 오이라트의 지도자가 된 에센(?~1454)을 언급할 수 있을 것이다. 그는 초로스 부족 출신으로 칭기스 칸의 남계 자손이 아님에도 권력을 잡자 "칭기스 계통의 원리"를 어기고 칸을 칭했다. 이듬해에 오이라트 내부에서는 에센의 칸 참칭에 대한 반란이 일어났고, 에센은 오이라트의 유력자에게 패해 도주하는 중에 살해되었다(岡田, 2004: 208쪽). "칭기스 계통의 원리"를 무시한 에센의 몰락은 칭기스 가문의 인물을 칸에 옹립해 대제국을 구축한 티무르와는 대조적이다.

조치 울루스에서는 전승에 따르면, 칭기스 가문 출신의 톡타 칸(재위 1291~1312)의 사후, 이번에도 칭기스 칸의 남계 자손이 아닌 위구르 부족 출신으로 여겨지는 톡 부가가 칸을 참칭해서 그는 키야트 부족의 이사타이에 의해 살해되었고, 그 대신 칭기스 칸의 남계 자손 우즈벡이 칸이 되었다고 한다(川口·長峰, 2008: 27~30쪽). 전승이라고는 해도, 우즈벡의 즉위에 이르는 정변에 칭기스 가문이 아닌 부족 출신자가 관여했을 가능성을 배제할 수는 없어 보인다. 그 외에도 키야트 부족의 마마이와 망기트 부족의 에디구는 칸을 칭하지는 않았으나, 마마이는 실질적 통치권을 장악했고 에디구는 칭기스 가문의 테무르 쿠틀룩, 샤디 벡, 풀라드, 티무르, 체크레, 다르비쉬를 잇달아 꼭두각시 칸으로 옹립하면서 실권을 장악했다. 그러나 마마이의 정권은 칭기스 가문의 톡타미쉬에 의해 타도되었고(川口·長峰, 2008: 38~41, 51쪽), 톡타미쉬는 분열되어 있던 조치 울루스를 통합하는 데 성공했다.

훌레구 울루스에서는 1335년 아부 사이드의 사망으로 훌레구 가문이 단절되자, 훌레구 울루스의 중심지 아제르바이잔 지방을 둘러싸고 훌레구 가문을 대대로 섬겨온 대ㅊ하산의 일족을 중심으로 하는 잘라이르 부족과 초반 가문을 중심으로 하는 술두스 부족이 서로 경쟁했고, 양측 모두 훌레구의 자손을 칸에 옹립하면서 주도권을 장악하려 했다. 이 분쟁은 술두스 부족의 승리로 끝났지만, 조치 울루스 군대가 남하해 술두스 부족을 격파하자 대하산의 아들 셰이흐 우와이스는 조치 울루스 군대를 쫓아내고 아제르바이잔을 점령했다. 그런데 셰이흐 우와이스는 이제 칸을 두지 않았고, 훌레구 가문 최후의 군주 아부 사이드의 존칭을 따라 "바하두르 칸"을 참칭했다(al-Quṭbī al-Ahrī, 1954: 180~184쪽).

모굴 울루스에서는 1360년대 전반에 차가타이 가문의 투글룩 테무르 칸이 사망(1363)한 후, 그의 아들 일리야스 호자(1363~1368)가 유력한 아미르들의 합의를 통해 칸으로 추대되었다. 그런데

그는 어리고 부족한 터라 왕으로서의 전체를 알지 못하였고, 세부 사항에는 전혀 무관심하였다. 결국 단기간에 정복자의 투레에 완전한 변경과 개변이 일어났다. 그가 즉위한 지 1년이 지났을 때, 울루스의 제약 없는 권한은 유력한 아미르들의 손에 떨어졌다. 모두 서로를 두려워하고 의심하였다. 그러나 칭기스 칸의 일족이 있는데도 카라추에 대한 복종을 요구하는 것 등은 그 누구도 생각하지 못한 것이어서 아미르 카마르 앗 딘은 765년 어느 날 정오에 오르도를 습격하여 낮잠을 자던 일리야스 호자를 붙잡아 죽였다. (Naṭanzī, 1957: 125쪽)

라고 서술되어 있듯이, 어린 일리야스 호자는 통치차로서의 경험 부족으로 "정복자의 투레" 즉 칭기스 칸의 법령이 준수되지 않는 사태를 불러왔다. 그 결과, 인심은 일리야스 호자에게서 멀어졌고 그 대신에 부족의 지도자 아미르들이 울루스의 권력을 장악했으며, 유력한 두글라트 부족의 카마르 앗 딘이 일리야스 호자를 시해했다. 이렇게 해서 모굴 울루스에서도 부족 출신자가 칭기스 가문을 대신해 실권을 장악했다.

위 인용 사료에서도 보이듯이, 부족 출신자는 몽골어로 "카라추"(검은 뼈黑骨 출신의 사람)라 불렸으며, 카라추를 게르하르트 되르퍼Gerhard Doerfer는 "고귀하지 않은 사람", "일반 서민 출신", "칭기스 가문이 아닌 사람", "신하"를 의미한다고 보고 있다(Doerfer, 1963: 397~398쪽). 또한 "카라추"는 몽골어에서 투르크어로 전파되어 투르크어에서는 "카라추", "카라치", "카라키쉬", "카라추 키시"로 불렸다. "카라추"는 《바부르 나마》에서는 "키시 카라"의 형태로 자주 등장하며 "배하配下〔지배하〕의 자"와 같은 의미로 사용되고 있다(間野, 1998: 51쪽). 우타미슈 하지의 《칭기스 나마》에서는 톡 부가와 마마이는 "카라 키시"라 불리고 있다(川口·長峰, 2008: 27, 52쪽).

한편, 카라추에 대해 라시드 앗 딘의 《집사集史》에는 다음과 같은 기록이 있다.

칭기스 칸은 보오르추 노얀에 대하여 "그의 지위는 칸들보다도 낮고, 아미르들과 카라추보다는 높다"라고 말하였다. (Rashīd al-Dīn, 1373/1994: 170쪽)

보오르추는 아룰라트 부족 출신으로 칸을 섬겼고, 칭기스 칸 휘하의 용사로 명성이 높은 "사준四駿"이었기 때문인지, 그의 지위는 부족의 지도자이자 군사령관 아미르나 카라추보다 높다고 한 것이다.* 한편, 칭기스 칸의 빌릭(훈계)에는 몽골 사회에서 제왕(칸), 아미르(귀현貴顯), 케식텐의 사람(칸의 친위대), 카라추의 사람(즉, 평민=일반 유목민), 가복家僕인(가내 노예)의 다섯 신분이 열거되어 있으며, 카라추는 "평민"으로 정의되어 있다(Rashīd al-Dīn, 1373/1994: 586쪽). 마찬가지로 "나(뭉케 카안의 아들 아수타이)는 우리 일문[칭기스 가문]이 카라추의 손에 죽임을 당하는 것을 바라지 않았다"(Rashīd al-Dīn, 1373/1994: 887쪽)라는 기록도 있다.

이상의 점을 감안한다면, 카라추는 몽골어에서 투르크어로 차용되는 과정에서 그 의미가 약간 변화해서 "칭기스 가문이 아닌 사람"이라는 의미로 사용하게 되었다고 생각할 수 있다. 이렇게 카라추란 초로스 부족의 에센, 투바이트 부족의 카즈간, 바룰라스 부족의 티무르, 두글라트 부족의 카마르 앗 딘, 잘라이르 부족의 셰이흐 우와이스, 키야트 부족의 이사타이와 마마이, 망기트 부족의 에디구와 같이 "칭기스 가문이 아닌 사람" 즉 칭기스 가문의 칸을 섬긴 부족 출신의 인물을 가리키게 되는 것이다.

그렇다면 티무르 왕조의 군주들은 카라추에 대해 어떻게 생각하고 있었을까? 이에 대해 모굴 울루스의 투글룩테무르 칸이 마와라안나흐르를 침공해 정복했을 때, 훗날 왕조를 창시하게 되는 티무르는 칸에게 귀순하며 칸의 휘하 아미르들에게 다음과 같이 말하고 있다.

• 칭기스 칸을 도와 몽골 제국을 건국한 8인의 공신을 사준사구(四駿四狗)라고 지칭한다. 네 마리의 준마와 네 마리의 충견을 뜻한다. 그중에서 사준은 보오르추, 보로굴, 무칼리, 칠라운 네 사람이다.

국토가 상속과 승리를 통하여 제왕[투글룩테무르 칸]에게 귀속되었고, 진리가 그분의 중심에 있기에, 카라추에게는 그것이 아무리 간섭적 행위라 할지라도 천명天命과 칭기스 칸의 투레를 위하여 그것에 복종·종속하는 것이 의무이며 필수입니다. (Ḥāfiẓ Abrū, 1380/2001: 319~320쪽)

앞서 인용한 모굴 울루스의 정변에 관한 사료에서도 카라추인 카마르 앗 딘에 의한 권력 찬탈의 배경에 칭기스 칸의 투레가 준수되지 않은 사태가 있었듯이, 여기서도 카라추와 투레 사이 연관성이 드러나며, 티무르는 자신을 카라추라고 인식하고 카라추는 칭기스 칸의 투레에 따르는 것이 자신의 의무이자 필수라고 말하고 있는 것이다.

맺음말

13~14세기, 몽골 제국은 몇 개의 몽골 정권의 집합체로서 재편되어 갔다. 유라시아 대부분을 덮었던 몽골 제국이라는 정치 질서는 칭기스 가문의 고귀함과 몽골의 요순 및 칭기스 칸의 야사에 의해 지탱된 견고한 것이었다. 포스트-몽골 시대의 문을 연 티무르는 결코 자신의 재능만으로 중앙아시아의 유력자로 부상한 것이 아니며, 그가 정치 무대에 등장하는 계기를 제공한 것은 모굴 울루스의 투글룩테무르 칸이었다. 이후, 티무르는 모굴 울루스의 지원을 받으면서 다른 아미르들과의 권력 투쟁에서 승리했다. 그 결과, 티무르는 정권 수립 직전에 칭기스 가문의 소유르가트미쉬를 칸으로 즉위시키고 몽골의 요순 및 칭기스 칸의 야사를 부흥시키겠다고 드높여 선언했다. 이로써 그는 카라

추 신분이었음에도 중앙아시아 서부의 실질적 통치권을 장악하는 데 성공했다. 이렇게 티무르 왕조는 몽골 제국이 시간을 들여 만들어낸 칭기스 가문의 권위라는 정치 문화를 존중하면서 중앙아시아와 서아시아를 통합하는 데 성공한다. 그 결과, 유라시아에는 칭기스 가문 출신이 아닌 카라추 사람들이 실권을 장악하는 시대가 도래했으며, 그중 티무르 왕조는 중앙아시아와 아프가니스탄 역사에서 가장 찬란한 시대를 낳게 된다.

지속적으로 확대하는 몽골 제국 역사의 범주

역사학계에서 몽골 제국의 역사가 '세계사'의 형성이라는 관점에서 재조명되고 다양한 언어로 된 사료와 연구 성과가 소개·번역되면서, 이제 몽골 제국의 역사 연구는 심화 단계로 접어들었다고 할 수 있다. 이는 유목민이 단순한 야만인이라는 편견을 배제하고, 유목민을 농경민과 함께 세계사를 움직인 주인공으로 인식하게 된 것을 시작으로 이루어진 연구의 발전이다. 몽골 제국은 동아시아·중앙아시아·서아시아·러시아 등 유라시아 대부분의 지역을 정복하고 통치한 거대한 육상 제국이었기 때문에 심화 연구를 위해서는 중국어(한문을 포함한), 페르시아어, 몽골어, 티베트어, 아랍어, 러시아어 등 여러 언어로 기록된 자료를 섭렵할 필요가 있다. 그러나 한 명의 연구자가 이 모든 언어를 습득하고 다양한 문화권의 특징을 온전히 이해하기란 불가능한 일이다.

　그래서 몽골 제국 역사 연구는 한문 사료와 페르시아어 사료가 중심이 되어 '분절적'으로 진행되어왔다. 즉, 한문 사료를 근거로 하는 연구와 페르시아어 사료를 근거로 하는 연구가 각각 이루어져온 것이다.

이러한 분절성을 극복하기 위해 한문과 페르시아어 두 언어 자료를 모두 활용하면서 몽골 제국 전체를 대상으로 연구를 진행하는 연구자도 있지만, 그 수는 그렇게 많지 않다. 몽골 제국의 광범함에서 비롯하는 연구의 한계를 극복하기 위해 여러 시도가 진행되었는데, 현재로서는 동아시아·중앙아시아·서아시아·러시아 등 다양한 지역의 몽골 제국 시대 연구자들이 대주제 아래 각자의 소주제를 설정해 연구하고 그 결과를 하나의 단행본으로 출간하는 것이 몽골 제국과 그 시대를 전체적 관점에서 바라보기 위한 효과적인 방법이라고 할 수 있다.

그런 사례로 국내에 번역·출간된 책 중의 하나가 바로 《몽골 제국, 실크로드의 개척자들—장군, 상인, 지식인》(원제 Along the Silk Roads in Mongol Eurasia: Generals, Merchants, and Intellectuals)이다. 이 책은 몽골 제국 시기 동서 교류와 관련된 역사적 인물의 사례를 연구한 복수의 연구자의 논문들을 모은 것으로, 그중에는 바이주·쿠툴룬 등 몽골인은 물론이고 곽간郭侃이나 양정벽楊庭璧 같은 한인漢人, 자말 앗 딘 앗티비와 같은 서아시아인의 사례도 있고 툭투카 등 투르크 유목민의 사례도 있다. 이처럼 다양한 출신의 상이한 문화권에 속한 사람들의 활동이 몽골 제국이라는 거대한 범주 아래 하나로 묶이는 작업은 한 사람의 역사 연구자는 엄두를 낼 수 없는 일이고 동일한 문화권의 복수의 역사 연구자로도 결코 수행할 수 있는 것이 아니다. 몽골 제국 연구에서는 이와 같은 논문 모음집 형태의 연구서가 비교적 활발하게 출간되고 있는데, 이는 몽골 제국 역사의 이해를 위해서는 다양한 문화권의 역사를 연구하는 연구자들이 협력해서 각 연구자들의 지식과 관점의 공백을 보완해야 함을 의미한다.

이번에 번역해 선보이는 《몽골 제국과 해역 세계—12~14세기》 역시 앞에서 설명한 성격을 띠는 책이다. 전체 24권으로 구성된 일본의 '이와나미강좌 세계역사岩波講座 世界歷史' 시리즈 중에서 몽골 제국과 그 시대를 다룬 이 책도 몽골 제국이 세계사에서 지니는 의미를 강조하고, 그 광범한 영향을 논의하기 위해 동아시아·중앙아시아·동남아시아·서아시아 지역 연구자들이 공동 저자로 참여했다. 여기까지는 몽골 제국과 관련한 일반적인 논문 모음집의 성격과 크게 다를 것이 없다.

그러나 《몽골 제국과 해역 세계—12~14세기》가 '이와나미강좌 세계사' 시리즈에 속해 있다는 점에 주목할 필요가 있다. 시리즈의 목적 자체가 세계사의 흐름을 전반적으로 설명하면서 아울러 현재 학계의 최신 연구 동향을 최대한 반영해 독자들에게 소개하는 것이기 때문이다. 그래서 이 책의 구성도 몽골 제국이 '초기 글로벌화' 단계로서 갖는 의의 및 제국이 유라시아의 육지 세계와 해역 세계의 광범한 교류에 끼친 영향을 다룬 "전망Perspective", 각 지역에서 보이는 몽골 제국 통치의 특징(몽골 고유의 울루스, 몽골 지배기의 중국, 몽골 지배기의 투르키스탄, 동아시아의 해역 세계)을 다룬 "문제들Inquiry", 몽골 제국 역사에서 주목받는 다양한 주제를 다룬 "초점Focus으로 구성되어 있는 것이다. "전망" → "문제들" → "초점"으로 갈수록 몽골 제국에 관한 광범한 주제에서부터 세부적 사안으로 논의가 전개되는 것이 이 책의 특징이다. 아울러 이 책의 일본어 원서가 간행된 2023년 단계까지 일본 학계의 몽골 제국 역사 관련 최신 연구 성과를 담아내고자 했다는 점도 주목해야 한다. 20세기 초, 일본 제국주의의 대륙 진출을 위해 시작되었던 일본 학계의 만주사·몽골사 연구의 흐름이 시대의 변화에 따라 제국주의적 이데올로기를 벗어던지면서 새롭게 이어짐과 동시에 페르시아어·티베트어·위구르어·투르크어 사료 등을 활용하는 다양한 전문가들이 배출되면서 연구의 수준이 한 단계 더 도약했다는 점이 그것이다. 즉, 이 책은 몽골 제국이 세계사에서 어떤 위치를 갖는지를 거시적으로 조망한 토대 위에서 제국이 직접적·간접적으로 지배한 지역과, 아울러 제국의 영토에 포함되지는 않았지만 제국의 심대한 영향을 받은 지역의 역사와 관련 사안들을 분석하고 있는 것이다.

《몽골 제국과 해역 세계―12~14세기》에서 주목할 또 한 가지 특징은 제목에서도 드러나듯이, 책이 '해역 세계'를 다룬다는 점이다. 몽골 제국은 그 형성과 확장이 주로 기마병을 통해 이루어졌다는 점에서 전형적인 '육상 제국'이라 할 수 있다. 또한, 유목민은 바다와는 멀리 떨어진 지리적 공간에서 생활했기 때문에 몽골 제국 이전의 유목민은 해양과는 그다지 인연이 없었다. 그러나 몽골 제국이 중국의 강남江南 지방에 자리했던 남송까지 정복하면서 사정은 크게 달라졌다. 특히 쿠빌라이는 해역·해양을 통한 교역을 적극적으로 후원했고, 이로써 이미 송대에 상당한 발전을 이룩한 해역 세계의 무역과 왕래는 더욱 활발해졌다. 비록 쿠빌라이의 일본·베트남·인도네시아 원정은 실패로 끝났지만, 정치적·군사적 차원과는 별개로 경제적·사회적·문화적 교류는 계속 확대되었고, 이제 몽골 제국은 '육상 제국'만이 아닌 '해역 제국'으로서의 성격도 갖게 되었다. 이를 입증하는 실물의 하나가 바로 당대當代의 침몰선에서 인양된 중국 도자기를 비롯한 무역품이다. 국가의 직접적인 통치 구역이 설정될 수 없는 전근대 해역 세계의 활성화를 설명하기 위해서는 해양고고학의 연구 성과를 반드시 참조해야 하는데, 이 책은 그중 중국 도자기를 중심으로 해역 세계의 발전을 설명하고 있다. 이는 몽골 제국 역사에서 다룰 수 있는 공간적 범주가 최근에 들어 더 넓어졌음을 보여주는 동시에 역사학·고고학 등의 학제간 연구도 필요함을 역설하고 있다는 점에서 국내 학계에도 시사점을 제공해주고 있다.

아울러 눈에 띄는 부분은 "12~14세기"라는 시기 설정이다. 대체로 몽골 제국의 역사를 다루게 되면, 그 시기 범주를 13~14세기로 잡는 것이 일반적이다. 그런데 《몽골 제국과 해역 세계―12~14세기》는 칭기스 칸이 제국을 세우기 이전인 12세기도 고찰의 범위에 포함하고 있다. 이는 몽골 제국이 제국 성립 이전 시기와는 다른 역사상을 만들었을 뿐만 아니라 제국 성립 이전 시기 각 지역의 전통을 일부 '계승'했다는 점에도 주목하는 시기 범주의 설정이라고 할 수 있다. 대표적으로, 해역 세계는 몽골 제국의 등장 이전부터 활발한 교역을 통해 고유의 역사적 역할을 담당하고 있었다. 몽골 제국은 이를 계승해 해역 세계의 역할을 더욱 확장하면서 육상 제국이자 해역 제국으로 성장할 수 있었다. 몽골 제국의 역사적 의미로 주로 강조되는 것이 몽골 제국 등장 이전의 세계사적 흐름을 크게 바꾸었다는 점인데, 그 변화의 동력은 기존의 정치·경제·문화 등을 발전적으로 계승한 데서 나왔다는 관점도 고려해야 하는 것이다.

한편, 이 책의 제2장에서 등장하는 "몽골 임팩트Mongol Impact"라는 표현에도 주목할 필요가 있다. "몽골 임팩트"란 몽골 제국이 유라시아의 거의 전역에 끼친 광범한 영향(혹은 충격)을 지칭하는 표현이다. 몽골 제국은 단순히 군사적 정복만으로 세계사의 흐름을 바꾸어놓은 것이 아니다. 정복 이후의 통치 과정에서 정치·경제·제도·사회·문화 등 다방면에 걸친 몽골 제국의 영향이 확인되며, 그 영향은 제국의 직접적 지배를 받지 않은 지역에서도 나타났다. 게다가 그와 같은 영향은 몽골 제국이 쇠망한 이후에도 없어지지 않았기 때문에 "몽골 임팩트"

가 유라시아 각 지역의 역사에서 어떠한 모습으로 나타났는지를 살펴보는 것은 몽골 제국 역사 연구의 중요한 과제다.

여기에서 한 가지 반드시 짚고 넘어가야 할 것이 있다. "몽골 임팩트"는 '몽골인'들에 의해서만 형성된 역사적 현상이 아니라는 점이다. 몽골 제국의 지배를 받은 다양한 민족, 다양한 부류의 사람들은 몽골 제국의 지배와 그 영향력에 각각의 방식으로 대응했고, 몽골인도 자신들이 정복한 지역의 정치·사회·풍속·문화·종교·언어 등을 접하게 되면서 다양한 방식으로 현지에 적응해나갔다. 곧, 몽골 제국 시대를 살아간 모든 사람에 의해 여러 정치적·경제적·문화적 방면에서 만들어진 것이 이른바 "몽골 임팩트"인 것이다. "임팩트"라는 단어 자체가 "충격", "영향"의 의미를 가지고 있듯이, "몽골 임팩트" 역시 누군가에게는 엄청난 부정적 충격이었고, 누군가에게는 대단한 긍정적 영향이었다. 이러한 다면성 자체가 곧 몽골 제국의 특징이라는 점을 다양한 주제를 다루고 있는 이 책의 13개장을 통해 확인할 수 있을 것이다. 아울러 카라코룸의 고고학적 연구, 유럽의 몽골인에 대한 인식, 수중고고학과 몽골 제국의 관계, 몽골 제국 시대 천문학의 발전, 페르시아에서 등장한 보편사普遍史 서술의 경향을 다룬 5개의 "칼럼"도 주목할 가치가 있다. 몽골 제국 역사 연구에서 새롭게 부상하고 있는 주제들을 간단명료하게 "칼럼" 방식으로 서술하고 있어 앞으로도 몽골 제국 역사 연구의 범주가 계속 넓어질 것임을 암시하고 있다는 점에서다.

《몽골 제국과 해역 세계—12~14세기》를 번역하면서 많은 것을 배웠다. 옮긴이가 알고 있는 몽골 제국에 관한 지식은 국지적인 것에 불과함을 번역하는 내내 실감했다. 근래에 세계 학계의 몽골 제국 역사 연구의 질과 양이 전폭적으로 상승하는 분위기에서 일본 학계의 몽골 제국 역사 연구의 성과 역시 다방면으로 축적되어 있다는 점에 새삼 놀라지 않을 수 없었다. 이와 같은 연구 성과의 발전을 잘 보여주는 이 책이 앞으로의 연구를 위한 영감을 주고, 몽골 제국 역사의 광범한 지평을 조망하는 디딤돌이 될 수 있기를 기대해본다.

마지막으로, 옮긴이가 전공한 몽골 제국사를 다룬 일본 서적을 공부하겠다고 마음을 먹고 번역을 시작한 이 책의 전문적인 내용을 출판해줄 출판사를 찾지 못해 애를 먹었지만, 다행히 몽골 제국과 중앙아시아 역사 분야 서적들을 활발히 출간하고 있는 도서출판 책과함께에서 번역 출간의 제안을 받아주셨다. 그저 감사드릴 따름이다. 책의 교정·편집 과정에서는 좌세훈 편집자께서 책을 꼼꼼하게 살펴보면서 여러 가지 오류를 바로잡아주었다. 좌세훈 편집자께도 감사드린다. 아울러 옮긴이가 공부를 할 수 있도록 물심양면으로 지원해주시고 응원을 아끼지 않으시는 부모님께 다시 한번 감사하다는 말씀을 전해드리고자 한다.

2026년 1월 16일
광교의 연구실에서
옮긴이 권용철

제1장 초기 글로벌화로서의 몽골 제국의 성립과 전개

秋田茂(2019), 〈序章 グローバル化の世界史〉, 同編, 《グローバル化の世界史》, ミネルヴァ書房.

アブー=ルゴド, ジャネット·L.(2001), 《ヨーロッパ覇權以前: もうひとつの世界システム》(全2卷), 岩波書店.

諫早庸一(2022), 〈ユーラシアから考える〈14世紀の危機〉〉, 《史苑》 82-2. http://doi.org/10.14992/00021496

磯貝健一·矢島洋一(2007), 〈ヒジュラ曆742年カラコルムのペルシア語碑文〉, 《內陸アジア言語の研究》 22.

井谷鋼造(1988), 〈モンゴル軍のルーム侵攻について〉, 《オリエント》 31-2.

宇野伸浩(1989), 〈オゴデイ·ハンとムスリム商人: オルドにおける交易と西アジア産の商品〉, 《東洋學報》 70-3, 4.

宇野伸浩(1993), 〈チンギス·カン家の通婚關係の變遷〉, 《東洋史研究》 52-3.

宇野伸浩(1999), 〈チンギス·カン家の通婚關係に見られる對稱的婚姻緣組〉, 《國立民族學博物館研究報告別冊》 20.

宇野伸浩(2008), 〈フレグ家の通婚關係にみられる交換婚〉, 《北東アジア研究》 別冊 1.

宇野伸浩(2009), 〈チンギス·カン前半生研究のための《元朝秘史》と《集史》の比較考察〉, 《人間環境學研究》 7.

宇野伸浩(2021), 〈モンゴル帝國のカトン: 帝國の政治を動かした女性たち〉, 《修道法學》 44-1.

大塚修·赤坂恒明·髙木小苗·水上勉·渡部良子(2022), 《カーシャーニー オルジェイトゥ史: イランのモンゴル政權イル·ハン國の宮廷年代記》, 名古屋大學出版會.

岡田英弘(1981), 〈モンゴルの統一〉, 護雅夫·神田信夫 編, 《北アジア史(新版)》, 山川出版社; 再錄: 岡田英弘, 《モンゴル帝國から大淸帝國へ》, 藤原書店, 2010.

岡田英弘(1985), 〈元朝秘史の成立〉, 《東洋學報》 66-1, 2, 3, 4.

岡田英弘(1986), 《チンギス·ハーン: 將い將たるの戰略》, 集英社. 再版: 《チンギス·ハーン》, 朝日文庫, 1993.

岡田英弘(2001), 《モンゴル帝國の興亡》(ちくま新書 314), 筑摩書房.

岡田英弘(2016), 《チンギス·ハーンとその子孫: もうひとつのモンゴル通史》, ビジネス社.

小澤重男 譯(1997), 《元朝秘史》(全2卷, 岩波文庫 靑411-1, 2), 岩波書店.

小野浩(2010), 〈ディルシャード·ハトンとそのファルマーン: 14世紀イランにおける女性の發令書〉, 《女性歷史文化研究所紀要》 18.

加藤和秀(1978), 〈チャガタイ= ハン國の成立〉, 日本オリエント學會 編, 《足利惇氏博士喜壽記念オリエント學·インド學論集》.

川口琢司(2007),《ティムール帝國支配層の研究》, 北海道大學出版會.

川本正知(2013),《モンゴル帝國の軍隊と戰爭》, 山川出版社.

キャンベル, ブルース・M・s (2021),《大遷移: 後期中世世界における氣候・疫病・社會》より 第1章》, 東京都立大學西洋中近世史ゼミ 譯,《人文學報(歴史學・考古學)》49.

坂本勉(1970),〈モンゴル帝國における必闍赤 = bitikči: 憲宗メングの時代までを中心として〉,《史學》42-4.

佐藤武敏 編(1993),《中國災害史年表》, 國書刊行會.

白石典之 編(2015),《チンギス・カンとその時代》, 勉誠出版.

白石典之(2016),〈斡里札河の戰いにおける金軍の經路〉,《内陸アジア史研究》31.

白石典之(2017),《モンゴル帝國誕生: チンギス・カンの都を掘る》, 講談社選書メチエ.

杉山正明(1978),〈モンゴル帝國の原像: チンギス・カンの一族分封をめぐって〉,《東洋史研究》37-1.

杉山正明(1992),《大モンゴルの世界: 陸と海の巨大帝國》, 角川書店.

杉山正明(1996),《モンゴル帝國の興亡》(全2卷), 講談社.

杉山正明(2004),《モンゴル帝國と大元ウルス》, 京都大學學術出版會.

妹尾達彦(2020),〈東アジアの複都制〉, 同編,《アフロ・ユーラシア大陸の都市と社會》, 中央大學出版部.

高木小苗(2013),〈二つの〈ディーワーン〉: イルハン國初期のイラン地域支配をめぐって〉,《多元文化》3.

高木小苗(2014),〈フレグのウルスと西征軍〉,《内陸アジア史研究》29.

多田隆治(2017),《氣候變動を理學する》, みすず書房.

トロエ, バレリー(2021),《年輪で讀む世界史: チンギス・ハーンの戰勝の秘密から失われた海賊の財寶, ローマ帝國の崩壊まで》, 築地書館.

中塚武(2016),〈高分解能古氣候データを用いた新しい 史學研究の可能性〉,《日本史研究》646.

中塚武(2021),《酸素同位體比年輪年代法: 先史・古代の暦年と天候を編む》, 同成社.

中塚武(2022a),〈書評 1 樹木年輪古氣候學の現狀と課題: バレリ・トロエ《年輪で讀む世界史》〉,《史苑》82-2.

中塚武(2022b),〈温暖化が驅動する大氣海洋相互作用: 樹木とサンゴの年輪共同研究の重要性〉,《月刊海洋》622.

中塚武 外 編(2020),《氣候變動から讀みなおす日本史》(全6卷), 臨川書店.

白玉冬(2011),〈10世紀から11世紀における〈九姓タタル國〉〉,《東洋學報》93-1.

本田實信(1991),《モンゴル時代史研究》, 東京大學出版會.

松田孝一(1978),〈モンゴルの漢地統治制度: 分地分民制度を中心として〉,《待兼山論叢 史學編》11.

松田孝一(2015),〈チンギス・ハーンの國づくり〉, 白石典之 編(2015),《チンギス・カンとその時代》.

間野英二・堀川徹 編(2004),《中央アジアの歴史・社會・文化》, 放送大學教育振興會.

向正樹(2019),〈モンゴル帝國とユーラシア廣域ネットワーク〉, 秋田茂 編,《グローバル化の世界史》, ミネルヴァ書房.

村岡倫(1988),〈カイドゥと中央アジア: タラスのクリルタイめぐって〉,《東洋史苑》30.

村岡倫(2016),〈元〉, 富谷至・森田憲司 編,《中國史》下卷, 昭和堂.

護雅夫(1970),〈總說〉, 同 外,《岩波講座 世界歴史 9》, 岩波書店.

森安孝夫(2021), 〈前近代中央ユーラシアのトルコ・モンゴル族とキリスト教〉, 《帝京大學文化財研究所研究報告》20.

吉田順一(1968), 〈元朝秘史の歴史性: その年代記的側面の檢討〉, 《史觀》78.

吉田順一(2019), 《モンゴルの歴史と社會》, 風間書房.

四日市康博(2005), 〈ジャルグチ考: モンゴル帝國の重層的國家構造および分配システムとの關わりから〉, 《史學雜誌》114-4.

ル・ロワ・ラデュリ, エマニュエル(2019), 《氣候と人間の歴史: 猛暑と氷河 13世紀から18世紀》第1卷, 藤原書店.

陳高華・張國旺(2020), 《元代災荒史》, 廣東教育出版社.

葛全勝(2010), 《中國歷朝氣候變化》, 科學出版社.

王培華(2010), 《元代北方災荒與救濟》, 北京師範大學出版社.

張德二 編(2004), 《中國三千年氣象記錄總集》(全4卷), 鳳凰出版社・江浙教育出版社.

Allsen, Thomas T. (1987), *Mongol Imperialism: The Policies of the Grand Qan Möngke in China, Russia, and the Islamic Lands, 1251-1259*, Berkeley: University of California Press.

Atwood, P. Christopher (2017), "The Indictment of Ong Qa'an: The Earliest Reconstructable Mongolian Source on the Rise of Chinggis Khan", 《西域歷史語言研究集刊》9.

Biran, Michal (1997), *Qaidu and the Rise of the Independent Mongol State in Central Asia*, Richmond, Surrey: Curzon.

Biran, Michal (2005), *The Empire of the Qara Khitai in Eurasian History: Between China and the Islamic World* (Cambridge Studies in Islamic Civilization), Cambridge: Cambridge University Press.

Biran, Michal Et al. (eds.) (2020), *Along the Silk Roads in Mongol Eurasia*, California: University of California Press.

Broadbridge, Anne F. (2018), *Women and the Making of the Mongol Empire*, Cambridge: Cambridge University Press.

Büntgen, U. et al. (2016a), "Cooling and societal chang during the Late Antique Little Ice Age from 536 to around 660 AD", *Nature Geoscience*, 9(3).

Büntgen, U. et al. (2016b), Russian Altai and European Alps 2,000 Year Summer Temperature Reconstructions. (https://www.ncei.noaa.gov/pub/data/paleo/treering/reconstructions/asia/russia/altai2016temp.txt)

Büntgen, U. et al. (2022), "Globel tree-ring response and inferred climate variation following the mid-thirteenth century Samalas eruption", *Climate Dynamics*, 59.

Campbell, Bruce M. S. (2016), *The Great Transition: Climate, Disease and Society in the Late-Medieval World, Cambri*dge: Cambridge University Press.

Cook, E. R. et al. (2013), "Tree-ring reconstructed summer temperature anomalies for temperate East Asia since 800 C. E.", *Climate Dynamics*, 41.

Cook, E. R. et al. (2015), Asia 1200 Year Gridded Summer Temperature Reconstrctions.

(https://www.ncei.noaa.gov/access/paleo-search/study/19523)

Davi, N.K. et al. (2015), "A long-term context (931-2005 C.E.) for rapid warming over Central Asia", *Quaternary Science Reviews*, 121.

Davi, N.K. et al. (2016), Northern Mongolia 1000 Year Summer Temperature Reconstruction. (https://www.ncei.noaa.gov/pub/data/paleo/treering/reconstructions/ mongolia/ mongolia2015temp.txt)

De Nicola, Bruno (2017), *Women in Mongol Iran: The Khatuns, 1206-1335*, Edinburgh: Edinburgh University Press.

De Nicola, Bruno (2020), "Pādshāh Khatun: An Example of Architectural, Religious, and Literary Patronage in Ilkhanid Iran", in Michal Biran et al. 2020.

Di Cosmo, N., C. Oppenheimer, and U. Büntgen (2017), "Interplay of environmental and socio-political factors in the downfall of the Eastern Türk Empire in 630 CE", *Climatic Change*, 145.

Fei, J. et al. (2007), "Circa A.D. 626 volcanic eruption, climatic cooling, and the collapse of the Eastern Turkic Empire", *Climatic Change*, 81.

Jackson, Peter (1999), "From Ulus to Khanate: The Making of the Mongol States c. 1220-c. 1290", R. Amitai-Preiss and D.O. Morgan (eds.), *The Mongol Empire and Its Legacy*, Leiden: E.J. Brill.

Jackson, Peter (2009), "The Mongol age in Eastern Inner Asia", N. Di Cosmo et al. (eds.), *The Cambridge History of Inner Asia: The Chinggisid Age*, Cambridge: Cambridge University Press.

Jackson, Peter (2017), *The Mongols and Islamic World: From Conquest to Conversion*, New Haven: Yale University Press.

Kim, Hodong (2009), "The Unity of the Mongol Empire and Continental Exchange over Eurasia", *Journal of Central Eurasian Studies*, 1.

Kuroda, Akinobu (2017), "Why and How Did Silver Dominate across Eurasia Late-13th through Mid-14th Century? Historical Backgrounds of the Silver Bars Unearthed from Orheiul Vechi", *Tyragetia, Archaeology*, 11-1.

Kuroda, Akinobu (2020), *A Global History of Money*, London and New York: Routledge.

Matsui, Dai (2009), "Dumdadu Mongγol Ulus 'The Middle Mongolian Empire'", Volker Rybatzki et al. (eds.), *The Early Mongols: Language, Culture and History: Studies in Honor of Igor de Rachewiltz on the Occasion of his 80th Birthday*, Bloomington: Indiana University Press.

Miyawaki, Junko (1999), "The Legitimacy of Khanship Among the Oyirad (Kalmyk) Tribes in Relation to the Chinggisid Principle", R. Amitai-Preiss and D.O. Morgan (eds.), *The Mongol Empire and Its Legacy*, Leiden: Brill.

Nakatsuka, T. et al. (2020) Central Japan 2,600 Year Composite Tree-Ring Oxygen Isotope Data. (https://www.ncei.noaa.gov/pub/data/paleo/treering/isotope/asia/japan/ japan2020d18o.txt)

Okada, Hidehiro (1972), "The Secret History of the Mongols, a pseudo-historical novel",《ア
ジア・アフリカ言語文化研究》5.

PAGES 2k Consortium (2013), "Continental-scale temperature variability during the last
two millennia", *Nature Geoscience*, 6.

Pederson, N. et al. (2014), "Pluvials, droughts, the Mongol Empire, and modern Mongolia",
Proceedings of the National Academy of Sciences of the United States of America,
111-12.

Pederson, N. (2014), Mongol Empire scPDSI reconstrution. (https://broadleafpapers.
wordpress.com/data/mongol-empire-scpdsi-reconstruction/)

Pfeiffer, Judith (2014), "'Not every head that wears a crown deserves to rule': Women
in Il-Khanid political life and court culture", Rachel Ward (ed.), *Court and Craft: A
Masterpiece from Northern Iraq*, London: The Courtauld Gallery.

Sun, C. et al. (2021a), "Tree rings reveal the impacts of the Northern Hemisphere
temperature on precipitation reduction in the low latitudes of East Asia since 1259
CE", *Journal of Geophysical Research: Atmospheres*, 126-7.

Sun, C. et al. (2021b), Taiwan 748 Year March-August Precipitation Reconstruction. (https://
www.ncei.noaa.gov/pub/data/paleo/treering/reconstructions/asia/taiwan2021precip.
txt)

Uno, Nobuhiro (2009), "Exchange-Marriage in the Royal Families of Nomadic States",
The Early Mongols: Language, Culture and History, Bloomington: Indiana University
Press.

White, S., Ch. Pfister, and F. Mauelshagen (eds.) (2018), *The Palgrave Handbook of Climate
History*, London: Palgrave Macmillan.

제2장 유라시아 세계와 해역 세계 동서 교류에서의 몽골 임팩트

青山亨(2001),〈シンガサリ=マジャパヒト王國〉,《(岩波講座 東南アジア史 2) 東南アジア古代國家の
成立と展開》, 岩波書店.

岩武昭男(1997),〈ラシード著作全集の編纂:《ワッサーフ史》著者自筆寫本の記述より〉,《東洋學報》
78-4.

上田信(2020),《人口の中國史: 先史時代から19世紀まで》, 岩波新書.

宇野伸浩(1989),〈オゴデイ・ハンとムスリム商人: オルドにおける交易と西アジア産の商品〉,《東洋學
報》70-3, 4.

榎本渉(2007),《東アジア海域と日中交流》, 吉川弘文館.

愛宕松男(1970),〈元の中國支配と漢民族社會〉,《(岩波講座 世界歷史 9) 中世 3 內陸アジア世界の
展開》, 岩波書店.

愛宕松男(1973),〈斡脱錢とその背景: 13世紀モンゴル=元朝における銀の動向〉(上, 下),《東洋史研
究》32-1, 2.

小野浩(1993), 〈〈とこしえの天の力のもとに〉: モンゴル時代發令文の冒頭定型句をめぐって〉,《京都橘女子大學研究紀要》20.

黒田明伸(2014),《貨幣システムの世界史 増補新版:〈非對稱性〉をよむ》, 岩波書店.

中村淳(1994), 〈モンゴル時代の〈道佛論爭〉の實像: クビライの中國支配への道〉,《東洋學報》75-3, 4.

中村淳(1997), 〈チベットとモンゴルの邂逅: 遙かなる後世へのめばえ〉,《(岩波講座 世界歴史 11) 中央ユーラシアの統合 9~16世紀》, 岩波書店.

羽田亨(1995), 〈ペルシア語譯《王叔和脈訣》の中國語原本について〉,《アジア・アフリカ言語文化研究》48, 49.

松井太(1988), 〈ウイグル文クトルグ印文書〉,《内陸アジア言語の研究》13.

松川節(1995), 〈大元ウルス命令文の書式〉,《待兼山論叢 史學編》29.

松田孝一(2002), 〈モンゴル帝國における工匠の確保と管理の諸相〉,《碑刻等史料の總合的分析によるモンゴル帝國・元朝の政治・經濟システムの基礎的研究(平成12~13年度科學研究費補助金・基礎研究(B)(1)報告書)》, 大阪國際大學.

村井章介(1992), 〈渡來僧の世紀〉, 石井進 編,《都と鄙の中世史》, 吉川弘文館.

村上正二(1942), 〈元朝に於ける泉府司と斡脱〉,《東方學報(東京)》13-1.

護雅夫(1952), 〈Nökür考: 〈チンギス=ハン國家〉形成期における〉,《史學雜誌》61/8.

森本朝子(2009), 〈東南アジアにおける14世紀前後の福建陶磁: インドネシア・マレーシア・フィリピンの遺跡の出土遺物〉, 木下尚子(代表),《13~14世紀の琉球と福建(平成17~20年度科學研究費補助金基礎研究(A)(2)研究成果報告書)》, 熊本大學.

森安孝夫(1997), 〈オルトク(斡脱)とウイグル商人〉,《近世・近代中國および周邊地域における諸民族の移動と地域開發(平成8年度科學研究費補助金(總合研究A)研究成果報告書)》.

家島彦一(1976), 〈モンゴル帝國時代のインド洋貿易: 特にKīsh商人の貿易活動をめぐって〉,《東洋學報》57-3, 4.

家島彦一(2006), 〈インド洋を渡る馬の交易〉,《海域から見た歴史: インド洋と地中海を結ぶ交流史》, 名古屋大學出版會.

家島彦一(2021),《インド洋海域世界の歴史: 人の移動と交流のクロス・ロード》, ちくま學藝文庫(初版《海が創る文明: インド洋海域世界の歴史》, 朝日新聞出版社, 1993).

四日市康博(2002), 〈元朝の中買寶貨: その意義および南海交易・オルトクとの關わりについて〉,《内陸アジア史研究》17.

四日市康博(2006a), 〈元朝とイル=ハン朝の外交・通商關係における國際貿易商人〉,《内陸圏・海域圏交流ネットワークとイスラム》, 櫂歌書房.

四日市康博(2006b), 〈元朝斡脱政策にみる交易活動と宗教活動の諸相: 附《元典章》斡脱關連條文譯注〉,《東アジアと日本: 交流と變容》3.

四日市康博(2015), 〈ユーラシア史的視点から見たイル=ハン朝公文書: イル=ハン朝公文書研究の序論として〉,《史苑》75-2.

曹樹基・李玉尚(2006),《鼠疫: 戰爭與和平 中國的環境與社會變遷》, 山東畫報出版社.

郭珂・張功員(2008), 〈元代疫災述論〉,《醫學與哲學(人文社會醫學版)》348.

尚剛(2009), "Nasij in China", 葉奕良 編,《伊朗學在中國論文集》, 北京大學出版社.

王頲(2006), 〈元王朝與爪哇的戰爭和來往〉, 《史林》 2006-4.

Achtman, Mark et al. (2004), "Microevolution and History of the Plague Bacillus, Yersinia Pestis", *Proceedings of the National Academy of Sciences*, 101.

Allsen, Thomas T. (1997), *Commodity and Exchange in the Mongol Empire: A Cultural History of Islamic Textiles*, Cambridge: Cambridge University Press.

Allsen, Thomas T. (2009), *Culture and Conquest in Mongol Eurasia*, Cambridge: Cambridge University Press.

Amitai-Preiss, Reuven (1995), *Mongols and Mamluks: The Mamluk-Ilkhanid War, 1260-1281*, Cambridge: Cambridge University Press.

Aubin, Jean (1953), "Les Princes d'Ormuz du XIIIᵉ au XVᵉ siècle", *Journal Asiatique*, 241.

Biran, Michal (2019), "Libraries, Books and Transmission of Knowledge in Ilkhanid Baghdad", *Journal of the Economic and Social History of the Orient*, 62/2-3.

Blake, Robert P. (1937), "The Circulation of Silver in the Moslem East down to the Mongol Epoch", *Harvard Journal of Asiatic Studies*, 2.

Chaffee, John (2006), "Diasporic Identities in the Historical Development if the Maritime Muslim Communities of Song-yuan China", *Journal of the Economic and Social History of the Orient*, 49/4.

Cœdès, George (1962), *Les peuples de la Péninsule Indochinoise: histoire, civilisations*, Paris: Dunod.

Cui, Yu jun et al. (2013), "Historical Variations in Mutation Rate in an Epidemic Pathogen, Yersinia Pestis", *Proceedings of the National Academy of Sciences*, 110.

Green, Monica H. (2015), "Taking 'Pandemic' Seriously: Making the Black Death Global", Monica H. Green (ed.), *Pandemic Disease in the Medieval World: Rethinking the Black Death*, Leeds: Arc Humanities Press.

Heng, Derek (2009), *Sino-Malay Trade and Diplomacy from the Tenth through the Fourteenth Century*, Athens: Ohio UP.

Hollberg, Cecilie (2018), *Textiles and Wealth in Fourteenth Century Florence: Wool, silk, painting*, Firenze: Giunti Editore.

Hymes, Robert (2015), "A Hypothesis on the East Asian Beginnings of the Yersinia Pestis Polytomy", Monica H. Green (ed.), *Pandemic Disease in the Medieval World: Rethinking the Black Death*, Leeds: Arc Humanities Press.

Īraj Afshār (1368/1989), "Moqaddameh", Rashīd al-Dīn Fadhlallāh Hamadānī, *Athār wa Aḥyā'*, Tehrān: Mousseh'-ye Motāle'āt-e Eslāmī-ye Dāneshgāh-e.

Kuroda, Akinobu (2017), "Why and how did silver dominate across Eurasia late-13th through mid-14th century? Historical backgrounds of the silver bars unearthed from Ortheiul Vechi", *Tyragetia Archaeology*, 11-1.

Kuroda, Akinobu (2020), *A Global History of Money*, Oxon and New York: Routledge.

Lambton, A. K. (1999), "The Āthār Wā Aḥyā', of Rashīd Al-Dīn Faḍl Allāh Hamadānī and His Contribution As an Agronomist, Arboriculturist and Horticulturalist", Reuven

Amital-Preiss and David O. Morgan (eds.), *The Mongol Empire and Its Legacy*, Leiden: Brill.

Lewis, Bernard (1949-1950), "The Fatimids and the Routes to India", *Revue de la Faculté des Sciences Économiques de l'Université d'Istanbul*, 11.

Lieberman, Victor B. (2003), *Strange Parallels: Southeast Asia in Global Context, c. 800-1830*, Volume 1: Integration on the Mainland, New York: Cambridge University Press.

Matsong, Natthapong (2019), "Chinese Stoneware and Porcelain Found in Thailand's Archaeological Sites Reflecting Trade Routes and Local Use", Amara Srisuchat and Wilfried Giessler (eds.), *Ancient Maritime Cross-Cultural Exchanges: Archaeological Research in Thailand*, Bangkok: The Fine Arts Department, Ministry of Culture.

McNeil, William H. (1976), *The Plague and Peoples*, New York: Anchor Books.

Wade, Geoff (2009), "An Early Age of Commerce in Southeast Asia, 900-1300 CE", *Journal of Southeast Asian Studies*, 40/2.

Yokkaichi, Yasuhiro (2008), "Chinese and Muslim Diasporas and the Indian Ocean Trade Network under Mongol Hegemony", Angela Schottenhammer (ed.), *The East Asian Mediterranean: Maritime Crossroads of Culture, Commerce and Human Migration*, Wiesbaden: Harrassowitz Verlag.

Yokkaichi, Yasuhiro (2015), "Four Seals in 'Phags-pa and Arabic Scripts on Amīr Čoban's Decree of 726 AH/1326 CE", *Orient*, 50.

Yokkaichi, Yasuhiro (2019), "The Maritime and Continental Networks of Kīsh Merchants under Mongol Rule: The Role of the Indian Ocean, Fārs and Iraq", *Journal of the Economic and Social History of the Orient*, 62/2-3.

제3장 몽골 제국의 통치 제도와 울루스

1차 자료

大塚修·赤坂恒明·高木小苗·水上遼·渡部良子(2022),《カーシャーニーオルジェイトゥ史: イランのモンゴル政権イル·ハン國の宮廷年代記》, 名古屋大學出版會.

《元史》(1976), 宋濂 等 撰, 中華書局.

《元朝秘史》(2001), 栗林均·确精扎布 編,《《元朝秘史》モンゴル語全單語·語尾索引》, 東北大學東北アジア研究センター.

《元典章》《大元聖政國朝典章》) (1976), 景印元本, 中文出版社.

《山右石刻》(1977), 胡聘之 編,《山右石刻叢編》, 石刻史料新編 第1輯, 20, 21, 景光緒二十五年至二十七年刊本, 新文豊出版公司.

那柯通世 譯注(1943),《成吉思汗實錄》(新版), 筑摩書房.

村上正二 譯注(1970, 1972, 1976),《モンゴル秘史: チンギス·カン物語》(全3卷) 平凡社.

Ali-zade, Arends (1957), А. А. Али-заде, А. К. Аренде, *Фазлуллах Рашид ад-Дин: Джами-ат-тaвaрих*, том III, Издательство Академин Наук АзербайжанскойССР, Баку.

Ali-zade (1980), A. A. Али-заде, *Фазлуллах Рашид ад-Дин: Джами-ат-таварих*, том II, часть 1, Наука, Москва.

Boyle (1958): John A. Boyle, *The History of the World-Conqueror by ʿAla-ad-Din ʿAta-Malik Juvaini*, 2 vols., Manchester, Manchester University Press.

Boyle (1971): John A. Boyle, *The Successors of Genghis Khan*, New York and London, Columbia University Press.

Qāshānī: Jamāl al-Dīn Abū'l-Qāsim ʿAbd-Allāh b. Muḥammad al-Qāshānī, *Tarīkh-i Ūljāītū Sultān*, Ms.: İstanbul, Süleymaniye kütüphanesi, Aya-sofya 3019.

Qazwīnī(1912, 1916, 1937), Mīrzā Muḥammad Qazwīnī (ed.), *The Taʾrīkh-i-Jahān-gushā of ʿAlāʾu ʾd-Dīn ʿAtā Malik-i-Juwaynī*, 3 vols., Leiden, Brill and London, Luzac.

Rawshan: Muḥammad Rawshan & Muṣṭafá Mūsawī(1373/1994), *Jāmiʿ al-Tawārīkh*, 4 vols., Tehran, Nashr Alborz.

2차 자료

赤坂恒明(2005),《ジュチ裔諸政權史の研究》, 風間書房.

宇野伸浩(2018),〈モンゴル帝國の宮廷のケシクテンとチンギス・カンの中央の千戸〉,《櫻文論叢》 96.

ウラデミルツォフ, ボリス(1937),《蒙古社會制度史》, 外務省調査部 譯, 日本國際協會.

海老澤哲雄(1972),〈モンゴル帝國の東方三王家に關する諸問題〉,《埼玉大學紀要(教育學部)》 21.

愛宕松男(1941),《忽必烈汗》, 富山房.

川口琢司・長峰博人(2013),〈ジョチ・ウルス史再考〉,《內陸アジア史研究》 28.

川本正知(2013),《モンゴル帝國の軍隊と戦爭》, 山川出版社.

北川誠一(1987),〈イル・ハン稱號考〉,《オリエント》 30-1.

栗林均(2009),《《元朝秘史》モンゴル語漢字音譯・傍譯漢語對照語彙》, 東北大學東北アジア研究センター.

小林高四郎(1983),《モンゴル史論考》, 雄山閣出版.

佐口透(1942),〈チャガタイ・ハンとその時代: 33・4世紀トルケスタン史序説として〉(上, 下),《東洋學報》 29-1, 2.

佐口透(1970),《モンゴル帝國と西洋》(東西文明の交流 4卷), 平凡社.

杉山正明(2004),《モンゴル帝國と大元ウルス》, 京都大學學術出版會.

周藤吉之(1969),《宋代史研究》, 東洋文庫.

高木小苗(2009),〈フレグ遠征時のイランにおけるモンゴル王族の權限と私財〉,《史滴》 31.

高木小苗(2014a),〈二つの〈ディーワーン〉: イルハン國初期のイラン地域支配をめぐって〉,《多元文化》 3.

高木小苗(2014b),〈フレグのウルスと西征軍〉,《內陸アジア史研究》 29.

中村淳(2005),〈オゴデイ・ウルス〉, 小松久男 他 編,《中央ユーラシアを知る事典》, 平凡社.

中村淳(2021),〈大モンゴル國の成立: 1206年と1211年〉,《駒澤史學》 96.

堀江雅明(1982),〈モンゴル=元朝時代の東方三ウルス研究序説〉,《小野勝年博士頌壽記念東方學論集》.

堀川徹(1991),〈遊牧ウズベク史研究(1)〉,《京都外國語大學 コスミカ》 20.

本田實信(1991),《モンゴル時代史研究》, 東京大學出版會.

前田直典(1973),《元朝史の研究》, 東京大學出版會.

牧野修二(1966), 〈元朝中書省の成立〉,《東洋史研究》25-3(増補: 藤野彪・牧野修二,《元朝史論集》, 2012).

松田孝一(1978), 〈モンゴルの漢地統治制度: 分地分民制度を中心として〉,《待兼山論叢 史學編》11.

松田孝一(1994), 〈トゥルイ家のハンガイの遊牧地〉,《立命館文學》537.

松田孝一(2010), 〈オゴデイ・カンの〈丙申年分撥〉再考(2): 分撥記事考證〉,《立命館文學》619.

村岡倫(1985), 〈シリギの亂: 元初モンゴリアの爭亂〉,《東洋史苑》24, 25.

村岡倫(1992), 〈オゴデイ=ウルスの分立〉,《東洋史苑》39.

村岡倫(1996), 〈トルイ=ウルスとモンゴリアの遊牧集團〉,《龍谷史壇》105.

村岡倫(2001), 〈モンゴル時代初期の河西・山西地方: 右翼ウルスの分地成立をめぐって〉,《龍谷史壇》117.

村岡倫(2017), 〈チンギス・カンの庶子コルゲンと北安王〉,《13~14世紀モンゴル史研究》2.

村上正二(1993), 〈元朝兵制史上における奧魯の制度〉,《モンゴル帝國史研究》, 風間書房.

護雅夫(1955), 〈元朝秘史における〈oboq〉の語義について〉, ユーラシア學會 編,《内陸アジアの研究》, ユーラシア學會.

箭內亙(1930),《蒙古史研究》, 刀江書院.

山田信夫(1989),《北アジア遊牧民族史研究》, 東京大學出版會.

吉田順一(2019),《モンゴルの歴史と社會》, 風間書房.

吉田順一・チメドドルジ 編(2008),《ハラホト出土モンゴル文書の研究》, 雄山閣.

四日市康博(2005), 〈ジャルグチ考: モンゴル帝國の重層的國家構造および分配システムとの關わりから〉,《史學雜誌》114-4.

耿世民・張寶璽(1986), 〈元回鶻文〈重修文殊寺碑〉初釋〉,《考古學報》2.

李治安(2003),《元代政治制度研究》, 人民出版社.

Allsen, Thomas T. (1987), *Mongol Imperialism: The Policies of the Grand Qan Möngke in China, Russia, and the Islamic Lands, 1251-1259*, Berkeley, University of California Press.

Clauson, Gerard (1972), *An Etymological Dictionary of Pre-Thirteenth-Century Turkish*, Oxford, Clarendon Press.

Golden, Peter et al. (eds.) (2000), *The King's Dictionary: The Rasulid Hexaglot: Fourteenth Century Vocabularies in Arabic, Persian, Turkic, Greek, Armenian and Mongol*, Leiden: Brill.

Jackson, Peter (1999), "From Ulus to Khanate: The Making of the Mongol States c.1220-c.1290", Reuven Amitai-Preiss and David O. Morgan (eds.), *The Mongol Empire and Its Legacy*, Leiden, Boston, and Köln, Brill.

Jackson, Peter (2005), *The Mongols and the West 1221-1410*, Harlow, Pearson Longman.

Jackson, Peter (2009), "The Mongol Age in Eastern Inner Asia", N. Di Cosmo et al. (eds.), *The Cambridge History of Inner Asia: The Chinggisid Age*, Cambridge, Cambridge

University Press.

Jackson, Peter (2017), *The Mongols and the Islamic World: From Conquest to Conversion*, New Haven and London, Yale University Press.

Kim, Hodong (2019), "Formation and Changes of Uluses in the Mongol Empire", *Journal of the Economic and Social History of the Orient*, 62.

Matsui, Dai (2009), "Dumdadu Mongɣol Ulus 'The Middle Mongolian Empire'", Volker Rybatzki et al. (eds.), *The Early Mongols: Language, Culture and History: Studies in Honor of Igor de Rachewiltz on the Occasion of His 80th Birthday*, Bloomington, Indiana University Press.

Nurlan Kenzheakhmet (2017), "The Tūqmāq and the Ming China: The Tūqmāq and the Chinese Relations during the Ming Period (1394-1456)", *Golden Horde Review*, Vol. 5, no. 4.

Rachewiltz, Igor de (2004), *The Secret History of the Mongols: A Mongolian Epic Chronicle of the Thirteenth Century*, 2 vols., Leiden-Boston, Brill.

TMEN: Doerfer, Gerhard (1963-1975), *Türkische und mongolische Elemente im Neupersischen*, I-IV, Wiesbaden, Franz Steiner.

Равдан, Өшгөг овгийн Энхбаярын(2004), Хариуцан эрхэлж эмхэтгэсэн, *Монгол газар нутгийн нэрийн зүйлчилсэн толь*, V, тэргүүн дэвтэр, Улаанбаатар, BCI.

Тэлмэн, А. (2012), МУ-ын Алдарт уяач Д. Пүрэвдорж: Морины хийморийн хөшөөг босгоё гэсэн хүсэл мөрөөдөл маань биелсэн, *Тод магнай*, 2012. 3. 22(http://www.todmagnai.mn/n/9k) 最終 閲覽日 2022. 5. 21.

Владимирцов, Б. Яковлевич(1934), *Общественныйстроймонголов. Монгольский кочевойфеодализм*, Издательство Академин наук СССР, reprint, Tokyo, NAUKA, 1979.

Сампилдэндэв, Х. et al. (1992), *Эзэн богд Чингис хааны дотог оршвой*, Улаанбаатар, Эрдем пүүс.

제4장 몽골 지배하의 중국과 다민족 국가─관위 획득을 둘러싼 모습들

飯山知保(2011),《金元時代の華北社會と科舉制度: もう一つの士人層》, 早稻田大學出版部.

飯山知保(2021), 〈回顧されるモンゴル時代: 陝西省大荔縣拝氏とその祖先顯彰〉,《元朝の歷史》, 勉誠出版.

于磊(2012), 〈元代江南社會研究の現狀と展望: 知識人の問題を中心に〉,《九州大學東洋史論集》40.

植松正(1997),《元代江南政治社會史研究》, 汲古書院.

植松正(2001), 〈元代浙西地方の稅粮管轄と海運との關係について〉,《史窓》58.

植松正(2003), 〈元初における海事問題と海運体制〉,《東アジア海洋域圏の史的研究》, 京都女子大

學東洋史研究室.

植松正(2004),〈元代の海運萬戶府と海運世家〉,《京都女子大學大學院文學研究科研究紀要》3.

宇野伸浩(2018),〈モンゴル帝國の宮廷のケシクテンとチンギス・カンの中央の千戶〉,《桜文論叢》96.

海老沢哲雄(1966),〈元朝の封邑制度に關する一考察〉,《史潮》95.

太田彌一郎(1992),〈元代の儒戶と儒籍〉,《東北大學東洋史論集》5.

大葉昇一(1990)〈元代の江南デルタ地帯における屯戍〉,《栃木史學》4.

片山共夫(1980),〈元朝怯薛出身者の家柄について〉,《九州大學東洋史論集》8.

川本正知(2013),《モンゴル帝國の軍隊と戰爭》,山川出版社.

小林晃(2019),〈元代浙西の財政的地位と水利政策の展開〉,宋代史研究會 編,《宋代史料への回帰と展開》,汲古書院.

櫻井智美(2000),〈元代集賢院の成立〉,《史林》83-3.

櫻井智美(2002),〈元代の儒學提擧司: 江浙儒學提擧を中心に〉,《東洋史研究》61-3.

櫻井智美(2009),〈元代カルルクの仕官と科擧: 慶元路を中心に〉,《明大アジア史論集》13.

滋賀秀三(1967),《中國家族法の原理》,創文社.

志茂碩敏・志茂智子(2021),《モンゴル帝國史研究 完篇: 中央ユーラシア遊牧諸政権の國家構造》,東京大學出版會.

杉山正明(1992),《大モンゴルの世界: 陸と海の巨大帝國》,角川書店.

杉山正明(2004),《モンゴル帝國と大元ウルス》,京都大學出版會.

高橋文治(2011),《モンゴル時代道教文書の研究》,汲古書院.

高橋文治(2021),《元好問とその時代》,大阪大學出版會.

檀上寛(2001),〈元末の海運と劉仁本: 元朝滅亡前夜の江浙沿海事情〉,《史窓》58.

檀上寛(2020),《陸海の交錯: 明朝の興亡》(シリーズ中國の歴史 ④),岩波書店.

堤一昭(1995),〈李璮の乱後の漢人軍閥: 済南張氏の事例〉,《史林》78-6.

堤一昭(1998),〈大元ウルスの江南駐屯軍〉,《大阪外國語大學論集》19.

寺地遵(1999),〈方國珍政権の性格: 宋元期黄巖縣事情素描 第3篇〉,《史學研究》223.

德永洋介(1988),〈元代税務官制考: ある贈収賄事件を手がかりとして〉,《史泉》68.

中砂明德(1997),〈江南史の水脈〉,《《岩波講座 世界歴史 11》中央ユーラシアの統合》,岩波書店.

中村淳・松川節(1993),〈新発現の蒙漢合璧少林寺聖旨碑〉,《內陸アジア言語の研究》8.

舩田善之(1999),〈元朝治下の色目人について〉,《史學雑誌》108-9.

舩田善之(2011),〈モンゴル語直譯体の漢語への影響: モンゴル帝國の言語政策と漢語世界〉,《歴史學研究》875.

舩田善之(2014),〈モンゴル時代華北地域社會における命令文とその刻石の意義: ダーリタイ家の活動とその投下領における全真教の事業〉,《東洋史研究》73-1.

舩田善之(2016),〈孟津河渡司から沿海万戶府へ: ある水軍指揮官の履歴からみたモンゴル帝國の水運と戰爭〉,《史淵》153.

舩田善之(2021),〈元代〈四階級制〉說のその後: 〈モンゴル人第一主義〉と色目人をめぐって〉,《元朝の歴史》,勉誠出版.

牧野修二(1979),《元代句當官の體系的研究》,大明館

牧野修二(2000・2001),〈エケ・モンゴル時代における儒人戶の差発(差役)免除について(上, 下)〉,

《近畿福祉大學紀要》1-4, 2-1.

松田孝一(1979), 〈元朝期の分封制: 安西王の事例を中心として〉,《史學雜誌》88-8.

松田孝一(1987), 〈河南淮北蒙古軍都萬戶府考〉,《東洋學報》68.

松田孝一(1996), 〈宋元軍制史上の探馬赤(タンマチ)問題〉,《宋元時代史の基本問題》, 汲古書院.

松田孝一(2012), 〈モンゴル帝國時代の漢地の探馬赤とその草地について〉,《13, 14世紀東アジア史
料通信》19.

宮紀子(2006),《モンゴル時代の出版文化》, 名古屋大學出版會.

宮紀子(2018),《モンゴル時代の〈知〉の東西》(上, 下), 名古屋大學出版會.

宮澤知之(2013), 〈元朝の商税と財政的物流〉,《唐宋變革研究通訊》4.

村岡倫(2011), 〈石刻史料から見た探馬赤軍の歴史〉,《13, 14世紀東アジア史料通信》15.

森田憲司(2004),《元代知識人と地域社會》, 汲古書院.

矢澤知行(2015), 〈モンゴル元朝治下の江南地域社會をめぐる諸論点: 元代中後期の社會經濟史を
中心として〉,《愛媛大學教育學部紀要》62.

常建華(1992), 〈元代族譜研究〉,《譜牒學研究》3.

常建華(2013),《宋以後宗族的形成及地域比較》, 人民出版社.

陳高華(1995), 〈元代的航海世家澉浦楊氏〉,《海交史研究》1995-1.

陳高華(2002), 《逃善集》兩篇碑傳所見元代探馬赤軍戶〉,《慶祝何茲全先生九十歲論文集》, 北京師
範大學出版社

陳爽(2015),《出土墓誌所見中古譜牒研究》, 學林出版社.

飯山知保(2018), 《《西隱文稿》所見元明交替與北人官僚〉,《十至十三世紀東亞史的新可能性: 首屆中
日青年學者遼宋西夏金元史研討會論文集》, 中西書局.

黄清連(1977),《元代戶計制度研究》, 國立臺灣大學文學院.

蕭啓慶(2008),《元代的族群文化與科舉》, 聯経出版公司.

于志嘉(1987),《明代軍戶世襲制度》, 學生書局.

Atwood, Christopher P. (2014), "Historiography and Transformation of Ethnic Identity in
the Mongol Empire: The Öng'üt Case", *Asian Ethnicity* 15.

Chen Wen-yi (2007), "Networks, Communities, and Identities: On the Discursive Practices
of Yuan Literati", Ph. D. dissertation, Harvard University.

Cleaves, Francis W. (1950), "The Sino-Mongolian Inscription of 1335 in Memory of Chang
Ying-Jui", *Harvard Journal of Asiatic Studies* 13.

Dunnell, Ruth (2015), "Xili Gambu and the Myth of Shatuo Descent: Genealogical Anxiety
and Family History in Yuan China", *Archivum Eurasiae Medii Aevi* 21.

Ebrey, Patricia Buckley (1986), "The Early Stages in the Development of Descent
Group Organization", Patricia Buckley Ebrey and James L. Watson (eds.), *Kinship
Organization in Late Imperial China, 1000-1940*, Berkeley: University of California
Press.

Endicott-West, Elizabeth (1989), *Mongolian Rule in China: Local Administration in the*

Yuan Dynasty, Cambridge (MA): Harvard-Yenching Institute.

Hymes, Robert (1986), "Marriage, Descent Groups, and the Localist Strategy in Sung and Yuan Fu-chou", *Kinship Organization in Late Imperial China, 1000-1940*.

Iiyama, Tomoyasu (2014), "A Tangut Family's Community Compact and Rituals: Aspects of the Society of North China, ca. 1350 to the Present", *Asia Major* vol. 27, no. 1.

Iiyama, Tomoyasu (2016), "Genealogical Steles in North China during the Jin and Yuan Dynasties", *The International Journal of Asian Studies*, vol. 13, issue 2.

Iiyama, Tomoyasu (2023), *Genealogy and Status: Hereditary Office Holding and Kinship in North China under Mongol Rule*, Cambridge (MA): Harvard University Asia Center.

Lee, Sukhee (2014), *Negotiated Power: The State, Elites, and Local Governance in Twelfth-to Fourteenth Century China*, Cambridge (MA): Harvard University Asia Center.

Robinson, David M. (2019), *Ming China and Its Allies: Imperial Rule in Eurasia*, Cambridge: Cambridge University Asia Center.

Robinson, David M. (2020), *In the Shadow of the Mongol Empire: Ming China and Eurasia*, Cambridge: Cambridge University Press.

Smith, Paul J. and Richard von Glahn (eds.) (2003), *The Song-Yuan-Ming Transition in Chinese History*, Cambridge (MA): Harvard University Asia Center.

Wang, Jinping (2018), *In the Wake of the Mongols: The Making of a New Social Order in North China, 1200-1600*, Cambridge (MA): Harvard University Asia Center.

제5장 투르키스탄·투르크계 집단들과 몽골 제국

安部健夫(1955),《西ウイグル國史の研究》, 彙文堂書店.

稲葉穣(2004),〈アフガニスタンにおけるハラジュの王國〉,《東方學報》76.

宇野伸浩(2002),〈チンギス・カンの大ヤサ再考〉,《中國史學》12.

梅村坦(1977),〈13世紀ウィグリスタンの公権力〉,《東洋學報》5-1, 2.

梅村坦(1999),〈中央アジアのトルコ化〉, 間野英二 編,《アジアの歴史と文化 8: 中央アジア史》, 同朋舍.

梅村坦(2000),〈オアシス世界の展開〉, 小松久男 編,《中央ユーラシア史》, 山川出版社.

小野浩(2010),〈ギヤースッディーン・ナッカーシュのティムール朝遣明使節行記録全譯・註解〉窪田順平 編,《ユーラシア中央域の歴史構圖: 13~15世紀の東西》, 総合地球環境學研究所.

川口琢司(2007),《ティムール帝國支配層の研究》, 北海道大學出版會.

川本正知(2013),《モンゴル帝國の軍隊と戦争》, 山川出版社.

橘堂晃一(2010),〈東トルキスタンにおける佛教の受容とその展開〉, 奈良康明・石井公成 編,《新アジア佛教史05 中央アジア: 文明・文化の交差點》, 佼成出版社.

橘堂晃一(2017),〈新発現のウイグル譯《佛説善惡因果經》〉,《內陸アジア言語の研究》37.

百濟康義(1983),〈妙法蓮華經玄賛のウイグル語譯〉, 護雅夫 編,《內陸アジア・西アジアの社會と文化》, 山川出版社.

久保一之(2012),〈ミール・アリーシールと"ウイグルのバフシ"〉,《西南アジア研究》77.

志茂碩敏(1995),《モンゴル帝國史研究序説: イル汗國の中核部族》, 東京大學出版會.

志茂碩敏(2013),《モンゴル帝國史研究 正篇: 中央ユーラシア遊牧諸政権の國家構造》, 東京大學出版會.

庄垣內正弘(1978),〈'古代ウイグル語'におけるインド来源借用語彙の導入經路について〉,《アジア·アフリカ言語文化研究》15.

庄垣內正弘(1990),〈モンゴル語佛典中のウイグル語佛教用語について〉, 崎山理·佐藤昭裕 編,《アジアの諸言語と一般言語學》, 三省堂.

庄垣內正弘(2003),〈文献研究と言語學〉,《言語研究》124.

菅原睦(2014),〈ユースフ《クタドゥグ·ビリグ》とカーシュガリー《チュルク語諸方言集成》〉, 柳橋博之 編,《イスラーム 知の遺産》, 東京大學出版會.

杉山正明(2004),《モンゴル帝國と大元ウルス》, 京都大學學術出版會.

高田時雄(1985),〈ウイグル字音考〉,《東方學》70.

ツィーメ, ペーター(1995),〈高昌ウイグル王國の宗教と社會(三)〉, 小田壽典 譯,《豊橋短期大學研究紀要》12.

中村健太郎(2007),〈ウイグル語佛典からモンゴル語佛典へ〉,《內陸アジア言語の研究》22.

中村淳(1993),〈元代法旨に見える歷代帝師の居所〉,《待兼山論叢: 史學篇》27.

白玉冬·松井太(2016),〈フフホト白塔のウイグル語題記銘文〉,《內陸アジア言語の研究》31.

濱田正美(1998),〈モグール·ウルスから新疆へ〉, 岸本美緒 他 編,《(岩波講座 世界歷史 13) 東アジア·東南アジア傳統社會の形成 16~18世紀》, 岩波書店.

濱田正美(2000),〈中央ユーラシアの〈イスラーム化〉と〈テュルク化〉〉, 小松久男 編,《中央ユーラシア史》, 山川出版社.

濱田正美(2008),《中央アジアのイスラーム》, 山川出版社.

本田實信(1991),《モンゴル時代史研究》, 東京大學出版會.

前田直典(1973),《元朝史の研究》, 東京大學出版會.

松井太(1998),〈モンゴル時代ウイグリスタン税役制度とその淵源〉,《東洋學報》79-4.

松井太(2002),〈モンゴル時代ウイグリスタンの税役制度と徵税システム〉, 松田孝一 編,《碑刻等史料の總合的分析によるモンゴル帝國·元朝の政治·經濟システムの基礎的研究》, 大阪國際大學.

松井太(2004a),〈モンゴル時代の度量衡〉,《東方學》107.

松井太(2004b),〈モンゴル時代のウイグル農民と佛教教團〉,《東洋史研究》63-1.

松井太(2008),〈東西チャガタイ系諸王家とウイグル人チベット佛教徒〉,《內陸アジア史研究》23.

松井太(2013),〈契丹とウイグルの關係〉, 荒川慎太郎·澤本光弘·高井康典行·渡辺健哉 編,《契丹[遼]と10~12世紀の東部ユーラシア》, 勉誠出版.

松井太(2015),〈古ウイグル語行政命令文書に〈みえない〉ヤルリグ〉,《人文社會論叢(人文科學篇)》33.

松井太(2016a),〈蒙元時代回鶻佛教徒和景教徒的網絡〉, 徐忠文·榮新江 編,《馬可·波羅 揚州 絲綢之路》, 北京大學出版社.

松井太(2016b),〈黑城出土蒙古語契約文書與吐魯番出土回鶻語契約文書〉,《北方文化研究》7.

松井太(2017),〈敦煌石窟ウイグル語·モンゴル語題記銘文集成〉, 松井太·荒川慎太郎 編,《敦煌石窟多言語資料集成》, 東京外國語大學アジア·アフリカ言語文化研究所.

松井太(2018a), 〈モンゴル命令文とウイグル文書文化〉, 《待兼山論叢: 史學篇》 52.

松井太(2018b), 〈ウイグル文供出命令文書の機能に關する再考察〉, 《內陸アジア言語の研究》 33.

松井太(2018c), 〈楡林窟第16窟叙利亜字回鶻文景教徒題記〉, 《敦煌研究》 2018-2.

松井太(2020), 〈宮紀子《モンゴル時代の〈知〉の東西》を読む (2)〉, 《內陸アジア言語の研究》 35.

松井太(2021), 〈宮紀子《モンゴル時代の〈知〉の東西》を読む (3)〉, 《內陸アジア言語の研究》 36.

松川節(2004), 〈モンゴル語譯《佛說北斗七星延命經》に残存するウイグル的要素〉, 森安孝夫 編, 《中央アジア出土文物論叢》, 朋友書店.

宮紀子(2018), 《モンゴル時代の〈知〉の東西》(上, 下), 名古屋大學出版會.

護雅夫(1961), 〈ウイグル文消費貸借文書〉, 《《西域文化研究 第4) 中央アジア古代語文献》, 法蔵館.

森安孝夫(1985), 〈チベット文字で書かれたウィグル文佛教教理問答(P.t. 1292)の研究〉, 《大阪大學文學部紀要》 25.

森安孝夫(1991), 〈ウイグル=マニ教史の研究〉, 《大阪大學文學部紀要》 31, 32.

森安孝夫(1998), 〈ウイグル文契約文書補考〉, 《待兼山論叢》 32.

森安孝夫(2015), 《東西ウイグルと中央ユーラシア》, 名古屋大學出版會.

森安孝夫(2016), 《シルクロードと唐帝國》, 講談社.

森安孝夫(2020), 《シルクロード世界史》, 講談社.

森安孝夫(2021), 〈前近代中央ユーラシアのトルコ・モンゴル族とキリスト教〉, 《帝京大學文化財研究所研究報告》 20.

山田信夫(1989), 《北アジア遊牧民族史研究》, 東京大學出版會.

山田信夫(1993), 《ウイグル文契約文書集成》(全3卷), 大阪大學出版會.

山田信夫(1994), 《天山のかなた: ユーラシアと日本人》, 阿吽社.

吉田順一・チメドドルジ 編(2008), 《ハラホト出土モンゴル文書の研究》, 雄山閣.

吉田豊(1994), 〈ソグド文字で表記された漢字音〉, 《東方學報(京都)》 66.

吉田豊(1997), 〈ソグド語資料から見たソグド人の活動〉, 杉山正明 他 編, 《(岩波講座 世界歴史 11) 中央ユーラシアの統合9~16世紀》, 岩波書店.

吉田豊(2011), 〈ソグド人と古代のチュルク族との關係に關する三つの覺え書き〉, 《京都大學文學部研究紀要》 50.

吉田豊(2017), 〈中國, トルファンおよびソグディアナのソグド人景教徒〉, 入澤崇・橘堂晃一 編, 《大谷探検隊収集西域胡語文献論叢: 佛教・マニ教・景教》, 龍谷大學.

吉田豊(2018), 〈貨幣の銘文に反映されたチュルク族によるソグド支配〉, 《京都大學文學部研究紀要》 57.

渡部良子(2015), 〈13~14世紀イル・ハン朝下イランの徴税制度〉, 近藤信彰 編, 《近世イスラーム國家史研究の現在》, 東京外國語大學アジア・アフリカ言語文化研究所.

陳愛峰・陳玉珍・松井太(2020), 〈大桃児溝第9窟八十四大成就者圖像補考〉, 《敦煌研究》 2020-5.

陳得芝(2008), 〈從亦黑迷失身份看馬可波羅〉, 《燕京學報》 26.

迪拉娜=伊斯拉非爾・伊斯拉非爾=玉蘇甫(2014), 〈巴楚縣托庫孜薩来古城出土的回鶻文記賬文書二件〉, 《內陸アジア言語の研究》 29.

Biran, Michal (2009), "The Mongols in Central Asia from Chinggis Khan's Invasion to the Rise of Temür", Nicola di Cosmo, Allen J. Frank and Peter B. Golden (eds.), *The Cambridge History of Inner Asia: The Chinggisid Age*, Cambridge: Cambridge University Press.

Borbone, Pier Giorgio (2003), "I Vangeli per la principessa Sara", *Egitto e Vicino Oriente* 26.

Borbone, Pier Giorgio (2005), "Some Aspects of Turco-Mongol Christianity in the Light of Literary and Epigraphic Syriac Sources", *Journal of Assyrian Academic Studies* 19-2.

Borbone, Pier Giorgio (2008), "Syroturcica 2: The Priest Särgis in the White Pagoda", *Monumenta Serica* 56.

Borbone, Pier Giorgio (2021), *History of Mar Yahballaha and Rabban Sauma*, Hamburg: Tredition.

Broadbridge, Anne F. (2019), "Careers in Diplomacy among Mamluks and Mongols, 658-741/1260-1341", Frédéric Bauden and Malika Dekkiche (eds.), *Mamluk Cairo, a Crossroads for Embassies*, Leiden/Boston: Brill.

Clauson, Gerard (1973), "The Turkish-Khotanese Vocabulary Re-edited", İslam Tetkikleri Enstitüsü Dergisi 5.

Cleaves, Francis Woodman (1955), "An Early Mongolian Loan Contract from Qara Qoto", *Harvard Journal of Asiatic Studies* 18-1/2.

Dankoff, Robert and James Kelly (1982), Maḥmūd al-Kāšyarī, *Compendium of the Turkic Dialects*, Vol. I, Bloomington: Harvard University Press.

Dickens, Mark (2010), "Patriarch Timothy I and the Metropolitan of the Turks", *Journal of the Royal Asiatic Society* 20-2.

Doerfer, Gerhard (1963-75), *Türkische und mongolische Elemente im Neupersischen*, 4 vols., Wiesbaden: Franz Setiner.

Duturaeva, Dilnoza (2022), Qarakhanid Roads to China, Leiden and Boston: Brill.

Erdal, Marcel (1984), "The Turkish Yarkand Documents", *Bulletin of the School of Oriental and African Studies* 47-2.

Golden, Peter (1992), *An Introduction to the History of the Turkic Peoples*, Wiesbaden: Otto Harrassowitz.

Harrak, Amir and Niu Ruji (2004), "The Uighur Inscription at the Mausoleum of Mār Behnam, Iraq", *Journal of the Canadian Society for Syriac Studies* 4.

Herrmann, Gottfried (2004), *Persische Urkunden der Mongolenzeit*, Wiesbaden: Harrassowitz.

Horst, Heribert (1964), *Die Staatsverwaltung der Grosselğūqen und Ḫōrazmšāhs (1038-1231)*, Wiesbaden: Franz Steiner.

Jackson, Peter and David Morgan (1990), *The Mission of Friar William of Rubruck*, London: Hakluyt Society.

Kadoi, Yuka (2009), "Buddhism in Iran under the Mongols: An Art-Historical Analysis", Tomasz Gacek and Jadwiga Pstrusińska (eds.), *Proceedings of the Ninth Conference of the European Society for Central Asian Studies*, Newcastle upon Tyne: Cambridge

Scholars Publishing.

Kara, György (2003), "Mediaeval Mongol Documents from Khara Khoto and East Turkestan in the St. Petersburg Branch of the Institute of Oriental Studies", *Manuscripta Orientalia* 9-2.

Klein, Wassilios (2000), *Das nestorianische Christentum an den Handelswegen durch Kyrg yzstan bis zum 14. Jh.*, Turnhout: Brepols.

Matsui, Dai (2005), "Taxation Systems as Seen in the Uigur and Mongol Documents from Turfan: An Overview", *Transactions of the International Conference of Eastern Studies* 50.

Matsui, Dai (2023a), *Old Uigur Administrative Orders from Turfan*, Turnhout: Brepols.

Matsui, Dai (2023b), "Uighur Sources", Michal Biran and Kim Hodong (eds.), *The Cambridge History of the Mongol Empire*, Vol. II: Sources on the Mongol Empire, Cambridge: Cambridge University Press.

Matsui, Dai and Ryoko Watabe (2015), "A Persian-Turkic Land Sale Contract of 660 AH/1261-62 CE.", *Orient* 50.

Matsui, Dai, Ryoko Watabe and Hiroshi Ono (2015), "A Turkic-Persian Decree of Timurid Mīrān Šāh of 800 AH/1398 CE.", *Orient* 50.

Moriyasu, Takao (2019), *Corpus of the Old Uighur Letters from the Eastern Silk Road*, Turnhout: Brepols.

Moriyasu, Takao and Peter Zieme (1999), "From Chinese to Uighur Documents",《内陸アジ ア言語の研究》14.

Šayḫ al-Ḥukamā'ī, 'Imād al-Dīn・渡部良子・松井太(2017),〈ジャライル朝シャイフ=ウワイス発行 モンゴル語・ペルシア語合璧命令文書断簡二点〉,《内陸アジア言語の研究》32.

Sertkaya, Osman Fikri (1977), İslâmî devrenin Uygur harfli eserlerine toplu bir bakış, Bochum.

Tumurtogoo (2006), *Mongolian Monuments in Uighur-Mongolian Script (XIII-XIV Centuries)*, Taipei: Academia Sinica.

Vásáry, István (2016), "The Role and Function of Mongolian and Turkic in Ilkhanid Iran", Éva Á. Csató, Lars Johanson, András Róna-Tas and Bo Utas (eds.), *Turks and Iranians*, Wiesbaden: Harrassowitz.

Yoshida, Yutaka (2019), *Three Manichaean Sogdian Letters Unearthed in Bäzäklik, Turfan*, Kyoto: Rinsen.

Морозов, Дмитрий(2006), "Уйгурские автографы московских дьяков(дополнение к древнерусской дипломатике)", *Памяти Лукичева*, Москва: Древлехранилище.

Морозов, Дмитрий(2016), "Древнерусская надпись уйгурским письмом", *Древная Русь* 2016-1.

제6장 송원 시대의 동아시아 해역 세계

相田二郎(1943),〈中世に於ける海上物資の護送と海賊衆〉,《中世の關所》, 畝傍書房.

網野善彦(2007),〈鎌倉幕府の海賊禁圧について: 鎌倉末期の海上警固を中心に〉,《網野善彦著作集 6) 転換期としての鎌倉末・南北朝期》, 岩波書店(初出: 1973).

李明玉(2021),〈高麗時代の遺跡から出土する中國陶磁器の狀況と特徴: 韓國出土品を中心として〉,《國立歷史民俗博物館研究報告》223.

李領(1999),《倭寇と日麗關係史》, 東京大學出版會.

石井正敏(2017),《石井正敏著作集 3) 高麗・宋元と日本》, 勉誠出版.

伊藤幸司(2021),《中世の博多とアジア》, 勉誠出版.

榎本渉(2007),《東アジア海域と日中交流: 9〜14世紀》, 吉川弘文館.

榎本渉(2014),〈宋元交替と日本〉,《岩波講座 日本歷史》第7卷, 岩波書店.

榎本渉(2020),《僧侶と海商たちの東シナ海 増補版》, 講談社(初出: 2010).

榎本渉(2021a),〈日宋・日元貿易船の乘員規模〉,《國立歷史民俗博物館研究報告》223.

榎本渉(2021b),〈日元間の僧侶の往來規模〉, 櫻井智美・飯山知保・森田憲司・渡邊健哉 編,《元朝の歷史: モンゴル帝國期の東ユーラシア》(アジア遊學 256), 勉誠出版.

大庭康時(2009),《中世日本最大の貿易都市 博多遺跡群》(シリーズ〈遺跡を學ぶ〉61), 新泉社.

大庭康時(2019),《博多の考古學: 中世の貿易都市を掘る》, 高志書院.

大庭康時・佐伯弘次・菅波正人・田上勇一郎 編(2008),《中世都市・博多を掘る》, 海鳥社.

大庭康時・佐伯弘次・坪根伸也 編(2020),《(九州の中世 I) 島嶼と海の世界》, 高志書院.

亀井明徳(1986),《日本貿易陶磁史の研究》, 同朋舍出版.

亀井明徳(1995),〈日宋貿易關係の展開〉,《岩波講座 日本通史》第6卷, 岩波書店.

川添昭二(2008),《中世・近世博多史論》, 海鳥社.

川添昭二 編(1988),《よみがえる中世 1) 東アジアの國際都市博多》, 平凡社.

河添房江(2014),《唐物の文化史: 舶来品からみた日本》, 岩波書店.

木宮泰彦(1955),《日華文化交流史》, 冨山房.

黒嶋敏(2013),《海の武士團: 水軍と海賊のあいだ》, 講談社.

小林茂・磯望・佐伯弘次・高倉洋彰 編(1998),《福岡平野の古環境と遺跡立地: 環境としての遺跡との共存のために》, 九州大學出版會.

近藤剛(2019),《日本高麗關係史》, 八木書店.

佐伯弘次(1996),〈博多出土墨書陶磁器をめぐる諸問題〉,《博多遺跡群出土墨書資料集成》, 博多研究會.

榊原滋高(2015),〈奥州津軽十三湊〉, 仁木宏・綿貫友子 編,《中世日本海の流通と港町》, 清文堂.

關周一(2015),《中世の唐物と傳來技術》, 吉川弘文館.

關周一(2016),〈海賊の跳梁と東アジアの政情〉, 中島圭一 編,《14世紀の歷史學: 新たな時代への起点》, 高志書院.

關周一 編(2017),《日朝關係史》, 吉川弘文館.

關周一(2020),〈中世南九州の對外交流〉,《貿易陶磁研究》40.

瀬戸哲也(2018),〈沖繩本島におけるグスク時代の階層化〉,《考古學研究》65-3(通卷 259).

中村翼(2021), 〈日元間の戦争と交易〉, 櫻井智美・飯山知保・森田憲司・渡邊健哉 編, 《元朝の歴史: モンゴル帝國期の東ユーラシア》(アジア遊學 256), 勉誠出版.

西尾賢隆(2011), 《中世禅僧の墨蹟と日中交流》, 吉川弘文館.

橋本雄(2005), 《中世日本の國際關係: 東アジア通交圏と偽使問題》, 吉川弘文館.

林文理(1998), 〈博多綱首の歴史的位置: 博多における権門貿易〉, 大阪大學文學部日本史研究室創立50周年記念論文集《古代中世の社會と國家》, 清文堂.

原美和子(1999), 〈宋代東アジアにおける海商の仲間關係と情報網〉, 《歴史評論》 592.

原美和子(2006), 〈宋代海商の活動に關する一試論: 日本・高麗および日本・遼(契丹)通交をめぐって〉, 小野正敏・五味文彦・萩原三雄 編, 《(考古學と中世史研究 3) 中世の對外交流: 場・ひと・技術》, 高志書院.

三浦周行(1922), 〈天龍寺船〉, 《日本史の研究》第1輯, 岩波書店.

村井章介(2013), 《日本中世の異文化接觸》, 東京大學出版會.

森克己(2008), 《(新編 森克己著作集 1) 新訂日宋貿易の研究》, 勉誠出版(初出: 1948).

森克己(2009a), 《(新編 森克己著作集 2) 続日宋貿易の研究》, 勉誠出版(初出: 1975).

森克己(2009b), 《(新編 森克己著作集 3) 続々日宋貿易の研究》, 勉誠出版(初出: 1975).

森克己(2011), 《(新編 森克己著作集 4) 増補日宋文化交流の諸問題》, 勉誠出版(初出: 1950).

森平雅彦(2011), 《モンゴル帝國の覇権と朝鮮半島》, 山川出版社.

森平雅彦(2013), 《モンゴル覇權下の高麗: 帝國秩序と王國の對應》, 名古屋大學出版會.

森平雅彦(2014), 〈高麗・宋間における使船航路の選択とその背景〉, 《東洋文化研究所紀要》 166.

森平雅彦(2017), 〈高麗前期〉・〈高麗後期〉, 《世界歴史大系 朝鮮史 1: 先史〜朝鮮王朝》, 山川出版社.

森平雅彦(2021), 〈モンゴル時代における朝中間の海上交流と航路〉, 《國立歴史民俗博物館研究報告》 223.

柳原敏昭(2011), 《中世日本の周縁と東アジア》, 吉川弘文館.

山內晋次(2003), 《奈良平安期の日本とアジア》, 吉川弘文館.

山內晋次(2009), 《日宋貿易と《硫黄の道》》, 山川出版社.

山內晋次(2021), 〈日宋・日元貿易期における〈南島路〉と硫黄交易〉, 《國立歴史民俗博物館研究報告》 223.

山里純一(2012), 《古代の琉球弧と東アジア》, 吉川弘文館.

橫內裕人(2020), 〈遼・金・高麗佛教と日本〉, 佐藤文子・上島享 編, 《(日本宗教史 4) 宗教の受容と交流》, 吉川弘文館.

渡邊誠(2012), 《平安時代貿易管理制度史の研究》, 思文閣出版.

제7장 몽골 패권기의 디아스포라

荒川正晴(2003), 《オアシス國家とキャラヴァン交易》(世界史リブレット 62), 山川出版社.

板垣雄三(1992), 《歴史の現在と地域學: 現代中東への視角》, 岩波書店.

片山共夫(1980a) 〈元朝怯薛出身者の家柄について〉, 《九州大學東洋史論集》 8.

片山共夫(1980b), 〈怯薛と元朝官僚制〉, 《史學雜誌》 89-12.

カーティン, フィリップ·d (2002),《異文化間交易の世界史》, 田村愛理·中堂幸政·山影進譯, NTT 出版.

桑原隲蔵(1989),《蒲寿庚の事蹟》, 平凡社(原著,《宋末の提挙市舶西域人蒲寿庚の事蹟》, 上海東亜攻究會, 1923).

コーエン, ロビン(2012),《新版 グローバル·ディアスポラ》, 駒井洋 譯, 明石書店.

堤一昭(1992), 〈元朝華北のモンゴル軍團長の家系〉,《史林》75-3.

中田美絵(2006), 〈唐朝政治史上の《仁王經》翻譯と法會: 內廷勢力專権の過程と佛教〉,《史學雑誌》, 115-3.

中田美絵(2018), 〈唐代政治史上の會昌の廃佛: ジェンダー秩序·宗教·外来人の視点から〉,《唐代史研究》21.

本田實信(1991),《モンゴル時代史研究》, 東京大學出版會.

丸橋充拓(2018), 〈(第2章) 〈闘争集団〉と〈普遍的軍事秩序〉のあいだ: 親衛軍研究の可能性〉, 宮宅潔編,《多民族社會の軍事統治: 出土史料が語る中國古代》, 京都大學學術出版會.

向正樹(2009), 〈モンゴル治下福建沿海部のムスリム官人層〉,《アラブ·イスラム研究》7.

向正樹(2018), 〈中國沿海部出土アラビア語墓碑にみえる聖典章句: 海域アジア初期イスラム碑文の比較研究〉,《アラブ·イスラム研究》16.

向正樹(2019), 〈(第2章) モンゴル帝國と中國沿海部のムスリム·ディアスポラ: アラビア語墓碑にみえる聖傳承より〉, 鈴木英明 編著,《東アジア海域から眺望する世界史: ネットワークと海域》, 明石書店.

森安孝夫(2007),《シルクロードと唐帝國》, 講談社.

家島彦一(1993),《海が創る文明: インド洋海域世界の歴史》, 朝日新聞社.

楊志玖(2003),《元代回族史稿》, 天津: 南開大學出版社.

Boyle, John Andrew (1958), *The History of the World-Conqueror*, 2 Vols., Manchester: Manchester University Press.

Boyle, John Andrew (1971), *The Successors of Genghis Khan*, New York: Columbia University Press.

Chaffee, John W. (2018), *The Muslim Merchants of Premodern China: The History of a Maritime Asian Trade Diaspora, 750-1400*, Cambridge: Cambridge University Press.

Chen Da-sheng et Ludvik Kalus (1991), *Corpus d'Inscriptions Arabes et Persanes en Chine 1: Province de Fu-Jian (Quan-zhou, Fu-zhou, Xia-men)*, Paris: Librairie Orientaliste Paul Geuthner, S. A.

Cohen, Abner (1971), "Cultural Strategies in the Organization of Trading Diasporas", Claude Meillassoux (ed.), *The Development of Indigenous Trade and Markets in West Africa*, London: Oxford University Press.

Hsiao Ch'i-ch'ing (1978), *The Military Establishment of the Yuan Dynasty*, Cambridge: Harvard University Press.

Yokkaichi Yasuhiro (2008), "Chinese and Muslim Diasporas and the Indian Ocean Trade Network under the Mongol Hegemony", Angela Schottenhammer (ed.), *The East*

Asian Mediterranean: Maritime Crossroads of Culture, Commerce, and Human Migration, Wiesbaden: Otto Harrassowitz.

제8장 중앙아시아·동아시아의 동방 시리아 교회―몽골 시대를 중심으로

白玉冬·松井太(2016),〈フフホト白塔のウイグル語題記銘文〉,《內陸アジア言語の研究》31.

松井太(2017),〈敦煌石窟ウイグル語·モンゴル語題記銘文集成〉,《敦煌石窟多言語資料集成》, 東京外國語大學アジア·アフリカ言語文化研究所.

森安孝夫(2021),〈前近代中央ユーラシアのトルコ·モンゴル族とキリスト教〉,《帝京大學文化財研究所研究報告集》20.

陳垣(1934),《元西域人華化考》, 勵耘書屋.

劉文鎖·王沢祥·王竜(2022),〈新疆吐魯番西旁景教寺院遺址2021年考古発掘的主要収獲與初歩認識〉,《西域研究》2022-1.

牛汝极(2008),《十字蓮花 中國元代叙利亜文景教碑銘文献研究》, 上海古籍出版社.

秦琰(2017),《馬上歌桑梓 元代也里可温作家群体研究》, 上海人民出版社.

沈琛(2022),〈再論吐蕃與景教, 摩尼教的連系〉,《敦煌研究》2022-3.

吳文良·吳幼雄(2005),《泉州宗教石刻(増訂本)》, 科學出版社.

殷小平(2012),《元代也里可温考述》, 蘭州大學出版社.

Abbeloos, Joannes Baptista, & Thomas J. Lamy (1872-77), *Gregorii Barhebræi Chronicon ecclesiasticum*, Lovanii: Peeters.

Assemanus, Joseph Simonius (1719-28), *Bibliotheca Orientalis Clementino-Vaticana*, Romae: Typis Sacræ Congregationis de Propaganda Fide.

Borbone, Pier Giorgio (2009), *Storia di Mar Yahballaha e di Rabban Sauma*, 2a ed., Moncalieri: Lulu Press.

Borbone, Pier Giorgio, & Pierre Marsone (éds) (2015), *Le christianisme syriaque en Asie centrale et en Chine*, Paris: Geuthner.

Braun, Oskar (1901), "Ein Brief des Katholikos Timotheos I über biblische Studien des 9 Jahrhunderts", *Oriens Christianus* 1.

Chabot, Jean-Baptiste (1902), *Synodicon orientale ou Recueil de synodes nestoriens*, Paris: Imprimerie nationale.

Dauvillier, Jean (1948), "Les provinces chaldéennes 'de l'extérieur' au Moyen Age", *Mélanges offerts au R. P. Ferdinand Cavallera*, Toulouse: Bibliothèque de l'Institut Catholique.

de Goeje, Michael J., & Eugen Prym (1893), *Annales quos scripsit Abu Djafar Mohammed ibn Djarir at-Tabari*, prima series V, Lugduni Batavorum: Brill.

Dickens, Mark (2019), "Syriac Christianity in Central Asia", D. King (ed.), *The Syriac World*, London-New York: Routledge.

Gismondi, Henricus (1896-99), *Maris Amri et Slibae De patriarchis Nestorianorum commentaria*, Romae: C. de Luigi.

Guidi, Ignatius (1903), *Chronica minora*, pars prior (Corpus scriptorum Christianorum orientalium III. 4), Parisiis: e Typographeo Reipublicae.

Halbertsma, Tjalling H. F. (2015), *Early Christian Remains of Inner Mongolia, 2nd ed.*, Leiden: Brill.

Hunter, Erica C. D., & Mark Dickens (2014), *Syriac Texts from the Berlin Turfan Collection (Texte der Berliner Turfansammlung)*, Stuttgart: Steiner.

Lieu, Samuel N. C., Lance Eccles, Majella Franzmann, Iain Gardner & Ken Parry (2012), *Medieval Christian and Manichaean Remains from Quanzhou (Zayton)*, Turnhout: Brepols.

Lin Lijuan (2021), "A New Syriac Witness to Aristotle's Categories from Turfan", *Zeitschrift der Deutschen Morgenländischen Gesellschaft* 171/2.

Mingana, Alphonse (1925), "The Early Spread of Christianity in Central Asia and the Far East: A New Document", *Bulletin of the John Rylands Library* 9.

Moriyasu, Takao (2011), "The Discovery of Manichaean Paintings in Japan and Their Historical Background", J. A. van den Berg et al. (eds.), *In Search of Truth: Augustine, Manichaeism and Other Gnosticism: Studies for Johannes van Oort at Sixty*, Leiden: Brill.

Osawa, Takashi, & Hidemi Takahashi (2015), "Le prince Georges des Önggüt dans les montagnes de l'Altaï de Mongolie: les inscriptions d'Ulaan Tolgoi de Doloon Nuur", P. G. Borbone & P. Marsone (éds), *Le christianisme syriaque en Asie centrale et en Chine*, Paris: Geuthner.

Pelliot, Paul (1973), *Recherches sur les chrétiens d'Asie centrale et d'Extrême-Orient*, Paris: Imprimerie nationale.

Spyrou, Maria A., et al. (2022), "The Sources of Black Death in Fourteenth-Century Central Eurasia", *Nature* 606.

Takahashi, Hidemi (2020), "Representation of the Syriac Language in Jingjiao and Yelikewen Documents", S. N. C. Lieu & G. L. Thompson (eds.), *The Church of the East in Central Asia and China*, Turnhout: Brepols.

Takahashi, Hidemi (2022), "Syriac Fragments from Turfan at Ryukoku University, Kyoto", Li Tang & D. Winkler (eds.), *Silk Road Traces: Studies on Syriac Christianity in China and Central Asia*, Wien: LIT.

Tang Li (2011), *East Syriac Christianity in Mongol-Yuan China*, Wiesbaden: Harrassowitz.

Байпаков, Карл М., и. др. (2018), *Религии Центральной Азии и Азербайджана*, том IV. Христианство, Самарканд: МИЦАИ.

BḤ: Rashīd al-Dīn Faḍl Allāh Hamadānī(2016), *Bayān al-Ḥaqāʾiq*, Introduction and Indices by J. Pfeiffer, Istanbul, Türkiye Yazma Eserler Kurumu Başkanlğı.

EI2: Gibb, H. A. R. et al. (eds.) (1960-2008), *The Encyclopaedia of Islam*, new ed., 11 vols., Leiden, Brill.

EI3: Fleet, K. et al. (eds.) (2007-), *The Encyclopaedia of Islam*, THREE, Leiden, Brill.

EIr: Yarshater, E. (ed.) (1985-), *Encyclopedia Iranica*, London & Boston, Routledge & Kegan Paul.

JT: Rashīd al-Dīn Faḍl Allāh Hamadānī(1373/1994-95), *Jāmiʿ al-Tawārīkh*, 4 vols., M. Rawshan & M. Mūsawī (eds.), Tehran, Alburz.

M: al-Ḥasan b. ʿAlī, al-Murshid fī al-Ḥisāb, Tehran, Kitābkhāna-yi Majlis-i Shūrā-yi Islāmī, Ms. 2154.

SN: ʿAbd Allāh b. ʿAlī Falak ʿAlā Tabrīzī. *Saʿādat-nāma*, M. Nabipour (ed.), *Die beiden persischen Leitfaden des Falak ʿAlā-ye Tabrīzī über das staatliche Rechnungswesen im 14. Jahrhundert*, Göttingen, 1973.

TJ: ʿAlāʾ al-Dīn ʿAṭā Malik Juwaynī(1911), *Tārīkh-i Jahāngushāy*, 3 vols., M. Qazwīnī (ed.), Leiden.

TS: Hindūshāh b. Sanjar b. ʿAbd Allāh Ṣāḥibī Nakhchiwānī(1357/1978-79), *Tajārib al-Salaf*, ʿA. Iqbāl Āshtiyānī (ed.), Tehran, Ṭahūrī.

大塚修・赤坂恒明・髙木小苗・水上遼・渡部良子 譯注(2022),《カーシャーニー オルジェイトゥ史: イランのモンゴル政權イル・ハン國の宮廷年代記》, 名古屋大學出版會.

岩武昭男(1992),〈ガザン・ハンのダールッスィヤーダ(dār al-siyāda)〉,《東洋史研究》50-4.

岩武昭男(1994),〈ラシードゥッディーンの著作活動に關する近年の研究動向〉,《西南アジア研究》40.

宇野伸浩(2002),〈《集史》の構成における〈オグズ・カン說話〉の意味〉,《東洋史研究》61-1.

大塚修(2014),〈史上初の世界史家カーシャーニー:《集史》編纂に關する新見解〉,《西南アジア研究》80.

小野浩(1993),〈《とこしえの天の力のもとに》: モンゴル時代發令文の冒頭定型句をめぐって〉,《京都橘女子大學研究紀要》20.

志茂碩敏(1995),《モンゴル帝國史研究序說》, 東京大學出版會.

髙木小苗(2014),〈二つの〈ディーワーン〉: イルハン國初期のイラン地域支配をめぐって〉,《多元文化》3.

髙松洋一 監修, 渡部良子・阿部尚史・熊倉和歌子 譯(2013),《マーザンダラーニー著(14世紀) 簿記術に關するファラキーヤの論說》, 共同利用・共同拠点イスラーム地域研究拠点(東洋文庫).

本田實信(1991),《モンゴル時代史研究》, 東京大學出版會.

宮紀子(2018),《モンゴル時代の〈知〉の東西》(上, 下), 名古屋大學出版會.

四日市康博(2002),〈ジャルグチとビチクチに關する一考察: モンゴル帝國時代の行政官〉,《史觀》147.

渡部良子(2015), 〈13~14世紀イル・ハン朝期イランの徴税制度とバラート制度〉, 近藤信彰 編, 《近世イスラーム國家史研究の現在》, 東京外國語大學アジア・アフリカ言語文化研究所.

Aigle, D. (2005), *Le Fārs sous la domination mongole: politique et fiscalité, XIIIᵉ-XIVᵉ s.*, Paris, Association pour l'avancement des études iraniennes.

Akasoy, A., Ch. Burnett & R. Yoeli-Tlalim (eds.) (2013), *Rashīd al-Dīn: Agent and Mediator of Cultural Exchanges in Ilkhanid Iran*, London and Turin, Warburg Institute.

Aubin, J. (1995), *Émirs mongols et vizirs persans dans les remous de l'acculturation*, Paris, Association pour l'avancement des études iraniennes.

Biran, M. (2013), "The Mongol Empire: The State of the Research", *History Compass* 11/11.

Gilli-Elewy, h (2011), "The Mongol Court in Baghdad: The Juwaynī Brothers between Local Court and Central Court", A. Fuess and J.-P. Hartung (eds.), *Court Cultures in the Muslim World: Seventh to Nineteenth Centuries*, London, Routledge.

Hoffmann, B. (2000), *Waqf im mongolischen Iran: Rašīduddīns Sorge um Nachruhm und Seelenheil*, Stuttgart, F. Steiner.

Kamola, S. T. (2019), *Making Mongol History: Rashid al-Din and the Jamiʿ al-Tawarikh*, Edinburgh, Edinburgh University Press.

Lane, G. (2014), "Persian Notables and the Families Who Underpinned the Ilkhanate", R. Amitai and M. Biran (eds.), *Nomads as Agents of Cultural Change*, Honolulu, University of Hawaiʻi Press.

Melville, Ch. (1994), "The Chinese Uighur Animal Calendar in Persian Historiography of the Mongol Period", *Iran* 32.

Melville, Ch. (2006) "The Keshig in Iran: The Survival of the Royal Mongol Household", L. Komaroff (ed.), *Beyond the Legacy of Genghis Khan*, Leiden, Brill.

Minovi, M. & V. Minorsky (1940), "Naṣīr al-Dīn Ṭūsī on Finance", *BSOS* 10-3.

Mudarris Raḍawī, M. T. (1354/1975-76), *Aḥwāl wā Āthār-i Khwāja Naṣīr al-Dīn Ṭūsī*, Tehran, Bunyād-i Farhang-i Īrān.

Paul, J. (2021), "Remarks on Petrushevskii's Article K istorii instituta soiurgala", *JESHO* 64.

Pfeiffer, J. (1999), "Conversion Versions: Sultan Öljeitü's Conversion to Shiʿism (709/1309) in Muslim Narrative Sources", *Mongolian Studies* 22.

Pfeiffer, J. (ed.) (2014), *Politics, Patronage, and the Transmission of Knowledge in 13th-15th Century Tabriz*, Leiden, Brill.

van Ess, J. (1981), *Der Wesir und seine Gelehrten: zu Inhalt und Entstehungsgeschichte der theologischen Schriften des Rašīduddīn Fażlullāh (gest. 718/1318)*, Wiesbaden, Franz Steiner.

Watabe, R. (2015), "Census-Taking and the Qubchūr Taxation System in Ilkhanid Iran: An Analysis of the Census Book from the Late 13th Century Persian Accounting Manual *al-Murshid fī al-Ḥisāb*", *Memoirs of the Research Department of the Toyo Bunko* 73.

Woods, J. (1999), *The Aqquyunlu: Clan, Confederation, Empire*, Salt Lake City, University of

Utah Press.

제10장 티베트 불교와 몽골

石濱裕美子(2001),《チベット佛教世界の歷史的研究》, 東方書店.

乙坂智子(2017),《迎佛鳳儀の歌》, 白帝社.

熊谷誠慈(2021),〈インド佛教中観派のチベットへの展開〉, 岩尾一史 他 編,《チベットの歷史と社會 上(歷史篇・宗教篇)》, 臨川書店.

倉本尚德(2022),《儀禮と佛教》, 臨川書店.

高田英樹(2013),《マルコ・ポーロ ルスティケッロ・ダ・ピーサ 世界の記:〈東方見聞錄〉對校譯》, 名古屋大學出版會.

中村淳(1993),〈元代法旨に見える歷代帝師の居所: 大都の花園大寺と大護國仁王寺〉,《待兼山論叢: 史學篇》27.

中村淳(1997),〈チベットとモンゴルの邂逅: 遥かなる後世へのめばえ〉, 杉山正明 編,《(岩波講座 世界歷史 11) 中央ユーラシアの統合》, 岩波書店

中村淳(1999a),〈元代大都の勅建寺院をめぐって〉,《東洋史研究》58-1.

中村淳(1999b),〈クビライ時代初期における華北佛教界: 曹洞宗敎團とチベット佛僧パクパとの關係を中心にして〉,《駒沢史學》54.

中村淳(2008),〈2通のモンケ聖旨から: カラコルムにおける宗教の樣態〉,《內陸アジア言語の研究》23.

中村淳(2010),〈モンゴル時代におけるパクパの諸相: 大朝國師から大元帝師へ〉,《駒澤大學文學部研究紀要》68.

中村淳(2013),〈元代大都勅建寺院の寺產: 大護國仁王寺を中心として〉,《駒澤大學文學部研究紀要》71.

中村淳(2021),〈南宋最後の皇帝とチベット佛教〉, 櫻井智美 他 編,《元朝の歷史: モンゴル帝國期の東ユーラシア》, 勉誠出版.

中村淳・松川節(1993),〈新発現の蒙漢合璧少林寺聖旨碑〉,《內陸アジア言語の研究》8.

浜中沙椰(2018),〈モンゴル時代におけるチベット佛教信仰に西夏が與えた影響: コデン統治下における白傘蓋經の刊行を通して〉,《日本西藏學會會報》64.

本田實信(1991),《モンゴル時代史研究》, 東京大學出版會.

森安孝夫(2015),〈元代ウイグル佛教徒の一書簡: 敦煌出土ウイグル語文献補遺〉, 森安孝夫 著,《東西ウイグルと中央ユーラシア》, 名古屋大學出版會.

史金波(2015),〈西夏文《大白傘蓋陀羅尼》及発願文考釋〉,《世界宗教研究》2015-6.

史金波(2016),〈涼州會盟與西夏藏傳佛教: 兼釋新見西夏文《大白傘蓋陀羅尼》発願文殘葉〉,《中國藏學》2016-2.

沈衛榮(2017),《藏傳佛教在西域和中原的傳播:《大乘要道密集》研究初編》, 北京師範大學出版社.

沈衛榮(2019),《大元史與大清史: 以元代和清代西藏和藏傳佛教研究為中心》, 上海古籍出版社.

西熱桑布(2009),〈藏文《元版》考〉,《中國藏學》2009-1.

陳慶英(2003), 《大乘要道密集》與西夏王朝的藏傳佛教〉, 《賢者新宴》3.

陳高華(2010), 〈元代大都的皇家佛寺〉, 《元朝史事新證》, 蘭州大學出版社.

熊文彬(2009), 〈元代皇室成員施刊的藏文佛經〉, 《中國藏學》2009-3.

Atwood, C. P. (2014), "The First Mongol Contacts with the Tibetans", Roberto Vitali (ed.), *Trails of the Tibetan Tradition: Papers for Elliot Sperling*, Dharamsala: Amnye Machen Institute.

Franke, H. (1994), "From Tribal Chieftain to Universal Emperor and God: The Legitimation of the Yüan Dynasty", *China under Mongol Rule*, Hampshire: Vermont.

제11장 몽골의 동남아시아 침공과 "타이인"의 대두

飯島明子(2020), 〈北方の〈タイ人〉諸國家〉, 飯島明子 · 小泉順子 編, 《世界歷史大系: タイ史》, 山川出版社.

石井米雄(2020), 〈港市國家アユタヤ―〉, 飯島明子 · 小泉順子 編, 《世界歷史大系: タイ史》, 山川出版社.

石澤良昭(2021), 《アンコール王朝興亡史》, NHKブックス.

牛根靖裕(2008), 〈元代雲南王位の變遷と諸王の印制〉, 《立命館文學》608.

白鳥芳郎(1954), 〈元朝征緬錄に見えたるシャン族の動向〉, 《東洋學報》37-1.

セデス, g (1980/1969), 《インドシナ文明史 第2版》, 辛島昇 · 桜井由躬雄 他 譯, みすず書房(Cœdès, George (1962), *Les peuples de la péninsule indochinoise: histoire, civilisations*, Paris: Dunod. (*The Making of South East Asia*, translated by H. M. Wright, London: Routledge, 1966.))

林謙一郎(1996), 〈元代雲南の段氏総管〉, 《東洋學報》78-3.

深見純生(2013), 〈タイ灣における暹の登場と發展〉, 《南方文化》40.

松浦史明(2022), 〈アンコール朝の揺れ動く王權と對外関係〉, 弘末雅士 編, 《(岩波講座 世界歷史 4) 南アジアと東南アジア~15世紀》, 岩波書店.

松田孝一(1980), 〈雲南行省の成立〉, 《立命館文學》418~421.

向正樹(2013), 〈モンゴル · シーパワーの構造と變遷〉, 秋田茂 · 桃木至朗 編, 《グローバルヒストリーと帝國》, 大阪大學出版會.

向正樹(2021), 〈元と南方世界〉, 櫻井智美 · 飯山知保 · 森田憲司 · 渡辺健哉 編, 《元朝の歷史: モンゴル帝國期の東ユーラシア》(アジア遊學 256), 勉誠出版.

村井章介(2021), 〈モンゴルの膨張とアジアの變貌〉, 村井章介 · 荒野泰典 編, 《新体系日本史 5 對外交流史》, 山川出版社.

桃木至朗(2001), 〈ベトナム史の確立〉, 石澤良昭 編, 《(岩波講座 東南アジア史 2) 東南アジア古代國家の成立と展開》, 岩波書店.

桃木至朗(2011), 《中世大越國家の成立と變容》, 大阪大學出版會.

桃木至朗(2019), 〈東南アジアから見たモンゴル帝國期海域アジア交流と13~14世紀の分水嶺〉, 《史

苑》79-2.

山本達郎(1950), 《安南史研究 I》, 山川出版社.

山本達郎 編(1975), 《ベトナム中國関係史: 曲氏の擡頭から清佛戦争まで》, 山川出版社.

余定邦(2000), 《中緬関係史》, 北京: 光明日報出版社.

Aung-Thwin, Michael (1985), *Pagan: The Origins of Modern Burma*, Honolulu: University of Hawaii Press.

Aung-Thwin, Michael A. (1998), *Myth and History in the Historiography of Early Burma: Paradigms, Primary Sources, and Prejudices*, Athens: Ohio University Center for International Studies.

Buckley, Brendan M. et al. (2010), "Climate as a Contributing Factor in the Demise of Angkor, Cambodia", *PNAS*, 107-15.

Chamberlain, James R. (ed.) (1991), *The Ram Khamhaeng Controversy: Collected Papers*, Bangkok: Siam Society.

Chen Yi Sein (1977), "Shin dithapamokkha nyeimkhyamye mitshinaphwe (Peace mission of Shin Disapamok)", *Researches in Burmese History* 1.

Cœdès, George (1964), Les états hindouisés d'Indochine et d'Indonésie, Paris: E. de Boccard. (The Indianized States of Southeast Asia, University Press of Hawaii, 1968)

Daniels, Christian (2018), "The Mongol-Yuan in Yunnan and ProtoTai/Tai Polities during the 13th-14th Centuries", Journal of the Siam Society 106.

HM:: -(1993), Hmannan Maha Yazawindawg yi (in Burmese), Vol. 1, Yangon: Ministry of Information.

Lieberman, Victor (2003), *Strange Parallels: Southeast Asia in global context, c. 800-1830*, vol. 1: Integration on the Mainland, Cambridge: Cambridge University Press.

Lieberman, Victor (2011), "Charter State Collapse in Southeast Asia, ca. 1250-1400", *The American Historical Review* 116-4.

Lieberman, Victor & Brendan Buckley (2012), "The Impact of Climate on Southeast Asia, circa 950-1820", Modern Asian Studies 46-5.

Luce, G. H. (1958-59), "The Early Syam in Burma's History", *Journal of the Siam Society* 46-2; 47-1.

O'Connor, Richard A. (1995), "Agricultural Change and Ethnic Succession in Southeast Asian States", *Journal of Asian Studies* 54-4.

Than Tun (1959), "History of Burma: A. D. 1300-1400", *Journal of Burma Research Society* 42-2.

UK: U Kala (2006), *Maha Yazawin Gyi* (in Burmese), Vol. 1, Yangon: Ya-Pyei Publishing.

제12장 유라시아 세계의 중국 도자 유통

朝日新聞社 編(1998),《封印された南宋陶磁展》, 圖錄, 朝日新聞社.

出光美術館(1990),《陶磁の東西交流》, 出光美術館.

鎌倉市教育委員會(1990),《今小路西遺跡(御成前小學校內)発掘調査報告書》, 鎌倉市教育委員會.

亀井明德 編(2007),《カラコルム遺跡出土陶瓷器調査報告書 1》, 專修大學文學部アジア考古學研究室.

亀井明德 編(2009),《カラコルム遺跡出土陶瓷器調査報告書 2》, 專修大學文學部アジア考古學研究室.

亀井明德·John N. Miksic 編(2010),《インドネシア·トローラン遺跡発見陶瓷の研究》, 專修大學アジア考古學チーム.

國立歷史民俗博物館 編(2005),《中世アジア海道: 海商·港·沈没船》, 毎日新聞社.

佐佐木達夫(1999),《陶磁器海をゆく: 〈物〉が語る海の交流史》, Z會ペブル選書, Z會ソリューションズ.

謝明良(2015),〈元青花磁器覺書〉, 佐佐木達夫 編,《中國陶磁元青花の研究》, 高志書院.

森達也(2016),〈新安沈船発見中國陶瓷の組成研究: 中國, 日本, 東南アジア, 西アジア出土元代陶瓷との比較を通じて〉,《美術研究》(韓國), 國立中央博物館.

森達也(2017),〈青花瓷器の誕生〉,《染付: 青繪の世界》, 愛知縣陶磁美術館.

弓場紀知(2008),《青花の道: 中國陶磁が語る東西交流》, NHKブックス.

四日市康博(2015),〈ユーラシアにおける聖色〈青〉と〈白〉〉, 佐佐木達夫 編,《中國陶磁元青花の研究》, 高志書院.

陳永志(2004),《內蒙古集寧路古城遺址 出土瓷器》, 文物出版社.

成都文物考古研究所, 遂寧市博物館(2012),《遂寧金魚村南宋窖藏》, 文物出版社.

河北省文物研究所(1986),〈河北定興元代窖藏文物〉,《文物》1986-1.

黃薇·黃淸華(2012),〈元靑花瓷器早期類型的新發現: 從實證角度論元靑花瓷器的起源〉,《文物》2012-11.

劉金成(2006),《高安元代窖藏瓷器》, 朝華出版社.

劉裕黑·熊琳(1982),〈江西高安縣發現靑花, 釉裏紅等瓷器窖藏〉,《文物》1982-2.

內蒙古自治區文物考古研究所·包頭市文物管理处(2010),《包頭燕家梁遺址発掘報告》, 科學出版社.

秦大樹(2007),〈拾遺南海　補欠中土: 談井里汶沈船的出水瓷器〉,《故宮博物院 院刊》2007-6, 紫禁城出版社.

森達也(2008),〈伊朗波斯灣北岸幾個海港遺址発現的中國瓷器〉,《中國古陶瓷研究》14, 紫禁城出版社.

張柏編(2008),《(中國出土瓷器全集 3) 河北》, 科學出版社.

庄文彬(1994),〈四川遂寧金魚村南宋窖藏〉,《文物》1994-9.

文化廣報部·文化財管理局(1981·1984·1985·1988),《新安海底遺物資料編》I, II, III, 總合編, (韓國)文化廣報部·文化財管理局.

Flecker, Michael (2002), *The Archaeological Excavation of the 10th Century, Intan Shipwreck*, Oxford: BAR International Series 1047.

Krahl, Regina (2010), *Shipwrecked: Tang Treasures and Monsoon Winds*, Smithsonian Institution.

Priestman, Seth (2005), *Settlement & Ceramics in Southern Iran: An Analysis of the Sasanian & Islamic Periods in the Williamson Collection*, Unpublished Master Thesis: Durham University.

Yokkaichi, Yasuhiro (2019), "The Maritime and Continental Networks of Kish Merchants under Mongol Rule: The Role of the Indian Ocean, Fars and Iraq", *Journal of Economic and Social History of the Orient* 62.

제13장 카라추의 시대—티무르 왕조를 중심으로

安藤志朗(1995), 〈トルコ系諸王朝の國制とイスラーム〉, 板垣雄三 監修, 堀川徹 編, 《講座イスラーム世界 3》, 榮光教育文化研究所.

岡田英弘 譯注(2004), 《蒙古源流》, 刀水書房.

川口琢司(2007), 《ティムール帝國支配層の研究》, 北海道大學出版會.

川口琢司(2014), 《ティムール帝國》(選書メチエ 570), 講談社.

川口琢司 · 長峰博之 編(2008), 《チンギズ · ナーマ》, 東京外國語大學アジア · アフリカ言語文化研究所.

木村曉(2008), 〈中央アジアとイラン: 史料に見る地域認識〉, 北海道大學スラブ研究センター監修, 宇山智彦 編, 《講座スラブ · ユーラシア學 第2巻 地域認識論: 多民族空間の構造と表象》, 講談社.

久保一之(2012), 〈ミール · アリーシールと"ウイグルのバフシ"〉, 《西南アジア研究》77.

久保一之(2014), 《ティムール: 草原とオアシスの覇者》(世界史リブレット 36), 山川出版社.

菅原睦(2021), 〈ナヴァーイーの《篤信家たちの驚嘆》について〉, 《東洋學術研究》60-2.

松井太(2018), 〈モンゴル命令令文とウイグル文書文化: ティムール朝期の《ウイグル文書教本》から〉, 《待兼山論叢: 史學篇》52.

間野英二(1998), 《バーブル · ナーマの研究 3 譯注》, 松香堂.

間野英二(2001), 《バーブル · ナーマの研究 4 研究篇: バーブルとその時代》, 松香堂.

間野英二(2013), 《バーブル: ムガル帝國の創設者》(世界史リブレット 46), 山川出版社.

山田信夫 譯註(1967), クラヴィホ 著, 《チムール帝國紀行》(東西交渉旅行記全集 III), 桃源社.

Abū Bakr-i Ṭihrānī(1962, 1964), *Kitāb-i Diyārbakriyya*, Necati Lugal and Faruk Sümer (eds.), Ankara, Türk Tarihi Kurumu Basımevi.

Ando, Shiro (1992), *Timuridische Emire nach dem Mui'zz al-ansāb: Untersuchung zur Stammesaristokratie Zentralasiens im 14. und 15. Jahrhundert*, Berlin, Klaus Schwarz Verlag.

ʿÂşıkpaşazâde (1332/1914), *Tevârîh-i Âl-i ʿOsmânʾdan ʿÂşıkpaşazâde Taʾrîhi*, ʿÂlî Bey (ed.), Istanbul, Matbaʿa-i ʿÂmire.

Doerfer, Gerhard (1963), *Türkische und Mongolische Elemente im Neupersischen*, Band I, Wiesbaden, Franz Steiner Verlag.

Ḥāfiẓ Abrū(1380/2001), *Zubdat al-tawārīkh*, Sayyid Kamāl Ḥājj Sayyid Jawādī (ed.), jild-i awwal, Tihrān, Kitābkhāna-yi Millī-yi Īrān.

Ibn ʿArabshāh (1407/1986), *ʿAjāʾib al-maqdūr fī nawāʾib Taymūr*, Aḥmad Fāyz al-Ḥimṣī (ed.), Bayrūt, Muʾassasa al-Risāla.

Landa, Ishayahu (2018), "From Mongolia to Khwārazm: The Qonggirad Migrations in the Jochid Ulus (13th-15th c.)", *Revue des mondes musulmans et de la Méditerranée* 143

Manz, Beatrice Forbes (1989), *The Rise and Rule of Tamerlane*, Cambridge, Cambridge University Press.

Manz, Beatrice Forbes (1992), "The Development and Meaning of Chaghatay Identity", Jo-Ann Gross (ed.), *Muslims in Central Asia: Expressions of Identity and Change*, Durham and London, Duke University Press.

Manz, Beatrice Forbes (2007), *Power, Politics and Religion in Timurid Iran*, Cambridge, Cambridge University Press.

May, Timothy (2018), *The Mongol Empire*, Edinburgh, Edinburgh University Press.

Naṭanzī, Muʿīn al-Dīn (1957), *Muntakhab al-Tawārīkh-i Muʿīnī*, Jean Aubin (ed.), Teheran, Librairie Khayyam.

Popper, William (1958), *History of Egypt, 1382-1469 A. D., Part IV, 1422-1438 A. D., Translated from the Arabic Annals of ABU L-MAḤÂSIN IBN TAGRÎ BIRDÎ*, Berkley and Los Angeles, University of California Press.

al-Quṭbī al-Ahrī, Abū Bakr (1954), *Taʾrīkh-i Shaikh Uwais (History of Shaikh Uwais): An Important Source for the History of Âdharbaijān in the Fourteenth Century*, J. B. Van Loon, The Hague, Mouton & Co.

Rashīd al-Dīn, Faḍl Allāh Hamadānī(1373/1994), *Jāmiʿal-Tawārīkh*, Muḥammad Rawshan, Muṣṭafā Mūsawī (ed.), Tihrān, Nashr-i Alburz.

Shāmī, Niẓām al-Dīn (1937), *Histoire des conquêtes de Tamerlan intitulée Ẓafarnāma par Niẓāmuddīn Šāmī*, Felix Tauer (ed.), Praha, Orientální Ústav.

Woods, John E. (1990), "Timur's Genealogy", Michel M. Mazzaoui and Vera B. Moreen (eds.), *Intellectual Studies on Islam: Essays Written in Honor of Martin B. Dickson*, Salt Lake City, University of Utah Press.

Бартольд, В. В. (1964), "Улугбек и его время", *Сочинения*, т. II-(2), Москва, Наука.

찾아보기

몽골 제국과 해역 세계

12-14세기

1판 1쇄 2026년 2월 6일

책임편집 | 아라카와 마사하루, 히로스에 마사시
지은이 | 우노 노부히로 외
옮긴이 | 권용철

펴낸이 | 류종필
책임편집 | 좌세훈
편집 | 이정우, 노민정, 권준, 이은진
경영지원 | 홍정민
표지 디자인 | 석운디자인
본문 디자인 | 이미연

펴낸곳 | (주)도서출판 책과함께
　　　　주소 (03961) 서울시 마포구 방울내로 9길 24 동주빌딩 202호
　　　　전화 (02) 335-1982
　　　　팩스 (02) 335-1316
　　　　전자우편 prpub@daum.net
　　　　블로그 blog.naver.com/prpub
　　　　등록 2003년 4월 3일 제2003-000392호

ISBN 979-11-94263-94-4 93900